Vierhaus
Beweisrecht im Verwaltungsprozess

Beweisrecht im Verwaltungsprozess

von

Dr. Hans-Peter Vierhaus

Rechtsanwalt und Fachanwalt
für Verwaltungsrecht in Berlin,
Lehrbeauftragter an der Universität Potsdam

Verlag C. H. Beck München 2011

Verlag C.H. Beck im Internet:
beck.de

ISBN 978 3 406 62025 6

© 2011 Verlag C.H. Beck oHG
Wilhelmstraße 9, 80801 München

Druck: Nomos Verlagsgesellschaft,
In den Lissen 12, 76547 Sinzheim

Satz: Textservice Zink, 74869 Schwarzach

Gedruckt auf säurefreiem, alterungsbeständigem Papier
(hergestellt aus chlorfrei gebleichtem Zellstoff)

> *„Viele der Gründe,*
> *die Beweisanträge bei Richtern unbeliebt machen,*
> *sind aus anwaltlicher Sicht solche, davon Gebrauch zu machen."*
> (Alexander Ignor)

Vorwort

Das Beweisrecht ist zentrale Materie jedweden Prozessrechts. Während für das zivil- und strafprozessuale Beweisrecht Monografien und Spezialkommentare existieren, gibt es derlei für das Beweisrecht im Verwaltungsprozess nicht. Der Grund hierfür dürfte nicht nur darin bestehen, dass die VwGO über kein ausgebautes prozessuales Beweisrecht verfügt: §§ 98, 173 VwGO verweisen auf die ZPO, namentlich für die Beweisaufnahme. Das BVerwG wendet auf das verwaltungsprozessuale Beweisantragsrecht die Ablehnungsgründe des § 244 Abs. 3–5 StPO entsprechend an. Immerhin kennt auch die VwGO selbst eine Vielzahl beweisrechtlicher Vorschriften, wie etwa die §§ 86 Abs. 2, 87 Abs. 3, 87 b Abs. 2, 96, 97, 108 VwGO.

Das Fehlen von monografischen Darstellungen zum Beweisrecht im Verwaltungsprozess hat vielmehr symptomatischen Charakter, spiegelt es doch den Befund wider, dass die Durchführung von Beweisaufnahmen in den Tatsacheninstanzen der Verwaltungsgerichtsbarkeit bisher unterentwickelt ist. Dies, obwohl den Verwaltungsgerichten eine Amtsermittlung auferlegt ist. Es ist leichter, verwaltungsgerichtliche Judikatur dazu zu finden, warum ein Beweisantrag abgelehnt werden durfte, als Beweisbeschlüsse von Verwaltungsgerichten auszumachen. Ein Schwerpunkt der Rechtsprechung ist der Asylprozess. Eine wichtige Rolle spielt das Beweisrecht beispielsweise auch im Beamten- und Disziplinarrecht sowie im Bau-, Umwelt- und Technikrecht.

Der vorgelegte Leitfaden versucht, die beschriebene Lücke in praktischer Sicht zu schließen. Neben dem Stellen des Klageantrages ist das Stellen von Beweisanträgen die zentrale Gestaltungsmöglichkeit der klagenden Partei im Verwaltungsprozess. Allerdings: Beweisanträge sind fehleranfällig, und zwar gleichermaßen für Rechtsanwälte und Richter. Gleichwohl kann auf sie nicht verzichtet werden. Beweisanträge dienen vielerlei Zwecken, allen voran der Information der Beteiligten über den Stand der gerichtlichen Meinungsbildung und dem Offenhalten von Verfahrensrügen. Umso wichtiger ist die Kenntnis vom notwendigen „Handwerkszeug". Der Leitfaden beschränkt sich indes nicht auf das – aus anwaltlicher Sicht zentrale – Beweisantragsrecht, sondern behandelt in Grundzügen auch die Beweisaufnahme, insbesondere soweit verwaltungsprozessuale Besonderheiten bestehen, die Beweiswürdigung, die Beweislast und das Beweismaß.

Herrn Dr. Wolfgang Lent danke ich für die von Seiten des Verlages C.H. Beck stets engagierte und hilfreiche Betreuung des Werkes. Meiner Mitarbeiterin Frau Beate Gerbig danke ich für das mit größter Umsicht vorgenommene

Vorwort

Schreiben des Manuskripts. Meiner Frau danke ich, dass sie den Text mit Argusaugen Korrektur gelesen hat.
Rechtsprechung, Literatur und Gesetzesänderungen wurden bis Januar 2011 berücksichtigt.
Anregungen und Kritik sind willkommen an vierhaus@simon-law.de.

Berlin, im Februar 2011   Hans-Peter Vierhaus

Inhaltsverzeichnis

Vorwort	V
Abkürzungsverzeichnis	XIII
Literaturverzeichnis	XVII

Teil A. Beweisantragsrecht

I. Ausgangssituation des einfachen Rechts	1
II. Grundrechtliche Gewährleistungen des Beweisantragsrechts	2
1. Anspruch auf rechtliches Gehör (Art. 103 Abs. 1 GG)	2
2. Besonderheiten im Asylprozess	5
3. Gehörsrüge	7
III. Vorgegebener Rollenkonflikt Gericht/Partei im Beweisantragsrecht	8
1. Empirischer Befund	8
2. Gründe für die Unbeliebtheit von Beweisanträgen bei Richtern	12
3. Rolle des Gerichts	13
4. Rolle des anwaltlichen Prozessbevollmächtigten als Interessenvertreter	15
5. Notwendigkeit einer Änderung im richterlichen Selbstverständnis	17
IV. Ziele und Zwecke von Beweisanträgen	20
1. Zielsetzung und Durchführung einer bestimmten Beweisaufnahme	20
2. Information über die gerichtliche Rechtsauffassung	21
3. Festlegung des Gerichts	21
4. Eröffnung einer effektiven Reaktionsmöglichkeit	22
5. Offenhalten von Verfahrens- und Gehörsrüge (Rechtsmittelvorbereitung)	24
6. Kontrollfunktion für die Rechtsmittelinstanz	26
7. Zusammenfassung	26
V. Inhalt und Abfassung von Beweisanträgen	27
1. Zwingender Inhalt eines Beweisantrages	27
a) Begriff des „Beweisantrages"	27
b) Nicht erforderlich: Angabe des Beweisziels	28
2. Behauptung einer Tatsache	29
a) Allgemeines	29
b) Innere Tatsachen	30
c) Negativtatsache	32
3. Angabe eines Beweismittels	34
a) Allgemeines	34
b) Zeugenbeweis	35
aa) Allgemeines	35
bb) Benennung des Zeugen	37
cc) Individualisierbarkeit des Zeugen	37
dd) Amtsperson als Zeuge	38
ee) Konnexität Beweistatsache/Beweismittel	40
ff) Mindestinhalt des Antrags auf Zeugenbeweis	42
c) Sachverständigenbeweis	42

Inhaltsverzeichnis

  d) Beweis durch Augenschein 43
   aa) Allgemeines 43
   bb) Ortsbesichtigung 43
   cc) Wahrnehmung als Gegenstand 44
   dd) Elektronische Dokumente 45
  e) Beweis durch Urkunden 46
   aa) Allgemeines 46
   bb) Urschrift 46
   cc) Akten 47
   dd) Beispiele 47
  f) Beweis durch Parteivernehmung 48
  g) Beweis durch amtliche Auskunft 48
 4. Keine Antragsvoraussetzung: Begründung der Entscheidungserheblichkeit 48
  a) Rechtslage 48
  b) Taktik 49
VI. Stellen von Beweisanträgen 50
 1. Prozessuale Möglichkeiten der Antragstellung 50
  a) Verlesung schriftsätzlich angekündigter Beweisanträge
   (§ 173 VwGO i. V. m. § 297 Abs. 1 Satz 1 ZPO) 50
  b) Verlesung nicht angekündigter schriftlicher Beweisanträge
   (§ 173 VwGO i. V. m. § 297 Abs. 1 Satz 2 ZPO) 51
  c) Zu-Protokoll-Erklären „rein" mündlicher Beweisanträge
   (§ 173 VwGO i. V. m. § 297 Abs. 1 Satz 3 ZPO) 51
  d) Sonderfall: Beweisantrag im schriftlichen Verfahren 52
 2. Protokollierung als wesentliche Förmlichkeit des Verfahrens 53
 3. Fehlerquellen 54
  a) Bloße Ankündigung von Beweisanträgen 54
  b) Beweisanregung 55
  c) Hilfs- und Eventualanträge 56
   aa) Begriff 56
   bb) Nachteile von Hilfs- und Eventualbeweisanträgen 58
 4. Taktische Fragen der Ankündigung von Beweisanträgen 60
VII. Vorabbescheidungspflicht des Gerichts nach
 § 86 Abs. 2 VwGO 61
 1. Sinn und Zweck der Vorabbescheidungspflicht 61
 2. Zeitpunkt der Bescheidung 61
 3. Inhaltliche Anforderungen an die Begründung 62
 4. Richterliche Hinweispflicht bei Änderung der Bewertung
  im Prozessverlauf 63
 5. Sofortige Rügepflicht der Partei bei Nichtbescheidung von
  Beweisanträgen 64
VIII. Die Ablehnungsgründe 66
 1. Grundsatz: Verbot der Beweisantizipation 66
 2. Beispielsfälle unzulässiger Beweisantizipation 68
 3. Die einzelnen Ablehnungsgründe 69
  a) Unzulässigkeit der Beweiserhebung
   (§ 244 Abs. 3 Satz 1 StPO analog) 70
  b) Offenkundigkeit der Beweistatsache oder ihres Gegenteils
   (§ 244 Abs. 3 Satz 2 Alt. 1 StPO analog) 72
  c) Bedeutungslosigkeit/Unerheblichkeit der Beweistatsache
   (§ 244 Abs. 3 Satz 2 Alt. 2 StPO analog) 74

aa) Inhalt	74
bb) Fehleranfälligkeit	75
cc) Bindung des Gerichts an die zugrunde gelegte Auffassung	76
d) Beweistatsache ist schon erwiesen (§ 244 Abs. 3 Satz 2 Alt. 3 StPO analog)	77
e) Völlige Ungeeignetheit des Beweismittels (§ 244 Abs. 3 Satz 2 Alt. 4 StPO analog)	79
aa) Strenger Maßstab	79
bb) Beispielsfälle	81
cc) Auslandszeugen	82
dd) Rechtshilfeverfahren	83
ee) Asylprozess	84
ff) Sachverständigenbeweis	85
f) Unerreichbarkeit des Beweismittels (§ 244 Abs. 3 Satz 2 Alt. 5 StPO analog)	86
g) Verschleppungsabsicht (§ 244 Abs. 3 Satz 2 Alt. 6 StPO analog)	88
aa) Allgemeines	88
bb) Fallkonstellationen	88
cc) Grundsätzlich keine Befristung	89
dd) Ausnahme 1: Asylprozess	90
ee) Ausnahme 2: Fristsetzung nach § 87 b Abs. 2 VwGO	91
h) Wahrunterstellung (§ 244 Abs. 3 Satz 2 Alt. 7 StPO analog)	91
i) „Unauflösliche Widersprüchlichkeit" der Beweistatsache	92
j) Ausforschungsbeweis	94
k) Ablehnung des Sachverständigenbeweises wegen eigener Sachkunde des Gerichts (§ 244 Abs. 4 Satz 1 StPO analog)	96
l) Ablehnung eines weiteren Sachverständigengutachtens (§§ 244 Abs. 4 Satz 2 Hs. 2 StPO analog, § 412 Abs. 1 ZPO analog)	99
m) Sonderfall: Ablehnung des gerichtlichen Sachverständigenbeweises wegen bereits vorliegender (Behörden-) Gutachten	100
aa) Standpunkt des BVerwG	100
bb) Fallbeispiel aus der Rechtsprechung	103
cc) Kritik der Rechtsprechung	104
dd) Konsequenzen für die klägerische Prozessführung	108
ee) Kostenrechtliche Lösung des BVerwG	108
ff) Eigener differenzierender Lösungsansatz	109
(1) Gutachtenerstellung in einem vom Parlamentsgesetz vorgesehenen Beteiligungs- oder Ermittlungsverfahren	109
(2) Gutachten, das eine Fachbehörde („Spezialbehörde") auf Antrag stellt	112
(3) Gutachten/Stellungnahme der „eigenen" Behörde (Ausgangsbehörde)	115
(4) „Privatgutachten" des Vorhabenträgers im Verwaltungsverfahren	116
IX. Gerichtliche Entscheidung über den Beweisantrag	116
1. Erlass eines Beweisbeschlusses	116
2. Erlass eines Ablehnungsbeschlusses i.S.v. § 86 Abs. 2 VwGO	118
a) Allgemeines	118
b) Recht auf Aushändigung des schriftliches Beschlusses/ Akteneinsicht	118
c) Recht auf Protokollierung nur mündlich mitgeteilter Ablehnungsgründe (§ 105 VwGO i.V.m. § 160 Abs. 2 ZPO)	119

Inhaltsverzeichnis

aa) Praxis	119
bb) Argumente für das Recht auf Protokollierung	120
X. Reaktion bei Ablehnung von Beweisanträgen	123
1. Stellen anderer bzw. modifizierter Beweisanträge zur Vermeidung eines Rügeverlusts – Obliegenheiten im eigenen Interesse	123
2. Antrag auf Unterbrechung oder Vertagung? – die „Minuten-Theorie"	124
a) Grundsatz der Effektivität der Reaktionsmöglichkeit	125
b) Differenzierte Betrachtung	127
c) Fallbeispiel	128
d) Möglichkeit eigener Ermittlungen der eigenen Partei	129
3. Richterliche Reaktion auf Beweisanträge als Befangenheitsgrund	130
a) Anschein der Voreingenommenheit	130
b) Rechtswidrige Ablehnung von Beweisanträgen grundsätzlich kein Befangenheitsgrund	133
c) „Abwürgen" von Beweisanträgen und grobe Verfahrensfehler	133
d) Unmutsäußerungen über Beweisanträge	134
aa) Beispielsfälle	135
bb) Grobe Verfahrensverstöße	137
e) Verfahren bei Ablehnungsgesuchen	138
aa) Gefahr des Verlusts des Ablehnungsrechts	138
bb) Rechtsbehelfe im Ablehnungsverfahren, insbesondere § 146 Abs. 2 VwGO	139
f) Rügeobliegenheit in Bezug auf mögliche Gehörsverstöße im Ablehnungsbeschluss?	141
XI. Sonderfall: Selbständiges Beweisverfahren	143
1. Anwendbarkeit im Verwaltungsprozess	143
2. Während eines Rechtsstreits (§ 485 Abs. 1 ZPO)	143
3. Vor Anhängigkeit eines Rechtsstreits (§ 485 Abs. 2 ZPO)	144

Teil B. Beweisaufnahme

I. Grundsatz der Unmittelbarkeit der Beweisaufnahme	147
1. Inhalt des Grundsatzes	147
2. Beauftragter Richter als Durchbrechung	148
3. Verwertung von Terminsprotokollen über Zeugenaussagen in anderen Prozessen	149
II. Durchführung der Beweisaufnahme nach den zivilprozessualen Vorschriften	151
III. Beweisaufnahme im schriftlichen Verfahren	151
IV. Anwaltliche Vorbereitung einer Zeugenbefragung	152
1. Zulässigkeit	152
2. Art der Kontaktaufnahme	154
3. Entgelt?	156
V. Sog. „informatorische Befragung" von Zeugen durch das Gericht	157
VI. Räumlich-organisatorische Anforderungen an eine sachgerechte Zeugenvernehmung	160
VII. Praxisrelevante Besonderheiten des Sachverständigenbeweises, insbesondere § 404 a Abs. 3 ZPO	161
1. Problemstellung: Komplexe, streitige Sachverhalte	161
2. § 404 a Abs. 3 ZPO als sachgerechte Lösung	162
3. Regelungsgehalt der Vorschrift	163

Inhaltsverzeichnis

Teil C. Beweiswürdigung

I. Grundsatz der freien Beweiswürdigung 167
II. Beweisregeln 168
III. Inhalt des Überzeugungsgrundsatzes 170
IV. Rüge fehlerhafter Beweiswürdigung 172
V. Besonderheiten der Beweiswürdigung beim Zeugenbeweis 175

Teil D. Beweislast

I. Klärung der Begriffe 177
   1. Die subjektive (oder formelle) Beweislast (Beweisführungslast) 177
   2. Die objektive (oder materielle) Beweislast (Feststellungslast) 178
II. Grundstruktur der Beweislastverteilung nach
   dem materiellen Recht 179
   1. Grundsätze 179
   2. Belastende Verwaltungsakte 181
     a) Grundsatz 181
     b) Ermessen 182
     c) Beispiele 183
     d) Gesetzliche Beweislastregeln 183
   3. Aufhebung begünstigender Verwaltungsakte 184
   4. Beweislast bei Verpflichtungs- und Leistungsklagen 185
     a) Grundsatz: Begünstigungstheorie 185
     b) Leistungsverwaltung 185
       aa) Beispiel 1: Hilfe zum Lebensunterhalt 186
       bb) Beispiel 2: Subventionen 186
     c) Sonderfall: Gebundene Entscheidungen 187
   5. Sonstige Einzelfälle aus der Rechtsprechung 188

Teil E. Beweismaß

I. Vollbeweis 191
   1. Allgemeines 191
   2. Indizienbeweis 192
II. Beweismaßreduktionen 193
   1. Anscheinsbeweis 193
     a) Begriff und Voraussetzungen 193
     b) Regeln des Anscheinsbeweises 194
   2. Tatsächliche Vermutung (Indizwirkung) 196
   3. Gesetzliche Regelvermutung 197
   4. Beweislastumkehr 198
     a) Anwendbarkeit im Verwaltungsprozess 198
     b) Keine generelle Beweislastumkehr bei Beweisnotstand 199
     c) Fallgruppen 199

Anhang

I. Muster und Beispiele 203
   1. Beispiel 1: Beweisbeschluss Sachverständigengutachten
     (Eignung zum Führen von Kfz) 203
   2. Beispiel 2: Erfolgreicher Beweisantrag Zeugenvernehmung
     (Rückforderung von Bezügen gem. § 12 Abs. 2 BBesG) 204
   3. Beispiel 3: Beweisbeschluss Zeugenvernehmung
     (Rückforderung von Bezügen gem. § 12 Abs. 2 BBesG) 205

Inhaltsverzeichnis

    4. Beispiel 4: Erfolgreicher Beweisantrag (Zeugen- und Sachverständigenbeweis Verursachung einer Altlast) 206
    5. Beispiel 5: Beweisbeschluss (Zeugen- und Sachverständigenbeweis Verursachung einer Altlast) 208
    6. Beispiel 6: Abgelehnter Beweisantrag Zeugenbeweis (Mitwirkung ausgeschlossener Person) 210
    7. Beispiel 7: Abgelehnte Beweisanträge auf Augenscheinseinnahme, Zeugenvernehmung und Sachverständigengutachten (Entschädigung wegen nachteiliger Wirkungen gemäß § 75 Abs. 2 VwVfG) 211
    8. Beispiel 8: Ablehnungsbeschluss nach § 86 Abs. 2 VwGO 215
    9. Beispiel 9: Erfolgreicher Beweisantrag: Zeitgeschichtliches Sachverständigengutachten 217
  10. Beispiel 10: Beweisbeschluss (Zeitgeschichtliches Sachverständigengutachten) mit Mitteilung der zugrunde zu legenden Anknüpfungstatsachen (§ 404 a Abs. 3 ZPO) 218
  11. Beispiel 11: Beweisbeschluss Sachverständigengutachten (Eignung zum Führen von Kfz) 222
  12. Beispiel 12: Beweisbeschluss (selbstständiges Beweisverfahren) 223
  13. Beispiel 13. Beweisbeschluss Auskunft (Asylrecht) 225
  14. Beispiel 14. Beweisbeschluss Sachverständigengutachten (Asylrecht) 228
  15. Beispiel 15. Beweisbeschluss Auskunft (Asylrecht) 231
  16. Beispiel 16. Beweisbeschluss Auskunft (Asylrecht) 233

II. Vorschriften 235
    1. Verwaltungsgerichtsordnung 235
    2. Strafprozessordnung 237
    3. Zivilprozessordnung 238

Sachverzeichnis 239

Abkürzungsverzeichnis

a.F.	alte Fassung
AbfallR	Abfallrecht
abgedr.	abgedruckt
ABl.	Amtsblatt
Abs.	Absatz
ähnl.	ähnlich
Alt.	Alternative
AnwBl	Anwaltsblatt (Zeitschrift)
ARGE	Arbeitsgemeinschaft
Art.	Artikel
AsylVfG	Asylverfahrensgesetz
AuAS	Ausländer- und Asylrecht (Zeitschrift)
AufenthG	Aufenthaltsgesetz
Aufl.	Auflage
AUR	Agrar- und Umweltrecht (Zeitschrift)
BauGB	Baugesetzbuch
BauNVO	Verordnung über die bauliche Nutzung der Grundstücke
BayObLG	Bayerisches Oberlandesgericht
BayVBl.	Bayerische Verwaltungsblätter (Zeitschrift)
BayVGH	Bayerischer Verwaltungsgerichtshof
BBesG	Bundesbesoldungsgesetz
Bd.	Band
Beschl.	Beschluss
BFH	Bundesfinanzhof
BGBl.	Bundesgesetzblatt
BGH	Bundesgerichtshof
BGHSt	Entscheidungen des Bundesgerichtshofs in Strafsachen
BImSchG	Bundes-Immissionsschutzgesetz
BImSchV	Bundes-Immissionsschutzverordnung
BORA	Berufungsordnung für Rechtsanwälte
BPersVG	Bundespersonalvertretungsgesetz
BRAO	Bundesrechtsanwaltsordnung
BR-Drs.	Bundesratsdrucksache
BSG	Bundessozialgericht
BT-Drs.	Bundestagsdrucksache
Buchst.	Buchstabe
BVerfG	Bundesverfassungsgericht
BVerfGE	Entscheidungen des Bundesverfassungsgerichts
BVerwG	Bundesverwaltungsgericht
BVerwGE	Entscheidungen des Bundesverwaltungsgerichts
bzw.	beziehungsweise
d.h.	das heißt
DAI	Deutsches Anwaltsinstitut e.V.
DAV	Deutscher Anwaltverein e.V.
DÖV	Die öffentliche Verwaltung (Zeitschrift)
DRiG	Deutsches Richtergesetz

Abkürzungsverzeichnis

DRiZ	Deutsche Richterzeitung (Zeitschrift)
DSchG	Denkmalschutzgesetz
DVBl.	Deutsche Verwaltungsblätter (Zeitschrift)
EGMR	Europäischer Gerichtshof für Menschenrechte
Einl.	Einleitung
EMRK	Europäische Menschenrechtskonvention
Entsch.	Entscheidung/Entscheidungen
etc.	et cetera (lat.) = und so weiter
etc. pp.	et cetera perge, perge (lat.) = und so weiter und so fort
EuGRZ	Europäische Grundrechte (Zeitschrift)
f.	folgende (Seite)
FamRZ	Zeitschrift für das gesamte Familienrecht (Zeitschrift)
FeV	Fahrerlaubnisverordnung
ff.	folgende (Seiten)
Fn.	Fußnote
FStrG	Bundesfernstraßengesetz
GastG	Gaststättengesetz
GG	Grundgesetz
ggf.	gegebenenfalls
GVBl	Gesetz- und Verordnungsblatt (Zeitschrift)
Hrsg.	Herausgeber
hrsg.	herausgegeben
Hs.	Halbsatz
HundehV	Hundehalterverordnung
i.d.F.	in der Fassung
i.d.R.	in der Regel
i.S.v.	im Sinne von
i.V.m.	in Verbindung mit
InfAuslR	Informationsbrief Ausländerrecht (Zeitschrift)
JurBüro	Das juristische Büro (Zeitschrift)
JuS	Juristische Schulung (Zeitschrift)
Kap.	Kapitel
KDVG	Kriegsdienstverweigerungsgesetz
KG	Kammergericht
LBeihilfeR	Beihilfenrecht der Länder
LG	Landgericht
lit.	littera
Ls.	Leitsatz
m.w.N.	mit weiteren Nachweisen
MdE	Minderung der Erwerbsfähigkeit
MDR	Monatsschrift für deutsches Recht (Zeitschrift)
mg/l	Milligramm pro Liter
n.F.	neue Fassung
NJW	Neue Juristische Wochenschrift (Zeitschrift)

Abkürzungsverzeichnis

Nr./Nrn.	Nummer/Nummern
NRW	Land Nordrhein-Westfalen
NStE	Neue Entscheidungssammlung für Strafrecht
NStZ	Neue Zeitschrift für Strafrecht (Zeitschrift)
NS-VEntSchG	Verfolgtenentschädigungsgesetz
NuR	Natur und Recht (Zeitschrift)
NVwZ	Neue Zeitschrift für Verwaltungsrecht (Zeitschrift)
o.ä.	oder ähnliches
OLG	Oberlandesgericht
OLGZ	Entscheidungssammlung der Oberlandesgerichte in Zivilsachen
Os.	Orientierungssatz
OVG	Oberverwaltungsgericht
PAK	Polycyclische aromatische Kohlenwasserstoffe
PKH	Prozesskostenhilfe
POR	Polizei- und allgemeines Ordnungsrecht
RDG	Gesetz über außergerichtliche Rechtsdienstleistungen
RdL	Recht der Landwirtschaft
Rdnr.	Randnummer/Randnummern
REAO	Rückerstattungsordnung der Alliierten Kommandantur für das Land Berlin
RGBl	Reichsgesetzblatt
RGSt	Entscheidungen des Reichsgerichts in Strafsachen
RGZ	Entscheidungssammlung der Entscheidungen des Reichsgerichts in Zivilsachen
RichtlRA	Grundsätze des anwaltlichen Standesrechts
RR	Rechtsprechungs-Report
Rspr.	Rechtsprechung
S.	Seite, Seiten
s.o.	siehe oben
s.u.	siehe unten
Sächsisches OVG	Sächsisches Oberverwaltungsgericht
SächsVBl.	Sächsische Verwaltungsblätter (Zeitschrift)
SeuffA	Seufferts Archiv für Entscheidungen der obersten Gerichte in den deutschen Staaten (Band und Nr.)
SGB	Sozialgesetzbuch
SozR	Sozialrecht
SSG	Sozialgerichtsgesetz
StAU	Staatliches Amt für Umweltschutz
std.	ständige
StGB	Strafgesetzbuch
StPO	Strafprozessordnung
StraFo	Strafverteidiger-Forum (Zeitschrift)
StrlSchV	Strahlenschutzverordnung
StV	Strafverteidiger (Zeitschrift)
StVG	Straßenverkehrsgesetz
TA Lärm	Technische Anleitung zum Schutz gegen Lärm
TA Luft	Technische Anleitung zur Reinhaltung der Luft

Abkürzungsverzeichnis

ThürVBl.	Thüringer Verwaltungsblätter (Zeitschrift)
TKG	Telekommunikationsgesetz
u.U.	unter Umständen
Urt.	Urteil
UVP	Umweltverträglichkeitsprüfung
UVPG	Gesetz über die Umweltverträglichkeitsprüfung
v.	vor, von, vom
VBlBW.	Verwaltungsblätter für Baden-Württemberg (Zeitschrift)
VerfGH Bln	Verfassungsgerichtshof Berlin
VermG	Vermögensgesetz
VersR	Zeitschrift für Versicherungsrecht (Zeitschrift)
VerwRspr	Verwaltungsrechtsprechung in Deutschland (Band und Nr.)
VG	Verwaltungsgericht
VGH	Verwaltungsgerichtshof
vgl.	vergleiche
VOBl.	Verordnungsblatt
Vorbem.	Vorbemerkung
VwGO	Verwaltungsgerichtsordnung
VwVfG	Verwaltungsverfahrensgesetz (des Bundes und der Länder)
VwZG	Verwaltungszustellungsgesetz
wistra	Zeitschrift für Wirtschafts- und Steuerstrafrecht (Zeitschrift)
WPflG	Wehrpflichtgesetz
z.B.	zum Beispiel
z.T.	zum Teil
ZfBR	Zeitschrift für deutsches und internationales Bau- und Vergaberecht (Zeitschrift)
ZfW	Zeitschrift für Wasserrecht (Zeitschrift)
Ziff.	Ziffer, Ziffern
zit.	zitiert
ZPO	Zivilprozessordnung

Literaturverzeichnis

Baumbach, Adolf/Lauterbach, Wolfgang/Albers, Jan/Hartmann, Peter, Zivilprozessordnung, 69. Aufl., München 2011.

Baumgärtel, Gottfried/Caumen, Hans-Willi/Prütting, Hans, Handbuch der Beweislast, 3. Aufl., Köln 2007 ff.

Berkemann, Jörg, Die richterliche Entscheidung in psychologischer Sicht, in: Raimund/ Rehbinder (Hrsg.), Beiträge zur Rechtspsychologie, Berlin 1987, S. 135–143.

Beulke, Werner, Der Beweisantrag, JuS 2006, S. 597–602.

Dahm, Diethard, Beweisanträge im Asylprozess, ZAR 2002, S. 227–233.

Dawin, Michael, Der Beweisantrag im Verwaltungsprozess, in: Deutsches Anwaltsinstitut (Hrsg.), Brennpunkte des Verwaltungsrechts. Verwaltungsrechtliche Jahresarbeitstagung 2009, Bochum 2009, S. 167–209.

Dolde, Klaus-Peter, Zusammenarbeit zwischen Richter und Rechtsanwalt im verwaltungsgerichtlichen Verfahren, VBlBW 1985, S. 248–253.

Eisenberg, Ulrich, Beweisrecht der StPO. Spezialkommentar, 6. Aufl., München 2008.

Eyermann, Erich/Fröhler, Ludwig, Verwaltungsgerichtsordnung. Kommentar, 12. Aufl., München 2006.

Frowein, Jochen Abraham/Peukert, Wolfgang, Europäische Menschenrechtskonvention. EMRK-Kommentar, 3. Aufl., Kehl am Rhein 2009.

Geiger, Harald, Amtsermittlung und Beweiserhebung im Verwaltungsprozeß, BayVBl 1999, S. 321–331.

Hamm, Rainer/Hassemer, Winfried/Pauly, Jürgen, Beweisantragsrecht, 2. Aufl., Heidelberg 2007.

Ignor, Alexander, Beweisantragsrecht aus der Sicht des Rechtsanwalts, insbesondere des Strafverteidigers, in: Deutsches Anwaltsinstitut (Hrsg.), Brennpunkte des Verwaltungsrechts. Verwaltungsrechtliche Jahresarbeitstagung 2009, Bochum 2009, S. 211–241.

Jacob, Peter, Über Beweisanträge, VBlBW 1997, S. 41–49.

Kleine-Cosack, Michael, Bundesrechtsanwaltsordnung mit Berufs- und Fachanwaltsordnung, 6. Aufl., München 2009.

Kopp, Ferdinand O./Schenke, Wolf-Rüdiger, Verwaltungsgerichtsordnung. Kommentar, 16. Aufl., München 2009.

Posser, Herbert/Wolff, Heinrich Amadeus, Verwaltungsgerichtsordnung, Kommentar, München 2008.

Prölss, Jürgen, Beweiserleichterungen im Schadensersatzprozeß, Karlsruhe 1966.

Redeker, Konrad, Beweislast und Beweiswürdigung im Zivil- und Verwaltungsprozeß, NJW 1966, S. 1777–1782.

Redeker, Konrad, Rechtsgespräch, NJW 2007, S. 343–344.

Redeker, Martin, Der anwaltliche Beweisantrag im Verwaltungsprozess, AnwBl 2005, S. 518–523.

Rosenberg, Leo, Die Beweislast, 5. Aufl., München 1965.

Schmitt, Bertram, Beweisantragsrecht. Skript zum Vortrag auf der 5. Beck-Strafrechtstagung 2010 am 26. November 2010 in München.

Schoch, Friedrich/Schmidt-Aßmann, Eberhard/Pietzner, Rainer, Verwaltungsgerichtsordnung. Loseblatt-Kommentar, München 2010.

Schwenn, Johann, Was wird aus dem Beweisantrag?, StV 1981, S. 631–635.

Sodan, Helge/Ziekow, Jan, Verwaltungsgerichtsordnung. Großkommentar, 3. Aufl., Baden-Baden 2010.

Literaturverzeichnis

Stelkens, Paul/Bonk, Heinz Joachim/Sachs, Michael, Verwaltungsverfahrensgesetz. Kommentar, 7. Aufl., München 2008.
Vierhaus, Hans-Peter, Beweisantragsrecht im Verwaltungsprozess, DVBl 2009, S. 629–636.
Vierhaus, Hans-Peter, Sachverstand als Vierte Gewalt?, NVwZ 1993, S. 36–41.
Vierhaus, Hans-Peter, Zum Verhältnis von Entschädigung nach Art. 41 EMRK und Schadensersatz nach § 839 BGB, Art. 34 GG bei überlanger Verfahrensdauer deutscher Prozesse, in: Hohmann-Dennhardt, Christine/Masuch, Peter/Villiger, Mark (Hrsg.), Festschrift für Renate Jaeger. Grundrechte und Solidarität. Durchsetzung und Verfahren, Kehl am Rhein 2011, S. 719–740.
Wysk, Peter, Verwaltungsgerichtsordnung, Kommentar, München 2011.
Zöller, Richard, Zivilprozessordnung, 28. Aufl., München 2010.
Zuck, Rüdiger, Die Grundrechtsrüge im Zivilprozess, Münster 2008.

Teil A. Beweisantragsrecht

I. Ausgangssituation des einfachen Rechts

Der 9. Abschnitt der VwGO „Verfahren im ersten Rechtszug" enthält mit § 86 Abs. 1 und 2 VwGO zwei für den Verwaltungsprozess zentrale Regelungen: Zum einen die **Amtsermittlungspflicht des Gerichts (§ 86 Abs. 1 VwGO)** und zum anderen das **Beweisantragsrecht (§ 86 Abs. 2 VwGO)** als das Initiativrecht der Beteiligten. § 86 Abs. 1 Satz 1 VwGO regelt die Art und Weise der Sachverhaltsfeststellung im Prozess, wobei Untersuchungsgrundsatz (§ 86 Abs. 1 Satz 1 Hs. 1 VwGO) und Heranziehung der Beteiligten, also Mitwirkungspflicht (§ 86 Abs. 1 Satz 1 Hs. 2 VwGO) in einem gewissen Spannungsverhältnis stehen. Die VwGO normiert einen „vom Untersuchungsgrundsatz beherrschten Verwaltungsprozess".[1] Nach der gängigen Formel des BVerwG „findet die Amtsermittlungspflicht, wie die Regelung in § 86 Abs. 1 Satz 1 zweiter Halbsatz VwGO erweist, ihre Grenze an den Mitwirkungspflichten der Beteiligten, die vor allem gehalten sind, die ihnen geläufigen Tatsachen, mit denen sie ihre Anträge begründen, selbst vorzutragen".[2] Während § 86 Abs. 1 Satz 1 Hs. 2 VwGO die „Heranziehung" der Parteien zur Sachverhaltserforschung „als Maßnahme des Gerichts bezeichnet",[3] ergreifen die Beteiligten mit dem Stellen von Beweisanträgen, für die § 86 Abs. 2 VwGO eigentlich nur die gerichtliche Reaktion regelt, selbst die Initiative. Dabei wird vom Gesetz „das Recht auf Beweis vorausgesetzt".[4] Mit dem scharfen Schwert des Beweisantragsrechts gibt die VwGO den Beteiligten das Recht, dem Gericht eine Beweisaufnahme aufzudrängen bzw. aufzuzwingen, die es selbst von sich aus nicht durchführen will. Eine weitere ausdrückliche Regelung der VwGO, die sich mit Beweisanträgen befasst, findet sich in **§ 146 Abs. 2 VwGO**: Danach können sowohl Beweisbeschlüsse als auch Beschlüsse über Ablehnung von Beweisanträgen **nicht** mit der Beschwerde angefochten werden. Die Vorschrift soll der Vermeidung von Verfahrensverzögerungen dienen; die Gerichte sollen zunächst die Verhandlung abschließen und in der Sache entscheiden, Rechtsmittel sollen erst gegen die Schlussentscheidung eingelegt werden können.[5]

1

---

[1] *BVerwG*, Urt. v. 11.9. 2007 – 10 C 8.07 –, Rdnr. 13 = BVerwGE 129, 251.
[2] *BVerwG*, Urt. v. 23.11. 1982 – 9 C 74.81 –, Rdnr. 8 = BVerwGE 66, 237 = Buchholz 402.24 § 28 AuslG Nr. 42 = InfAuslR 1983, 76.
[3] *Dawin*, in: Schoch/Schmidt/Aßmann/Pietzner (Hrsg.), VwGO, Stand: Nov. 2009, § 86 Rdnr. 69.
[4] *Dawin*, in: Schoch/Schmidt/Aßmann/Pietzner (Hrsg.), VwGO, Stand: Nov. 2009, § 86 Rdnr. 86; *Kopp/Schenke*, VwGO, 16. Aufl. 2009, § 86 Rdnr. 18: „Mittelbar folgt aus Abs. 2" das Recht auf Beweis.
[5] *Guckelberger*, in: Sodan/Ziekow, VwGO, 3. Aufl. 2010, § 146 Rdnr. 20.

Teil A. Beweisantragsrecht

II. Grundrechtliche Gewährleistungen des Beweisantragsrechts

1. Anspruch auf rechtliches Gehör (Art. 103 Abs. 1 GG)

2 Vor Gericht hat jedermann Anspruch auf rechtliches Gehör (Art. 103 Abs. 1 GG). Art. 103 Abs. 1 GG „**verpflichtet die Fachgerichte** nach ständiger Rechtsprechung des BVerfG dazu, **erhebliche Beweisanträge zu berücksichtigen**".[6] Art. 103 Abs. 1 GG gibt den Beteiligten jedoch keinen Anspruch darauf, mit ihrem Vorbringen auch in der Sache Erfolg zu haben. Das Recht auf rechtliches Gehör verpflichtet die Gerichte auch nicht, der Rechtsansicht der Partei zu folgen. Wann „ein Beweisantrag entscheidungserheblich ist, ist demnach prinzipiell von den Fachgerichten im Rahmen der konkreten Verfahrenssituation und auf der Grundlage des einfachen Rechts zu beurteilen".[7] Die Grenze des verfassungsrechtlich Zulässigen wird erst dann überschritten, wenn ein Beweisantrag in **willkürlicher** Weise als unerheblich qualifiziert wird.[8]

3 Dies gilt sowohl für Haupt- als auch für Hilfsbeweisanträge (vgl. zu den Begriffen unten Rdnr. 114 ff.). Art. 103 Abs. 1 GG verpflichtet das Gericht, die Ausführungen der Prozessbeteiligten zur Kenntnis zu nehmen und in Erwägung zu ziehen.[9] Grundsätzlich ist davon auszugehen, dass ein Gericht das von ihm entgegengenommene Vorbringen der Beteiligten auch zur Kenntnis genommen und in Erwägung gezogen hat.[10] Damit das BVerfG einen Verstoß gegen Art. 103 Abs. 1 GG feststellen kann, müssen im Einzelfall besondere Umstände deutlich machen, dass tatsächliches Vorbringen eines Beteiligten entweder überhaupt nicht zur Kenntnis genommen oder bei der Entscheidung nicht erwogen worden ist.[11] Ferner gewährt Art. 103 Abs. 1 GG keinen Schutz gegen Entscheidungen, die den Sachvortrag eines Beteiligten aus Gründen des formellen oder materiellen Rechts teilweise oder ganz unberücksichtigt lassen.[12] Gleichwohl ist auch in Verfahren, in denen wie im Verwaltungsprozess der Amtsermittlungsgrundsatz gilt, das Gericht zwar nicht verpflichtet, Beweisanträge zu berücksichtigen, wenn es die angebotenen Beweise nach dem sons-

---

[6] *BVerfG*, Nichtannahmebeschluss vom 21.2. 2008 – 1 BvR 1987/07 –, Rdnr. 13 = DVBl. 2008, 593 = NVwZ 2008, 778 = EuGRZ 2008, 436; ebenso: BVerfGE 60, 247, 249; 60, 250, 252; 69, 145, 148.
[7] *BVerfG*, Nichtannahmebeschluss vom 21.2. 2008 – 1 BvR 1987/07 –, Rdnr. 13; ebenso BVerfGE 64, 1, 12; 78, 1, 33.
[8] *BVerfG*, Nichtannahmebeschluss vom 21.2. 2008 – 1 BvR 1987/07 –, Rdnr. 13; *BVerfG*, Beschl. v. 8.12. 2006 – 2 BvR 194/05 –, Rdnr. 22 = WM 2007, 137 = LKV 2007, 222 = BVerfGK 9, 412.
[9] *BVerfG*, stattgebender Kammerbeschluss v. 22.9. 2009 – 1 BvR 3591/08 –, Rdnr. 13.
[10] *BVerfG*, stattgebender Kammerbeschluss v. 22.9. 2009 – 1 BvR 3591/08 –, Rdnr. 13.
[11] *BVerfG*, stattgebender Kammerbeschluss v. 22.9. 2009 – 1 BvR 3591/08 –, Rdnr. 13; BVerfGE 96, 205, 216.
[12] *BVerfG*, stattgebender Kammerbeschluss v. 22.9. 2009 – 1 BvR 3591/08 –, Rdnr. 13.

II. Grundrechtliche Gewährleistungen des Beweisantragsrechts

tigen Ermittlungsergebnis für nicht sachdienlich oder aus Rechtsgründen für unerheblich hält, es darf aber eine derartige **Nichtberücksichtigung nicht auf sachfremde Erwägungen stützen**, einen Beweisantrag also nicht aus Gründen ablehnen, die im Prozessrecht keine Stütze finden.[13] Für hilfsweise für den Fall ihrer Entscheidungserheblichkeit gestellte Beweisanträge gilt insoweit nichts anderes, als Art. 103 Abs. 1 GG auch verletzt wird, wenn ihnen nicht nachgegangen wird, obgleich dieses Unterlassen prozessrechtswidrig ist.[14] Dass ein Beweisantrag nicht „unbedingt" gestellt ist, enthebt das Gericht lediglich von der verfahrensrechtlichen Pflicht des § 86 Abs. 2 VwGO, über ihn vorab durch Gerichtsbeschluss zu entscheiden, nicht aber von den sonst für die Behandlung von erheblichen Beweisanträgen geltenden verfahrensrechtlichen Bindungen.[15]

Die Pflicht zur förmlichen Ablehnung eines Beweisantrages durch Beschluss (§ 86 Abs. 2 VwGO) dient u.a. der Information der Partei (s.u. Rdnr. 36) zwecks Eröffnung einer effektiven Reaktionsmöglichkeit (s.u. Rdnr. 38 ff.) und damit „auch der Effektuierung ihres Anspruchs auf rechtliches Gehör".[16] Ein unrichtiger fachgerichtlicher Umgang mit Beweisanträgen kann in zweierlei Hinsicht das rechtliche Gehör des Antragstellers verletzen: Zum einen verstößt das prozessrechtswidrige Unterlassen einer beantragten Beweiserhebung ohne vorherige ablehnende Bescheidung des Beweisantrags gegen Art. 103 Abs. 1 GG, zum anderen kann eine Verletzung des rechtlichen Gehörs darin liegen, dass der beantragte Beweis dem Prozessrecht zuwider nicht erhoben wird.[17] An eine **Verfahrensrüge**, mit der die Verletzung rechtlichen Gehörs gemäß Art. 103 Abs. 1 GG durch willkürliche Ablehnung eines Beweisantrages im Verfahren der Verfassungsbeschwerde geltend gemacht wird, stellt das BVerfG folgende Anforderungen. „Die Beteiligten sollen sich nach der Entscheidung über den Beweisantrag auf die dadurch gegebene neue Prozesssituation einstellen und neue Tatsachen vortragen und neue Anträge stellen können. Um dem Substantiierungserfordernis zu genügen, hätte die Beschwerdeführerin ausgehend hiervon darlegen müssen, **was** bei ausreichender Begründung der Ablehnung des Beweisantrages geltend gemacht worden wäre."[18] Ist dies unterblieben, bleibt die Verfassungsbeschwerde erfolglos.[19]

4

---

[13] *BVerfG*, stattgebender Kammerbeschluss v. 22.9. 2009 – 1 BvR 3591/08 –, Rdnr. 13.
[14] *BVerfG*, stattgebender Kammerbeschluss v. 22.9. 2009 – 1 BvR 3591/08 –, Rdnr. 13.
[15] *BVerfG*, stattgebender Kammerbeschluss v. 22.9. 2009 – 1 BvR 3591/08 –, Rdnr. 13.
[16] *Dawin*, in: Schoch/Schmidt-Aßmann/Pietzner, VwGO, Stand: Nov. 2009, § 86 Rdnr. 87; ebenso: *Kopp/Schenke*, VwGO, 16. Aufl. 2009, § 86 Rdnr. 18.
[17] *Dawin*, in: Schoch/Schmidt-Aßmann/Pietzner, VwGO, Stand: Nov. 2009, § 86 Rdnr. 88 m.w.N.
[18] *BVerfG*, Nichtannahmebeschluss v. 21.2. 2008 – 1 BvR 1987/07 –, Rdnr. 19 = DVBl. 2008, 593 = NVwZ 2008, 778 = EuGRZ 2008, 436 – „Schacht Conrad".
[19] *BVerfG*, Nichtannahmebeschluss v. 21.2. 2008 – 1 BvR 1987/07 –, Rdnr. 19 = DVBl. 2008, 593 = NVwZ 2008, 778 = EuGRZ 2008, 436 – „Schacht Conrad" unter Berufung auf BVerfGE 77, 275, 281; 91, 1, 25 f.

Teil A. Beweisantragsrecht

5 Die gefestigte verwaltungsgerichtliche Rechtsprechung, nach der sich eine Beweiserhebung nur dann **aufdrängen** muss, wenn ein anwaltlich vertretener Beteiligter in der mündlichen Verhandlung förmliche Beweisanträge im Sinne des § 86 Abs. 2 VwGO stellt (eingehend dazu u. Rdnr. 42 ff.), ist nach Rechtsprechung des BVerfG „verfassungsrechtlich nicht zu beanstanden".[20] Damit hat das BVerfG die ständige höchstrichterliche Rechtsprechung des BVerwG bestätigt, wonach ein geltend gemachter „Verstoß gegen die gerichtliche Aufklärungspflicht nach § 86 Abs. 1 VwGO durch die prozessordnungswidrige Ablehnung der in der mündlichen Verhandlung gestellten Beweisanträge" nur dann in der erforderlichen Weise dargelegt ist, wenn der Beteiligte aufzeigt, dass bereits in der Tatsacheninstanz, „insbesondere in der mündlichen Verhandlung, auf die Vornahme der vermissten Sachverhaltsaufklärung hingewirkt worden ist. Denn die **Aufklärungsrüge** stellt **kein Mittel** dar, **um Versäumnisse eines Verfahrensbeteiligten in der Tatsacheninstanz zu kompensieren**".[21]

6 Verfassungsrechtlichen Schutz genießt die Freiheit des Antragstellers, grundsätzlich selbst darüber zu disponieren, **zu welchem Zeitpunkt** er einen Beweisantrag stellt.[22] So hat das BVerfG im Hinblick auf die Ablehnung von Beweisanträgen ausschließlich unter dem Gesichtspunkt, die Anträge seien verspätet gestellt worden, von einer dem geltenden Prozessrecht fremden „und verfassungsrechtlich bedenklichen verkappten Präklusion des Beweisantragsrechts" gesprochen.[23]

7 Jedenfalls für den Strafprozess hat das BVerfG die hervorgehobene Bedeutung des Rechts zur „Stellung von Beweisanträgen, die nur unter **engen** Voraussetzungen abgelehnt werden können", betont.[24] Als Begründung hierfür führt das BVerfG u. a. an, das Prozessrecht gestalte das Strafverfahren „als ein vom Prinzip der materiellen Wahrheitserforschung beherrschter Amtsprozess aus, in dem das Gericht von Amts wegen zur Erforschung der Wahrheit verpflichtet ist".[25] Soweit im Verwaltungsprozess für die Position des Beweisantragstellers höchstpersönliche Güter streiten wie etwa im Asylrecht oder bei Eingriffen in Ehe und Familie oder die Privatsphäre lässt sich die grundrechtliche Dimension des Prozessrechts mit derjenigen des Strafprozesses annähernd vergleichen. Auch das **BVerwG** geht zutreffend davon aus, dass Be-

---

[20] *BVerfG*, Nichtannahmebeschluss v. 6.6. 2007 – 2 BvR 1060/06 –, Rdnr. 20; *BVerfG*, Nichtannahmebeschluss v. 2.11. 2001 – 2 BvR 1098/00 –, Rdnr. 13 f.
[21] *BVerwG*, Beschl. v. 16.11. 2010 – 7 B 41.10 –, Rdnr. 8; *BVerwG*, Beschl. v. 19.1. 2010 – 4 B 2.10 –, Rdnr. 2; *BVerwG*, Urt. v. 23.5. 1986 – 8 C 10.84 – = BVerwGE 74, 222, 223 f.
[22] Zur Frage der Fristsetzung für Beweisanträge s. u. Rdnr. 142.
[23] *BVerfG*, Nichtannahmebeschluss v. 6.10. 2009 – 2 BvR 2580/08 –, Rdnr. 24 = NJW 2010, 592 = NStZ 2010, 155 = StV 2010, 113 für die Fallgruppe einer Fristsetzung für Beweisanträge im Sinne einer Ausschlussfrist; zum Ganzen auch: *Beulke/Ruhmannseder*, NStZ 2008, 300, 302.
[24] *BVerfG*, Nichtannahmebeschluss v. 6.10. 2009 – 2 BvR 2580/08 –, Rdnr. 18 = NJW 2010, 592 = NStZ 2010, 155 = StV 2010, 113.
[25] *BVerfG*, Nichtannahmebeschluss v. 6.10. 2009 – 2 BvR 2580/08 –, Rdnr. 18 = NJW 2010, 592 = NStZ 2010, 155 = StV 2010, 113.

II. Grundrechtliche Gewährleistungen des Beweisantragsrechts

weisanträge „nur unter **engen** Voraussetzungen"[26] abgelehnt werden dürfen. Sachaufklärung und Beweisaufnahme sind demnach auch im Verwaltungsprozess der Grundsatz, deren Ablehnung die – eng auszulegende – Ausnahme.

Soweit der Antragsteller eine willkürliche Ablehnung von Beweisanträgen oder das prozessrechtswidrige Unterbleiben eines Ablehnungsbeschlusses nach § 86 Abs. 2 VwGO rügt, ist **Art. 103 Abs. 1 GG gegenüber** dem Grundrecht auf effektiven Rechtsschutz aus **Art. 19 Abs. 4 GG** grundsätzlich **lex specialis**. So postuliert das BVerfG: „Soweit die Beschwerdeführerin im Zusammenhang mit der Ablehnung ihrer Beweisanträge sowie der angeblich unterbliebenen Bescheidung ihres Vorbringens zu den Abwägungsmängeln des angegriffenen Planfeststellungsbeschlusses auch den Justizgewährungsanspruch bzw. Art. 19 Abs. 4 GG als verletzt bezeichnet, ist verfassungsrechtlicher Prüfungsmaßstab der Anspruch auf rechtliches Gehör gemäß Art. 103 Abs. 1 GG, der insoweit der Rechtsschutzgarantie vorgeht."[27]

8

2. Besonderheiten im Asylprozess

Besonderheiten bestehen nach der Rechtsprechung des BVerfG für die Sachaufklärungspflicht des Fachgerichts für den Asylprozess. Hier ist die Ermittlungspflicht auch inhaltlich grundrechtlich geprägt. In mehreren stattgebenden Kammerbeschlüssen hat das BVerfG die Anforderungen an die gerichtliche Tatsachenfeststellung, namentlich an die Aufklärungspflicht und die Behandlung von Beweisanträgen, für den Asylprozess vor dem Hintergrund des **Asylgrundrechts** aus Art. 16 Abs. 2 Satz 2 GG herausgearbeitet.[28] Angesichts der Feststellungsbedürftigkeit des Asylgrundrechts hat die **Sachaufklärungspflicht** des Verwaltungsgerichts aus § 86 Abs. 1 Satz 1 VwGO im Asylprozess **verfassungsrechtliches Gewicht**.[29] Anders als bei „normalen" Beweisanträgen, deren Ablehnung das BVerfG am Maßstab des Willkürverbots und des Grundsatzes rechtlichen Gehörs misst, verdichtet das BVerfG bei Beweisanträgen im Asylprozess den fachgerichtlichen Prüfungsmaßstab wie folgt:[30] „Gerichtliche Er-

9

---

[26] *BVerwG*, Beschl. v. 12.3. 2010 – 8 B 90.09 –, Rdnr. 25; ebenso: *BVerwG*, Beschl. v. 22.9. 1992 – 7 B 40.92 –, Ls. 2 = Buchholz 11 Art. 33 Abs. 5 GG Nr. 71 = DVBl. 1993, 209 = NVwZ 1993, 377.

[27] *BVerfG*, Nichtannahmebeschluss v. 21.2. 2008 – 1 BvR 1987/07 –, Rdnr. 28 = DVBl. 2008, 593 = NVwZ 2008, 778 = EuGRZ 2008, 436 – „Schacht Conrad"; zur Abgrenzung grundlegend: *BVerfG*, Plenum, Beschl. v. 30.4. 2003 – 1 PBvU 1/02 – = BVerfGE 107, 395 = NJW 2003, 1924.

[28] *BVerfG*, stattgebender Kammerbeschluss v. 20.2. 1992 – 2 BvR 633/91 – = NVwZ 1992, 659 = InfAuslR 1992, 226 = BayVBl. 1992, 751; *BVerfG*, stattgebender Kammerbeschluss v. 18.1. 1990 – 2 BvR 760/88 – = InfAuslR 1990, 161.

[29] *BVerfG*, stattgebender Kammerschluss v. 12.2. 2008 – 2 BvR 2141/06 –, Rdnr. 23; *BVerfG*, Beschl. v. 15.2. 2000 – 2 BvR 752/97 –, Rdnr. 40 = InfAuslR 2000, 254; auch in Kriegsdienstverweigerungssachen war die Ermittlungspflicht des Fachgerichts grundrechtlich geprägt.

[30] *BVerfG*, stattgebender Kammerbeschluss v. 18.1. 1990 – 2 BvR 760/88 –, Rdnr. 15 = InfAuslR 1990, 161; ebenso: *BVerfG*, stattgebender Kammerbeschluss v. 19.1. 1994 – 2 BvR 81/93 – = InfAuslR 1994, 154 – Verletzung von Art. 16 a Abs. 1, 19 Abs. 4 GG durch unzutreffende Behandlung von Beweisanträgen bezüglich der Geltendmachung objektiver Nachfluchtgründe; BVerfGE 76, 143, 162.

Teil A. Beweisantragsrecht

mittlungen zum Tatbestand ,politisch Verfolgter' sind vom BVerfG daraufhin zu überprüfen, ob sie einen hinreichenden Grad an Verlässlichkeit aufweisen und auch dem Umfang nach, bezogen auf die besonderen Gegebenheiten im Asylbereich, zureichend sind. Ob Tatsachenfeststellungen in diesem Sinne verlässlich und zureichend sind, bestimmt sich nach dem Umfang der gerichtlichen Sachaufklärungspflicht und nach den Anforderungen an die richterliche Überzeugungsbildung, wie sie sich aus dem Amtsermittlungsgrundsatz (§ 86 Abs. 1 Satz 1 VwGO) für den Verwaltungsprozess ergeben. Auf diesem Wege unterliegt die Anwendung des Prozessrechts durch die Verwaltungsgerichte verfassungsgerichtlicher Überprüfung in einem spezifischen, durch die Verfahrensabhängigkeit des Asylgrundrechts bedingten und gerechtfertigten Sinne. Der den Fachgerichten zu belassende ‚Wertungsrahmen' ist hier deshalb enger als bei einer Überprüfung gerichtlicher Tatsachenfeststellungen daraufhin, ob etwa das Willkürverbot oder der Grundsatz rechtlichen Gehörs beachtet wurden. Im Rahmen der Beurteilung, ob die Tatsachenfeststellungen den aus dem Asylgrundrecht folgenden Anforderungen gerecht werden, ist das BVerfG darum nicht auf die Kontrolle beschränkt, ob die Gerichte die verfahrensrechtlichen Regelungen über die Tatsachenfeststellung in einer Weise fehlerhaft angewandt haben, dass die Rechtsanwendung unter Berücksichtigung der das Grundgesetz beherrschenden Gedanken nicht mehr verständlich ist und sich daher der Schluss aufdrängt, dass sie auf sachfremden Erwägungen beruht, und ob – im Fall etwa der Nichtberücksichtigung von Beweisanträgen – dies aus Gründen des formellen oder materiellen Rechts geschah. Vielmehr kommt der sich schon allgemein aus § 86 Abs. 1 Satz 1 VwGO ergebenden umfassenden Verpflichtung der Verwaltungsgerichte, von Amts wegen jede mögliche Aufklärung des Sachverhalts bis hin zur Grenze der Zumutbarkeit zu versuchen, im Asylrechtsstreit verfassungsrechtliches Gewicht zu und ist darum die Erfüllung dieser Verpflichtung auch verfassungsgerichtlich nachprüfbar. Hierbei ist vor allem zu beachten, dass in dem vom Amtsermittlungsgrundsatz beherrschten Verwaltungsprozess im allgemeinen und im Asylrechtsstreit im besonderen eine gerichtliche Verpflichtung zur (weiteren) Aufklärung u. U. selbst dann bestehen kann, wenn das Verfahrensrecht dem Gericht die Möglichkeit gibt, den betreffenden Beweisantrag unter bestimmten Gesichtspunkten abzulehnen. Dies bewirkt jedenfalls für den Asylbereich eine auch verfassungsrechtlich bedingte Einschränkung des durch gesetzliche Vorschriften über die Behandlung von Beweisanträgen (hier §§ 98 VwGO, 412 Abs. 1 ZPO) eingeräumten richterlichen Ermessens."[31] Diese Grundsätze sind ständige Rechtsprechung des BVerfG.[32]

10 So hat das BVerfG die fachgerichtliche Ablehnung von Beweisanträgen beanstandet, die darauf abzielen, die mangelnde Schutzbereitschaft des türki-

---

[31] *BVerfG*, stattgebender Kammerbeschluss v. 18.1. 1990 – 2 BvR 760/88 –, Rdnr. 15 = InfAuslR 1990, 161; ebenso: *BVerfG*, stattgebender Kammerbeschluss v. 19.1. 1994 – 2 BvR 81/93 – = InfAuslR 1994, 154.

[32] *BVerfG*, Beschl. v. 6.6. 1991 – 2 BvR 389/85 – = InfAuslR 1992, 56; *BVerfG*, Beschl. v. 20.2. 1992 – 2 BvR 633/91 – = NVwZ 1992, 659 = BayVBl 1992, 751 = InfAuslR 1992, 226; *BVerfG*, Beschl. v. 30.11. 1993 – 2 BvR 594/93 – = BayVBl. 1994, 143; *BVerfG*, stattgebender Kammerbeschluss v. 19.1. 1994 – 2 BvR 81/93 – = InfAuslR 1994, 154.

II. Grundrechtliche Gewährleistungen des Beweisantragsrechts

schen Staates gegenüber Jeziden auch und gerade unter den Voraussetzungen der Militärverwaltung nachzuweisen. Diese dürften **nicht** allein mit der Begründung zurückgewiesen werden, dass sich „aus den bekannten Unterlagen" (hier: Ausführungen des Auswärtigen Amtes und Ausführungen von Sachverständigen) **nicht** genügend Anhaltspunkte dafür ergäben, dass durch Auskünfte oder Gutachten eine Verbreiterung der Tatsachenbasis gerade für die hier wesentliche Frage zu erwarten sei, ob sich der türkische Staat bemühe, Kurden und Jeziden vor Übergriffen Dritter Schutz zu gewähren.[33] Eine solche fachgerichtliche Vorgehensweise beanstandet das BVerfG, wenn in den Entscheidungsgründen selbst von Übergriffen und einer dadurch entstandenen Lage der Jeziden ausgegangen wird, die – ihre Richtigkeit unterstellt und unter der weiteren Annahme des unzureichenden staatlichen Schutzes – geeignet sind, bei Angehörigen dieser Glaubensgruppe berechtigte Verfolgungsfurcht hervorzurufen.[34]

Auch in einem anderen Fall hat das BVerfG beanstandet, das Verwaltungsgericht habe den ihm eröffneten **fachgerichtlichen Wertungsrahmen** überschritten: Solange sich ein sog. Politmalus nicht von vornherein ausschließen lasse, sei es Aufgabe des Verwaltungsgerichts, den maßgebenden Sachverhalt in einer der Bedeutung des Asylgrundrechts entsprechenden Weise aufzuklären. Bei der strafrechtlichen Verurteilung durch ein türkisches Staatssicherheitsgericht bedürfe es dazu einer Auseinandersetzung mit dem Einzelfall, um festzustellen, ob in der Anwendung der Strafgesetze durch das Gericht eine Maßnahme politischer Verfolgung zu erblicken gewesen sei.[35]

3. Gehörsrüge

Wird geltend gemacht, das Verwaltungsgericht habe einen Beweisantrag zu Unrecht abgelehnt und somit den Amtsermittlungsgrundsatz aus § 86 Abs. 1 VwGO verletzt, kann dies eine nach Art. 103 Abs. 1 GG zu beurteilende Gehörsrüge darstellen. Die Anforderungen an eine erfolgreiche Gehörsrüge sind nach der Rechtsprechung des BVerwG anspruchsvoll: „Die Rüge, das rechtliche Gehör (**Art. 103 Abs. 1 GG, § 108 Abs. 2 VwGO**) sei verletzt, erfordert regelmäßig die substantiierte Darlegung dessen, was die Prozesspartei bei ausreichender Gehörsgewährung noch vorgetragen hätte und inwiefern der weitere Vortrag zur Klärung des geltend gemachten Anspruchs geeignet gewesen wäre. Schließlich ist bei allen Verfahrensrügen darzulegen, dass und inwieweit die angefochtene Entscheidung auf dem behaupteten Mangel beruht, d.h. inwiefern die nicht aufgeklärte Tatsache – vom materiell-rechtlichen Standpunkt des Berufungsgerichts – zu einer günstigeren Entscheidung hätte führen können."[36]

---

[33] *BVerfG*, stattgebender Kammerbeschluss v. 8.5. 1991 – 2 BvR 1245/84 – = InfAuslR 1992, 63.
[34] *BVerfG*, stattgebender Kammerbeschluss v. 8.5. 1991 – 2 BvR 1245/84 – = InfAuslR 1992, 63.
[35] *BVerfG*, stattgebender Kammerbeschluss v. 12.2. 2008 – 2 BvR 2141/06 –, Rdnr. 27–29 = NVwZ-RR 2008, 643 = InfAuslR 2008, 264.
[36] *BVerwG*, Beschl. v. 19.8. 2010 – 10 B 22.10 –, – 10 PKH 11.10 –, Rdnr. 10; vgl. auch *BVerwG*, Beschl. v. 19.3. 1991 – 9 B 56.91 – Buchholz 310 § 104 VwGO Nr. 25 S. 12 m.w.N.

III. Vorgegebener Rollenkonflikt Gericht/Partei im Beweisantragsrecht

1. Empirischer Befund

13 Trotz der hohen rechtlichen Bedeutung der Sachaufklärung (§ 86 Abs. 1 VwGO) und des Beweisantragsrechts (§ 86 Abs. 2 VwGO) im Verwaltungsprozess führen Verwaltungsgerichte – anders als Zivil- und Strafgerichte – Beweisaufnahmen in der Praxis nur selten durch. Sie versuchen diese nach Möglichkeit zu vermeiden. Dies gilt nach dem Selbstverständnis vieler Verwaltungsrichter sogar als besonders erstrebenswert. Während Zivilgerichte im Zweifel dazu neigen, einen Zeugen oder Sachverständigen zu hören, ist im Verwaltungsprozess in der Praxis ein gegenteiliger Befund zu beklagen. Mit Ausnahme der Disziplinarverfahren, die im Grunde „kleine Strafverfahren" sind, finden Beweisaufnahmen kaum statt. Den Schwerpunkt der Judikatur zum Beweisantragsrecht bildet mit Abstand der Asylprozess.[37]

14 Ohne dies statistisch ausgewertet zu haben,[38] drängt sich hier der Eindruck auf, dass die meisten Judikate insoweit davon handeln, dass Beweisanträge durch den Tatrichter abgelehnt wurden bzw. warum dies rechtlich nicht zu beanstanden sei. Dies überrascht auf den ersten Blick, weil im Verwaltungsprozess die Aufklärungs-, im Zivilprozess hingegen die Beibringungsmaxime gilt. Ferner, weil das Beweisantragsrecht im Zivilprozess nicht in gleicher Weise formalisiert ist wie in § 86 Abs. 2 VwGO: Zwar wird auch im Zivilprozess in formeller Form Beweis angetreten. Anders als § 244 StPO und § 86 Abs. 2 VwGO muss im Zivilprozess jedoch kein ablehnender Beschluss ergehen, wenn kein Beweis erhoben wird; ein formalisiertes Verfahren der Ablehnung fehlt, die Ablehnung liegt schon darin, **dass** das Gericht einen angetretenen Beweis nicht erhebt.[39] Diese Unterschiede liegen nur teilweise in der Natur der Sache, nämlich insoweit als Streitgegenstand beispielsweise eines Anfechtungsprozesses ein belastender Verwaltungsakt ist, der sich einschließlich seiner Genese authentisch aus den behördlichen Akten ergibt. Der **Verwaltungsprozess** ist insoweit naturgemäß **stark aktendominiert**. Diese Ausgangslage darf aber nicht dazu führen, dass sich – wie in praxi häufig festzustellen – die gerichtliche Sachaufklärung in der Beiziehung der Verwaltungsvorgänge erschöpft. Denn der Verwaltungsakt regelt einen **tatsächlichen** Lebenssachverhalt und dieser lässt sich i.d.R. nicht auf eine Behördenakte reduzieren.

15 Die Erfahrung zeigt, dass Verwaltungsgerichte dazu neigen, im Zweifel eine solche **rechtliche** Lösungsmöglichkeit zu wählen, bei der die Sachver-

---

[37] Vgl. hierzu: *Dahm*, Beweisanträge im Asylprozess, ZAR 2002, 227: „Das Recht der Beweisanträge im Asylprozess ist heute stark umkämpft."; auch *Jacob*, Über Beweisanträge, VBlBW. 1997, 41 betont, „dass gerade in asylrechtlichen Verfahren Stellung und Behandlung von Beweisanträgen von besonderer Relevanz sind."

[38] Beklagtenswerter Weise fehlt für den Verwaltungsprozess – anders als für den Strafprozess – eine Rechtstatsachenforschung.

[39] *Greger*, in: Zöller, ZPO, 28. Aufl. 2010, vor § 284 Rdnr. 8 a.

III. Vorgegebener Rollenkonflikt Gericht/Partei im Beweisantragsrecht

haltsaufklärung durch förmliche Beweisaufnahme vermieden wird. Überspitzt könnte man formulieren: **Zivil- und Strafgerichte entscheiden über Tatfragen, Verwaltungsgerichte über Rechtsfragen.** Dieser Befund erstaunt, lassen doch die Prozessmaximen an sich ein genau gegenteiliges Ergebnis erwarten: Nämlich „in dem vom Untersuchungsgrundsatz beherrschten Verwaltungsprozess"[40] ein hohes Maß an gerichtlicher Sachverhaltsaufklärung, dagegen im von der Beibringungsmaxime beherrschten Zivilprozess eine dominierende Rolle der Parteien bei der Sachverhaltsaufklärung und ein sich eher zurücknehmendes Gericht. Oder ist dieser Befund in Wirklichkeit gar nicht so überraschend? Nach *Rosenberg* „hindert die Herrschaft der Untersuchungsmaxime durchaus nicht das Bestehen und Walten der (materiellen) Beweislastnormen, denn auch in einem so gestalteten Verfahren kann es sich ereignen – nach der Meinung mancher sogar leichter als in einem Verfahren mit Verhandlungsmaxime –, dass eine erhebliche Tatsache nicht als wahr festgestellt wird".[41] Zwar charakterisiert das **BVerwG** den Verwaltungsprozess gerade dadurch, dass dort „eine Pflicht zur Glaubhaftmachung, etwa im Sinne von § 294 ZPO (…) regelmäßig ebenso wenig wie eine Beweisführungspflicht" bestehe.[42] Der praktische Befund lautet indes zuweilen anders. Sollte man also eine „Scheu" vor den Fakten annehmen?

Fallbeispiel: Die unterschiedliche **Herangehensweise der Gerichtszweige** an das Thema Sachverhaltsaufklärung lässt sich exemplarisch an Fallkonstellationen belegen, in denen sowohl das Verwaltungsgericht als auch das Zivilgericht über ein und dieselbe zentrale Tatsachen-Frage entscheiden. Dies ist z. B. bei Prozessen der Fall, in denen es zentral um die **Verursachung** einer Altlast geht. Bei der rechtlichen Aufarbeitung von Altlastenfällen findet sich in der Praxis vielfach die folgende Situation: Der Eigentümer eines kontaminierten Grundstücks macht gegen den Verursacher seinen zivilrechtlichen Ausgleichsanspruch nach § 24 Abs. 2 BBodSchG geltend. Er klagt auf Ersatz bereits getätigter Aufwendungen und Freistellung von künftigen Kosten. Gleichzeitig versucht die Ordnungsbehörde, die sich im Wesentlichen – weil dies bequemer ist – an den Zustandsstörer hält, einen Teil der Kosten per Ordnungsverfügung beim Verursacher einzutreiben (z. B. per Teilleistungsbescheid zunächst die Kosten eines Sanierungsplans). Die Rechtswegregelung will es, dass für den Prozess über den Ausgleichsanspruch des Eigentümers das Zivilgericht (§ 24 Abs. 2 Satz 6 BBodSchG) zuständig ist, für die Klage des Verursachers gegen die ordnungsrechtliche Heranziehung hingegen der Verwaltungsrechtsweg (§ 40 VwGO) eröffnet ist. In beiden häufig parallel laufenden Prozessen geht es um die Frage der Verursachung. Einerseits setzt die öffentlich-rechtliche Inanspruchnahme die Verursachereigenschaft voraus (§ 4 Abs. 3 Satz 1 Alt. 1 BBodSchG), andererseits hängt der zivilrechtliche Ausgleichsanspruch dem Grunde und der Höhe nach davon ab, dass und inwieweit der Schaden von dem Beklagten verursacht worden ist (§ 24 Abs. 2

---

[40] *BVerwG*, Urt. v. 11.9. 2007 – 10 C 8.07 –, Rdnr. 13 = BVerwGE 129, 251.
[41] *Rosenberg*, Die Beweislast, 3. Aufl. 1953, S. 28.
[42] *BVerwG*, Urt. v. 11.9. 2007 – 10 C 8.07 –, Rdnr. 13 = BVerwGE 129, 251; *BVerwG*, Beschl. v. 29.4. 2005 -1 B 119.04 – und Beschl. v. 19.10. 2001 -1 B 24.01 –, Buchholz 310 § 86 Abs. 1 VwGO Nr. 342 und 317.

Teil A. Beweisantragsrecht

Satz 2 Hs. 1 BBodSchG). Diese Konstellation bietet die seltene Gelegenheit, praktisch zu erleben, wie Zivilgericht einerseits und Verwaltungsgericht andererseits hinsichtlich der Sachaufklärung an **ein und denselben Fall** methodisch herangehen. Ähnliches dürfte sich im Amtshaftungsrecht bei der Frage der Rechtmäßigkeit eines Verwaltungsaktes oder eines Bebauungsplanes feststellen lassen. Der Befund ist ernüchternd: Während die Zivilgerichte in aller Regel zunächst eine umfangreiche Beweisaufnahme durchführen, Zeugen und sachverständige Zeugen hören, Sachverständigengutachten in Auftrag geben und versuchen, den Lebenssachverhalt weitestmöglich aufzuklären, entscheiden Verwaltungsgerichte i.d.R. rein nach Aktenlage ohne jede Beweisaufnahme.

Sachverhaltsaufklärung zur Verursachung einer Altlast[43]
(gleicher Lebenssachverhalt)

17   **Beispiel 1:**

	Zivilgericht LG X	Verwaltungsgericht VG X
Verhandlungstage	3	1
Gesamtverhandlungsdauer in h	14	2
Beweisbeschlüsse	3	0
vernommene Zeugen	10	0
vernommene sachverständige Zeugen	2	0
eingeholte Sachverständigengutachten	1	0
mündliche Anhörung von Sachverständigen	1	0

18   **Beispiel 2:**

	Zivilgericht LG Y	Verwaltungsgericht VG Y
Verhandlungstage	3	1
Gesamtverhandlungsdauer in h	6	1
Beweisbeschlüsse	4	0
vernommene Zeugen	8	0
vernommene sachverständige Zeugen	–	0
Sachverständigengutachten	1	0
mündliche Anhörung von Sachverständigen	1	0

---

[43] Es handelt sich um Daten aus realen, anonymisierten Prozessen (Stand: 31.12.2010).

III. Vorgegebener Rollenkonflikt Gericht/Partei im Beweisantragsrecht

Die Einstellung der Verwaltungsrichter zu Beweisaufnahmen erscheint reserviert, fast ängstlich, diejenige ihrer Kolleginnen und Kollegen in der ordentlichen Gerichtsbarkeit dagegen unverkrampft und offenherzig. Natürlich sind dies pauschalierende Urteile. So werden etwa Beweisanträge auf Einholung von Sachverständigengutachten mit der Begründung abgelehnt, „dass die vom Beweisantrag umfassten Fragen bereits durch die schriftlichen und mündlichen gutachterlichen Aussagen des Wasserwirtschaftsamtes und des Amtes für Landwirtschaft und Forsten geklärt" seien,[44] Stellungnahmen von Fachbehörden hätten „in der Regel größeres Gewicht als Expertisen von privaten Fachinstituten, weil die amtlichen Erkenntnisse auf jahrelanger Bearbeitung eines bestimmten Gebiets und nicht nur auf der Auswertung von Aktenvorgängen im Einzelfall beruhen".[45] Oder es wird ein Antrag auf Einholung eines Sachverständigengutachtens zur Aufklärung der Sanierungsbedürftigkeit einer Altlast mit der Begründung abgelehnt, es sei „nichts dafür ersichtlich, dass ein jetzt einzuholendes Gutachten zu besseren Erkenntnismöglichkeiten führt als die fachliche Stellungnahme des StAU".[46] Ein anderes Beispiel: Mehrere Anwohner griffen die Genehmigung der Verfüllung des Trierer Hafenbeckens mit kontaminiertem Bodenmaterial an. Das angerufene VG meinte, **nicht** darüber Beweis erheben zu müssen, „ob bislang nur von Schadstoffen unbelastetes Boden- und sonstiges Material in das vormalige Hafenbecken 2 verfüllt worden ist und ob die Zulassung des Verfüllmaterials im Einklang mit der einschlägigen Behördenpraxis oder fachlichen und technischen Anforderungen" stehe, weil dies für die Klage unerheblich sei.[47] Und schließlich kommt es vor, dass ein auf Inaugenscheinnahme einer Lichtbilddokumentation von überschwemmten Agrarflächen gerichteter Beweisantrag mit der Begründung abgelehnt wird, dass „die Inaugenscheinnahme der Bilder selbst nur Auskünfte über die Fotos und ihr Aufnahmedatum und nicht über die Verhältnisse vor Ort" ergebe.[48] Zumeist liegt es allerdings gerade umgekehrt. Die Lichtbilddokumentation wird für ausreichend angesehen, um eine Abgrenzung von Innen- und Außenbereich (vgl. § 34 Abs. 1, § 35 BauGB) ohne Ortstermin vornehmen zu können.[49] Im Verwaltungsprozess kann es passieren, dass das Gericht einerseits reihenweise auf Zeugenvernehmung gerichtete Beweisanträge zur Aufklärung eines Tätigkeitsverbots nach § 20 Abs. 1 Nr. 2 VwVfG ablehnt, in derselben mündlichen Verhandlung dann aber gleichwohl eben diese benannten Zeugen „informal anhört"[50] und so Wahrheitspflicht und Fra-

---

[44] *BayVGH*, Beschl. v. 19.9. 2008 – 22 ZB 08.1523 –, Rdnr. 3: kein Verfahrensmangel.
[45] *VG Regensburg*, Urt. v. 5.5. 2008 – RN 8 K 07.1088 –, S. 8 (unveröffentlicht).
[46] *VG Magdeburg*, Beschl. v. 29.1. 2001 – 1 A 303/99 MD – (unveröffentlicht); StAU = Staatliches Amt für Umweltschutz.
[47] *VG Trier*, Urt. v. 27.2. 2002 – 5 K 502/02.TR –, S. 14; bestätigt durch *OVG Rheinland-Pfalz*, Beschl. v. 28.8. 2003 – 1 A 10520/03.OVG –, S. 17 f.
[48] *VG Magdeburg*, Beschl. v. 11.12. 2006 – 1 A 397/05 MD – (unveröffentlicht).
[49] *BVerwG*, Beschl. v. 3.12. 2008 – 4 BN 26.08 – ZfBR 2009, 277.
[50] So *VG Köln*, Urt. v. 12.3. 2010 – 18 K 409/08 –, Rdnr. 72: „sowie nach Angaben von Frau St. in der mündlichen Verhandlung am 12.3. 2010 federführende Bearbeiterin des EBA, weshalb der darauf bezogene *Beweisantrag* der Klägerin (…) als auf eine Ausforschung gerichtet *abzulehnen* war".

Teil A. Beweisantragsrecht

gerecht der Parteien aushebelt.[51] Dergleichen wäre im Straf- oder Zivilprozess undenkbar, auch wenn dort eine erste informatorische Befragung darüber, ob der Zeuge eigentlich „Zeuge" sein könne, nicht ausgeschlossen ist.

2. Gründe für die Unbeliebtheit von Beweisanträgen bei Richtern

20 Beweisanträge sind bei Richtern unbeliebt.[52] Sobald Beweisanträge im Raum stehen, verdüstert sich das richterliche Verhandlungsklima augenfällig. Aus richterlicher Perspektive wird vielfach das „Beweisantragsrecht als Störfaktor im Rahmen der Suche nach materieller Wahrheit" begriffen.[53] Woran liegt dies, sieht die VwGO doch das Stellen von Beweisanträgen in der mündlichen Verhandlung als genauso „normale" Prozesshandlung an, wie das Stellen von Klageanträgen? Als Gründe für diese Unbeliebtheit werden insbesondere genannt,

- dass erstens die fehlerhafte Ablehnung von Beweisanträgen Verfahrensmängel begründet, wenn das Urteil darauf beruht,
- zweitens Beweisanträge (möglicherweise) sogenannte kognitive Dissonanzen und damit „aversive Zustände" provozieren (Inertia-Effekt) und
- drittens, dass Beweisanträge geeignet sind, die Terminplanung des Gerichts durcheinanderzubringen.[54]

21 Der tiefere Grund für die Abneigung der Verwaltungsrichter gegen Beweisanträge dürfte indes gerade in Zweck und Funktion des Stellens von Beweisanträgen liegen, wie ihn die höchstrichterliche Rechtsprechung selbst begreift. Vor diesem Hintergrund hat *Ignor* das in der Natur der Sache liegende Spannungsfeld zwischen Richtern und Anwälten beim Beweisantragsrecht wie folgt zutreffend auf den Punkt gebracht: „Viele der Gründe, die Beweisanträge bei Richtern unbeliebt machen, sind aus anwaltlicher Sicht solche, davon Gebrauch zu machen."[55]

22 Hinzu kommt: Stärker als der Strafprozess – der wie der Verwaltungsprozess vom Untersuchungsgrundsatz beherrscht wird – ist der Verwaltungsprozess aktendominiert.[56] Deutlich artikuliert die verwaltungsgerichtliche Rechtsprechung dies wie folgt: „Eine Verletzung der Aufklärungspflicht liegt regelmäßig jedoch dann nicht vor, wenn das Gericht den entscheidungserheblichen Sachverhalt aufgrund der beigezogenen Verwaltungsvorgänge für aufgeklärt gehalten hat und die sachkundig vertretenen Verfahrensbeteiligten Be-

---

[51] Kritisch zur informalen Anhörung von Zeugen aus der Behörde *Dolde*, VBlBW. 1985, 248, 251 f.
[52] *Ignor*, Beweisantragsrecht aus der Sicht des Strafverteidigers, Vortrag auf der 20. Fortbildungsveranstaltung der ARGE Verwaltungsrecht Rheinland-Pfalz im DAV am 24.11. 2008 (unveröffentlichtes Manuskript), S. 2.
[53] *Hamm/Hassemer/Pauly*, Beweisantragsrecht, 2. Aufl. 2007, Rdnr. 32.
[54] *Ignor*, Beweisantragsrecht aus der Sicht des Rechtsanwalts, insbesondere des Strafverteidigers, in: DAI (Hrsg.), Brennpunkte des Verwaltungsrechts 2009, S. 211 ff. (213 f.) m.w.N.
[55] *Ignor*, Beweisantragsrecht aus der Sicht des Rechtsanwalts, in: DAI (Hrsg.), Brennpunkte des Verwaltungsrechts 2009, S. 211 ff., 214.
[56] *Vierhaus*, DVBl. 2009, 629.

III. Vorgegebener Rollenkonflikt Gericht/Partei im Beweisantragsrecht

weiserhebungen nicht in der gemäß § 86 Abs. 2 VwGO vorgesehenen Form beantragt haben".[57] Im Strafprozess „gilt" nur das, was Gegenstand der Hauptverhandlung geworden ist und als Beweismittel in die Hauptverhandlung einbezogen wurde (§§ 243 Abs. 1 Satz 2, 245 Abs. 1 Satz 2, 249 Abs. 1 Satz 1, 250 Satz 1 StPO) und sei es bei Urkunden im sogenannten „Selbstleseverfahren" (§ 249 Abs. 2 Satz 1 StPO). Dagegen ist der Verwaltungsprozess in noch stärkerem Maße durch die **Behördenakten** geprägt. Das Gericht zieht diese gleichsam automatisch gem. § 99 Abs. 1 Satz 1 VwGO bei. Die Verwaltungsvorgänge sind ihm die wesentliche Informationsquelle bei der Vorbereitung der mündlichen Verhandlung. Symptomatisch kommt dies in der typischen Formel zum Ausdruck, die man in Tatbeständen verwaltungsgerichtlicher Urteile zu lesen pflegt, und die etwa lauten: „Hinsichtlich der weiteren Einzelheiten des Sachverhalts wird verwiesen auf den Inhalt der Gerichtsakte sowie die von dem Beklagten vorgelegten Verwaltungsvorgänge (...). Sie waren Gegenstand der mündlichen Verhandlung."[58] Letzteres kann in der Realität schon aufgrund des Umfangs der Verwaltungsvorgänge i.d.R. kaum zutreffen. Einen solchen Satz würde man im Tatbestand eines strafgerichtlichen Urteils vergeblich suchen. Problematisch an dieser **Aktendominiertheit des Verwaltungsprozesses** ist auch, dass diese Akten von der Behörde, also von einer Prozesspartei geführt werden. Sie hatte letztlich bestimmt, was Akteninhalt wird und was nicht. Ein Korrektiv hierzu stellt – auch vor dem Hintergrund des Grundsatzes der „Waffengleichheit der Parteien"[59] – das Beweisantragsrecht dar.

3. Rolle des Gerichts

Dass das Gericht Beweisanträge häufig als störend und überflüssig empfinden wird, hängt nicht zuletzt mit seinem Rollenverständnis zusammen. Das Gericht ist naturgemäß der Meinung, genug zur Sachaufklärung getan zu haben.[60] Für den Strafprozess hat beispielsweise *Ignor* konstatiert: „Das Selbstverständnis vieler Strafrichter ist bis heute von dem Ideal – um nicht zu sagen, von der Ideologie – des Inquisitionsprozesses geprägt, wonach der Inquirent alles weiß und alles richtig macht, wenn man ihn nur mit allen notwendigen Befugnissen der Wahrheitserforschung ausstattet."[61] Ist die Pflicht des Gerichts zur Amtsaufklärung „so umfangreich und umsichtig ausgestattet" wie in § 244 Abs. 2 StPO (und § 86 Abs. 1 VwGO), dann – so könnte man meinen – muss „alles, was darüber hinausgeht, als bloße Störung erscheinen".[62] Auf den Verwaltungsprozess ist diese Feststellung im Wesentlichen übertragbar, nur dass dort die Dominanz der Akten größer ist als im Strafprozess. Anders als im Strafprozess, wo Beweisaufnahmen alltäglich sind, bilden sie in den Verhandlungssälen der Verwaltungsgerichte die Ausnahme. Auch dies dürfte eine Ur-

---

[57] *BayVGH*, Beschl. v. 11.5.2009 – 10 ZB 09.634 –, Rdnr. 11.
[58] *VG Magdeburg*, Urt. v. 11.12.2006 – A 397/05 MD –, S. 12 (unveröffentlicht).
[59] *BVerfG*, Beschl. v. 25.7.1979 – 2 BvR 878/74 –, Rdnr. 68 = BVerfGE 52, 144; *Vollkommer*, in: Zöller, ZPO, 27. Aufl. 2009, Einl. Rdnr. 102.
[60] *Vierhaus*, DVBl. 2009, 629, 630.
[61] *Ignor*, Beweisantragsrecht aus der Sicht des Rechtsanwalts, in DAI (Hrsg.), Brennpunkte des Verwaltungsrechts 2009, S. 214.
[62] *Hamm/Hassemer/Pauly*, Beweisantragsrecht, 2. Aufl. 2007, Rdnr. 31.

Teil A. Beweisantragsrecht

sache dafür sein, dass Verwaltungsrichter **Beweisanträge** als ungewöhnlich und für den „normalen" Prozessablauf als hinderlich empfinden. Die Anträge sind dazu angetan, das Bild vom Sachverhalt, das das Gericht in Behörden- und Gerichtsakten vorgefunden hat, „zu **stören**". Auf diesem Bild aber fußen die rechtlichen Vorüberlegungen des Gerichts. Mit ihnen ist das Gericht in die mündliche Verhandlung gegangen. Für **diesen** Sachverhalt hat es sich seine rechtlichen Hinweise zurechtgelegt. Auch das für die mündliche Verhandlung gefertigte Votum basiert auf demjenigen „Bild vom Fall", das sich das Gericht durch die Aktenlektüre gemacht hat. Dem **„Aktenbild" vom Fall** wird eine hoheitliche Herstellungsdominanz zugeschrieben. Das Gericht wird dieses Bild möglichst lange aufrecht erhalten, ja manchmal regelrecht verteidigen. Immerhin wartet dieses Bild – arbeitsökonomisch gesehen – eigentlich nur darauf, in das verfahrensabschließende Urteil übernommen zu werden. Bei einem solchen richterlichen Verständnis, von dem es freilich Ausnahmen gibt, wird jegliche Aktion der Parteien in der mündlichen Verhandlung als Störung auf dem kürzesten Weg zur Entscheidung empfunden. Denn der Beweisantrag stellt ein aktenmäßig erstelltes „Vorurteil" des Richters in Frage. Er wirft also eine Frage der kognitiven Differenz auf.

24 Ein **zeitliches Moment** tritt hinzu: Verwaltungsgerichte terminieren i.d.R. spät, häufig erst ein bis zwei Jahre nach Prozessbeginn, nämlich erst dann, wenn der Berichterstatter meint, „den Fall" bis in die letzte rechtliche Verästelung durchdrungen zu haben. „Offene" Erörterungstermine sind selten.[63] „Der Fall", auf den der Richter sich vorbereitet hat und der in seinem Kopf Gestalt angenommen hat, ist im Wesentlichen der, den er in der Behördenakte gelesen und als Konfliktlage rekonstruiert hat. Auf seiner Grundlage hat er sein Votum gefertigt, mit dem er in den Termin geht. Das Kollegium hat ggf. auf dieser Grundlage vorberaten. Das sich abzeichnende Entscheidungsbild hat Konturen erhalten und wird als in sich stimmig empfunden.[64] Wenn jetzt – kurz vor der Entscheidung – der Klägervertreter[65] Beweisanträge erstmals im Termin stellt, droht dieses Fall-Vorverständnis gestört zu werden. Die Vorbereitung und das Votum könnten sich als vergeblich erweisen. Nacharbeiten könnten sich ankündigen. Unter psychologischen Einflussgrößen sind kognitive Effekte vermutlich dominierend. Zu diesen zählt der Bestätigungseffekt („confirmation bias"). Bestätigungstendenz meint, dass eine Person versucht ihre erste Arbeitshypothese aufrecht zu erhalten, indem sie neue Informationen vor dem Hintergrund der Hypothese einpasst, interpretiert und „stimmig" macht. Eine neue Information vermittelt auch der Sachverhalt, der einem Beweisantrag als immerhin möglich zugrunde liegt. Menschen streben grundsätzlich nach Eindeutigkeit einer Situation. Einmal getroffene Entscheidungen bleiben gegen

---

[63] Kritisch dazu *Kipp*, Beschleunigung im Verwaltungsprozess, insbesondere früher Erörterungstermin, Vortrag auf der 12. Verwaltungsrechtlichen Jahresarbeitstagung am 28.1.2006 im BVerwG, in: Deutsches Anwaltsinstitut (Hrsg.), Brennpunkte des Verwaltungsrechts 2006, S. 154–168.
[64] *Berkemann*, Die richterliche Entscheidung in psychologischer Sicht, in: Raimund/Rehbinder (Hrsg.), Beiträge zur Rechtspsychologie, Berlin 1987, S. 135–143.
[65] Behördenvertreter stellen so gut wie nie Beweisanträge, obwohl es durchaus Konstellationen gibt, in denen dies angezeigt sein kann.

III. Vorgegebener Rollenkonflikt Gericht/Partei im Beweisantragsrecht

widersprechende Informationen immun. Dieser sog. **Inertia-Effekt** schlägt also zu. Beharrung und Abwehr des „Störfeuers" können die Folge sein. Beweisantrag um Beweisantrag wird in einer Art Abwehr-Reflex abgelehnt, notfalls mit sog. „**Sachverhaltsquetsche**" (s. **Anhang I, Beispiele 7 u. 8, S. 211– 216**).[66] Die Energie, die das Gericht auf das Abwehren von Beweisanträgen verwendet, übersteigt in solchen Fällen diejenige, die es für die Sachverhaltsaufklärung investiert, bei weitem.

4. Rolle des anwaltlichen Prozessbevollmächtigten als Interessenvertreter

Die Rolle des Rechtsanwalts, der eine Partei vertritt, ist strukturell anders als die des Richters. Sie besteht in allererster Linie darin, die Interessen seiner Partei zu vertreten. Als unabhängiges Organ der Rechtspflege (§ 1 BRAO) ist der Rechtsanwalt Berater und Vertreter seines Mandanten in allen Rechtsangelegenheiten (§ 3 Abs. 1 BRAO). Er ist Rechtsdienstleister des Rechtssuchenden (§ 2 RDG). Als beauftragter Berater und Vertreter des Rechtssuchenden hat er gewiss auch die Aufgabe, zum Finden einer sachgerechten Entscheidung beizutragen und das Gericht vor Fehlentscheidungen zu Lasten seines Mandanten zu bewahren. Insbesondere soll er die von ihm vertretene rechtsunkundige Partei vor der Gefahr des Rechtsverlusts schützen.[67] Dass der Rechtsanwalt im Wesentlichen Interessenvertreter ist, spiegelt sich am deutlichsten in der Existenz des Straftatbestandes des Parteiverrats (§ 356 StGB) sowie in der berufsrechtlichen Regelung des § 43 a Abs. 4 BRAO zur Vermeidung von Interessenkonflikten wider. Ausdruck dessen ist ferner, dass nach der berufsrechtlichen Rechtsprechung des BVerfG „das unabweisbare Interesse des Mandanten" die Grenze bildet, die der „kollegialen Rücksichtnahme" unter Rechtsanwälten gezogen ist.[68]

25

Vor diesem Hintergrund ist der Rechtsanwalt insbesondere berechtigt und **verpflichtet**, alles zu tun, was sachgerecht und geboten ist, um die **Aufklärung** des Sachverhalts im Sinne seines Mandanten **voranzutreiben**. Zum „Kampf ums Recht"[69] zählt eben ggf. auch und gerade das Stellen gebotener Beweisanträge. Das gilt umso mehr, als die VwGO den Beweisantrag als die zentrale „Waffe des Anwalts im Verwaltungsprozess" ausgestaltet hat (§ 86 Abs. 2 VwGO).[70] Nicht umsonst hat der Gesetzgeber die Vorschrift, die regelt,

26

---

[66] Ein Musterbeispiel: *VG Köln*, Urt. v. 12.3. 2010 – 18 K 409/08 –, Rdnr. 62, 71, 72, 76 – Ablehnung von rund einem Dutzend u. a. auf Vernehmung von behördlichen Zeugen gerichteter Beweisanträge u. a. als angebliche Ausforschungsbeweise, obgleich das Gericht selbst drei der benannten Zeugen einer umfassenden sogenannten „informalen Anhörung" zu eben diesen Beweisthemen unterzog (vgl. zur Prozessrechtswidrigkeit einer solchen informalen Anhörung unten Rdnr. 320 ff.).

[67] *BVerfG*, Beschl. v. 14.7. 1987 – 1 BvR 537/81 –, – 1 BvR 195/87 – = BVerfGE 76, 171, 192; *BVerfG*, Beschl. v. 27.6. 1996 – 1 BvR 1398/94 –, Rdnr. 8 = NJW 1996, 3267.

[68] *BVerfG*, Urt. v. 14.12. 1999 – 1 BvR 1327/98 –, Rdnr. 38 = BVerfGE 101, 312 – Versäumnisurteil.

[69] *Rudolf von Jehring*, Der Kampf um's Recht, 4. Aufl., Wien 1874; vgl. auch das Diktum von *Hans Dahs*: „Verteidigung ist Kampf!", in: Handbuch des Strafverteidigers, 5. Aufl. 1983, Rdnr. 1.

[70] *Vierhaus*, DVBl. 2009, 629 ff.; für die StPO: *Schwenn*, StV 1981, 631.

Teil A. Beweisantragsrecht

dass ein in der mündlichen Verhandlung gestellter Hauptbeweisantrag nur durch begründeten Beschluss des Gerichts abgelehnt werden kann (§ 86 Abs. 2 VwGO), an prominente Stelle und unmittelbar im Anschluss an das Amtsermittlungsprinzip des § 86 Abs. 1 VwGO gesetzt. Das besitzt gesetzespolitischen Symbolwert. § 86 Abs. 1 VwGO definiert gewissermaßen die Rolle des Gerichts, § 80 Abs. 2 VwGO die Rolle der Partei und insbesondere seines anwaltlichen Vertreters. Den natürlichen „Rollenkonflikt", wenn man ihn so bezeichnen mag, zwischen Richter und Partei im Verwaltungsprozess programmiert die VwGO (und die Rechtsprechung zum Verlust der Aufklärungsrüge) geradezu vor; er ist keine Erfindung übereifriger oder streitlustiger Rechtsanwälte. Mit der Formulierung und dem Stellen eines Beweisantrages hat es der Rechtsanwalt in der Hand – und dies ist entscheidend –, das Gericht zu einer **bestimmten** „Sachverhaltsermittlung zu **zwingen**".[71] Eine „klassische" Verfahrensrüge nach § 132 Abs. 2 Nr. 3 VwGO ist es, dem Tatsachengericht vorzuhalten, ihm hätte sich eine nähere Aufklärung des Sachverhaltes aufdrängen müssen. Ebenso klassisch ist die daraufhin erteilte Antwort des BVerwG, es habe dem anwaltlich vertretenen Beschwerdeführer frei gestanden, einen Beweisantrag zu stellen. Dieses Versäumnis könne nun nicht mehr nachgeholt werden.[72] Das gibt nur einen Sinn, wenn man dem Beweisantrag eine hohe Bedeutung zumisst. Wenn es also die verwaltungsgerichtliche Rechtsprechung selbst ist, die der anwaltlich vertretenen Partei abverlangt, dass sie in der mündlichen Verhandlung zur Rechtswahrung Hauptbeweisanträge stellt, dann ist es selbstwidersprüchlich, wenn Verwaltungsrichter in der tatsächlichen Prozesspraxis eben dieses Stellen von Beweisanträgen als „unfreundlichen Akt" oder gar als „Affront" gegen das Gericht empfinden. Beweisanträge sind **„Geister"**, die die Rechtsprechung selbst **gerufen hat**.

27 Mit anderen Worten: Der Beweisantrag ist „das wirkungsvollste Mittel" des Rechtsanwalts, „auf den Umfang der Beweisaufnahme Einfluss zu nehmen und das Gericht zu zwingen, Tatsachen zur Kenntnis zu nehmen".[73] Denn während die gerichtliche Amtsermittlungspflicht im Ermessen des Gerichts steht, gilt im Beweisantragsrecht: „Beim Beweisantrag hat das Gericht **keinerlei Ermessen**."[74] Dies ist vermutlich ein weiterer richterpsychologisch nicht unwichtiger Grund für die Unbeliebtheit von Beweisanträgen: Der Verwaltungsrichter, der naturgemäß meint, im Rahmen der Amtsermittlung bislang genug zur Sachverhaltsaufklärung getan zu haben und zudem von Hause aus zuweilen geneigt ist, sich auf die Entscheidung von Rechtsfragen zu konzentrieren, sträubt sich innerlich dagegen, dass ihm eine bestimmte Beweisaufnahme von einer Partei oktroyiert werden soll.

---

[71] *Dawin*, Der Beweisantrag im Verwaltungsprozess, in: DAI (Hrsg.), Skript: Beweisantragsrecht im Verwaltungsprozess, 6./7.3. 2008, S. 13; *Schwenn*, StV 1981, 631.

[72] Ständige Rechtsprechung u.a. *BVerwG*, Beschl. v. 16.11. 2010 – 7 B 41.10 –, Rdnr. 8; *BVerwG*, Beschl. v. 2.11. 1978 – 3 B 6.78 –, Buchholz 310 § 86 Abs. 1 VwGO Nr. 116; Beschl. v. 2.3. 1978 – 6 B 24.78 –, Buchholz 310 § 132 VwGO Nr. 164.

[73] *Malek*, Verteidigung in der Hauptverhandlung, 3. Aufl. 1999, Rdnr. 267 – für den insoweit parallel strukturierten Strafprozess; grundlegend: *Alsberg/Nüse/Meyer*, Der Beweisantrag im Strafprozess, 5. Aufl. 1983.

[74] *Dawin*, Der Beweisantrag im Verwaltungsprozess, in: DAI (Hrsg.), Brennpunkte des Verwaltungsrechts 2009, S. 173.

III. Vorgegebener Rollenkonflikt Gericht/Partei im Beweisantragsrecht

5. Notwendigkeit einer Änderung im richterlichen Selbstverständnis

Die Notwendigkeit einer Änderung in der richterlichen Herangehensweise an Beweisanträge und Beweisaufnahmen wird **auch aus der Verwaltungsgerichtsbarkeit selbst heraus angemahnt**: „Eine Gerichtspraxis, die nicht von vornherein eine Scheu von Beweiserhebung erkennen lässt, ist im übrigen auch aus Gründen der Verhandlungsatmosphäre zu empfehlen; mancher unbedingt gestellte Beweisantrag und manche anwaltliche Schärfe kann vermieden werden, wenn die Beteiligten (zu Recht) den Eindruck haben könnten, dass von Seiten des Gerichts nicht von vornherein ‚abgeblockt' wird."[75] In Extremfällen – und solche scheinen ausweislich der Rechtsprechung durchaus vorzukommen – ist die Aversion des Richters gegen Beweisanträge, also gegen das Aufzwingen einer bestimmten Beweisaufnahme, derart groß, dass der Richter es trotz Neutralitätspflicht nicht vermag, seinen Unmut über das Stellen von Beweisanträgen mehr oder weniger offen zu artikulieren.[76]

28

Insgesamt ist eine Entschärfung dieser Konfliktsituation nur möglich, wenn die richterliche Seite ihr Selbstverständnis in diesem Punkt verändert. Sie sollte deutlicher als bislang geschehen erkennen, dass die Partei, namentlich die anwaltlich vertretene Partei, nichts anderes tut, als ihre Rechte wahrzunehmen und ihre durch die Rechtsordnung vorgezeichnete Rolle auszufüllen. Zutreffend stellt der **BGH** in seinem Urteil vom 9.3.1988 zur begründeten Besorgnis der Befangenheit bei richterlichen Unmutsäußerungen über Beweisanträge Folgendes fest: „Der Umstand, dass ein Richter sich zu derart massiven Unmutsäußerungen hinreißen lässt, obgleich der Verteidiger lediglich von einem prozessualen Recht Gebrauch machte, kann die Besorgnis der Befangenheit wegen einer „unsachlichen Einstellung" bewirken".[77]

29

Die Verwaltungsgerichte sollten akzeptieren, dass der Rechtsanwalt, der für den Kläger (oder den Beklagten) einen Beweisantrag stellt, nichts anderes macht als seiner Rechtspflicht zu einer effektiven Interessenvertretung nachzukommen und hierzu das ihm durch die Prozessordnung zur Verfügung gestellte Instrumentarium des § 86 Abs. 2 VwGO zu nutzen. Er erfüllt seine Pflicht – sonst nichts. Gerade die verwaltungsgerichtliche Rechtsprechung selbst zwingt den Anwalt dazu, ggf. Beweisanträge zu stellen, um die Sachaufklärung voranzutreiben. Denn die Verletzung von § 86 VwGO kann als Verfahrensfehler, der über § 124 Abs. 2 Nr. 5 VwGO zur Zulassung der Berufung und über § 132 Abs. 2 Nr. 3 VwGO zur Zulassung der Revision führen kann, „verspielt" werden, wenn das Rügerecht in der mündlichen Verhandlung nicht ausgeübt wird, insbesondere die anwaltlich vertretene Partei dem Gericht nicht durch Stellen eines förmlichen Hauptbeweisantrages in der mündlichen Verhandlung die Aufklärung **„aufgedrängt"** hat[78] (s.u. Rdnr. 42 ff.) oder das

30

---

[75] *Jacob*, Über Beweisanträge, VBlBW. 1997, 41.
[76] Beispiele aus der Rechtsprechung im Kapitel X, Ziff. 3: „Richterliche Reaktion auf Beweisanträge als Befangenheitsgrund", Rdnr. 261 ff.
[77] *BGH*, Urt. v. 9.3.1988 – 3 StR 567/87 –, NStZ 1988, 372.
[78] *BVerwG*, Beschl. v. 4.10.2010 – 9 B 1.10 –, Rdnr. 17; *BVerwG*, Urt. v. 26.8.2010 – 3 C 28.09 –, Rdnr. 24; *BVerwG*, Beschl. v. 12.10.2009 – 5 B 55.09 –, Rdnr. 16; ebenso *BVerwG*, Beschl. v. 13.1.2009 – 9 B 64.08 –, Rdnr. 5; *BVerwG*, Beschl. v. 25.1.

Teil A. Beweisantragsrecht

Fehlen der Begründung der Ablehnung nach § 86 Abs. 2 VwGO nicht gerügt wird.[79] Nach der Rechtsprechung des BVerwG verletzt ein Gericht seine Amts-Aufklärungspflicht dann **nicht**, wenn eine durch einen Rechtsanwalt vertretene Partei die von ihr vermisste Beweiserhebung nicht beantragt hat; die Aufklärungsrüge kann danach nicht dazu dienen, Beweisanträge zu ersetzen, die die Partei zumutbar hätte selbst stellen können (s. Rdnr. 5, 42 f.).

31 Im verwaltungsrichterlichen Selbstverständnis tut ein Paradigmenwechsel dahingehend Not, dass **Gerichte das Stellen von Beweisanträgen als einen völlig normalen**, durch die Prozessordnung geradezu vorgezeichneten **Vorgang empfinden**. Der Anwalt handelt professionell. Damit sollte auch das Verwaltungsgericht ebenso professionell umgehen. Denn die VwGO hat – wie die StPO – das Beweisantragsrecht bewusst als „Störfeuer" und Impuls bei der Aufklärung des Sachverhalts vorgesehen: Das Beweisantragsrecht ist „Teil der Beweisaufnahme" und „Instrument der Wahrheitsfindung".[80] Die Arbeitsgruppe „Qualitätsdiskussion in der Verwaltungsgerichtsbarkeit" formuliert in einem Arbeitspapier zutreffend Änderungsbedarf im verwaltungsrichterlichen Umgang mit Beweisanträgen, wenn auf Folgendes hingewiesen wird: „Beweisanträge können dem Bedürfnis der Beteiligten entspringen, das Gericht zur Offenlegung seiner Rechtsauffassung zu zwingen. Hiervon unabhängig ist es bedenkenswert, im Sinne einer Befriedung und Vermeidung prozessualer Risiken die Möglichkeiten einer Ablehnung von Beweisanträgen nicht in jedem Fall auszuschöpfen (Beispiel: präsente Zeugen)."[81]

32 Für ein effektives Beweisantragsrecht sprechen auch in der Sache vielerlei Erwägungen: Die Möglichkeit der Partei, sich am Entscheidungsverfahren aktiv zu beteiligen, das Infragestellen von richterlichem „Vorverständnis" und „Vor-Urteil", Überlegungen zu den Grenzen menschlicher Erkenntnis sowie letztlich die Einsicht, dass die im Prozess zu ermittelnde „forensische" Wahrheit nicht am besten in einer „ungestörten Suche", sondern nach justizförmigen Regeln des Beweisantragsrechts, die eben auch konflikthafte Elemente enthalten, gesucht wird.[82] Wahrheitssuche ist eher ein Prozess von trial and error als eine Einbahnstraße. Insoweit trifft die auf den Strafprozess gemünzte Feststellung von H. Dahs zu: „Nicht die Harmonie, sondern der Streit ist das Grundmuster des Strafprozesses".[83] Oder pointiert mit Dahs: „Verteidigung ist Kampf!".[84] Bezogen auf das Beweisantragsrecht gilt dies grundsätzlich auch

---

2005 – 9 B 38.04 –, Rdnr. 24 = NVwZ 2005, 447, 449 = Buchholz 406.25 § 43 BImSchG Nr. 22; BayVGH, Beschl. v. 11.5. 2009 – 10 ZB 09.634 –, Rdnr. 11; OVG NRW, Beschl. v. 10.6. 2009 – 13 A 2892/07 –, Rdnr. 26; OVG Berlin-Brandenburg, Beschl. v. 10.5. 2010 – OVG 10 N 22.08 –, Rdnr. 17 zur Berufungszulassung wegen Verfahrensmangels gem. § 124 Abs. 2 Nr. 5 VwGO.

[79] *BVerwG*, Beschl. v. 8.12. 1988 – 9 B 388.88 – = NJW 1989, 1233.
[80] *Hamm/Hassemer/Pauly*, Beweisantragsrecht, 2. Aufl. 2007, Rdnr. 19.
[81] Arbeitspapier „Qualitätsdiskussion in der Verwaltungsgerichtsbarkeit" v. 12.2. 2005, S. 12, vgl. www.ovg.nrw.de/wir_ueber_uns/binnenmodernisierung/ 01_arbeitspapier.pdf, zuletzt aufgerufen am 12.1. 2011.
[82] So für den Strafprozess: *Hamm/Hassemer/Pauly*, Beweisantragsrecht, 2. Aufl. 2007, Rdnr. 6, 27, 31 und 33 f.
[83] *Hamm/Hassemer/Pauly*, Beweisantragsrecht, 2. Aufl. 2007, Rdnr. 33.
[84] *Hans Dahs*, in: Handbuch des Strafverteidigers, 5. Aufl. 1983, Rdnr. 1.

III. Vorgegebener Rollenkonflikt Gericht/Partei im Beweisantragsrecht

für den Verwaltungsprozess: Er ist angesichts der strukturellen Parallelen von § 244 Abs. 3 bis 6 StPO einerseits und § 86 Abs. 2 VwGO andererseits vom Gesetzgeber eben nicht als reine „Harmonie-Veranstaltung" konzipiert worden. Darauf, dass der Gesetzgeber dies sehr bewusst so geregelt hat wird an anderer Stelle zurückzukommen sein. Es hat sein Gutes, dass der Bundesrat, der im Gesetzgebungsverfahren zweimal ohne Erfolg die Streichung von § 86 Abs. 2 im VwGO-Entwurf gefordert hatte, nicht durchgedrungen ist.[85]

33 Verwaltungsrichter sind also aufgerufen, kritisch zu hinterfragen, ob an dem allseits zu hörenden Vorwurf, Verwaltungsgerichte seien zu stark auf die Entscheidung von **Rechts**fragen ausgerichtet, nicht etwas dran sein könnte. Häufig hört man, „die meisten Verwaltungsrichter behandelten lieber schwierige Rechtsfragen als dass sie eine Zeugenaussage würdigten".[86] Die Rede ist von der **„Angst des Tatrichters vor dem Beweisantrag"**.[87] Wenn in einem Arbeitspapier mit dem Titel „Qualitätsdiskussion in der Verwaltungsgerichtsbarkeit" den Verwaltungsrichtern der Ratschlag erteilt wird: „Juristische Meinungsstreite sollten nicht dazu verführen, allen Verästelungen der verschiedenen Argumentationsstränge nachzugehen",[88] dann scheint der Befund, Verwaltungsrichter arbeiteten zu sehr auf Rechtsfragen – anstatt auf Tatfragen – bezogen, nicht völlig abwegig zu sein. Schließlich stammt die Warnung vor „langen wissenschaftlichen Abhandlungen" in verwaltungsgerichtlichen Entscheidungen aus der Qualitätsdiskussion innerhalb der Verwaltungsgerichtsbarkeit selbst.[89] Diese Kritik an der verwissenschaftlichten verwaltungsrichterlichen Arbeitsweise geht bereits auf *Sendler* zurück.[90] Symptomatisch ist beispielsweise der in der Reformdiskussion zur Beschleunigung des Verwaltungsprozesses geäußerte Vorschlag, „eine Beschränkung des Prozessstoffes auf Kernfragen", vor allem auf „für zahlreiche Fälle bedeutende **Rechts**fragen"[91] vorzunehmen. Genau das Gegenteil ist richtig: Die Verwaltungsgerichte sind in der ersten Instanz vor allem eines: **Tatsachengerichte**. Für eine Fokussierung auf Rechtsfragen bietet die VwGO keinerlei Anlass; im Gegenteil (§ 86 Abs. 1 VwGO). Es müssen immer nur diejenigen Rechtsfragen entschieden werden, die der zuvor vollständig ausermittelte Sachverhalt – soweit erheblich[92] – aufwirft.

---

[85] Näher: *Vierhaus*, DVBl. 2009, 629, 630.
[86] *Dawin*, in: DAI (Hrsg.), Beweisantragsrecht im Verwaltungsprozess, 6./7.3. 2008 (Skript), S. 13.
[87] Für den Strafprozess: *Basdorf*, StV 1995, 311; zum Verwaltungsprozess: *Jacob*, VBlBW. 1997, 41.
[88] Arbeitspapier „Qualitätsdiskussion in der Verwaltungsgerichtsbarkeit" v. 12.2. 2005, S. 14, vgl. www.ovg.nrw.de/wir_ueber_uns/binnenmodernisierung/01_arbeitspapier.pdf, zuletzt aufgerufen am 12.1. 2011.
[89] Arbeitspapier „Qualitätsdiskussion in der Verwaltungsgerichtsbarkeit" v. 12.2. 2005, S. 14, vgl. www.ovg.nrw.de/wir_ueber_uns/binnenmodernisierung/01_arbeitspapier.pdf, zuletzt aufgerufen am 12.1. 2011.
[90] *Horst Sendler*, Möglichkeiten zur Beschleunigung des verwaltungsgerichtlichen Verfahrens, DVBl. 1982, 923; *ders.*, DÖV 2006, 133.
[91] So etwa *Millgramm*, Die Wahrung des Verwaltungsrechtsschutzes aus gerichtl. Sicht, S. 7, Ziff. 9. Thesenpapier zum Vortrag in Rostock am 20.3. 2009 (unveröffentl.).
[92] *BVerwG*, Beschl. v. 25.3. 2010 -9 B 74.09 –, Rdnr. 30: „Über Tatsachen, die für die Entscheidung nicht *erheblich* sind, muss *kein* Beweis erhoben werden."

Teil A. Beweisantragsrecht

34 Nach einer Standardformulierung des **BVerwG** zum Umfang der gerichtlichen Aufklärungspflicht nach § 86 Abs. 1 VwGO „ist ein Tatsachengericht grundsätzlich gehalten, **bis zur Grenze der Zumutbarkeit jede mögliche Aufklärung des Sachverhalts zu versuchen**, sofern dies für die Entscheidung erforderlich ist".[93] Nach einer anderen bekannten Formulierung wird verlangt, „dass das Gericht alle vernünftigerweise zu Gebote stehenden Möglichkeiten einer Aufklärung des für seine Entscheidung maßgeblichen Sachverhalts ausschöpft".[94] Der geforderte Paradigmenwechsel wird dem Verwaltungsprozess insgesamt gut tun und seine Qualität erhöhen. **Verbesserungen sind übrigens sowohl im richterlichen als auch im anwaltlichen Umgang mit Beweisanträgen** angezeigt. Möglicherweise gelingt es dann, eine vorherige anwaltliche Ankündigung von Beweisanträgen durch eine Prozesspartei als normalen und hilfreichen Hinweis darauf zu betrachten, dass in einem bestimmten Punkt „ein Mehr" an Sachaufklärung nötig sein könnte anstatt ihn als Angriff zu bewerten. Warum sollten Verwaltungsgerichte im Falle einer solchen schriftsätzlichen Ankündigung nicht von sich aus – bereits im Vorfeld des Termins – einen entsprechenden Beweisbeschluss erwägen und ggf. erlassen? Durch eine solche Vorgehensweise könnte dem Einwand, das Gericht solle den Rechtsstreit möglichst in **einer** mündlichen Verhandlung erledigen (§ 87 Abs. 1 Satz 1 VwGO),[95] von vornherein der Wind aus den Segeln genommen werden. Hinzu kommt, dass die Prozessordnung ausdrücklich vorsieht, dass das Gericht in geeigneten Fällen schon **vor** der mündlichen Verhandlung durch eines seiner Mitglieder als beauftragten Richter Beweis erheben lassen kann (§ 96 Abs. 2 VwGO). Auch auf anwaltlicher **Seite** besteht durchaus Verbesserungsbedarf: Zuweilen werden Widersprüche nicht begründet, Klagen – entgegen § 82 VwGO – nicht oder nur oberflächlich begründet und Verwaltungsvorgänge nicht sorgfältig ausgewertet. Bei einer solchen Arbeitsweise drängt sich dem Gericht naturgemäß keine weitere Sachverhaltsermittlung auf. Auch sollten Beweisanträge grundsätzlich so rechtzeitig vor dem Termin schriftsätzlich angekündigt werden, dass dem Gericht die Möglichkeit gegeben wird, eine Beweisaufnahme in Ruhe zu erwägen und ggf. bereits zum Termin z. B. Zeugen zu laden (zu taktischen Fragen der Ankündigung von Beweisanträgen unten Rdnr. 121 ff.).

IV. Ziele und Zwecke von Beweisanträgen

1. Zielsetzung und Durchführung einer bestimmten Beweisaufnahme

35 Vordergründiges Ziel des Beweisantrages ist der Erlass eines entsprechenden Beweisbeschlusses und die Durchführung einer bestimmten Beweisaufnahme. Optimaler Weise soll aus der Sicht des Beweisantragstellers die mit

---

[93] *BVerwG*, Beschl. v. 28.11. 1995 – 8 B 104.95 –, Rdnr. 3; *BVerwG*, Beschl. v. 9.7. 1992 – 2 B 52.92 – = Buchholz 310 § 86 Abs. 1 VwGO Nr. 244; *BVerwG*, Urt. v. 12.4. 1991 – 8 C 45.90 – = Buchholz 448.0 § 8 a WPflG Nr. 53; *BVerwG*, Beschl. v. 14.10. 1994 – 8 B 108.94 – = Buchholz 448.0 § 8 a WPflG Nr. 55.
[94] *Kopp/Schenke*, VwGO, 15. Aufl. 2007, § 86 Rdnr. 5 m.w.N.
[95] Zwingend ist dies ohnehin nicht.

IV. Ziele und Zwecke von Beweisanträgen

der beantragten Beweisaufnahme unter Beweis gestellte Tatsache bewiesen werden.[96] Einer der unmittelbaren Zwecke von Beweisanträgen ist es also, dass der Beteiligte beabsichtigt, „einen Beweisantrag zu stellen, [weil er] einen ihm günstigen Sachverhalt als Entscheidungsgrundlage herausgearbeitet wissen will".[97] Das verfahrensrechtliche Ziel ist folglich die Durchführung einer bestimmten Beweisaufnahme, um „erstinstanzlich sein Recht durchzusetzen".[98]

2. Information über die gerichtliche Rechtsauffassung

Es gibt eine mittelbare Zielsetzung. Sowohl BVerfG als auch BVerwG haben der Vorschrift des § 86 Abs. 2 VwGO stets große Bedeutung beigemessen. Nach Auffassung des BVerfG verfolgt § 86 Abs. 2 VwGO „das Ziel, die **Information** der Beteiligten sowohl über die Gründe der Ablehnung des Beweisantrages als auch **über den Stand dePr gerichtlichen Meinungsbildung** zu gewährleisten".[99] Für die Parteien ermöglicht § 86 Abs. 2 VwGO also im Falle des sphinxhaften Gerichts, das sich – entgegen § 104 VwGO – einem offenen Rechtsgespräch verweigert,[100] das Gericht jedenfalls punktuell „zur Offenlegung seiner Rechtsauffassung zu zwingen"[101] und die Prozessführung entsprechend auszurichten. Auch und gerade gegenüber dem in der Urteilsfindung noch offenen Gericht kann ein Beweisantrag mit dem Ziel gestellt werden, durch einen – und sei es zurückweisenden – „Beschluss wichtige Informationen zu erhalten".[102] Im Beschluss nach § 86 Abs. 2 VwGO muss das Gericht nolens volens (teilweise) Farbe bekennen. Insofern lässt sich das Beweisantragsrecht als ein „Instrument der Früherkennung tatrichterlicher Entscheidungsfindung" kennzeichnen.[103] Der mit Gründen versehene Beschluss des Gerichts nach § 86 Abs. 2 VwGO kann als formalisierter richterlicher Hinweis auf die Rechtsauffassung des Gerichts zu einer bestimmten Frage begriffen werden.

36

3. Festlegung des Gerichts

Komplementär zu dieser „Früherkennung" nach außen, also für die Prozessbeteiligten, ist in gewisser Weise eine Art innere Disziplinierungsfunktion. Das Gericht wird gezwungen, Klarheit zu gewinnen, wie es eine bestimmte

37

---

[96] *Dawin*, in: DAI (Hrsg.), Brennpunkte des Verwaltungsrechts, Verwaltungsrechtliche Jahresarbeitstagung 2009, S. 167 ff. 177.
[97] *M. Redeker*, AnwBl 2005, 518; ebenso *Dawin*, Brennpunkte des Verwaltungsrechts, Verwaltungsrechtliche Jahresarbeitstagung 2009, S. 172 f.
[98] *M. Redeker*, AnwBl 2005, 518.
[99] *BVerfG*, Beschl. v. 21.2. 2008 – 1 BvR 1987/07 –, Rdnr. 19 = DVBl. 2008, 593 = NVwZ 2008, 778 = EuGRZ 2008, 436, unter Hinweis auf *Dawin*, in: Schoch/Schmidt-Aßmann/Pietzner, VwGO, Stand: Jan. 2000, § 86 Rdnr. 87 (jetzt: Stand: Nov. 2009, Rdnr. 87).
[100] *Redeker*, NJW 2007, 343; *BVerwG*, U. v. 9.12. 2010 – 10 C 13/09 –, Rdnr. 23.
[101] Arbeitspapier „Qualitätsdiskussion in der Verwaltungsgerichtsbarkeit" v. 12.5. 2005, S. 12, vgl. www.ovg.nrw.de/wir_ueber_uns/binnenmodernisierung/01_arbeitspapier.pdf, zuletzt aufgerufen am 12.1. 2011.
[102] *Hamm/Hassemer/Pauly*, Beweisantragsrecht, 2. Aufl. 2007, Rdnr. 136 m.w.N.
[103] *Hamm/Hassemer/Pauly*, Beweisantragsrecht, 2. Aufl. 2007, Außenumschlag.

Teil A. Beweisantragsrecht

Frage sieht. Das **BVerwG** postuliert, ein Zweck des „§ 86 Abs. 2 VwGO besteht darin, einerseits das Gericht zu veranlassen, **sich** vor Erlass der Sachentscheidung über die Entscheidungserheblichkeit des Beweisantrags schlüssig zu werden."[104] Der förmliche Beweisantrag zwingt das Gericht, sich zu einer bestimmten (Rechts-) Frage zumindest vorläufig festzulegen. Das Beweisantragsrecht kann also die Meinungsbildung des Gerichtes fördern. Dieser Funktion des Beschlusses nach § 86 Abs. 2 VwGO wohnt zugleich eine verfassungsrechtliche Komponente inne, die mit dem aus Art. 103 Abs. 1 GG abgeleiteten Verbot von „Überraschungsentscheidungen"[105] zu tun hat.[106] Denn das BVerfG formuliert: „Art. 103 Abs. 1 GG kann deshalb auch dann verletzt sein, wenn das Gericht durch eindeutig formulierte Hinweise seine Rechtsauffassung zu erkennen gibt und dann – ohne vorherigen Hinweis – von dieser abrückt, so dass den Prozessbeteiligten kein Vortrag zur gewandelten Rechtsauffassung mehr möglich ist".[107] Entsprechend liegt es in der Logik der Festlegungs-Funktion des § 86 Abs. 2 VwGO, dass ein Beweisbeschluss nur dann zu erlassen ist, wenn es „unter Zugrundelegung der allein entscheidenden materiell-rechtlichen Auffassung des Berufungsgerichts auf diese Beweiserhebung angekommen wäre".[108] Nach ständiger Rechtsprechung des BVerwG gilt dies „selbst wenn dieser Standpunkt verfehlt sein sollte".[109] Aus der Funktion des Beweisantragsrechts, das Gericht an der Ablehnungsbegründung festzuhalten (s.u. zur richterlichen Hinweispflicht bei Änderung der Bewertung im Prozessverlauf Rdnr. 129 f.), folgt denklogisch Folgendes: „**Im Urteil darf sich das Gericht mit der Ablehnungsbegründung nicht in Widerspruch setzen,** insbesondere die Urteilsgründe nicht auf das Gegenteil der unter Beweis gestellten Tatsache stützen."[110]

4. Eröffnung einer effektiven Reaktionsmöglichkeit

38   Aus der „Früherkennungs-Funktion" (Rdnr. 36) folgt zwanglos der nächste Zweck des in der mündlichen Verhandlung „unbedingt" gestellten Beweisantrags: Er eröffnet der Partei eine effektive[111] Reaktionsmöglichkeit auf die

---

[104] *BVerwG*, Beschl. v. 2.3. 2010 – 6 B 72.09 –, – 6 B 72.09 (6 PKH 28.09) –, Rdnr. 7 für einen Beweisantrag im vereinfachten Berufungsverfahren nach § 130 a VwGO.
[105] Zur Überraschungsentscheidung als Verletzung von Art. 103 Abs. 1 GG, § 108 Abs. 2 VwGO jüngst *BVerwG*, Beschl. v. 25.11. 2010 – 8 B 60.10 –, Rdnr. 3 – Zurückverweisung an das VG Potsdam wegen die Instanz abschließenden Urteils trotz Vertagung einer mündlichen Verhandlung.
[106] *BVerwG*, Beschl. v. 16.11. 2010 – 7 B 41.10 –, Rdnr. 8; *BVerwG*, Beschl. v. 19.1. 2010 – 4 B 2.10 –, Rdnr. 2; *BVerwG*, Beschl. v. 30.7. 2008 – 5 B 59.08 –, Rdnr. 4, 6 = Buchholz 310 § 132 Abs. 2 Ziff. 3 VwGO Nr. 50 – ständige Rechtsprechung.
[107] *BVerfG*, Nichtannahmebeschl. v. 29.9. 2006 – 1 BvR 248/05 –, Rdnr. 23; B. v. 29.9. 2006 – 1 BvR 247/05 – Rdnr. 29.
[108] *BVerwG*, Beschl. v. 24.3. 2010 – 8 B 108.09 –, Rdnr. 3.
[109] *BVerwG*, Beschl. v. 19.8. 2010 – 10 B 22.10 –, – 10 PKH 11.10 –, Rdnr. 12; *BVerwG*, Urt. v. 14.1. 1998 – 11 C 11.96 – = BVerwGE 106, 115, 119 m.w.N.
[110] *BGH*, Urt. v. 19.9. 2007 – 2 StR 248/07 –, Rdnr. 9 = StraFo 2008, 29.
[111] Zutreffend heben *Kopp/Schenke*, VwGO, 16. Aufl. 2009, § 86 Rdnr. 18 die „Sicherung der *Effektivität* des Rechts der Beteiligten, Beweisanträge zu stellen" als Zweck von § 86 Abs. 2 VwGO hervor.

IV. Ziele und Zwecke von Beweisanträgen

durch den § 86 Abs. 2 VwGO-Beschluss gewonnene Erkenntnis. Ständige Rechtsprechung des **BVerwG** ist es seit dessen Grundsatzentscheidung vom 23.6. 1961, dass der begründete Ablehnungsbeschluss die Parteien in einen Stand versetzen soll, „der es ihnen ermöglicht, sich auf die durch die Ablehnung ihres Beweisantrages **geschaffene Verfahrenslage einzustellen**".[112] Der Antragsteller soll die zur Ablehnung seines Antrages „führenden Erwägungen des Gerichts erfahren, um in der Lage zu sein, sich in der Verfolgung seiner Rechte darauf einzurichten, insbesondere einen **neuen oder ergänzten Beweisantrag zu stellen** oder im abschließenden Vortrag sich mit der im Beschluss zu Tage getretenen Auffassung des Gerichts auseinanderzusetzen";[113] „Zweck des § 86 Abs. 2 VwGO ist es – so das BVerwG in einer jüngeren Entscheidung – „das Gericht zu veranlassen, (…) die Beteiligten auf die durch die Ablehnung des Beweisantrags entstandene prozessuale Lage hinzuweisen".[114]

Das **BVerfG** hat sich dieser Rechtsprechung angeschlossen. Es sieht es als Ziel der Vorschrift, dass die Parteien „sich nach der Entscheidung über die Beweisanträge auf die dadurch gegebene Prozesssituation einstellen und neue Tatsachen vortragen und Anträge stellen können".[115] Das OVG NRW versteht es als „Sinn und Zweck der Vorschrift, dem Antragsteller Gelegenheit zu geben, sein weiteres Prozessverhalten auf das Ergebnis seiner Aufklärungsbemühungen einzustellen".[116] Der VerfGH Bln erblickt im Stellen eines unbedingten Beweisantrages hingegen „nur den prozessualen Vorteil, einen unzulänglichen Beweisantrag im Sinne des Gerichts nachbessern zu können".[117] Diese Sichtweise ist zu eng.

Sinn und Zweck von § 86 Abs. 2 VwGO ist es also, der Prozesspartei die effektive Möglichkeit zu eröffnen, neue oder ergänzte Beweisanträge zu stellen oder neue Tatsachen vorzutragen, um die Verfolgung ihrer Rechte voranzutreiben. Darüber hinaus ermöglicht das Stellen von Beweisanträgen der Prozesspartei, sich belastbare Informationen über den Stand der gerichtlichen Meinungsbildung, insbesondere auch in rechtlicher Hinsicht zu verschaffen. Es liegt also nahe, von dem Instrumentarium des Beweisantragsrechtes zugunsten der Prozessstrukturierung einen klugen, d.h. durchdachten Gebrauch zu machen, dies in dem Bemühen, möglichst lange das Gericht in einem offenen Diskurs zu halten.

---

[112] *BVerwG*, Beschl. v. 23.6. 1961 – IV C 308.60 – = BVerwGE 12, 268, 270; zuletzt: *BVerwG*, Beschl. v. 30.7. 2008 – 5 B 59.08 –, Rdnr. 4. = Buchholz 310 § 132 Abs. 2 Ziff. 3 VwGO Nr. 50; *BVerwG*, Beschl. v. 16.11. 2010 – 7 B 41.10 –, Rdnr. 10.
[113] *BVerwG*, Beschl. v. 23.6. 1961 – IV C 308.60 – = BVerwGE 12, 268, 270 f. = NJW 1961, 2081, 2082.
[114] *BVerwG*, Beschl. v. 2.3. 2010 – 6 B 72.09 –, Rdnr. 7.
[115] *BVerfG*, Nichtannahmebeschluss v. 21.2. 2008 – 1 BvR 1987/07 –, Rdnr. 19 = DVBl. 2008, 593 = NVwZ 2008, 778 = EuGRZ 2008, 436 – „Schacht Conrad"; *BVerfG*, Beschl. v. 25.8. 1986 – 2 BvR 123/86 –, NVwZ 1987, 785.
[116] *OVG NRW*, Beschl. v. 25.2. 2010 – 13 A 88/09. A –, Rdnr. 4.
[117] *VerfGH Bln*, Beschl. v. 19.12. 2006 – 45/06 –, Rdnr. 61 = DVBl. 2007, 506 = NVwZ 2007, 813; ähnlich: *Sächsisches OVG*, Beschl. v. 26.5. 2005 – 3 B 16.02. A –, Rdnr. 5 = NVwZ-RR 2006, 741.

5. Offenhalten von Verfahrens- und Gehörsrüge (Rechtsmittelvorbereitung)

41 Der vierte wesentliche Sinn und Zweck von Beweisanträgen sollte nicht vergessen werden. Es ist dies ein Reflex der verwaltungsgerichtlichen Rechtsprechung zu den Berufungs- und Revisionszulassungsgründen, nämlich zur erhobenen Verfahrensrüge unzureichender Sachermittlung.

42 Nach der Rechtsprechung des BVerwG verletzt ein **Gericht seine Amtsaufklärungspflicht nach § 86 Abs. 1 Hs. 1 VwGO dann nicht, wenn eine durch einen Rechtsanwalt vertretene Partei die von ihr vermisste Beweiserhebung förmlich nicht beantragt hat.** Danach ist der „Verfahrensmangel der Verletzung der gerichtlichen Aufklärungspflicht schon deswegen nicht hinreichend dargelegt worden, weil von dem anwaltlich vertretenen Kläger ausweislich der Sitzungsniederschrift in der mündlichen Verhandlung vor dem Oberverwaltungsgericht nicht durch Stellung eines Beweisantrages auf die von ihm nunmehr beanstandende unterbliebene Sachaufklärung hingewirkt worden" ist.[118] Die Aufklärungsrüge kann danach nicht dazu dienen, Beweisanträge zu ersetzen, die die Partei zumutbar hätte selbst stellen können.[119] Bei einem „im wesentlichen unstreitigen Sachverhalt" muss sich „der Vorinstanz eine weitere Sachaufklärung nicht aufdrängen", wenn „die anwaltlich vertretenen Kläger es in der mündlichen Verhandlung unterlassen haben, einen Beweisantrag (…) zu stellen" – so die ständige höchstrichterliche Rechtsprechung.[120] Das **BVerwG** sieht es als ein dem Kläger anzulastendes „Versäumnis, einen förmlichen Beweisantrag nicht gestellt zu haben", der „einem Erfolg dieser Verfahrensrüge entgegensteht".[121] Dies ist einhellige Rechtsprechung auch der Obergerichte.[122]

43 Im Ergebnis läuft diese Rechtsprechung darauf hinaus, dass das Tatsachengericht nach Aktenlage entscheiden darf, „solange sich ihm aufgrund des klägerischen Vortrags eine weitere Beweisaufnahme nicht **aufdrängen** musste".[123] Die Aufklärungspflicht des Gerichts beginnt also de facto erst dort, wo die – zuweilen allzu extensiv verstandene – Mitwirkungspflicht der Pro-

---

[118] *BVerwG*, Beschl. v. 12.10.2009 – 5 B 55.09 –, Rdnr. 16; ebenso *BVerwG*, Beschl. v. 13.1.2009 – 9 B 64.08 –, Rdnr. 5; *BVerwG*, Beschl. v. 4.10.2010 – 9 B 1.10 –, Rdnr. 17.

[119] *BVerwG*, Beschl. v. 16.11.2010 – 7 B 41.10 –, Rdnr. 8; *BVerwG*, Beschl. v. 2.11.1978 – 3 B 6.78 = Buchholz 310 § 86 Abs. 1 VwGO Nr. 116; Beschl. v. 2.3.1978 – 6 B 24.78 = Buchholz 310 § 132 VwGO Nr. 164.

[120] *BVerwG*, Beschl. v. 25.1.2005 – 9 B 38.04 –, Rdnr. 24 = NVwZ 2005, 447, 449 = Buchholz 406.25 § 43 BImSchG Nr. 22.

[121] *BVerwG*, Beschl. v. 25.1.2005 – 9 B 38.04 –, Rdnr. 25 = NVwZ 2005, 447, 449 = Buchholz 406.25 § 43 BImSchG Nr. 22.

[122] *BayVGH*, Beschl. v. 11.5.2009 – 10 ZB 09.634 –, Rdnr. 11; *OVG NRW*, Beschl. v. 10.6.2009 – 13 A 2892/07 –, Rdnr. 26; *OVG Berlin-Brandenburg*, Beschl. v. 10.5.2010 – OVG 10 N 22.08 –, Rdnr. 17 zur Berufungszulassung wegen Verfahrensmangels gem. § 124 Abs. 2 Nr. 5 VwGO.

[123] *BVerwG*, Beschl. v. 25.1.2005 – 9 B 38.04 –, Rdnr. 25 = NVwZ 2005, 447, 449 = Buchholz 406.25 § 43 BImSchG Nr. 22 m.w.N.

IV. Ziele und Zwecke von Beweisanträgen

zessbeteiligten erfüllt wurde.[124] Diese Rechtsprechung ist eingefahren. Auf sie hat sich der anwaltlich vertretene Kläger also einzurichten. Sie weist dem Rechtsmittelgericht eine gerichtsinterne Kontrollfunktion zu.

Vor diesem Hintergrund hat das Stellen unbedingter Beweisanträge das Ziel, die Möglichkeit der Erhebung einer erfolgreichen Gehörsrüge/Verfahrensrüge überhaupt **offen** zu halten. Daneben und darüber hinaus „kann der Beweisantrag aber auch die Aufgabe haben, einen Zulassungsgrund zu provozieren, weil die – erwartete – Ablehnung die Voraussetzungen einer Gehörsrüge schaffen soll".[125] Die „verfahrensbezogenen Zwecke" von Beweisanträgen haben vor diesem Hintergrund vornehmlich den Zweck, „die nächste Instanz (…) vorzubereiten"; „oft ist dann ein angreifbarer Beschluss, mit dem der Beweisantrag zurückgewiesen wird, mehr wert als die Beweiserhebung".[126] Der letztgenannte **Zweck der Provokation eines Zulassungsgrundes** tritt dann in den Vordergrund, wenn die Partei aufgrund des bisherigen Verfahrens- und/oder Verhandlungsverlaufs davon ausgehen muss, in dieser Tatsacheninstanz den Prozess zu verlieren. Denn nach ständiger Rechtsprechung des BVerfG verletzt die Ablehnung eines Beweisantrages das rechtliche Gehör (Art. 103 Abs. 1 GG), wenn sie – so die gängige Formel – „im Prozessrecht keine Stütze mehr findet".[127] Aus richterlicher Sicht verursacht ein gestellter Hauptbeweisantrag also „prozessuale Risiken".[128]

Man mag die o. g. Rechtsprechung kritisieren, weil sie im Ergebnis die Durchsetzung der vom Gesetz dem Gericht auferlegten Amtsaufklärungspflicht (§ 86 Abs. 1 VwGO) auf die Anwaltschaft abwälzt, ändern können wird man sie realistischer Weise wohl kaum. Sie birgt nicht unerhebliche (Haftungs-) **Risiken**. Deshalb sind die Parteien gut beraten, wenn sie bei gerichtlichen Ermittlungsdefiziten die Sachaufklärung durch gezieltes Stellen unbedingter und förmlicher Beweisanträge in der mündlichen Verhandlung vorantreiben. Nur so kann eine erfolgversprechende Aufklärungsrüge vorbereitet werden. Die erfolgreiche Aufklärungsrüge führt „wegen des Verstoßes gegen § 86 Abs. 1 VwGO zur Aufhebung des angefochtenen Urteils und zur Zurückverweisung der Sache".[129] Ein „Pferdefuß" einer denkbaren Strategie des „Fallenstellens" ist es allerdings, dass sie immer nur auf der Grundlage der materiell-rechtlichen Auffassung des vorinstanzlichen Gerichtes überhaupt er-

---

[124] *BVerwG*, Urt. v. 23.11.1982 – 9 C 74.81 –, Rdnr. 9–13 – hier: Mitwirkungspflicht durch das VG „überdehnt" = BVerwGE 66, 237 = Buchholz 402.24 § 28 AuslG Nr. 42; vgl. auch – die Mitwirkungspflicht der Beteiligten deutlich überdehnend – *Arntz*, DVBl. 2008, 78–83.
[125] *M. Redeker*, AnwBl 2005, 518.
[126] *Hamm/Hassemer/Pauly*, Beweisantragsrecht, 2. Aufl. 2007, Rdnr. 135.
[127] *BVerfG*, Beschl. v. 8.11.1978 – 1 BvR 158/78 – = BVerfGE 50, 32; 60, 250; 69, 141; *BVerfG*, Beschl. v. 18.6.1993 – 2 BvR 22/93 –, InfAuslR 1993, 349; kritisch zu dieser Formel: *Dahm*, ZAR 2002, 227, 228.
[128] Arbeitspapier „Qualitätsdiskussion in der Verwaltungsgerichtsbarkeit" v. 12.2. 2005, S. 12, vgl. www.ovg.nrw.de/wir_ueber_uns/binnenmodernisierung/01_arbeitspapier.pdf, zuletzt aufgerufen am 12.1.2011; das Arbeitspapier empfiehlt daher zur „Vermeidung prozessualer Risiken die Möglichkeiten einer Ablehnung von Beweisanträgen nicht in jedem Fall auszuschöpfen".
[129] *BVerwG*, Beschl. v. 28.6.2010 – 5 B 49.09 –, Rdnr. 6 = DVBl. 2010, 1056 (Ls.).

Teil A. Beweisantragsrecht

folgreich sein kann. Es gehört nicht geringes anwaltliches Geschick dazu, eine Aufklärungsrüge plausibel einzulegen und zugleich den materiell-rechtlichen Standpunkt des vorinstanzlichen Gerichtes zu kritisieren.

6. Kontrollfunktion für die Rechtsmittelinstanz

46 Eine wesentliche Funktion des § 86 Abs. 2 VwGO schließlich wird häufig übersehen, obwohl sie von erheblicher praktischer Relevanz ist: Durch den begründeten Beschluss nach § 86 Abs. 2 VwGO – so das BVerwG – „soll dem Berufungs- oder Revisionsgericht eine **Nachprüfung** dieser Erwägungen ermöglicht werden".[130] Zwangsläufige Folge dieser Funktion ist es, dass das Gericht nach richtiger Auffassung dazu verpflichtet sein muss, die **Gründe** der Ablehnung eines Beweisantrages als wesentlichen Vorgang der Verhandlung (eingehend dazu s.u. Rdnr. 238 ff.; § 105 VwGO i.V.m. § 160 Abs. 2 ZPO) **zu protokollieren.** Denn erst die Dokumentation der Ablehnungsgründe ermöglicht dem Rechtsmittelgericht eine inhaltliche Überprüfung der Ablehnung. Hier wird viel „gesündigt". Die Niederschriften sind häufig nichtssagend. Eine inhaltliche Kontrolle ist dem Rechtsmittelgericht dann schwerlich möglich.

47 **Praxistipp:**
Der Anwalt muss ggf. versuchen, durch **Protokollberichtigungsanträge** (§ 105 VwGO i.V.m. § 164 ZPO) die Verfahrensposition zu sichern. Protokollberichtigungsanträge sind – anders als die binnen zwei Wochen nach Zustellung des Urteils zu stellenden Tatbestandsberichtigungsanträge (§ 119 Abs. 1 VwGO) – nicht fristgebunden, sondern **jederzeit** zulässig.[131] Das Protokoll kann „auch dann noch berichtigt werden, nachdem Verfahrensfehler, die durch das Protokoll bewiesen werden sollen, bereits mit Rechtsmitteln gerügt wurden".[132]

7. Zusammenfassung

48 Fasst man den Sinn und Zweck des Instruments „Beweisantragsrecht" zusammen, so ergeben sich **sechs wesentliche Zwecke: Erstens** dem Gericht eine bestimmte Beweisaufnahme aufzuzwingen, **zweitens** im Wege einer Art „Früherkennung" eine verlässliche Information über die gerichtliche Rechtsauffassung zu erzielen, **drittens** eine Festlegung des Gerichts zu einer bestimmten Frage vor der Endentscheidung zu erzielen, **viertens** der Partei eine effektive Reaktionsmöglichkeit auf den Beschluss zu eröffnen, **fünftens** das Offenhalten bzw. Vorbereiten von Verfahrens- und Gehörsrügen für spätere Rechtsmittelverfahren und **sechstens** eine Kontrolle der Ablehnungsgründe durch die Rechtsmittelinstanz zu ermöglichen.

---

[130] *BVerwG*, Beschl. v. 23.6.1961 – IV C 308.60 – = BVerwGE 12, 268, 270 f. = NJW 1961, 2081, 2082.
[131] *BGH*, Urt. v. 12.2.1958 – V ZR 12/57 – = BGHZ 26, 340; *Stöber*, in: Zöller, ZPO, 28. Aufl. 2010, § 164 Rdnr. 2.
[132] *BVerwG*, Beschl. v. 14.7.1980 – 1 B 327.78 –, Ls. = Buchholz 310 § 105 VwGO Nr. 27 = MDR 1981, 166.

V. Inhalt und Abfassung von Beweisanträgen

1. Zwingender Inhalt eines Beweisantrages

a) **Begriff des „Beweisantrages".** Die VwGO definiert den Begriff „Beweisantrag" nicht, sie setzt ihn voraus (§ 86 Abs. 2 VwGO). Sie bedient sich damit desselben Regelungsmusters wie die StPO, die gleichfalls keine ausdrückliche Definition der Voraussetzungen eines Beweisantrages enthält.[133] Ein Beweisantrag liegt nach allgemeiner Meinung vor, wenn die drei folgenden Merkmale erfüllt sind:

49

Beweisantrag i. S. v. § 86 Abs. 2 VwGO:
1. Behauptung einer bestimmten Beweistatsache (**Beweisbehauptung**),
2. Angabe eines bestimmten Beweismittels (**Beweismittel**) und
3. ernsthaftes Begehren der Beweiserhebung (**Beweisverlangen**).[134]

Mit anderen Worten: Ein Beweisantrag ist **Prozessantrag**. Er stellt die förmliche[135] Forderung an das Gericht dar, es möge die Behauptung einer bestimmten Tatsache durch Nutzung eines vom Antragsteller benannten bestimmten Beweismittels zur Überzeugung des Gerichts feststellen.[136] Ein Beweisantrag „liegt nur vor, wenn bestimmte tatsächliche Behauptungen unter Beweis gestellt werden"[137] und ein konkretes „individualisiertes Beweismittel bezeichnet ist".[138] Inwieweit die Individualisierbarkeit ausreicht, wird bei den einzelnen Beweismitteln thematisiert.

50

An dem klassischen, oben geschilderten Begriffsverständnis des Beweisantrages wird teilweise massive **Kritik** geäußert und gefordert, „von der gekünstelt wirkenden rechtlichen Aufladung des Begriffs ‚Beweisantrag' Abstand zu nehmen".[139] Die Rechtsprechung geht davon aus, ein Antrag, der nicht die drei oben genannten konstitutiven Merkmale aufweise (**fehlerhafter Beweisantrag**), „sei gar keiner", löse die Bescheidungspflicht nach § 86 Abs. 2 VwGO nicht aus (beispielsweise weil er das Substantiierungserfordernis nicht erfülle) und sei deshalb als unzulässig ohne Beschluss zurück zu

51

---

[133] *Hamm/Hassemer/Pauly*, Beweisantragsrecht, 2. Aufl. 2007, Rdnr. 77.
[134] So für die Parallelnorm des § 244 Abs. 3 StPO: *Eisenberg*: Beweisrecht der StPO, 6. Aufl. 2008, Rdnr. 138; *Hamm/Hassemer/Pauly*, Beweisantragsrecht, 2. Aufl. 2007, Rdnr. 77; *Beulke*, JuS 2006, 597.
[135] *OVG NRW*, Beschl. v. 10.6. 2009 – 13 A 2892/07 –, Rdnr. 26: „förmlich beantragt".
[136] *Dawin*, in: Deutsches Anwaltsinstitut e.V. (Hrsg.), Beweisantragsrecht im Verwaltungsprozess, 6./7.3. 2008 (Skript), S. 23; *Schmitt*, Beweisantragsrecht (2010), S. 4.
[137] *BVerwG*, Beschl. v. 16.6. 1978 – 6 CB 50.78 –, Buchholz 310 § 86 Abs. 2 VwGO Nr. 21.
[138] *BVerwG*, Beschl. v. 20.5. 1998 – 7 B 440.97 –, Buchholz 310 § 86 Abs. 2 VwGO Nr. 40.
[139] *Dahm*, ZAR 2002, 227, 229.

Teil A. Beweisantragsrecht

weisen.[140] „Das Hineinnehmen von Substantiierungs- und Ordnungsmerkmalen in den Begriff des Beweisantrages" wird teilweise massiv kritisiert. So führt etwa Dahm, Richter an einem OVG, aus: „Beckmesserisch und peinlich muss beim Rechtsanwalt in der mündlichen Verhandlung die richterliche Belehrung ankommen, er habe gar keinen Beweisantrag gestellt. Einer meiner Referendare schrieb in seinem Entwurf: ‚Der Beweisantrag wird abgelehnt, weil es keiner ist.' Eine trostlose und kaum logische Betrachtungsweise. Von dieser wenig praktischen Begriffskonstruktion des Beweisantrages und damit von einem Überrest der Begriffsjurisprudenz sollten Rechtsanwender sich lösen und ein Beweisbegehren bereits dann als Beweisantrag betrachten, wenn es sich als Antrag auf Beweisaufnahme an das Gericht richtet. Anders gesagt: Der Beweisantrag ist eine unbedingte Bitte an das Gericht, Beweis zu erheben. Das schafft fachsprachlich schnell Klarheit und kommt auch dem alltagssprachlichen Verständnis nahe. Sodann kann man sich der Frage der Vorabbescheidung und dem wahren Schwerpunkt des Problems zuwenden, ob dem Beweisantrag stattzugeben ist oder ob es Ablehnungsgründe gibt."[141]

52 So berechtigt derartige Kritik auch ist: Der Praktiker tut gut daran, bis zu einer – etwaigen – Änderung der höchstrichterlichen Rechtsprechung die herkömmliche Definition des Begriffs „Beweisantrag" im oben geschilderten Sinne zu akzeptieren und tunlichst Beweisanträge dementsprechend sorgfältig und gliedernd vorzubereiten, „um eine Ablehnung durch das Gericht möglichst zu erschweren".[142] Das Gericht indes wird bei fehlerhaften Beweisanträgen § 86 Abs. 3 VwGO zu beachten haben (näher s.u. Rdnr. 190 f.). Geht das Gericht wortlos über den nach seiner Ansicht nicht formgerechten Beweisantrag hinweg, wird dies Art. 103 Abs. 1 GG verletzen.[143]

53 **b) Nicht erforderlich: Angabe des Beweisziels.** Die Benennung eines sogenannten **Beweisziels** ist nicht erforderlich; die Angabe eines Beweisziels ist kein Wesensmerkmal eines Beweisantrages.[144] Das unmittelbare Ziel des Beweisantrages ist der Beweis der Beweistatsache. Weiteres sind Schlussfolgerungen. Diese muss der Beweisantragsteller dem Gericht nicht offenbaren. Dass dies so ist, braucht dem Gericht nicht gesondert mitgeteilt zu werden,

---

[140] *BVerfG*, Nichtannahmebeschluss v. 6.10. 2009 – 2 BvR 2580/08 –, Rdnr. 28; = NJW 2010, 592 = NStZ 210, 155 = StV 2010, 113; *Schatz*, Das Beweisantragsrecht in der Hauptverhandlung (1999), S. 354; *BGH*, Beschl. v. 23.2. 2010 – 5 StR 548/09 –, Rdnr. 9 f. = NStZ-RR 2010, 181; *BVerwG*, Beschl. v. 30.1. 2002 – 1 B 326.01 –, Rdnr. 5 = Buchholz 310 § 89 VwGO Nr. 69: „ein als *unzulässig* ablehnbarer Ausforschungs- oder Beweisermittlungsantrag"; kritisch zu dieser Rspr.: *Dawin*, in: Schoch/Schmidt-Aßmann/Pietzner (Hrsg.), VwGO, Stand: Nov. 2009, § 86 Rdnr. 95, der allerdings zum selben Ergebnis der Unzulässigkeit der Prozesshandlung gelangt.
[141] *Dahm*, ZAR 2002, 227, 299.
[142] *M. Redeker*, AnwBl 2005, 518.
[143] *BVerwG*, Urt. v. 18.5. 1995 – 4 C 20.94 – = BVerwGE 98, 325 Rdnr. 13 = DVBl. 1996, 40 f.; *Jacob*, Über Beweisanträge, VBlBW 1997, 41–49 [44].
[144] *Vierhaus*, DVBl. 2009, 629, 631; *Dawin*, in: Deutsches Anwaltsinstitut e.V. (Hrsg.), Beweisantragsrecht im Verwaltungsprozess, 6./7.3. 2008 (Skript), S. 25; *Ignor*, Beweisantragsrecht aus der Sicht des Rechtsanwalts, in: DAI (Hrsg.), Brennpunkte des Verwaltungsrechts 2009, S. 211 ff., 220.

V. Inhalt und Abfassung von Beweisanträgen

sondern liegt in der Natur der Sache.[145] Die Angabe eines Beweisziels ist damit schlicht überflüssig. Der Beweisantrag spricht für sich.

Die teilweise vertretene Gegenauffassung[146] findet im Gesetz keine Stütze und ist abzulehnen. Ohnedies verwendet die verwaltungsgerichtliche Rechtsprechung den Begriff „Beweisziel" uneinheitlich und wenig konturiert. So führt beispielsweise der **VGH Baden-Württemberg** aus: „Bei dem hier vorliegenden Beweis einer sogenannten Negativtatsache kann demnach i.d.R. nur die Behauptung, der Zeuge habe einen bestimmten Vorgang nicht wahrgenommen, unter Beweis gestellt werden; die Behauptung, der Vorgang habe nicht stattgefunden, ist demgegenüber als darüber hinausgehende Schlussfolgerung (Beweisziel) zu betrachten (…)."[147] Der **BGH** hat den Fall entschieden, dass „nur ein Beweisziel", nicht hingegen eine konkrete Beweisbehauptung bezeichnet wird; in diesem Fall greife eine Verfahrensrüge nicht durch, weil der fehlerhafte Beweisantrag die Aufklärungspflicht des Gerichts nicht auslöse.[148] Was der Verfahrensbeteiligte mit seinem Beweisantrag als Fernziel eigentlich bezweckt, mag interessant sein, auch für den Verfahrensgegner. Indes braucht die Strategie nicht motivierend dargelegt zu werden.

54

2. Behauptung einer Tatsache

a) Allgemeines. Der Beweisantrag setzt zunächst die Behauptung einer hinreichend bestimmten Beweistatsache voraus.[149] Richtet sich der Beweisantrag auf die Vernehmung eines Zeugen, so muss der Sachverhalt angegeben werden, der in das Wissen des Zeugen gestellt wird. Was soll der Zeuge konkret bekunden? Mit den Worten des BGH: „Ein Beweisantrag (…) setzt als erstes Erfordernis die konkrete und bestimmte Behauptung einer Tatsache voraus."[150] Besser ist zu formulieren: Es ist eine bestimmte Behauptung über das Vorhandensein (Vorliegen) einer Tatsache aufzustellen. Wird ein Ereignis unter Beweis gestellt, so sollten grundsätzlich mit einer den Umständen des Einzelfalles angemessenen Genauigkeit Ort und Zeit des behaupteten Ereignisses bezeichnet werden.[151] Entscheidend ist, dass die zu beweisende Tatsache als **feststehend** (gegeben) behauptet werden muss. Daran fehlt es, wenn ein Beweisantrag in Frageform formuliert wird. Für Fragen charakteristische Begriffe wie „ob", „wann", „wo" oder „warum" haben in einem Beweisantrag nichts zu suchen.[152]

55

---

[145] *Dawin*, in: Deutsches Anwaltsinstitut e.V. (Hrsg.), Beweisantragsrecht im Verwaltungsprozess, 6./7.3.2008, (Skript), S. 25.
[146] So wohl: *VG Berlin*, Urt. v. 7.7.2008 – 35 A 167.08 –, Rdnr. 285; *BayVGH*, Beschl. v. 13.8.2007 – 19 ZB 07.1312 –, Rdnr. 11 f. (unklar); *VG Sigmaringen*, Urt. v. 24.5.2007 – 8 K 911/04 –, Rdnr. 105 (unklar).
[147] *VGH Baden-Württemberg*, Beschl. v. 17.11.2005 – 1 S 2278/04 –, Rdnr. 3.
[148] *BGH*, Beschl. v. 23.2.2010 – 5 StR 548/09 –, Rdnr. 9 f. = NStZ-RR 2010, 181.
[149] *Eisenberg*, Beweisrecht der StPO, 6. Aufl. 2008, Rdnr. 143.
[150] *BGH*, Beschl. v. 3.11.2011 – 1 StR 497/10 –, Rdnr. 11; ebenso: *Eisenberg*, Beweisrecht der StPO, 6. Aufl. 2008, Rdnr. 138, 143.
[151] *Eisenberg*, Beweisrecht der StPO, 6. Aufl. 2008, Rdnr. 144 m.w.N.
[152] *Vierhaus*, DVBl. 2009, 629, 632; *Beulke*, JuS 2006, 597, 598.

Teil A. Beweisantragsrecht

56 Lautet der Antrag etwa, Beweis darüber zu erheben, „**ob**" eine bestimmte Tatsache zutreffe, oder wird beispielsweise beantragt, aus einer Gruppe in Betracht kommender Personen Zeugen für eine bestimmte Beweisbehauptung zu ermitteln,[153] so liegt regelmäßig kein Beweisantrag im Sinne des § 86 Abs. 2 VwGO, sondern ein **Beweisermittlungsantrag** vor.[154] Die Begriffe Beweisermittlungsantrag und Beweisausforschungsantrag sind synonym.[155] Dogmatisch wird ein Beweisermittlungsantrag nicht wegen Vorliegens der Ablehnungsgründe des § 244 Abs. 3 StPO analog, sondern bereits als **unzulässig** von der Rechtsprechung abgelehnt.[156] Ein solcher liegt vor „in Bezug auf Tatsachenbehauptungen, für deren Wahrheitsgehalt nicht wenigstens eine gewisse Wahrscheinlichkeit spricht, die mit anderen Worten ohne greifbare Anhaltspunkte willkürlich ‚aus der Luft gegriffen', ‚ins Blaue hinein', also ‚erkennbar ohne jede tatsächliche Grundlage' erhoben worden sind".[157] Für einen Beweisermittlungsantrag „ist kennzeichnend, dass eine Behauptung aufgestellt wird, für die nach dem bisherigen Verfahrensstand nicht wenigstens eine gewisse Wahrscheinlichkeit spricht".[158] Soll beispielsweise in einem asylrechtlichen Prozess das Datum einer Eheschließung unter Beweis gestellt werden, so ist im Beweisantrag „zumindest das genaue Datum seiner Eheschließung zu benennen, statt – wie unter Ziff. 1 seiner Beweisanträge – lediglich auf eine Eheschließung ‚circa 1992/1993' zu verweisen".[159] Besser ist es – je nach materiell-rechtlicher Falllage – etwa das Beweisthema dahin zu fassen, dass die Beteiligten X und Y Ende 1993 verheiratet waren.

57 **b) Innere Tatsachen.** Zulässiger Gegenstand einer Beweisaufnahme und damit eines Beweisantrages können auch sog. innere Tatsachen sein. Das gilt naturgemäß nur, soweit diese Tatsachen entscheidungserheblich sind.[160] So bezog sich nach der verwaltungsgerichtlichen Rechtsprechung in **Kriegsdienstverweigerungssachen** die gerichtliche Aufklärungspflicht nach § 86 Abs. 1 VwGO (auch) auf innere – synonym: subjektive – Tatsachen: „Unbeschadet der gesteigerten Mitwirkungspflicht des Wehrpflichtigen in Kriegsdienstverweigerungssachen bei der Aufklärung des entscheidungserheblichen Sachverhalts – die ihren Grund und ihre Rechtfertigung in der besonderen, für dieses Verfahren typischen Schwierigkeit für das Verwaltungsgericht findet, beim Wehrpflichtigen die ‚innere Tatsache' einer Gewissensentscheidung gegen den

---

[153] *BGH*, Urt. v. 8.12.1993 – 3 StR 446/93 – = BGHSt 40, 3–7 = NJW 1994, 1294–1295.
[154] *Eisenberg*, Beweisrecht der StPO, 6. Aufl. 2008, Rdnr. 156.
[155] *BVerwG*, Beschl. v. 30.1.2002 – 1 B 326.01 –, Rdnr. 5 = Buchholz 310 § 98 VwGO Nr. 69; *OVG Niedersachsen*, Beschl. v. 29.6.2010 – 11 LA 477/09 –, Rdnr. 18.
[156] *BVerwG*, Beschl. v. 30.1.2002 – 1 B 326.01 –, Rdnr. 5 = Buchholz 310 § 98 VwGO Nr. 69: „ein als *unzulässig* ablehnbarer Ausforschungs- oder Beweisermittlungsantrag".
[157] *BVerwG*, Beschl. v. 30.1.2002 – 1 B 326.01 –, Rdnr. 5 = Buchholz 310 § 98 VwGO Nr. 69 m.w.N.
[158] *OVG Niedersachsen*, Beschl. v. 29.6.2010 – 22 LA 477/09 –, Rdnr. 18.
[159] *OVG Niedersachsen*, Beschl. v. 29.6.2010 – 22 LA 477/09 –, Rdnr. 18.
[160] *BVerwG*, Urt. v. 9.12.2010 – 10 C 13/09 –, Ls. 2 (Ernsthaftigkeit der Glaubensüberzeugung eines Flüchtlings); *Eisenberg*, Beweisrecht der StPO, 6. Aufl. 2008, Rdnr. 6 für den Strafprozess.

V. Inhalt und Abfassung von Beweisanträgen

Kriegsdienst mit der Waffe feststellen zu müssen – gilt auch in Kriegsdienstverweigerungssachen der in § 86 Abs. 1 VwGO positivierte Untersuchungsgrundsatz."[161] Ungeeignet und deshalb unbeachtlich ist ein Beweisantrag in Abgrenzung dazu jedoch, wenn er nicht auf die Feststellung von (inneren) Tatsachen, „sondern auf die Abgabe einer rechtlichen Wertung des Zeugen gerichtet gewesen wäre, die zu treffen allein dem Gericht zustand".[162] Dem Gericht ist es also grundsätzlich verwehrt, durch eine Zeugenvernehmung eine Art Meinungsermittlung vorzunehmen.

In einem **prüfungsrechtlichen Fall** hat das BVerwG hinsichtlich der Bewertung einer öffentlich-rechtlichen Examensklausur die Zeugeneinvernahme eines Prüfers zu inneren Tatsachen als geboten erachtet: Es gehe „vor allem um die Aufklärung innerer Bewertungsvorgänge bei den Auskunftspersonen selbst", eine Frage die „der Beweiserhebung nicht unzugänglich" sei.[163] Auch die verwaltungsgerichtliche Kontrolle der Ablehnung eines Habilitationsantrages kann zur Beweiserhebung über innere Tatsachen Anlass geben: Denn wenn „die Entscheidung über die Anerkennung wissenschaftlicher Arbeiten als Habilitationsleistungen (…) auf den **subjektiven** Wertvorstellungen der Mitglieder der Fakultät oder des Fachbereichsgremiums, die darüber zu befinden haben, welche Qualifikation der Habilitand für die wissenschaftliche Vertretung seines Faches in Forschung und Lehre ausweisen muss und ob der Bewerber nach seinen Arbeiten diesem Anspruch genügt", beruht, ist diese Entscheidung vom Gericht „daraufhin zu überprüfen, ob die Prüfer von falschen Tatsachen ausgegangen sind, allgemeingültige Bewertungsgrundsätze nicht beachtet haben oder sich von sachfremden Erwägungen haben leiten lassen".[164] Die Kunst besteht sicherlich darin, derartige Beweisanträge so zu formulieren, dass die Beweisaufnahme über eine bestimmte (innere) Tatsache und nicht über eine (rechtliche) Bewertung verlangt wird. Dagegen hat der BayVGH in einem Verfahren betreffend eine **baurechtliche Veränderungssperre** einen Beweisantrag abgelehnt, der auf eine Zeugenvernehmung zum Beweis der Tatsache gerichtet war „von welchen Zielen und Überlegungen sich die Mitglieder des Stadtrats bei der Beratung und Beschlussfassung über die Veränderungssperre am 18.12.2002 „in Wirklichkeit" „haben leiten lassen"; nach Auffassung des Gerichts gehe es dabei „um ‚innere Tatsachen' und Motive der einzelnen Stadtratsmitglieder, auf die es für die Entscheidung nicht ausschlaggebend ankommt".[165] Ebenso dürften die Motive der Gemeinderatsmitglieder für die Versagung des gemeindlichen Einvernehmens rechtlich unbeachtlich sein. Man sollte hier allerdings erkennen, dass die jeweiligen Entscheidungen mit der verfahrensrechtlich gebotenen Begründungspflicht (§ 39

58

---

[161] *BVerwG*, Urt. v. 1.6.1987 – 6 C 122.83 –, Rdnr. 15 = Buchholz 448.6 § 1 KDVG Nr. 14.
[162] *BVerwG*, Urt. v. 1.6.1987 – 6 C 122.83 –, Rdnr. 23 = Buchholz 448.6 § 1 KDVG Nr. 14.
[163] *BVerwG*, Urt. v. 20.9.1984 – 7 C 80.82 –, Rdnr. 36 = Buchholz 421.0 Prüfungswesen Nr. 202.
[164] *BVerwG*, Beschl. v. 29.3.1979 – 7 B 27.78 –, Rdnr. 4 = Buchholz 421.0 Prüfungswesen Nr. 106 = Buchholz 310 § 96 VwGO Nr. 22 = JZ 1979, 469.
[165] *BayVGH*, Beschl. v. 22.6.2007 – 1 N 04.3145 –, Rdnr. 4.

VwVfG) korrespondieren. Für Leistungs- und Eignungsbeurteilungen gilt diese Pflicht für die prüfungsspezifischen Bereiche gerade nicht (vgl. arg. § 2 Abs. 3 Nr. 2 VwVfG).

59   c) **Negativtatsache.** Schwierigkeiten bereitet die Beantwortung der Frage, ob mit einem Beweisantrag auch sog. Negativtatsachen unter Beweis gestellt werden können. Strafprozessualer Schulfall hierzu ist der sog. „Flamingo-Bar"-Fall des BGH: Der Verteidiger stellte in der Hauptverhandlung den Antrag, zur Feststellung, dass sich der Angeklagte in der Nacht vom 29. auf den 30.12. 1990 nicht in der „Flamingo-Bar" aufgehalten und dort die Mitangeklagten S. und P. getroffen habe, die Zeugin W. zu hören.[166] Der BGH wertete diese Anträge **nicht** als Beweisanträge, sondern als unzulässige Beweisermittlungsanträge und setzte hinzu: „Gegenstand des Zeugenbeweises können nur solche Umstände oder Geschehnisse sein, die mit dem benannten Beweismittel *unmittelbar* bewiesen werden sollen. (…) In derartigen Fällen wird ein Zeuge nur selten unmittelbar die behauptete **Negativtatsache** bekunden können. Vielmehr wird der Zeuge meist nur angeben können, bestimmte Geschehnisse wahrgenommen oder nicht wahrgenommen zu haben, wobei erst diese Bekundungen auf der Grundlage des bisherigen Beweisergebnisses möglicherweise den Schluss erlauben, ob ein bestimmtes Ereignis stattgefunden oder nicht stattgefunden hat."[167] Der BGH stößt sich also im Kern daran, dass es sich um eine **indirekte** Beweisführung handelt. Bereits *Rosenberg* hat darauf hingewiesen, dass sich „auch der Beweis des Vorhandenseins einer Tatsache (…) erfahrungsgemäß überaus häufig nur auf indirekte Weise führen" lasse und ebenso schwierig sein könne, wie der Beweis eines Nichtgeschehens.[168] Es komme – so *Rosenberg* – „allein darauf an, ob das Gesetz eine Negative zur Voraussetzung einer Rechtswirkung gemacht hat"; sei dies der Fall, „so muss derjenige, der diese Rechtswirkung für sich geltend macht, auch die Negative beweisen".[169]

60   Auch im strafprozessualen Schrifttum ist die enge Auffassung des BGH in Strafsachen auf Kritik gestoßen; entgegen der Ansicht des BGH werde „einer direkten Benennung von ‚negativen' Beweistatsachen in Beweisanträgen häufig nichts entgegenstehen".[170] Der Kritik von *Rosenberg* ist zu folgen. In letzter Zeit hat der BGH seine **Rechtsprechung zur Negativtatsache gelockert**: Zwar liege „**grundsätzlich** wegen der Notwendigkeit der Trennung von Beweistatsache und Beweisziel besonders dann, wenn Negativtatsachen in das Wissen eines Zeugen gestellt werden, die Annahme einer bloßen Beweisanregung nahe"; dies sei aber **ausnahmsweise** dann nicht der Fall, wenn beispielsweise die Nicht-Bekundung einer bestimmten Tatsache durch eine Zeugin in der vorangegangenen Hauptverhandlung als „in das Wissen des Zeugen ge-

---

[166] *BGH*, Urt. v. 6.7. 1993 – 5 StR 279/93 -= BGHSt 39, 251, 255 mit ablehnender Anmerkung *Hamm*, NStZ 1993, 550 sowie zustimmender Anmerkung *Widmaier*, NStZ 1993, 602.
[167] *BGH*, Urt. v. 6.7. 1993 – 5 StR 279/93 -= BGHSt 39, 251, 253 f.
[168] *Rosenberg*, Die Beweislast, 5. Aufl. 1965, S. 331.
[169] *Rosenberg*, Die Beweislast, 5. Aufl. 1965, S. 333.
[170] *Hamm/Hassemer/Paul*, Beweisantragsrecht, 2. Aufl. 2007, Rdnr. 117 – Beispiel für zulässigen Beweisantrag: „der Täter des Banküberfalls trug *keine* rote Jacke".

V. Inhalt und Abfassung von Beweisanträgen

stellte Negativtatsache seiner unmittelbaren eigenen Wahrnehmung zugänglich gewesen [ist], sodass die behauptete Negativtatsache, ohne dass der Charakter des auf Vernehmung des Zeugen gerichteten Antrags als Beweisantrag gefährdet wäre, Beweisthema sein kann".[171] Auch hat der BGH jüngst entschieden, dass ein Beweisantrag vorliegen kann, wenn der Antragsteller die Umstände konkret und nachvollziehbar vorträgt, aus denen sich die „Beweiskompetenz des Zeugen für die Negativtatsache ergibt"; wörtlich stellt der BGH in einem Beschluss aus 2008 fest: „Die Behauptung, eine Person habe ein in ihrer Anwesenheit angeblich geschehenes Ereignis **nicht wahrgenommen** und das Ereignis habe daher nicht stattgefunden, da die Person es nach den konkreten Umständen hätte bemerken müssen, ist eine **hinreichend bestimmte Beweistatsache** im Sinne von § 244 Abs. 3 StPO. Die Beschlussbegründungen des Landgerichts vermischen dagegen eine unzureichende Auslegung des Antrags mit einer hier unzulässigen Beweisantizipation und einem unzutreffenden Verständnis des Erfordernisses der Konnexität; sie tragen die Zurückweisung des Antrages nicht."[172]

Im **Verwaltungsprozess** können sog. Negativtatsachen durchaus zulässiger **61** Gegenstand von Beweisanträgen sein. Denn auch und gerade im Verwaltungsrecht gibt es durchaus Fallkonstellationen, bei denen eine negative Tatsache zur Voraussetzung einer Rechtswirkung gemacht wird. Ein **Beispiel**: **§ 3 Abs. 5** des Gesetzes zur Regelung offener Vermögensfragen (**VermG**) erlegt dem Verfügungsberechtigten die Rechtspflicht auf, sich vor einer Verfügung über einen Vermögenswert beim Amt zur Regelung offener Vermögensfragen zu vergewissern, dass **keine** Anmeldung im Sinne von § 3 Abs. 3 VermG, d.h. kein Restitutionsantrag vorliegt. Das **Nicht**-Vorliegen einer Anmeldung ist eine klassische Negativtatsache. In der Verwaltungspraxis erfolgt dies durch Erteilung sog. **Negativatteste** durch die Vermögensämter. Der Sache nach handelt es sich um ein „Vergewisserungsverfahren" mit „dem Ziel, das Spannungsverhältnis zwischen Altberechtigten zu einem angemessenen Ausgleich zu bringen".[173] Der auf Einholung einer entsprechenden behördlichen Auskunft gerichtete Beweisantrag bzw. der Antrag auf Urkundenbeweis zur Einführung eines vorliegenden Negativattests in den Prozess wäre also auf zulässige Beweistatsachen gerichtet und kein Ausforschungsbeweis. Ein Beweisantrag, in dem die Tatsache, ein bestimmtes Ereignis habe nicht stattge-

---

[171] *BGH*, Beschl. v. 14.9. 2004 – 4 StR 309/04 –, Rdnr. 11 = NStZ-RR 2005, 78 = StV 2005, 115 – zum Hilfsbeweisantrag, den Richter am LG Dr. G. zum Beweis der Tatsache zu vernehmen, dass die Nebenklägerin in der vorgangegangenen Hauptverhandlung *nicht* bekundet hat, der Angeklagte habe sie mit einer Hand an beiden Händen festgehalten und mit der anderen Hand berührt.

[172] *BGH*, Beschl. v. 22.8. 2008 – 2 StR 195/08 –, Rdnr. 8 = BGHSt 52, 322 = NJW 2008, 3232 = StV 2008, 564 = NStZ 2008, 708 – für den Beweisantrag, den Zeugen S. R., dem damaligen Geschäftsführer eines Lokals, zum Beweis der Tatsache zu vernehmen, dass der Zeuge im Tatzeitraum täglich im Club anwesend gewesen sei, dass er die Geschädigte und den Angeklagten persönlich kenne und dass die in der Anklage beschriebenen Vorfälle nicht stattgefunden hätten, da der Zeuge sie mitbekommen hätte müssen"; „auch die Zeugin B. hat bekundet, dass S. dabei gewesen sei".

[173] *BVerwG*, Urt. v. 23.4. 1998 – 3 C 56.96 –, Rdnr. 15 = Buchholz 428 § 38 VermG Nr. 3 = ZOV 1998, 289 = VIZ 1998, 586.

funden (Negativtatsache), in das Wissen des Zeugen gestellt wird, kann nach Ansicht des VGH Baden-Württemberg bei einfachen Sachverhalten, in denen die behauptete Negativtatsache der unmittelbaren eigenen Wahrnehmung des Zeugen zugänglich gewesen ist, nicht auf die Behauptung reduziert werden, der Zeuge habe das Ereignis nicht wahrgenommen, und deswegen wegen Unerheblichkeit abgelehnt werden.[174]

62 Ein weiteres Beispiel für eine Negativtatsache bietet eine **Hundehalterverordnung**: Diese stuft als gefährliche Hunde insbesondere bestimmte enummerierte Rassen wie z.B. Bullmastiff, Dobermann oder Rottweiler ein. Bei diesen Rassen wird sodann dem Hundehalter die Nachweispflicht dafür auferlegt, dass der Hund **keine** gesteigerte Kampfbereitschaft, Angriffslust oder Schärfe aufweist.[175] Die *Nicht*-**Gefährlichkeit** des betreffenden Hundes ist eine Negativtatsache.[176] Ein Beispiel für eine Negativtatsache bietet auch der „**Endiviensalat-Fall**" des BVerwG: Die streitgegenständliche, vom BVerwG als Allgemeinverfügung eingestufte Regelung der Regierungspräsidien Nord-Württemberg und Süd-Württemberg Hohenzollern vom 19.1.1953 ordnete u.a. an, dass Importeure von Endiviensalat diesen nur in Verkehr bringen dürften, wenn eine bakteriologische Untersuchung von Teilen einer jeden Sendung bestätige, dass die Sendung **nicht** mit Typhus-Erregern behaftet sei.[177] Eine Negativtatsache ist schließlich auch das **Nichterfolgen einer Zustellung**.[178]

3. Angabe eines Beweismittels

63 a) **Allgemeines.** Konstitutiv für einen Beweisantrag im Sinne von § 86 Abs. 2 VwGO ist die Angabe eines „**bestimmten** Beweismittels", mit „dem der Nachweis der Tatsache geführt werden soll".[179] Es muss sich um ein konkretes „individualisiertes Beweismittel"[180] handeln. (**Beispiel: Anhang I, Beispiele 2, 4 und 6, S. 204 ff.**).

64 Folgende Beweismittel kommen in Betracht: Beweis durch Augenschein, Zeugenbeweis, Beweis durch Sachverständige, Urkunden, Auskunft und Beweis durch Parteivernehmung (§ 98 VwGO i.V.m. §§ 371–444, 450–455 ZPO).[181] Es genügt nicht, ein Beweismittel in das Ermessen des Gerichts zu stellen; vielmehr muss der Antragsteller dasjenige – zulässige – Beweismittel

---

[174] *VGH Baden-Württemberg*, Urt. v. 17.11.2005 – 1 S 2278/04 –, VBlBW 2006, 199 = DÖV 2006, 568.

[175] § 8 Abs. 3 der Hundehalterverordnung – HundehV des Landes Brandenburg vom 25.7.2000, GVBl. II S. 235; näher *BVerwG*, Urt. v. 20.8.2003 – 6 CN 4.02 – = NJ 2004, 91.

[176] Folgerichtig sah § 8 Abs. 3 Satz 3 der HundehV vor, dass die örtliche Ordnungsbehörde darüber ein Negativzeugnis erteilt.

[177] *BVerwG*, Urt. v. 28.2.1961 – 1 C 54.57 –, Rdnr. 9 f. = BVerwGE 12, 87 = NJW 1961, 2078 = Buchholz 310 § 40 VwGO Nr. 9 = DVBl. 1916, 444.

[178] *BVerwG*, Urt. v. 20.5.1999 – 3 C 7.98 –, Rdnr. 28 = BVerwGE 109, 115 = NJW 2000, 683 = DVBl. 2000, 558 = Buchholz 340 § 14 VwZG Nr. 2.

[179] *BGH*, Beschl. v. 3.11.2010 – 1 StR 497/10 –, Rdnr. 11 zur Parallelnorm § 244 StPO grundlegend; *Schwenn*, StV 1981, 631, 633 ff.

[180] *BVerwG*, Beschl. v. 20.5.1998 – BVerwG 7 B 440.97 –, Buchholz 310 § 86 Abs. 2 VwGO Nr. 40.

[181] *Kopp/Schenke*, VwGO, 15. Aufl. 2007, § 98, Rdnr. 3.

V. Inhalt und Abfassung von Beweisanträgen

benennen, dessen sich das Gericht bedienen soll.[182] Das Beweismittel muss so konkret angegeben werden, dass es sich von anderen Beweismitteln unterscheidet, ermittelt und zur mündlichen Verhandlung herbeigeschafft werden kann.[183] Kein bestimmtes Beweismittel ist angegeben, wenn aus einer Vielzahl gleichartiger Beweismittel das Relevante erst vom Tatrichter herausgefunden werden soll, etwa bei Benennung eines Kreises von Zeugen, einer Urkundensammlung oder eines Antrages auf Beiziehung von Akten, Krankenunterlagen etc.[184]

Nach überwiegender Auffassung gehört zur Substantiierung des Beweismittels „auch die Darlegung, welchen **Bezug** es **zur Beweistatsache** hat".[185] Das Merkmal der sogenannten Konnexität (s. eingehend Rdnr. 75 ff.) dient der Bestimmtheit des Beweisantrages. Dieses soll u. a. dann fehlen, „wenn die Geeignetheit des Beweismittels selbst nicht plausibel ist".[186] Diese zusätzliche Anforderung ist dogmatisch zweifelhaft, weil sie im Ergebnis auf die Definition eines Ablehnungsgrundes hinausläuft. Im numerus clausus der Ablehnungsgründe stellt nur die **völlige** Ungeeignetheit des Beweismittels (§ 244 Abs. 3 Satz 2 Alt. 4 StPO analog[187]) einen Ablehnungsgrund dar. Über das Darlegungskriterium wird im Ergebnis ein – noch dazu überspannter – Ablehnungsgrund in die Wesensmerkmale eines Beweisantrages im Sinne von § 86 Abs. 2 VwGO gleichsam „hineinkonstruiert". Praktische Bedeutung hat die Darlegung, welchen Bezug das Beweismittel zur Beweistatsache hat, in der Regel ohnehin nur beim Zeugenbeweis (s. daher dort eingehend Rdnr. 67 ff.). 65

Praxistipp: 66
Der Rechtsanwalt sollte, um den sichersten Weg zu gehen, gleichwohl jedenfalls mit einem Satz in seinem Beweisantrag darlegen, welchen Bezug das Beweismittel zu der jeweiligen Beweistatsache hat (z.B. also in welcher Beziehung ein Zeuge zu einem Grundstück steht, auf das sich eine Beweisbehauptung bezieht o. ä.).

b) Zeugenbeweis. aa) Allgemeines. Das Gesetz sagt: Der Zeugenbeweis wird durch die Benennung der Zeugen und die Bezeichnung der Tatsachen, über welche die Vernehmung der Zeugen stattfinden soll, angetreten (§ 98 VwGO i. V. m. § 373 ZPO). Der Zeuge kann grundsätzlich nur über seine eigenen Wahrnehmungen vernommen werden. Soll nach dem Antrag aus den Wahrnehmungen auf ein bestimmtes weiteres Geschehen geschlossen werden, ist nicht dieses weitere Geschehen, sondern nur die Wahrnehmung des Zeugen tauglicher Gegenstand des Zeugenbeweises.[188] Zur Klarstellung: Auch der sachverständige Zeuge ist Zeuge und nicht Sachverständiger (§ 98 VwGO i. V. m. § 414 ZPO). Der **sachverständige Zeuge** bekundet sein Wissen von 67

---

[182] *M. Redeker*, AnwBl 2005, 518, 519.
[183] *Eisenberg*, Beweisrecht der StPO, 6. Aufl. 2008, Rdnr. 148.
[184] *Schmitt*, Beweisantragsrecht (2010), S. 5.
[185] *Dahm*, ZAR 2002, 227, 232.
[186] *Dahm*, ZAR 2002, 227, 232.
[187] Zur analogen Anwendung: *BVerwG*, Beschl. v. 9.5. 1983 – 9 B 1046.81 –, NJW 1984, 574.
[188] *Schmitt*, Beweisantragsrecht (2010), S. 9.

Teil A. Beweisantragsrecht

bestimmten vergangenen Tatsachen oder Zuständen, zu deren Wahrnehmung eine besondere Sachkunde erforderlich war oder ist und die er nur kraft dieser besonderen Sachkunde ohne Zusammenhang mit einem gerichtlichen Gutachtenauftrag selbst wahrgenommen hat. Er ist insoweit nicht ersetzbar.[189] Sachverständiger Zeuge ist beispielsweise der Arzt am Unfallort[190] oder der eine Altlastensanierung begleitende Ingenieur zum konkreten Schadensbild und zur Verursachung. Praktische Konsequenz der Abgrenzung: Sachverständige Zeugen dürfen der Vernehmung anderer (ggf. auch sachverständiger) Zeugen **nicht** beiwohnen, Sachverständige hingegen schon (§ 98 VwGO i. V. m. § 394 Abs. 1 ZPO).

68 Zeugen sind grundsätzlich durch das Gericht **in der mündlichen Verhandlung zu vernehmen** (§ 96 Abs. 1 Satz 1 VwGO: Unmittelbarkeit der Beweisaufnahme).[191] Einer gewissen Neigung mancher Verwaltungsgerichte, diesen Grundsatz z.B. bei parallel zum Verwaltungsprozess laufenden Straf-/Zivilprozessen (z.B. Disziplinar- und Strafprozess) durch Einbeziehung des Terminsprotokolls des ordentlichen Gerichts zu umgehen,[192] können die Parteien durch Anbringen entsprechender Verfahrensrügen (§ 96 Abs. 1 Satz 1 VwGO) und Stellen entsprechender Beweisanträge wirksam entgegensteuern. Das OVG NRW weicht den Grundsatz der Unmittelbarkeit der Zeugeneinvernahme in seinem Urteil vom 23.7. 2009 zwar auf, führt dann aber aus: „Denn mit der hier vertretenen Auffassung ist noch nicht gesagt, dass eine Verwertung indirekter statt (verfügbarer) direkter Beweise stets und einschränkungslos zulässig wäre. Die insoweit vielmehr einschlägige Regelung des § 86 Abs. 1 VwGO kann, ggf. auch **in Verbindung mit entsprechenden Beweisanträgen** (§ 86 Abs. 2 VwGO), vielmehr durchaus dazu zwingen, den **direkten Beweis** (evtl. zusätzlich zu einem entfernteren) zu erheben; zudem findet der regelmäßig geringere Zuverlässigkeitsgrad eines indirekten Beweismittels dabei als „informelle Beweisregel" Eingang in den Prozess der richterlichen Überzeugungsbildung".[193] Auch das BVerwG geht in ständiger Rechtsprechung davon aus, dass das VG „auch Vernehmungsprotokolle über Bekundungen von Zeugen in anderen Verfahren zum Zwecke des Beweises verwerten" dürfe, sieht dies jedoch ausnahmsweise dann als unzulässig an, „wenn ein Beteiligter die Vernehmung des Zeugen ausdrücklich beantragt hat".[194] Diese Judikatur ist fragwürdig. Gegen sie spricht vor allem: Die Vorschrift des § 96 Abs. 1 Satz 1 VwGO hat ihren guten Sinn, nämlich denjenigen, „die Identität

---

[189] *BVerwG*, Beschl. v. 12.10. 2010 – 6 B 26.10 –, Ls. 1 – im Gegensatz zu dem in dieser Funktion grundsätzlich austauschbaren Sachverständigen (Ls. 2).
[190] *Greger*, in: Zöller, ZPO, 25. Aufl. 2009, § 414, Rdnr. 1.
[191] Diesen Grundsatz aufweichend: *OVG NRW*, Urt. v. 23.7. 2009, – 1 A 2084/07 –.
[192] Beispiel: *VG Düsseldorf*, Urt. v. 29.9. 2009 – 17 K 4572/08 –, Rdnr. 50: „Die Beweisaufnahme im zivilgerichtlichen Verfahren beim LG Düsseldorf am 8. September 2009 hat ergeben, dass das L-Gleis zumindest insofern genutzt wurde, als Kesselwagen dort kurzfristig abgestellt wurden, wenn sie das T-Gleis blockierten." (Das VG führte selbst *keine* Beweisaufnahme durch.).
[193] *OVG NRW*, Urt. v. 23.7. 2009 – 1 A 2084/07 –, Rdnr. 72.
[194] *BVerwG*, Beschl. v. 13.9. 1988 – 1 B 22.88 –, Buchholz 402.24 § 24 AuslG Nr. 12; *BVerwG*, Beschl. v. 10.9. 1979 – 3 CB 117.79 –, Buchholz 310 § 132 VwGO Nr. 182; *BVerwG*, Urt. v. 28.11. 1991 – 3 C 37.89 –, Rdnr. 15 f.

V. Inhalt und Abfassung von Beweisanträgen

von beweiserhebenden und fallentscheidenden Richtern bei einer durchzuführenden Beweisaufnahme zu wahren".[195]

Praxistipp: 69
Sollte sich im Verwaltungsprozess abzeichnen, dass das Gericht einen Zeugen nicht selbst vernimmt, sondern stattdessen auf das Vernehmungsprotokoll eines anderen Gerichts aus einem Parallelverfahren (z. B. Straf- oder Zivilprozess) zurückgreifen will, sollte die hierdurch belastete Partei **erstens** ihren Widerspruch gegen diese Vorgehensweise zu Protokoll geben und **zweitens** einen auf Vernehmung des Zeugen gerichteten Hauptbeweisantrag stellen. Denn nur so kann die Partei die Ausübung ihres Fragerechts (§ 98 VwGO i. V. m. § 97 Satz 2 VwGO und § 397 ZPO) sicherstellen und Einfluss auf die Beweiserhebung nehmen. Die frühere Regelung, den Zeugen schriftlich zu befragen (§ 377 Abs. 4 ZPO a. F.), ist 1990 gestrichen worden.

bb) Benennung des Zeugen. Das Verwaltungsprozessrecht stellt bestimmte Anforderungen an die **Benennung der Zeugen**. Der **sicherste Weg** einer hinreichend bestimmten Benennung des Zeugen ist es, Vornamen, Namen und ladungsfähige Anschrift des Zeugen anzugeben.[196] § 373 ZPO „erfordert die individualisierende Benennung des Zeugen".[197] So hat das **OVG Niedersachsen** in einem aufenthaltsrechtlichen Fall die Ablehnung eines klägerischen Beweisantrages als rechtmäßig angesehen, weil der Beweisantrag „schon nicht den genauen Namen des betroffenen Kindes" nenne.[198] Sinn und Zweck der Benennung des Zeugen im Beweisantrag ist es, die Ladung des Zeugen unter Bezugnahme auf den erstrebten Beweisbeschluss vornehmen zu können (vgl. § 98 VwGO i. V. m. § 373 Abs. 1 Satz 1 ZPO). 70

cc) Individualisierbarkeit des Zeugen. Der vorgenannte Grundsatz ist Durchbrechungen zugänglich. Denn die §§ 86 Abs. 2, 98 VwGO i. V. m. § 373 ZPO sind im Lichte des Grundrechts auf rechtliches Gehör aus Art. 103 Abs. 1 GG auszulegen, sodass die Anforderungen an die Bestimmtheit der Benennung nicht überspannt werden dürfen. Entscheidend ist, dass die Benennung eine eindeutige **Individualisierbarkeit des Zeugen** ermöglicht. „Grundsätzlich sind bei einem auf die Vernehmung eines Zeugen gerichteten Beweisantrag Name und Anschrift des Zeugen zu nennen", wobei dies „aber nicht in jedem Fall zwingend erforderlich" ist.[199] So erkennt der Bundesgerichtshof es in ständiger Rechtsprechung als hinreichend beachtlichen Beweisantritt an, wenn die ladungsfähige Anschrift eines Zeugen dem Gericht unverzüglich nachgereicht wird: „Die individualisierende Benennung eines Zeugen ist auch ohne Angabe seiner ladungsfähigen Anschrift ein den Anforderungen des § 373 ZPO genügender beachtlicher Beweisantritt (…). Ist er (…) rechtzeitig erfolgt, kann ihm aber wegen eines behebbaren Hindernisses, wozu auch das 71

---

[195] *OVG NRW*, Urt. v. 23.7. 2009 – 1 A 2084/07 –, Rdnr. 54.
[196] *Vierhaus*, DVBl. 2009, 629, 631; *M. Redeker*, AnwBl. 2005, 518, 520; *Hamm/Hassemer/Pauly*, Beweisantragsrecht, 2. Aufl. 2007, Rdnr. 93.
[197] *Greger*, in: Zöller, ZPO, 27. Aufl. 2009, § 373 Rdnr. 8.
[198] *OVG Niedersachsen*, Beschl. v. 29.6. 2010 – 11 LA 477/09 –, Rdnr. 19 – der Beweisantrag war darauf gerichtet, „dass das älteste Kind des Klägers erst nach der Eheschließung in Pakistan geboren sei".
[199] *BGH*, Beschl. v. 29.4. 2010 – 1 StR 644/09 –, Rdnr. 14 = StV 2010, 556 = wistra 2010, 410.

Teil A. Beweisantragsrecht

Fehlen der ladungsfähigen Anschrift eines Zeugen gehört, nicht ohne weiteres nachgegangen werden, so darf er nur unter den in der Zivilprozessordnung speziell für diesen Fall bestimmten Voraussetzungen unberücksichtigt bleiben (…). Danach ist das Gericht erst dann berechtigt, von einer Beweiserhebung abzusehen, wenn es zur Behebung des Hindernisses fruchtlos eine **Frist gesetzt** hat und nach seiner freien Überzeugung die später mögliche Berücksichtigung des Beweismittels das Verfahren verzögern würde."[200]

72 Es ist nicht ersichtlich, warum dies im Verwaltungsprozess anders sein soll. Die VwGO enthält für den Beweisantritt (§ 373 ZPO) keine „abweichenden Vorschriften" im Sinne von § 98 VwGO. Auch das BVerfG hat diesbezüglich – und zwar für die Fallkonstellation der Angabe einer unrichtigen Anschrift – eine **großzügige Handhabung** angemahnt: „Der Beweisantritt wurde nicht dadurch unbeachtlich, dass die nach § 373 ZPO verfügte Ladung wegen einer jedenfalls im Zeitpunkt der mündlichen Verhandlung unrichtigen Anschrift nicht möglich war. Nach dem vergeblichen Ladungsversuch hätte das Gericht dem Beschwerdeführer zunächst eine Frist zur Beibringung der richtigen Anschrift setzen müssen (…). Erst nach deren fruchtlosem Ablauf hätte es, wenn es im Übrigen nach seiner freien Überzeugung zu einer Verzögerung des Prozesses gekommen wäre, die Beweiserhebung ablehnen können."[201] Dies ist auch im Hinblick auf verwaltungsprozessuale Beweisanträge praxisgerecht und zudem durch § 86 Abs. 3 VwGO prozessual geboten. Denn anerkanntermaßen können sich für die klagende Partei im Verwaltungsprozess in der mündlichen Verhandlung überraschende Wendungen im Verfahren ergeben, die gerade einen „spontanen Beweisantrag erforderlich"[202] machen. In derartigen Situationen ist nur allzu nachvollziehbar, dass die Partei, die einen auf Erhebung eines Zeugenbeweises gerichteten Beweisantrag anbringt, nicht in jedem Falle sofort die vollständige ladungsfähige Anschrift des betreffenden Zeugen in der Verhandlung bereit hält. Dasselbe muss entsprechend auch für den Vornamen und ggf. sogar den Nachnamen des Zeugen gelten.

73 dd) **Amtsperson als Zeuge.** Entscheidend ist, „dass beim Zeugenbeweis der Zeuge durch Benennung und nähere Angaben ausreichend individualisiert ist", „sodass eine Verwechslung mit anderen nicht in Betracht kommt".[203] Wenn der Kläger beispielsweise zu einem bestimmt bezeichneten Beweisthema (etwa der Durchführung einer bestimmten Dienst- oder Verfahrenshandlung) einen Richter, Staatsanwalt oder Beamten als Zeugen benennt, so wird er den Vornamen der **Amtsperson** typischerweise nicht kennen und auch nicht ohne weiteres ermitteln können. Hier genügt es, „die Person eines Zeugen nur durch seine **Funktion** [zu] beschreiben (z.B. der in einem be-

---

[200] *BGH*, Urt. v. 31.3. 1993 – VIII ZR 91/92 –, Rdnr. 17 = NJW 1993, 1226; ständige Rechtsprechung: *BGH*, Urt. v. 8.12. 1988 – III ZR 107/87 – = NJW 1989, 1732; *BGH*, Urt. v. 5.11. 1973 – II ZR 165/72 –, Ls. = NJW 1974, 188; *Greger*, in: Zöller, ZPO, 27. Aufl. 2009, § 373 Rdnr. 8.
[201] *BVerfG*, Urt. v. 29.11. 1983 – 1 BvR 1313/82 –, Rdnr. 10 = BVerfGE 65, 305 = NJW 1984, 1026.
[202] *M. Redeker*, AnwBl 2005, 518.
[203] *Jacob*, VBlBW. 1997, 41, 43; *BGH*, Beschl. v. 29.4. 2010 – 1 StR 644/09 –, Rdnr. 14 = StV 2010, 556 = wistra 2010, 410.

V. Inhalt und Abfassung von Beweisanträgen

stimmten Zeitraum in der Führerscheinstelle des Landratsamtes in A. anwesende Mitarbeiter)"; entscheidend ist, dass dem Gericht „durch den Antragstext insgesamt ein gangbarer Weg aufgezeigt werden [muss], der zu dem gemeinten Zeugen führt".[204] Die „Nennung eines Namens ist in diesem Zusammenhang dann entbehrlich, wenn der Zeuge unter Berücksichtigung des Beweisthemas über seine Tätigkeit insbesondere in einer **Behörde** zu individualisieren ist".[205] Daher ist es beispielsweise bei der Benennung eines Richters, Staatsanwalts oder Beamten grundsätzlich völlig ausreichend, wenn der Nachname und das Gericht oder die Behörde, über die der Zeuge geladen werden soll, mitgeteilt wird sowie das Verfahren, an dem der Zeuge mitgewirkt hat. Ist auch dieser nicht ermittelbar, müssen die zur Individualisierung führenden Merkmale zweifelsfrei mitgeteilt werden.

Praxisbeispiel: 74
Der Kläger trägt in rechtlicher Hinsicht vor, dass für den Erlass einer bestimmten ordnungsbehördlichen Verfügung nicht pflichtgemäße Ermessenserwägungen ausschlaggebend waren. Maßgeblich sei die sachwidrige Erwägung gewesen, dass der den Verwaltungsakt erlassende Sachbearbeiter Beschuldigter eines staatsanwaltlichen Ermittlungsverfahrens war, beispielsweise wegen unterlassenen Einschreitens gegen bestimmte technische Sicherheitsmängel. Den Namen und erst recht den Vornamen des ermittelnden Staatsanwalts wird der Kläger möglicherweise nicht kennen und selbst auch schwerlich ermitteln können. Hier genügt es zur Benennung des Zeugen im Sinne von § 373 ZPO, wenn beantragt wird, denjenigen bei der Staatsanwaltschaft XY tätige/n Staatsanwalt/Staatsanwältin als Zeugen zu vernehmen, der in den Ermittlungsverfahren gegen den Sachbearbeiter Y der Ordnungsbehörde Z im Jahre 2006 die Ermittlungen geführt hat (**Beispiel: Anhang I, Beispiel 6, S. 210**). Ebenso verhält es sich bei allen anderen Zeugen, die nicht aus der Berufs- oder Lebens-/Sozialsphäre des Antragstellers stammen. Das ist etwa bei Amtspersonen wie Richtern und Beamten häufig der Fall. Deren Vornamen sind üblicherweise nicht publik, auch den Geschäftsverteilungsplänen nicht zu entnehmen. Wenn beispielsweise ein Richter als Zeuge dafür benannt werden soll, dass eine bestimmte Prozesshandlung vorgenommen worden ist oder dass eine bestimmte Gerichtsperson in einer Verhandlung eine bestimmte Äußerung getan hat, genügt es zur Individualisierbarkeit des Zeugen, wenn – soweit bekannt – Nachname und der Spruchkörper, dem der betreffende Richter im anzugebenden Zeitraum angehört hatte, bezeichnet werden, denn diese Angaben lassen ohne weiteres eine eindeutige Individualisierbarkeit des Zeugen zu. Schwierig kann diese Vorgehensweise sein, wenn ein Polizeibeamter als Zeuge für eine angebliche Misshandlung oder einen Übergriff auf Demonstranten o.ä. benannt werden soll; denn naturgemäß kennt der Kläger den Namen desjenigen Polizeibeamten, der ihm – um ein signifikantes Beispiel zu bilden – „mit dem Knüppel auf den Kopf geschlagen", ihn eingekesselt oder mit dem Wasserwerferstrahl sein Augenlicht bei der „Stuttgart 21"-Demonstration im Schlossgarten im September 2010 zerstört hat, nicht. Hier muss unter Umständen ausreichen, wenn die Partei Datum, Uhrzeit, Ort und nähere Umstände des Polizeieinsatzes konkret schildert, sodass sich der oder die entsprechenden Polizeibeamten ermitteln lassen. Wer diese Ermittlungsarbeit zu leisten hat, bleibt dann noch offen. An Amtshilfe nach Art. 35 GG ist zu denken. Im Lichte der Art. 19 Abs. 4, 103 Abs. 1 GG dürfen die Dar-

---

[204] *Hamm/Hassemer/Pauly*, Beweisantragsrecht, 2. Auf. 2007, Rdnr. 93, 96.
[205] *BGH*, Beschl. v. 29.4. 2010 – 1 StR 644/09 –, Rdnr. 14 = StV 2010, 556 = wistra 2010, 410 – für den Sachbearbeiter eines bestimmten Finanzamtes für im Detail gekennzeichnete steuerrechtlich erhebliche Vorgänge im Geschäftsbereich einer bestimmten Firma.

legungsanforderungen an die Zeugenbenennung jedenfalls nicht überspannt werden. Notfalls wäre auf einer ersten Stufe ein Beweisantrag „vorzuschalten", der darauf abzielt, den Leiter eines bestimmten Einsatzes zur Aufklärung der angesprochenen Fragen zu vernehmen.[206] Man bewegt sich hier bereits an der Grenze zu einem sonst nicht zulässigen Beweisermittlungsantrag. Das ist aus grundrechtlichen Gründen jedoch hinzunehmen. Entscheidend ist, dass hinreichende **Anhaltspunkte für die Ermittlung** des Zeugen dem Gericht mitgeteilt werden.[207] Bei Zeugen als Beweismittel bedarf es dazu hinreichend konkreter Angaben, auf welchem Wege sie erreicht werden können.[208] **Nicht** ausreichend für die Angabe eines konkret bezeichneten Beweismittels ist die Angabe, der namentlich benannte Zeuge befinde sich „zur Zeit im Justizvollzug in Portugal".[209] Auch genügt die bloße Benennung eines Zeugen mit Vor- und Nachnamen ohne ladungsfähige Anschrift dann nicht, wenn es „an jedem weiteren Individualisierungsansatz [fehlt]".[210]

75   ee) **Konnexität Beweistatsache/Beweismittel.** Umstritten ist, ob es zwingende Voraussetzung für einen Zeugen-Beweisantrag ist, dass angegeben wird, in welcher Eigenschaft bzw. **woher** der benannte Zeuge das ihm zugeschriebene Wissen erlangt hat. **Beispiel:** Es wird beantragt, den Zeugen Mustermann zum Beweis der Tatsache zu vernehmen, dass das Grundstück Gemarkung 1, Flur 2, Flurstück 3 von 1958 bis 1974 nicht mit einer Betonschicht flüssigkeitsdicht versiegelt war.

Muss in diesem Fall also zusätzlich etwa angegeben werden: „Der Zeuge war von 1958 bis 1974 als örtlicher Verwalter bei der Firma XY beschäftigt und wohnte während dieses Zeitraums auf dem streitgegenständlichen Grundstück in einer Hausmeisterwohnung"?

76   Im Verwaltungsprozessrecht sieht eine Meinung Beweisanträge, die derlei klarstellende Zusätze nicht enthalten, als mangelhaft, nämlich unsubstantiiert an; sie hält es für erforderlich, „dass dargelegt ist, **woher** der Zeuge von der Beweistatsache **Kenntnis haben soll**".[211] Nach anderer Auffassung ist dies nicht zwingend erforderlich, gleichwohl „**sollte** in jedem Fall dargelegt werden, woher der Zeuge das Wissen hat oder haben könnte, das er bei Gericht preisgeben soll".[212] Derselbe Streit wird im Strafprozessrecht geführt, und zwar als eine Frage der **Konnexität zwischen Beweistatsache und Beweismittel**:[213] Sofern ein solcher Zusammenhang nicht ohnehin ersichtlich ist, verlangt im Strafprozess die Rechtsprechung und ein Teil der Literatur, dass der Beweisantrag den Zusammenhang zwischen Beweistatsache und Beweismittel darlegt, also z.B. dartut, „weshalb der Zeuge über-

---

[206] In diese Richtung: *Eisenberg*, Beweisrecht der StPO, 6. Aufl. 2008, Rdnr. 148.
[207] *Eisenberg*, Beweisrecht der StPO, 6. Aufl. 2008, Rdnr. 149.
[208] *Schmitt*, Beweisantragsrecht 2010, S. 5 unter Berufung auf *BGH*, StV 2010, 557.
[209] *BGH*, Beschl. v. 12.7. 2006 – 5 StR 236/06 –, Rdnr. 3 = NStZ 2006, 713.
[210] *BGH*, Beschl. v. 28.5. 2009 – 5 StR 191/09 –, Rdnr. 2 = NStZ 2009, 649 = JR 2010, 456 = BGHR StPO § 244 Abs. 6 Beweisantrag 46.
[211] *Jacob*, VBlBW. 1997, 41, 43; *Dawin*, in: Deutsches Anwaltsinstitut e.V. (Hrsg.), Brennpunkte des Verwaltungsrechts, Bochum, 2009, S. 167, 176 f.; *Dahm*, ZAR 2002, 227, 232.
[212] *M. Redeker*, AnwBl. 2005, 518, 520.
[213] *Hartmut Schneider*, Zum Kriterium der Konnexität im strafprozessualen Beweisantragsrecht, in: *Henning Ernst Müller/Günther M. Sander/Helena Valkova* (Hrsg.), Festschrift für Ulrich Eisenberg zum 70. Geburtstag, München 2009.

V. Inhalt und Abfassung von Beweisanträgen

haupt etwas zu der Beweistatsache bekunden können soll, etwa weil er am Tatort war, in der Nachbarschaft wohnt, eine Akte gelesen hat usw.".[214] Damit soll dem Gericht eine sinnvolle Prüfung der Ablehnungsgründe ermöglicht werden. Betrachtet man die von dieser Auffassung herangezogene Rechtsprechung des BGH in Strafsachen näher, so stellt man indes fest, dass der BGH eine solche Voraussetzung in dieser Pauschalität **nicht** aufstellt. Der BGH sagt vielmehr, die Voraussetzung, woher der Zeuge sein Wissen habe, könne je nach der Fallgestaltung hinzutreten.[215] Der **BGH** geht dazu von folgenden Erfordernissen eines Beweisantrages aus: „Ein Beweisantrag (…) setzt als erstes Erfordernis eine konkrete und bestimmte Behauptung einer Tatsache voraus (…). Als weitere Anforderung an einen auf eine Zeugenvernehmung zielenden Beweisantrag kommt hinzu, dass der Zeuge die behauptete Tatsache aufgrund eigener Wahrnehmung bekunden kann (…). Sind diese beiden Voraussetzungen gegeben, **kann u. U.** eine dritte hinzutreten, die sog. Konnexität zwischen Beweismittel und Beweisbehauptung, die im Falle des Zeugenbeweises **nur** bedeutet, dass der Antrag **erkennen** lassen muss, weshalb der Zeuge überhaupt etwas zu dem Beweisthema bekunden können soll (…), etwa weil er am Tatort war, in der Nachbarschaft wohnt, eine Akte gelesen hat usw. **Dieser Zusammenhang** zwischen Beweistatsache und Beweismittel wird sich **in vielen Fällen von selbst** verstehen."[216] Mit anderen Worten: Der BGH setzt diese dritte Voraussetzung keineswegs absolut, nimmt vielmehr grundsätzlich an, dass sich die Konnexität aus der Benennung von Beweismittel und Beweistatsache von selbst erkläre, also vom Antragsteller nicht eigens dargelegt werden müsse. Nur ausnahmsweise soll eine solche ausdrückliche Darlegung dann erforderlich sein, wenn der Zusammenhang für Außenstehende nicht hinreichend offenkundig ist, der Beweisantrag sich als ein „auf's Geratewohl aufgestellter" Antrag interpretieren lassen könnte.[217]

Nach einer neueren, stark umstrittenen Entscheidung des 5. Strafsenates des BGH hängen die Anforderungen an die Darlegung der Konnexität im Beweisantrag auch vom Ergebnis der bisherigen Beweisaufnahme ab, können also je nach Stand des Verfahrens schwanken.[218] Dies könnte es erfordern, dass der Antragsteller im Beweisantrag die Wahrnehmungssituation des Zeugen und die Einordnung des Wahrgenommenen anhand der bisherigen Beweisergeb-

---

[214] *BGH*, Beschl. v. 3.11. 2010 – 1 StR 497/10 –, Rdnr. 11; *BGH*, Urt. v. 28.11. 1997 – 3 StR 114/97 –, BGHSt 43, 321, 329; *Schmitt*, Beweisantragsrecht 2010, S. 9 unter Hinweis auf BGHSt 39, 251; diese Auffassung wiedergebend *Beulke*, JuS 2006, 597 m.w.N., der selbst diese Auffassung ablehnt.
[215] *BGH*, Beschl. v. 3.11. 2010 – 1 StR 497/10 –, Rdnr. 11.
[216] *BGH*, Urt. v. 28.11. 1997 – 3 StR 114/97 –, Rdnr. 27 = BGHSt 43, 321 = NJW 1998, 1723; ähnl. BGHSt 40, 3, 6; *BGH*, Beschl. v. 3.11. 2010 – 1 StR 497/10 –, Rdnr. 12.
[217] *BGH*, Urt. v. 28.11. 1997 – 3 StR 114/97 –, Rdnr. 27 = BGHSt 43, 321 = NJW 1998, 1723; ähnl. BGHSt 40, 3, 6.
[218] *BGH*, Urt. v. 10.6. 2008 – 5 StR 38/08 –, Rdnr. 14–17 = BGHSt 52, 284 = NJW 2008, 3446 = NStZ 2009, 49; zweifelnd: *BGH*, Beschl. v. 17.11. 2009 – 4 StR 375/09 –, Rdnr. 8 = StraFo 2010, 152; ferner: *Hamm*, StV 2010, 418, 421; *Jahn*, StV 2009, 663; *Gaede*, wistra 2010, 210, 212.

Teil A. Beweisantragsrecht

nisse mitteilt.[219] Die überzeugende Gegenmeinung lehnt ein Konnexitäts-Kriterium bereits im Grundsatz strikt ab. Es werde, „verkannt, dass ein Beweisantrag seiner Definition nach keiner Begründungspflicht unterliegt. Über den Weg eines Konnexitäts-Erfordernisses würde eine solche Begründungspflicht aber geschaffen".[220]

78 **Praxistipp:**
Wenngleich dogmatisch der letztgenannten Auffassung zu folgen sein wird, weil das Gesetz ein Konnexitäts-Erfordernis nicht vorsieht, ist es in der Praxis für die Partei ratsam, den sichersten Weg zu gehen und z.B. in denjenigen Fällen, in denen sich nicht bereits aus dem Beweisantrag selbst ergibt, woher der Zeuge Kenntnis von der in sein Wissen gestellten Tatsache hat, einen kurzen ergänzenden Halbsatz hinzuzusetzen (**Beispiele:** „Die Kenntnis des Zeugen vom Zustand des streitgegenständlichen Grundstücks beruht darauf, dass dieser von 1965 bis 1976 auf dem Nachbargrundstück [Anschrift] wohnte."; „Die Kenntnis des Zeugen von der o.g. Tatsache beruht darauf, dass der Zeuge von 1974 bis 1986 als Rangierlokführer auf dem Bahnhof XY tätig war."; „Der Zeuge XY war von 1975 bis 1989 als Sachbearbeiter der Unteren Wasserbehörde und unmittelbarer Kollege des verstorbenen Sachbearbeiters XY beim Regierungspräsidium ... tätig und verfügt daher über genaueste Kenntnisse der Arbeitsweise des verstorbenen Sachbearbeiters, der den in Rede stehenden Vermerk fertigte." – **Beispiel: Anhang I, Beispiel 5, S. 208 ff.**). Letztlich handelt es sich also um einen eher akademischen Streit, den die Partei durch einen erläuternden Hinweis, der sie keine größere Mühe kosten dürfte, umgehen sollte.

79 **ff) Mindestinhalt des Antrags auf Zeugenbeweis.** Nach alledem ergibt sich **zusammenfassend**, dass der Antrag auf Erhebung eines Zeugenbeweises gem. § 98 VwGO i.V.m. § 371 ZPO den folgenden Mindestinhalt haben muss:

Mindestinhalt des Antrags auf Zeugenbeweis:

1. Antrag auf Durchführung der Beweiserhebung;
2. Benennung des Zeugen (Vor- und Nachname, ladungsfähige Anschrift) oder – soweit möglich – Angaben zu seiner eindeutigen Individualisierbarkeit;
3. Bezeichnung der bestimmten, feststehenden Tatsache, die in das Wissen des Zeugen gestellt wird;
4. Erklärung, woher der Zeuge die Kenntnis hat (sog. Konnexität – str.), sofern diese nicht aus Ziff. 2–3 von selbst erkennbar ist.

nicht:

– Angabe eines „Beweisziels"
– Begründung der Entscheidungserheblichkeit

---

80 **c) Sachverständigenbeweis.** Das Gesetz sagt: Der Beweis durch Sachverständige wird durch die Bezeichnung der zu begutachtenden Punkte angetre-

---

[219] *Schmitt*, Beweisantragsrecht (2010), S. 10.
[220] *Beulke*, JuS 2006, 597; kritisch auch *Eisenberg*, Beweisrecht der StPO, 6. Aufl. 2008, Rdnr. 146; Hamm/Hassemer/Pauly, Beweisantragsrecht, 2. Aufl. 2007, Rdnr. 127 f.

V. Inhalt und Abfassung von Beweisanträgen

ten (§ 98 VwGO i. V. m. § 403 ZPO). Anders als beim Zeugen und beim sachverständigen Zeugen (s. o. Rdnr. 67) ist bei dem auf Einholung eines Sachverständigenbeweises gerichteten Beweisantrag die Benennung eines bestimmten Sachverständigen in persona **nicht** erforderlich, weil die Auswahl der zuzuziehenden Sachverständigen durch das Prozessgericht erfolgt (§ 404 Abs. 1 Satz 1 ZPO).[221] Der „Sachverständige begutachtet aufgrund seiner besonderen Sachkunde auf einem Fachgebiet als Gehilfe des Gerichts einen von diesem festzustellenden Sachverhalt. Er ist in dieser Funktion grundsätzlich austauschbar".[222] Um ein hinreichend bestimmtes Beweismittel zu benennen, ist beim Sachverständigenbeweis die Bezeichnung derjenigen **Fachrichtung** genügend und erforderlich, in der der Sachverständige über besondere Kenntnisse verfügen soll[223] oder – in der Terminologie der ZPO – Angaben über „die Wissenschaft, die Kunst oder das Gewerbe, deren Kenntnis Voraussetzung der Begutachtung ist" (§ 407 Abs. 1 ZPO). Die Angabe der Person eines bestimmten Sachverständigen ist in der Praxis ohnehin untunlich, da eine solche Vorgehensweise den Argwohn der gegnerischen Partei gegen den namentlich benannten Sachverständigen provoziert. **Beispiel:** „Es wird beantragt, Beweis durch Einholung eines hydrogeologischen Sachverständigengutachtens zu erheben. Die Beweisaufnahme wird ergeben, dass unter dem Grundstück XY nord-östliche Grundwasserfließrichtung herrscht." Oder beispielsweise: „Es wird beantragt, Beweis durch Einholung eines zeitgeschichtlichen Sachverständigengutachtens zu erheben. Die Beweisaufnahme wird ergeben, dass (…)" **(Anhang I, Beispiele 9 und 10, S. 217 ff.).**

Etwas anderes mag gelten, wenn gemäß § 98 VwGO i. V. m. §§ 485 ff. ZPO **81** zum Zwecke der Beweissicherung ein selbstständiges Beweisverfahren beantragt und hierfür ein bestimmter Sachverständiger benötigt wird (vgl. eingehend unten Rdnr. 291 ff.).

d) Beweis durch Augenschein. aa) Allgemeines. Das Gesetz sagt: Der **82** Beweis durch Augenschein wird durch Bezeichnung des Gegenstandes des Augenscheins und durch die Angabe der zu beweisenden Tatsachen angetreten (§ 98 VwGO i. V. m. § 371 Abs. 1 Satz 1 ZPO). Das Stellen eines auf Beweiserhebung durch Augenschein gerichteten Beweisantrages erfordert drei Merkmale:

Merkmale des Beweisantrages auf Augenscheinseinnahme

1. **Antrag** auf Beweis durch Augenschein;
2. Bezeichnung des **Gegenstandes** des Augenscheins;
3. Angabe der zu **beweisenden Tatsachen.**

---

bb) Ortsbesichtigung. Im Verwaltungsprozess spielt der Beweis durch **83** Augenschein namentlich in Gestalt der **Ortsbesichtigung** in Bau-, Planungs-,

---

[221] So für die Parallelvorschrift des § 73 StPO *Beulke,* JuS 2006, 597, 598; *Eisenberg,* Beweisrecht der StPO, 6. Aufl. 2008, Rdnr. 149.
[222] *BVerwG,* Beschl. v. 12. 10. 2010 – 6 B 26/10 –, Ls. 2.
[223] *Beulke,* JuS 2006, 597, 598.

Teil A. Beweisantragsrecht

denkmalschutz- und naturschutzrechtlichen Streitigkeiten eine ganz erhebliche Rolle. So lassen sich **beispielsweise**

- die Abgrenzung zum Außenbereich, die tatsächliche Eigenart der näheren Umgebung i.S.v. § 34 Abs. 1 Satz 1 BauGB,
- die Frage des „faktischen" Baugebietes (vgl. § 34 Abs. 2 BauGB),
- die „erdrückende" Wirkung eines Gebäudes als Verstoß gegen das Gebot der Rücksichtnahme,
- der tatsächliche Erhaltungszustand eines vermeintlichen Denkmales,
- die Verunstaltungswirkung eines Objektes,
- die Schutzwürdigkeit einer unter Naturschutz gestellten Fläche,
- die näheren örtlichen Verhältnisse eines geplanten Verkehrsweges zur angrenzenden Wohnbebauung etc.

nur durch dieses Beweismittel aufklären. Angezeigt ist ferner die Ortsbesichtigung durch das Flurbereinigungsgericht.[224]

84 cc) **Wahrnehmung als Gegenstand. Gegenstand** des Beweises durch Augenschein können insbesondere sein bewegliche Sachen, Grundstücke (Ortsbesichtigung) und Fotos (soweit ohne Wiedergabe eines Gedankeninhalts, sonst Urkundenbeweis)[225]. Über den Gesetzeswortlaut („Augenschein") hinaus ist anerkannt, dass Gegenstand dieses Beweismittels auch **die Wahrnehmung** mittels **aller übrigen Sinnesorgane** sein kann, also das Gehör (z.B. Tonaufzeichnung), der Geschmack und der Geruchssinn bei Belastungen durch Geruchsimmissionen, (sog. **organoleptische Aufnahme**).[226] Kurz: Augenschein ist jede unmittelbare Wahrnehmung durch jedes Sinnesorgan über die Beschaffenheit von Personen und Gegenständen oder über Vorgänge.[227] Zutreffend wird daher von einem „**Wahrnehmungsbeweis**" gesprochen[228]. Namentlich im Umweltrecht kann die Wahrnehmung von Gerüchen (organoleptischer Befund) erhebliche Bedeutung erlangen und Gegenstand entsprechender Beweisanträge sein. **Beispiel**: Für die Frage, ob eine Anlage schädliche Umwelteinwirkungen und erhebliche Belästigungen für die Nachbarschaft hervorruft (§ 3 Abs. 1 i.V.m. 5 Abs. 1 Satz 1 Nr. 1 BImSchG) kann eine organoleptische Aufnahme der Gerüche auf dem betroffenen Nachbargrundstück in Betracht kommen.[229] Für die Ermittlung, wer Verursacher einer schädlichen Bodenveränderung ist, kann es zum Nachweis z.B. eines Mineralölschadens

---

[224] Vgl. in diesem Zusammenhang zu § 341 ZPO, *BVerwG*, Urt. v. 4.11.1966 – IV C 65.65 –, Rdnr. 7 = BVerwGE 25, 251.

[225] *Baumbach/Lauterbach/Albers/Hartmann*, ZPO, 67. Aufl. 2009, Übers. § 371 Rdnr. 4.

[226] *Kopp/Schenke*, VwGO, 15. Aufl. 2007, § 98 Rdnr. 7; *Baumbach/Lauterbach/Albers/Hartmann*, ZPO, 67. Aufl. 2009, Übers. § 371 Rdnr. 4; *Reichhold*, in: *Thomas/Putzo*, ZPO, 30. Aufl. 2009 Vorbem. § 371 Rdnr. 1.

[227] *Reichhold*, in: Thomas/Putzo, ZPO, 30. Aufl. 2009 Vorbem. § 371 Rdnr. 1.

[228] *Baumbach/Lauterbach/Albers/Hartmann*, ZPO, 67. Aufl. 2009, Übers. § 371 Rdnr. 4.

[229] Zur Ermittlung von Geruchsimmissionen: GIRL-Geruchsimmissions-Richtlinie – Feststellung und Beurteilung von Geruchsimmissionen – Niedersachsen – vom 23.6.2009, MBl. Nr. 36 v. 9.9.2009 S. 794.

V. Inhalt und Abfassung von Beweisanträgen

sowohl auf die Feststellung mineralöltypischer Gerüche (organoleptische Aufnahme) als auch auf die Feststellung der mineralöltypischen Färbung von Öl in Phase durch Augenscheinsinnahme ankommen.[230] Zur Frage der Zumutbarkeit von Lärmimmissionen (vgl. § 15 Abs. 1 Satz 2 BauNVO) unterhalb der messbaren Lärmwerte der TA Lärm, etwa bei Kinderlärm in einem reinen Wohngebiet, kann eine richterliche „Hörprobe" angezeigt sein.

dd) Elektronische Dokumente. Angesichts der enormen Zunahme der elektronischen Kommunikation gewinnt die Sondervorschrift in § 371 Abs. 1 Satz 2 ZPO besondere Bedeutung: Ist ein **elektronisches Dokument** Gegenstand des Beweises, so wird der **Beweis durch Augenschein**, durch Vorlegung oder Übermittlung der Datei angetreten (§ 98 VwGO i. V. m. **§ 371 Abs. 1 Satz 2 ZPO**). Leider hat der Gesetzgeber es unterlassen, den Begriff „elektronisches Dokument" zu definieren, weder in § 371 Abs. 1 Satz 2 ZPO noch in § 130 a ZPO. Die Rechtsprechung hat klargestellt, dass „das elektronische Dokument aus der in einer elektronischen Datei enthaltenen Datenfolge selbst" besteht.[231] Elektronisches Dokument ist beispielsweise eine Video-, Audio- oder Grafikkartei sowie Software.[232]

85

Beispiele:
Der häufig in Schriftsätzen zu findende Beweisantritt, bei dem auf den Inhalt einer bestimmten Internetseite unter Angabe des Domainnamens (www.xyz.de/.../...) verwiesen wird, ist unzulässig, weil die Datei dem Gericht nicht vorgelegt wird. Zudem ist der Beweisantritt unbestimmt, weil der Inhalt des Internets sich laufend ändert. Ein weiteres Beispiel: Eine Prozesspartei möchte erreichen, dass das Gericht einen auf „Youtube" eingestellten Film, der ein bestimmtes Unfallgeschehen zeigt, ansieht. Sie bezeichnet im Beweisantritt jedoch lediglich den entsprechenden Domainnamen und fordert das Gericht auf, sich den Film im Internet anzusehen. Ein solcher Beweisantrag ist unzulässig, weil der Beweis nicht in der Form des § 371 Abs. 1 Satz 2 ZPO **angetreten** wurde. Bei elektronischen Dokumenten ist die Übergabe des Speichermediums (z.B. Diskette, CD-Rom, DVD etc.) oder die Übermittlung an das Gericht erforderlich.[233] Da Beweise in der mündlichen Verhandlung zu erheben sind (§ 96 Abs. 1 Satz 1 VwGO) muss ferner sichergestellt sein, dass die entsprechende Datei in der mündlichen Verhandlung im Gerichtssaal im Beisein der Parteien auch tatsächlich visualisiert werden kann. Dasselbe Problem stellt sich beim Abspielen einer Tonaufzeichnung. Diese unterfällt ebenfalls dem „Augenschein". Einem schriftsätzlichen Beweisantrag, der in diese Richtung zielt, kann also beispielsweise eine Audio-Video-Aufzeichnung beigefügt werden.[234] Wird ein elektronisches Dokument zum Zwecke der Vorlage bei Gericht auf ein Speichermedium „gebrannt" und bestreitet die Gegenseite die Identität von übermittelter Datei und Ausgangsdatei, ist diese Frage nicht im Wege des Augenscheins, sondern mittels Sachverständigenbeweises zu klären.[235] Zur Vorlage i.S.v. § 371 Abs. 1 Satz 2 ZPO gehört auch, dass dem Gericht die für die Wahrnehmung der Datei erforderlichen technischen Schlüssel (Passwörter oder sonstige Zugangsschlüs-

86

---

[230] Zuverlässige Angaben zu Gerüchen von einzelnen Schadstoffen/Chemikalien findet man in: Römpp-Lexikon Chemie, 6 Bände, 10. Aufl. 1996–1999.
[231] *BGH*, Beschl. v. 15.7. 2008 – X ZB 8/08 –, Rdnr. 10=NJW 2008, 2649.
[232] *Baumbach/Lauterbach/Albers/Hartmann*, ZPO, 67. Aufl. 2009, § 130 a) Rdnr. 3; näher: *Berger*, NJW 2005, 1016, 1017.
[233] *Greger* in: *Zöller*, ZPO, 27. Aufl. 2009, § 371 Rdnr. 3.
[234] *Berger*, NJW 2005, 1016, 1017.
[235] *Berger*, NJW 2005, 1016, 1020.

sel) mitgeteilt werden (Parallele: Wer eine Urkunde in einem verschlossenen Behältnis vorlegt, erfüllt nicht die Voraussetzungen an die Vorlage der Urkunde; er muss diese zugänglich machen).[236]

87 **e) Beweis durch Urkunden. aa) Allgemeines.** Die Formulierung des Gesetzes dazu, wie der Urkundenbeweis angetreten wird, ist ebenso simpel wie knapp: Der Beweis wird durch **Vorlage** der Urkunde angetreten (§ 98 VwGO i.V.m. § 420 ZPO). Daneben gibt es bestimmte Sonderformen dieses Beweisantritts, auf die zurückzukommen sein wird. Es versteht sich von selbst, dass in dem Beweisantrag zudem die Beweistatsache zu bezeichnen ist, die durch Vorlage der Urkunde bewiesen werden soll. Wegen der möglichen Unzulänglichkeiten des Zeugenbeweises hat der Urkundenbeweis als weitgehend unabhängiges Beweismittel für die Beweisführung regelmäßig einen hohen Stellenwert.[237] Angesichts der heutigen technischen Manipulationsmöglichkeiten wird indes davor gewarnt, „übertrieben vertrauensselig" an einen Urkundenbeweis heranzugehen.[238] Das gilt auch für Ausdrucke aus einem E-Mail-Verkehr. Die Möglichkeiten der textlichen Manipulation sind vielfältig. Gemäß § 126 a BGB muss der Aussteller, soll die gesetzlich vorgeschriebene schriftliche Form durch die elektronische Form ersetzt werden, der Erklärung seinen Namen hinzufügen und das elektronische Dokument mit einer qualifizierten elektronischen Signatur nach dem Signaturgesetz versehen. Elektronische Dokumente (s.o. Rdnr. 85 f.) und Fotografien sind nicht Urkunden, sondern Gegenstände des Augenscheins.[239] Zum Beweisantrag, der auf Beweis durch Urkunden gerichtet ist, gehören:

Beweisantrag Urkundenbeweis:

1. **Antrag** auf Beweisaufnahme durch Urkunden;
2. **Vorlage** der Urkunde im Original mit dem Antrag (Grundsatz);
3. Bezeichnung der **Beweistatsache**.

88 **bb) Urschrift.** Die Beweisaufnahme findet – anders als im Strafprozess, wo die Urkunde grundsätzlich in der Hauptverhandlung zu verlesen ist (§ 249 Abs. 1 Satz StPO)[240] – im Verwaltungsprozess „durch **Einsichtnahme** in die Urkunde statt".[241] Zum Beweisantritt durch **Vorlage** der Urkunde: Bei Privaturkunden (§ 416 ZPO) wird der Beweis ausschließlich durch Vorlage der **Urschrift** angetreten; es genügt also grundsätzlich nicht, lediglich eine beglaubigte Abschrift oder Fotokopie oder gar eine unbeglau-

---

[236] *Berger*, NJW 2005, 1016, 1020.
[237] *Hamm/Hassemer/Pauly*, Beweisantragsrecht, 2. Aufl. 2007, Rdnr. 91.
[238] *Baumbach/Lauterbach/Albers/Hartmann*, ZPO, 67. Aufl. 2009, Übers. § 415, Rdnr. 3.
[239] *Geimer*, in: Zöller, ZPO, 27. Aufl. 2009, vor § 415, Rdnr. 2.
[240] *BGH*, Urt. v. 30.1. 2001 – 1 StR 454/00 –, Rdnr. 6 = NStZ-RR 2002, 67; *Eisenberg*, Beweisrecht der StPO, 6. Aufl. 2008, Rdnr. 228 ff.
[241] *BVerwG*, Beschl. v. 15.2. 1984 – 9 CB 149.83 –, Rdnr. 3 = NVwZ 1984, 791 = DVBl. 1984, 571 = Buchholz 310 § 96 VwGO Nr. 30; *Baumbach/Lauterbach/Albers/Hartmann*, 67. Aufl. 2009, § 420 Rdnr. 6.

V. Inhalt und Abfassung von Beweisanträgen

bigte Abschrift vorzulegen."[242] Fotokopien von Urkunden sind keine Urkunden und damit kein zulässiges Beweismittel; Urkunden sind durch Niederschrift verkörperte Gedankenerklärungen, die geeignet sind, Beweis für streitiges Parteivorbringen zu erbringen.[243] Oder mit den Worten des BGH: „Durch Vorlage der Fotokopien hat sie diesen Beweis **nicht** erbracht. Privaturkunden begründen, sofern sie von den Ausstellern unterschrieben sind, vollen Beweis nur dafür, dass die in ihnen enthaltenen Erklärungen von den Ausstellern abgegeben sind (§ 416 ZPO); dies setzt nach § 420 ZPO die Vorlage der Urschrift voraus."[244]

cc) Akten. Das bloße Anerbieten der Vorlage genügt – was in der Praxis häufig übersehen wird – zum Beweisantritt **nicht**.[245] Der Antrag auf **Beiziehung** ganzer Akten (z.B. von **Verwaltungsvorgängen**) ist kein echter Beweisantrag,[246] weil die Akten nicht vorgelegt werden. Will man die Beweisaufnahme durch Verwaltungsvorgänge des Prozessgegners bewirken, so wäre der **Antrag zu stellen, dem Gegner die Vorlage aufzugeben** (§ 98 VwGO i.V.m. § 421 ZPO). Handelt es sich um Akten einer Behörde, die nicht Prozessgegner ist, erfolgt der Beweisantritt durch den Antrag nach § 432 Abs. 1 ZPO. § 99 VwGO regelt nicht, **wie** der Beweisantritt in diesen Fällen erfolgt, sondern ob und wann eine Behörde zur Aktenvorlage verpflichtet ist. § 99 VwGO stellt insoweit eine lex specialis gegenüber § 432 Abs. 3 ZPO dar, obwohl § 98 VwGO pauschal auf die Vorschrift verweist.[247]

dd) Beispiele. Die Vorlage von **(Original-)Briefen** im Verwaltungsprozess, die ein **Asylbewerber aus** seinem **Heimatland** von Verwandten zugeschickt bekommt, kommt unter bestimmten Voraussetzungen als zulässiger Urkundenbeweis in Betracht, nämlich wenn die Vernehmung der Verfasser der Briefe als Zeugen durch zum Beweis der behaupteten politischen Verfolgung durch Behörden oder Gerichte seines Heimatstaats zur Wahrheitsfindung untauglich ist.[248] Die **formelle Beweiskraft** erstreckt sich darauf, dass der Aussteller die in der Urkunde enthaltene, nach allgemeinen Regeln auszulegende Erklärung abgegeben hat, d.h. geäußert und abgesendet hat, nicht hingegen darauf, dass sie inhaltlich richtig ist.[249] Auch im **Vertriebenenrecht** kommt dem Urkundenbeweis eine erhebliche Bedeutung zu, wie das folgende Judikat belegt: Hat das Tatsachengericht „anderweitig nicht behobene Zweifel an der (entscheidungserheblichen) Echtheit einer ausländischen öffentlichen Ur-

---

[242] *Thomas/Putzo*, ZPO, 30. Aufl. 2009, § 420, Rdnr. 2; *Zöller*, ZPO, 27. Aufl. 2009, § 420, Rdnr. 1; *Baumbach/Lauterbach/Albers/Hartmann*, 67. Aufl. 2009, § 420, Rdnr. 4 m.w.N.

[243] *OLG Karlsruhe*, Urt. v. 21.2. 2006 – 1 U 172/05 –, Rdnr. 20.

[244] *BGH*, Urt. v. 24.6. 1993 – IX ZR 96/92 –, Rdnr. 26 = NJW-RR 1993, 1379 = ZIP 1993, 1170 = WM 1993, 1801 = BB 1993, 1911.

[245] *Thomas/Putzo*, ZPO, 30. Aufl. 2009, § 420, Rdnr. 2.

[246] *Thomas/Putzo*, ZPO, 30. Aufl. 2009, § 420, Rdnr. 2.

[247] Vgl. auch *Kopp/Schenke*, VwGO, 15. Aufl. 2007, § 98, Rdnr. 18: „Sonderregelungen".

[248] *BVerwG*, Beschl. v. 15.2. 1984 – 9 CB 149.83 –, Rdnr. 3 = DVBl. 1984, 571 = NVwZ 1984, 791.

[249] *Thomas/Putzo*, ZPO, 30. Aufl. 2009, § 416, Rdnr. 3 m.w.N.

Teil A. Beweisantragsrecht

kunde (hier: der mit einem amtlichen Stempel versehenen Fotokopie eines sowjetischen Passantrages – sog. Forma Nr. 1), muss sich ihm eine weitere Aufklärung – etwa durch Einholung einer amtlichen Auskunft des Auswärtigen Amtes – regelmäßig **aufdrängen**".[250]

91 f) **Beweis durch Parteivernehmung.** Auch im Verwaltungsprozess ist der Beweis durch Parteivernehmung – dort genauer: Vernehmung von Beteiligten (§ 63 VwGO) – zulässiges Beweismittel (§ 98 VwGO i.V.m. §§ 450 bis 455 ZPO).[251] Die §§ 445 bis 449 ZPO sind im Verwaltungsprozess nicht anzuwenden (§ 98 VwGO). Das schließt vor allem eine Parteivernehmung von Amts wegen aus (vgl. § 448 ZPO). Denkbar ist die Vernehmung des Klägers, des Beklagten, des Vertreters des öffentlichen Interesses, eines Beigeladenen sowie bei juristischen Personen deren gesetzlicher oder satzungsgemäßer Vertreter (auch z.B. Minister, Behördenvorsteher etc.) auf Antrag.[252] Allerdings ist die Vernehmung von Verfahrensbeteiligten (§ 96 Abs. 1 Satz 2 VwGO) „im Verwaltungsprozess ein **subsidiäres Beweismittel** zur Aufklärung des Sachverhalts, das grundsätzlich erst dann in Betracht kommt, wenn die Beweisaufnahme nach Ausschöpfung aller anderen Beweismittel Zweifel offenlässt.[253]

92 Beispiel:
Im Beurteilungsrechtsstreit kann unter Umständen die Vernehmung von Vertretern des Diensthernn in Betracht kommen, wenn nur so aufzuklären ist, **wer** eine dienstliche Beurteilung tatsächlich gefertigt hat, was für die Frage, ob eine Beurteilung in formeller Hinsicht den einschlägigen Beurteilungsrichtlinien entspricht, entscheidungserheblich sein kann.

93 g) **Beweis durch amtliche Auskunft.** Amtliche Auskünfte – so das BVerwG – „sind zulässige und selbstständige Beweismittel, die **ohne förmliches Beweisverfahren** im Wege des Freibeweises verwertet werden können (§ 99 Abs. 1 Satz 1, § 87 Abs. 1 Satz 2 Nr. 3 VwGO i.V.m. § 273 Abs. 2 Nr. 2 ZPO) und die das Gericht frei zu würdigen hat".[254]

4. Keine Antragsvoraussetzung: Begründung der Entscheidungserheblichkeit

94 a) **Rechtslage.** Aus denselben Gründen wie die Angabe eines sog. Beweisziels **nicht** konstitutive Voraussetzung eines Beweisantrages im Sinne von § 86 Abs. 2 VwGO ist, fordert das Gesetz auch **nicht**, dass der Antragsteller eine Begründung der (rechtlichen) Entscheidungserheblichkeit liefert.

95 Dies wird in der Literatur teilweise anders gesehen: So wird etwa vertreten, es „[müsse] im Beweisantrag dargelegt werden, warum die Beweistatsache

---

[250] *BVerwG*, Beschl. v. 28.6. 2010 – 5 B 49.09 –, Ls. 1 = DVBl. 2010, 1056 (Ls.).
[251] *Kopp/Schenke*, VwGO, 15. Aufl. 2007, § 98, Rdnr. 20.
[252] *Kopp/Schenke*, VwGO, 15. Aufl. 2007, § 98, Rdnr. 20.
[253] *BVerwG*, Beschl. v. 15.8. 2006 – 1 B 61.06 –, Rdnr. 4 = Buchholz 402.242 § 31 AufenthG Nr. 1; ebenso: *BVerwG*, Beschl. v. 16.7. 1996 – 3 B 44.96 –, Buchholz 418.00 Ärzte Nr. 95.
[254] *BVerwG*, Beschl. v. 28.6. 2010 – 5 B 49.09 –, Rdnr. 5; *BVerwG*, Beschl. v. 8.12. 1986 – 9 B 144.86 – = Buchholz 412.3 § 6 BVFG Nr. 48.

V. Inhalt und Abfassung von Beweisanträgen

entscheidungserheblich sein soll".[255] Mit anderen Worten, der Antragsteller müsse „darlegen, welche Rückschlüsse aus den Wahrnehmungen auf den geltend gemachten Anspruch gestattet wären".[256] Eine solche Rechtsauffassung ist klar **abzulehnen**. Sie findet im Gesetz keine Stütze: Die Auffassung vermengt die tatbestandlichen Voraussetzungen eines förmlichen Hauptbeweisantrages, also die Sphäre des Antragstellers (Prozesspartei) in unzulässiger Weise mit den sodann **vom Gericht** von Amts wegen zu prüfenden Ablehnungsgründen gemäß § 244 Abs. 3 StPO analog. Die Unerheblichkeit der Beweistatsache – sei es aus tatsächlichen oder rechtlichen Gründen – stellt nach der Systematik des Gesetzes allein einen denkbaren Ablehnungsgrund dar (s.u. eingehend Rdnr. 155 ff.). Rechtlich korrekt müsste man von „Bedeutungslosigkeit" der Beweistatsache sprechen: § 244 Abs. 3 Satz 2 Alt. 2 StPO.[257] In sich inkonsistent ist die Gegenauffassung auch deshalb, weil sie selbst – insoweit zutreffend der höchstrichterlichen Rechtsprechung folgend – davon ausgeht, dass sich die Frage, was entscheidungserheblich ist, nach der Rechtsauffassung des Verwaltungsgerichts, nicht hingegen des Beteiligten, also des Beweisantragsstellers richtet.[258]

Die Gegenauffassung unterliegt zudem einem Zirkelschluss: Wenn es der erklärte Sinn und Zweck des Begründungserfordernisses von § 86 Abs. 2 VwGO und von Beweisanträgen überhaupt sein soll, dem Antragsteller ein Instrument der „Früherkennung" hinsichtlich der ihm – bislang gegebenenfalls – völlig unbekannten gerichtlichen Rechtsauffassung an die Hand zu geben, dann ist es geradezu widersinnig, gleichzeitig vom Antragsteller zu verlangen, dass **er** bereits mit der Antragstellung darlegt, warum die unter Beweis gestellte Tatsache aus Rechtsgründen – durch die Brille des Gerichts gesehen – entscheidungserheblich sein soll. Diese Kenntnis von der Rechtsauffassung des Gerichts sucht der Antragsteller – gerade im Falle des sog. sphinxhaften Gerichts – durch das Stellen des Beweisantrages ja **gerade erst zu erlangen**. Die Gegenauffassung würde zu einer mit Art. 19 Abs. 4, 103 Abs. 1 GG schwerlich zu vereinbarenden Überfrachtung der Anforderungen an einen prozessual korrekten Beweisantrag führen. 96

b) Taktik. Auch wenn die Begründung der Entscheidungserheblichkeit des Beweisantrages nicht zu dessen **prozessrechtlich** erforderlichem Mindestinhalt zählt, kann es in bestimmten Situationen gleichwohl **taktisch** geboten sein, dass der Antragsteller zusammen mit dem Beweisantrag gewissermaßen auch ein wenig der diesem zugrundeliegenden Motivation dem Gericht offenbart. So lässt sich etwa daran denken, dass der Antragsteller darlegt, aus welchen Gründen es für die von ihm verfolgte Rechtsauffassung auf die Beweiserhebung ankommen könnte. Die damit verfolgte Zielsetzung kann darin bestehen, das Gericht zu der Verlautbarung zu provozieren, der Antragsteller 97

---

[255] *M. Redeker*, AnwBl. 2005, 518, 519.
[256] *Dahm*, ZAR 2002, 227, 232.
[257] *Beulke*, JuS 2006, 597, 599 f.; *Eisenberg*, Beweisrecht der StPO, 6. Aufl. 2008, Rdnr. 209–211; Hamm/Hassemer/Pauly, Beweisantragsrecht, 2. Aufl. 2007, Rdnr. 349 ff.
[258] *M. Redeker*, AnwBl. 2005, 518, 519.

Teil A. Beweisantragsrecht

irre mit seiner Rechtsauffassung. Eine solche Taktik kann u.U. geboten sein, um dem Ziel der Offenbarung der gerichtlichen Rechtsauffassung (s.o. Rdnr. 36) näher zu kommen.

VI. Stellen von Beweisanträgen

1. Prozessuale Möglichkeiten der Antragstellung

98 Das Thema ist fehleranfällig. Die Rechtsprechung stellt enge Anforderungen. Die nachteiligen Folgen bei deren Nichteinhaltung können erheblich sein. Nur ein **förmlich**[259] gestellter, den Anforderungen (s.o. Rdnr. 49 ff.) entsprechender Beweisantrag hält der Partei eine spätere Aufklärungsrüge offen. Zur Erinnerung: Durch das Unterlassen einer Beweiserhebung, die eine durch einen Rechtsanwalt vertretene Partei – so die verwaltungsgerichtliche Rechtsprechung – „nicht förmlich beantragt hat, verletzt das Gericht seine Aufklärungspflicht regelmäßig nicht".[260] Vor diesem Hintergrund ist entscheidend, dass der Beweisantrag in der vom Prozessrecht verlangten Form angebracht wird. Die VwGO selbst fasst sich zu dieser Frage knapp: § 86 Abs. 2 VwGO ist lediglich zu entnehmen, dass der Beweisantrag **in der mündlichen Verhandlung „gestellt"** werden muss. Das „Wie" des Stellens von Beweisanträgen regelt die VwGO hingegen nicht ausdrücklich. Folgende **drei** prozessuale Möglichkeiten bestehen:

99 a) **Verlesung schriftsätzlich angekündigter Beweisanträge (§ 173 VwGO i.V.m. § 297 Abs. 1 Satz 1 ZPO).** Nach der Rechtsprechung genügt es nicht, dass ein Beweisantrag schriftsätzlich angekündigt und dieser Schriftsatz in der mündlichen Verhandlung lediglich in Bezug genommen wird: „Nach § 86 Abs. 2 VwGO kann ein in der mündlichen Verhandlung gestellter Beweisantrag nur durch einen Gerichtsbeschluss, der zu begründen ist, abgelehnt werden. Ein nur schriftsätzlich niedergelegter Beweisantrag (…) verpflichtet das Gericht nicht zu dieser Verfahrensweise. Die Bezugnahme auf einen Schriftsatz, der einen Beweisantrag enthält, steht der erforderlichen ausdrücklichen Antragstellung nicht gleich; der Beteiligte muss dem Gericht deutlich machen, dass er auf einer (…) Beweiserhebung beharrt".[261] Beweisanträge im Sinne von § 86 Abs. 2 VwGO müssen demnach in der mündlichen Verhandlung **ausdrücklich** zur Entscheidung gestellt, d.h. **mündlich** vorgetragen werden.[262] Beweisanträge, „die ledig-

---

[259] *OVG NRW*, Beschl. v. 30.7. 2009 – 13 A 1427/08 –, Rdnr. 28.
[260] *BayVGH*, Beschl. v. 15.4. 2009 – 19 ZB 08.2845 –, Rdnr. 6; *BVerwG*, Beschl. v. 20.5. 1998 – 6 B 50.97 – = NJW 1998, 3657; *BVerwG*, Beschl. v. 25.1. 2005 – 9 B 38.04 – = NVwZ 2005, 447, 449; *BVerwG*, Beschl. v. 16.11. 2010 – 7 B 41.10 –, Rdnr. 8; *BVerwG*, Beschl. v. 19.1. 2010 – 4 B 2.10 –, Rdnr. 2; *BVerwG*, Urt. v. 23.5. 1986 – 8 C 10.84 – = BVerwGE 74, 222, 223 f.
[261] *BayVGH*, Beschl. v. 15.4. 2009 – 19 ZB 08.2845 –, Rdnr. 6.
[262] *Gaier*, in: Eyermann, VwGO, 12. Aufl. 2006, § 86 Rdnr. 26; *Vierhaus*, DVBl. 2009, 629, 631; *Dawin*, in: Schoch/Schmidt-Aßmann/Pietzner, VwGO, Stand: Nov. 2009, § 86 Rdnr. 97: „muss verlesen werden"; ebenso für den Strafprozess: *Eisenberg*, Beweisrecht der StPO, 6. Aufl. 2008, Rdnr. 176; *Beulke*, JuS 2006, 597, 599; *Hamm/Hassemer/Pauly*, Beweisantragsrecht, 2. Aufl. 2007, Rdnr. 145.

VI. Stellen von Beweisanträgen

lich schriftsätzlich angekündigt worden sind, entsprechen den Anforderungen nicht".[263]

Ein schriftsätzlich angekündigter Beweisantrag ist nur dann gestellt, wenn er in der mündlichen Verhandlung **verlesen** wird (§ 173 VwGO i.V.m. § 297 Abs. 1 Satz 1 ZPO).[264] Das **BVerwG** hat dies bereits früh klipp und klar entschieden: „In diesem Sinne zu berücksichtigen sind aber nur Anträge, die in der mündlichen Verhandlung gestellt worden sind. Das folgt aus der Regelung in § 86 Abs. 2 VwGO und entspricht der Rechtslage nach der Zivilprozessordnung insofern, als dort nur solche Anträge zu berücksichtigen sind, die in der mündlichen Verhandlung aus den vorbereitenden Schriftsätzen **verlesen** worden sind (§ 297 ZPO)."[265]   100

b) Verlesung nicht angekündigter schriftlicher Beweisanträge (§ 173 VwGO i.V.m. § 297 Abs. 1 Satz 2 ZPO). Letzteres ist zumindest ergänzungsbedürftig: Unabhängig von der Frage, ob die Ankündigung von Beweisanträgen tunlich ist (s. Rdnr. 121 ff.), kennt das Verwaltungsprozessrecht **keine** Rechtspflicht, Beweisanträge in vorbereitenden Schriftsätzen anzukündigen. Vielmehr dürfen sie auch „spontan" in der mündlichen Verhandlung gestellt werden. Das gibt vor allem dann Sinn, wenn ein nach § 86 Abs. 2 VwGO gestellter Beweisantrag abgelehnt wurde. Die Partei muss die Möglichkeit haben, nunmehr durch weitere, ergänzende Beweisanträge auf die neu entstandene prozessuale Situation zu reagieren (s.o. Rdnr. 38 ff.).   101

Dementsprechend kann auch ein in der mündlichen Verhandlung „spontan" **handschriftlich** verfasster, nicht in einem vorbereitenden Schriftsatz enthaltener Beweisantrag in der mündlichen Verhandlung gestellt werden (§ 173 VwGO i.V.m. § 297 Abs. 1 Satz 2 ZPO[266]): Soweit Anträge nicht in vorbereitenden Schriftsätzen enthalten sind, müssen sie aus einer dem Protokoll als Anlage beizufügenden Schrift verlesen werden. Im Klartext: Der nicht angekündigte Beweisantrag ist zu verlesen und sodann dem Gericht zur Akte zu reichen, damit dieses den Text als Anlage zu Protokoll nimmt. Die Partei, die einen spontanen, handschriftlichen Beweisantrag damit aus der Hand gibt, kann später ggf. durch Akteneinsicht in die Gerichtsakte gem. § 100 VwGO sich des genauen Wortlauts[267] versichern.   102

c) Zu-Protokoll-Erklären „rein" mündlicher Beweisanträge (§ 173 VwGO i.V.m. § 297 Abs. 1 Satz 3 ZPO). Da § 297 ZPO im Verwaltungsprozess über § 173 VwGO analog anwendbar ist,[268] gilt dort auch § 297 Abs. 1   103

---

[263] *BVerwG*, Beschl. v. 19.1. 2010 – 4 B 2.10 –, Rdnr. 2; *BVerwG*, Beschl. v. 6.3. 1995 – 6 B 81.94 – = Buchholz 310 § 86 Abs. 1 VwGO Nr. 265.

[264] *Vierhaus*, DVBl. 2009, 629, 631; *Dawin*, in: Schoch/Schmidt-Aßmann/Pietzner, VwGO, Stand: Nov. 2009, § 86 Rdnr. 97; *Hamm/Hassemer/Pauly*, a.a.O., Rdnr. 145; *Eisenberg*, a.a.O., Rdnr. 176.

[265] *BVerwG*, Urt. v. 15.4. 1964 – V C 45.63 –, Rdnr. 22 = BVerwGE 18, 216 = Buchholz 310 § 188 VwGO Nr. 1 = DÖV 1964, 492.

[266] Zur Anwendbarkeit im Verwaltungsprozess: *BVerwG*, Urt. v. 15.4. 1964 – V C 45.63 –, Rdnr. 22.

[267] Eine Alternative wäre die Erstellung eines Durchschlags in der mündlichen Verhandlung.

[268] So *BVerwG*, Urt. v. 15.4. 1964 – V C 45.63 –, Rdnr. 22.

Teil A. Beweisantragsrecht

Satz 3 ZPO: Danach kann der Vorsitzende gestatten, dass die Anträge (ausschließlich) zu Protokoll erklärt werden. Wohlgemerkt: Dies ist nur zulässig, wenn der Vorsitzende es gestattet.[269] Auch im Strafprozess, der ein grundsätzlich dem Verwaltungsprozess ähnliches Beweisantragsrecht kennt, gilt, dass kein Anspruch darauf besteht, dass ein mündlich gestellter Antrag in das Protokoll diktiert wird.[270]

104 Praxistipp:
Auf rein mündliche Beweisanträge sollte grundsätzlich zur Vermeidung von Unklarheiten über den konkreten Inhalt des Beweisantrages und zur Vermeidung unnötiger Diskussionen mit dem Gericht verzichtet werden. Wenn irgend möglich ist das Einreichen eines schriftlichen Beweisantrages empfehlenswert.[271] So sollten Beweisanträge schriftlich vorbereitet, in der mündlichen Verhandlung verlesen und sodann als Anlage zu Protokoll gegeben werden, um eine wortgetreue Niederschrift sicherzustellen.[272] Ausnahmsweise können spontane Beweisanträge aus dem Verlauf der Verhandlung notwendig werden. Diese sollten in einer ggf. beantragten Verhandlungsunterbrechung schriftlich fixiert, sodann verlesen und zur Gerichtsakte gereicht werden.

105 **d) Sonderfall: Beweisantrag im schriftlichen Verfahren.** Das Gericht soll nach der Rechtsprechung auch nicht gezwungen sein, „die Akten auf etwa irgendwo an versteckter Stelle angebrachte, vielleicht später fallengelassene Beweisanträge durchzusehen, sondern nur gehalten sein, über unmittelbar vor Fällung der Entscheidung gestellte Beweisanträge zu befinden".[273] Dieses Judikat betraf ein **schriftliches** Verfahren.[274] Die Vorabbescheidungspflicht des § 86 Abs. 2 VwGO gilt im schriftlichen Verfahren nach § 101 Abs. 2 VwGO, im Gerichtsbescheidverfahren nach § 84 VwGO und im Berufungsverfahren nach § 130 a VwGO **nicht unmittelbar**; wohl aber verlangt Art. 103 Abs. 1 GG als „unmittelbar wirkendes Prozessgrundrecht" auch bei in diesen Verfahren gestellten Beweisanträgen, dass die Prozessbeteiligten „vor Erlass der abschließenden Entscheidung zur Sache darüber informiert werden, dass es zu keiner Beweisaufnahme kommen wird".[275] Einer zweiten **Anhörungsmitteilung** bedarf es nur dann, wenn der Beteiligte nach Erhalt der ersten Mitteilung schriftsätzlich einen Beweisantrag stellt.[276] Über Beweisanträge, die der Antragsteller im Verfahren ohne mündliche Verhandlung (§ 101 Abs. 2 VwGO) **nach** Erteilung seines Einverständnisses schriftsätzlich stellt, muss nach der Rechtsprechung ebenfalls **vor** der abschließenden Sachentscheidung des Gerichts durch gesonderten Beschluss über die Beweisanträge entschieden wer-

---

[269] *Reichold*, in: Thomas/Putzo, ZPO, 30. Aufl. 2009, § 297 Rdnr. 3.
[270] *OLG Köln*, Beschl. v. 13.12. 1985 – 1 Ss 756/85 – = VRS 70, 370 m.w.N.; *Eisenberg*, Beweisrecht der StPO, 6. Aufl. 2008, Rdnr. 176.
[271] So auch *Eisenberg*, Beweisrecht der StPO, 6. Aufl. 2008, Rdnr. 176.
[272] *Hamm/Hassemer/Pauly*, Beweisantragsrecht, 2. Aufl. 2007, Rdnr. 145 für die strafrechtliche Hauptverhandlung.
[273] *BVerwG*, Urt. v. 28.11. 1962 – 4 C 113.62 –, NJW 1963, 552.
[274] *BVerwG*, Urt. v. 28.11. 1962 – 4 C 113.62 –, NJW 1963, 552.
[275] *Dawin*, in: Schoch/Schmidt-Aßmann/Pietzner (Hrsg.), VwGO, Stand: Nov. 2009, § 86 Rdnr. 126 m.w.N. mit den Details zur Art und Weise dieser Information in Rdnr. 127.
[276] *Dawin*, in: Schoch/Schmidt-Aßmann/Pietzner (Hrsg.), VwGO, Stand: Nov. 2009, § 86 Rdnr. 127.

VI. Stellen von Beweisanträgen

den; ist der Beweisantrag dagegen vor oder gleichzeitig mit der Abgabe der Einverständniserklärung nach § 101 Abs. 2 VwGO gestellt worden, ist ein solcher Beschluss hingegen nicht erforderlich, weil sich der Beteiligte durch den Verzicht seines Rechts auf Vorabbescheidung begibt.[277]

2. Protokollierung als wesentliche Förmlichkeit des Verfahrens

Das mündliche Vortragen eines Beweisantrages oder das Verlesen eines schriftsätzlich angekündigten Beweisantrages in der mündlichen Verhandlung genügt für sich genommen noch nicht, damit der Beweisantrag i.S.v. § 86 Abs. 2 VwGO formell korrekt gestellt worden ist. Vielmehr verlangt das BVerwG, dass der Verfahrensbeteiligte, „seinen Beweisantrag als wesentlichen Verhandlungsvorgang (…) **zu Protokoll geben**" muss.[278] „Ein Beweisantrag nach § 86 Abs. 2 VwGO gehört zu den wesentlichen Förmlichkeiten der Verhandlung, die in das Sitzungsprotokoll aufzunehmen sind (§ 105 VwGO, § 160 Abs. 2 ZPO)."[279] Ist ein Beweisantrag nicht protokolliert, so begründet das Protokoll den vollen Beweis dafür, dass er nicht gestellt wurde (§ 173 VwGO, § 415 Abs. 1 ZPO); der Gegenbeweis, dass das Protokoll insoweit unvollständig ist, ist allerdings zulässig (§ 415 Abs. 2 ZPO).[280] **106**

Auch hier besteht eine Fehlerquelle, insbesondere für die anwaltlich vertretene Partei im Verwaltungsprozess. Während im Strafprozess die Fürsorgepflicht des Gerichts für die Prozessbeteiligten auch im Hinblick auf die korrekte Antragstellung sowie Förmlichkeiten des Verfahrens hoch gehalten wird,[281] neigt die verwaltungsgerichtliche Rechtsprechung dazu, im Hinblick auf Verfahrensfehler des Gerichts **Rügeobliegenheiten** der anwaltlich vertretenen Partei zu statuieren. So geht das BVerwG beispielsweise davon aus, dass der Anwalt schon während des Diktats des Protokolls „notfalls durch Anträge auf die Aufnahme bestimmter Angaben in das Protokoll nach § 160 Abs. 4 Satz 1 ZPO" die Unvollständigkeit des Protokolls rügen muss, will er nicht „das Recht, dies zu tun" verlieren.[282] Als Begründung wird angeführt, dass die prozessrechtlichen Vorschriften über die Beweiserhebung für das Gericht bindend seien, doch „in der Regel nicht in dem Sinne zwingend, dass die Partei nicht einen irrtümlich unterlaufenen Fehler aufgrund ihrer Mitwirkungspflicht **107**

---

[277] *Dawin*, in: Schoch/Schmidt-Aßmann/Pietzner (Hrsg.), VwGO, Stand: Nov. 2009, § 86 Rdnr. 128 m.w.N.; dort auch zu mangelhaften Beweisanträgen im schriftlichen Verfahren: Rdnr. 129.

[278] *BVerwG*, Urt. v. 28.5. 1965 – VII C 125.63 –, DVBl. 1965, 914, 915 = BVerwGE 21, 184; *BVerwG*, Beschl. v. 22.9. 1961 – VIII B 61.61 –, NJW 1962, 124 = Buchholz 310 VwGO § 108 Nr. 9.

[279] *BVerwG*, Beschl. v. 2.11. 1987 – 4 B 204.87 –, Ls. = Buchholz 310 § 86 Abs. 2 VwGO Nr. 32; ebenso: *BVerwG*, Urt. v. 28.5. 1965 – VII C 125.63 – = DVBl. 1965, 914, 915; *Dawin*, in: Schoch/Schmidt-Aßmann/Pietzner, VwGO, Stand: Jan. 2000, § 86 Rdnr. 96.

[280] *BVerwG*, Beschl. v. 2.11. 1987 – 4 B 204.87 –, Ls. = Buchholz 310 § 86 Abs. 2 VwGO Nr. 32.

[281] *Eisenberg*, Beweisrecht der StPO, 6. Aufl. 2008, Rdnr. 180 und 176.

[282] *BVerwG*, Beschl. v. 7.10. 1980 – 6 C 68.80 –, Rdnr. 5 = DÖV 1981, 536 für die unvollständige Protokollierung einer Beweisaufnahme.

Teil A. Beweisantragsrecht

zu bereinigen gehalten wäre".[283] Das BVerwG meint, dieses Ergebnis auch aus der „Regelung des § 162 Abs. 2 ZPO" ableiten zu können.[284]

108 Für den Anwalt besteht nach alledem der sicherste Weg darin, dass er ggf. auf die **Aufnahme** des von ihm gestellten **Beweisantrages in das Protokoll** als wesentliche Verfahrenshandlung **drängt**, wenn er merkt, dass der Vorsitzende dies unterlässt. Zwar haben für die Protokollierung der Beweisanträge an sich Protokollführer und Vorsitzender zu sorgen.[285] Auf diese Weise vermeidet der Anwalt jedoch Streit darüber, ob ein Beweisantrag gestellt wurde oder nicht. Ist nämlich im Protokoll das Stellen eines Beweisantrages in der mündlichen Verhandlung nicht aufgenommen, so „erbringt – bis zum Nachweis ihrer Unrichtigkeit – [die Niederschrift] den vollen Beweis hierfür".[286] Die Partei muss in einem solchen Fall behaupten und beweisen, dass im Verhandlungstermin ein „Beweisantrag ausdrücklich gestellt, jedoch nicht protokolliert worden" sei.[287]

109 Praxistipp:
Derartige Schwierigkeiten sollte der Anwalt von vornherein vermeiden, indem er darauf achtet und ggf. nachdrücklich darauf drängt, dass der Vorsitzende das Stellen des Beweisantrages in der mündlichen Verhandlung als wesentliche Verfahrenshandlung in das Protokoll aufnimmt. Das zugestellte Terminsprotokoll sollte daraufhin vorsorglich geprüft werden. Ist die Protokollierung unvollständig, sollten unverzüglich Protokollberichtigungsanträge (§ 105 VwGO i.V.m. § 164 Abs. 1 ZPO) gestellt werden.

„Stellen" eines Hauptbeweisantrages i.S.v. § 86 II VwGO in der mündlichen Verhandlung:

1. Antragstellung, d.h.
   a) Verlesung schriftsätzlich angekündigter Beweisanträge (§ 173 VwGO i.V.m. § 297 Abs. 1 Satz 1 ZPO),
   b) Verlesung nicht angekündigter schriftlicher Beweisanträge (§ 173 VwGO i.V.m. § 279 Abs. 1 Satz 2 ZPO) oder
   c) Zu-Protokoll-Erklären rein mündlicher Beweisanträge (§ 173 VwGO i.V.m. § 297 Abs. 1 Satz 3 ZPO)
2. Protokollierung als wesentliche Förmlichkeit des Verfahrens (§ 105 VwGO i.V.m. § 164 Abs. 2 ZPO).

---

3. Fehlerquellen

110 a) **Bloße Ankündigung von Beweisanträgen.** Wird ein Beweisantrag lediglich schriftsätzlich und/oder mündlich angekündigt, ist er (noch) **nicht** gestellt. Dies folgt bereits aus dem schlichten Gesetzeswortlaut des § 86 Abs. 2

---

[283] *BVerwG*, Beschl. v. 7.10. 1980 – 6 C 68.80 –, Rdnr. 5 = DÖV 1981, 536; ebenso: *BVerwG*, Beschl. v. 3.5. 1976 – VI CB 91.75 – = BVerwGE 50, 344 Ls.
[284] *BVerwG*, Beschl. v. 3.5. 1976 – VI ZB 91.75 –, Rdnr. 5 = BVerwGE 50, 344.
[285] *Hamm/Hassemer/Pauly*, Beweisantragsrecht, 2. Aufl. 2007, Rdnr. 145.
[286] *BayVGH*, Beschl. v. 15.4. 2009 – 19 ZB 08.2845 –, Rdnr. 6 unter Hinweis auf *BVerwG*, Urt. v. 2.11. 1987, Buchholz 310 § 86 Abs. 2 VwGO Nr. 32.
[287] *BayVGH*, Beschl. v. 15.4. 2009 – 19 ZB 08.2845 –, Rdnr. 6.

VI. Stellen von Beweisanträgen

VwGO. Danach löst nur ein in der mündlichen Verhandlung **gestellter** Beweisantrag die Bescheidungspflicht des Gerichts aus (vgl. zu den Anforderungen an das „Stellen" des Beweisantrages s. o. Rdnr. 98 ff.). Das Unterlassen des förmlichen Stellens eines angekündigten Beweisantrages ist eigentlich ein banaler Fehler, der in der Praxis aber offenbar ausweislich der Judikatur gleichwohl vorkommt; sei es weil die Partei im Eifer des Gefechts vergisst, auf die schriftsätzliche Ankündigung im Termin zurückzukommen, sei es weil sie irrtümlich meint, den Antrag bereits schriftsätzlich hinreichend korrekt gestellt zu haben. Das Gericht wird von sich aus wenig Neigung verspüren, eine Partei qua Amtes auf das Schicksal seines angekündigten Beweisantrages anzusprechen, zumal wenn diese anwaltlich vertreten ist.

b) Beweisanregung. Kein **Beweisantrag** ist die bloße Beweis**anregung**, also die nicht-förmliche Bitte an das Gericht, einen bestimmten Beweis zu erheben. Dies folgt bereits aus der hier dargelegte Definition des Beweisantrages, der eine **förmliche** Forderung an das Gericht ist, es möge die Behauptung einer bestimmten Tatsache durch eine Beweisaufnahme feststellen[288] (s. o. Rdnr. 50 ff.). Mit der bloß unverbindlichen Beweisanregung wird hingegen eine Maßnahme der Sachverhaltsermittlung dem Gericht nur empfohlen. Auch das sogenannte Präsentieren von in die mündliche Verhandlung mitgebrachten Urkunden, Gegenständen oder sonstigen Augenscheinobjekten (z. B. Lichtbildern) ist **kein** Beweisantrag.[289] Es ist vielmehr Parteivortrag. Ein Beweisantrag ist außerdem ausdrücklich zu stellen, also nicht konkludent. Beweisregungen stellen eine bestimmte (empfohlene) Beweisaufnahme in das **Ermessen** des Gerichts oder sie betreffen nicht den Umfang, sondern lediglich die Art und Weise der Beweisaufnahme (sog. Beweisanregungen im engeren Sinne).[290] Beweisanregungen brauchen auch inhaltlich nicht den Kriterien eines förmlichen Beweisantrages zu genügen.

111

Das Gericht ist (grundsätzlich) nicht verpflichtet, die Partei darauf hinzuweisen, dass ihre Beweisanregung kein Beweisantrag im Sinne von § 86 Abs. 2 VwGO ist. Dies folgt daraus, dass bei der Anregung gerade kein förmlicher Antrag gewollt ist. Erst wenn ein förmlicher Beweisantrag gewollt ist, dieser aber prozessuale Mängel aufweist, ist „die vorherige Erörterung gerade solcher ‚prozessual bedenklicher' Beweisanträge (…) einfach- und sogar verfassungsrechtlich geboten".[291] Wenn aus der Situation heraus **unklar** bleibt, ob die Partei eine Beweiserhebung förmlich beantragen oder nur informal anregen möchte, folgt aus § 86 Abs. 3 VwGO die Pflicht der Vorsitzenden, auf klare Anträge hinzuwirken.

112

Insgesamt ist die bloße Beweisanregung ein **schwaches Instrument**. Nicht nur weil sie die Bescheidungspflicht des § 86 Abs. 2 VwGO nicht auslöst. Das Gericht muss sie lediglich im Rahmen seiner allgemeinen Wahrheitsermitt-

113

---

[288] *BVerwG*, Beschl. v. 29.8. 1974 – VII B 40.74 – = Buchholz 310 § 86 Abs. 2 VwGO Nr. 18.
[289] *Dawin*, in: DAI (Hrsg.), Brennpunkte des Verwaltungsrechts. Verwaltungsrechtliche Jahresarbeitstagung 2009, S. 167 ff., 175.
[290] *Schmitt*, Beweisantragsrecht (2010), S. 5.
[291] *Jacob*, VBlBW 1997, 41, 45.

lungspflicht „berücksichtigen".²⁹² Prozessuale Konsequenzen hat eine Nicht-Berücksichtigung hingegen nicht. Von Beweisanregungen ist abzuraten. Sie zwingen das Gericht nicht zur Reaktion, treiben die Sachaufklärung nicht voran und verpuffen prozessual folgenlos. Ob es gelingt, auf der Grundlage einer nicht erfüllten „Beweisanregung" eine Aufklärungsrüge erfolgreich zu begründen, steht dahin. Die Ablehnung oder Nichtberücksichtigung einer Beweisanregung ist nur dann rechtswidrig, wenn sich dem Gericht gerade im Hinblick auf den Inhalt der angeregten Beweiserhebung eine weitere Beweisaufnahme hätte aufdrängen müssen. Hat sich das vorinstanzliche Gericht mit den Beweisanregungen in seinen Entscheidungsgründen auseinandergesetzt und begründet, warum es von weiteren Ermittlungen absieht, ist eine Verfahrensrüge nahezu hoffnungslos.

114 **c) Hilfs- und Eventualanträge. aa) Begriff.** Ein erhebliches **Fehlerpotential** für die Partei bietet das Feld der sogenannten Hilfs- und Eventualanträge. Hinter einem Hilfsbeweisantrag verbirgt sich als Motiv zuweilen die Hoffnung, das Gericht werde es tunlichst vermeiden, den „Hilfsfall" eintreten zu lassen; die praktische Erfahrung stützt eher den gegenteiligen Befund.²⁹³

115 Ist ein Gericht zur Klagabweisung entschlossen, so lässt es sich hiervon auch durch einen „in letzter Minute" gestellten Hilfsbeweisantrag nur selten abbringen. Das **BVerwG** behandelt beide Fallgruppen, also Hilfs- und Eventualanträge dahingehend gleich als es in **beiden** Fällen davon ausgeht, dass sie die **Vorab**-Bescheidungspflicht des § 86 Abs. 2 VwGO **nicht** auslösen.²⁹⁴ Mehr noch: „Während sich die Voraussetzungen für die Ablehnung eines in der mündlichen Verhandlung unbedingt gestellten Beweisantrages aus § 86 Abs. 2 i.V.m. Abs. 1 VwGO ergeben, wird mit einem nur hilfsweise gestellten Beweisantrag lediglich die weitere Erforschung des Sachverhalts nach § 86 Abs. 1 VwGO **angeregt.**"²⁹⁵ Hilfsbeweisanträge – darin liegt die Gefahr – ermöglichen es dem Gericht, die Ablehnungsgründe elegant in das Gesamtgefüge seiner Beweiswürdigung im Urteil in Ruhe einzuordnen.²⁹⁶ Denn Hilfsbeweisanträge brauchen **grundsätzlich erst in den Urteilsgründen** beschieden zu werden. Der Grund ist prozessual einfach. In ihrer Abhängigkeit von der verfahrensabschließenden Entscheidung wird zugleich ein Verzicht auf die Bekanntgabe der Entscheidung in der mündlichen Verhandlung gesehen.²⁹⁷ Vom Ergebnis ihrer Bescheidung erfährt die

---

²⁹² *Kopp/Schenke*, VwGO, 15. Aufl. 2007, § 86 Rdnr. 18 a.
²⁹³ *Hamm/Hassemer/Pauly*, Beweisantragsrecht, 2. Aufl. 2007, Rdnr. 75 für den Strafprozess.
²⁹⁴ Für Hilfsbeweisanträge: *BVerwG*, Urt. v. 26.6. 1968 – V C 111.67 – = BVerwGE 30, 57, 58; *BVerwG*, Urt. v. 6.10. 1982 – 7 C 17.80 –, Rdnr. 13; *Dawin*, in: Schoch/Schmidt-Aßmann/Pietzner (Hrsg.), VwGO, Stand: Nov. 2009, § 86 Rdnr. 91.
²⁹⁵ *BVerwG*, Beschl. v. 19.8. 2010 – 20 B 22/10 –, – 10 PKH 11/10 –, Rdnr. 10; ebenso: *BVerwG*, Beschl. v. 10.6. 1999 – 9 B 81.99 – Buchholz 310 § 86 Abs. 1 VwGO Nr. 302 m.w.N.; *BVerwG*, Urt. v. 26.6. 1968 – 5 C 111.67 –, BVerwGE 30, 57, 58; *BVerwG*, Beschl. v. 19.8. 2010 – 10 B 22.10 –, Rdnr. 10.
²⁹⁶ *Hamm/Hassemer/Pauly*, Beweisantragsrecht, 2. Aufl. 2007, Rdnr. 75 für den Strafprozess.
²⁹⁷ *Schmitt*, Beweisantragsrecht (2010), S. 32.

VI. Stellen von Beweisanträgen

Partei also erst mit der Zustellung der Urteilsgründe.[298] Eine Reaktionsmöglichkeit innerhalb der Instanz besteht dann nicht mehr. Unzulässig ist es übrigens, einen Hilfsbeweisantrag zu stellen und zugleich auszuführen, dass auf eine Bescheidung des Antrags in der mündlichen Verhandlung nicht verzichtet werde.[299]

Doch zunächst zur **begrifflichen** Unterscheidung: Beim **Hilfsbeweisantrag** wird das **Verlangen nach** Beweiserhebung mit einem auf das Ergebnis des Rechtsstreits abzielenden Hauptantrag verknüpft und vom Erfolg des Hauptantrages abhängig gemacht. Der Antragsteller strebt in erster Linie an, dass das nach der mündlichen Verhandlung ergehende Urteil entsprechend seinem Sachantrag ausfallen möge. Nur für den Fall, dass dies nicht so sein wird, will er – hilfsweise – die angegebene Beweisaufnahme.[300] Hilfsbeweisanträge werden unter der Bedingung gestellt, dass das Gericht zu einer bestimmten Entscheidung gelangt, die das Verfahren abschließt.[301] **Beispiel:** In einem Verfahren wegen der Beanstandung einer dienstlichen Beurteilung eines Beamten wird folgender Hilfsbeweisantrag gestellt: Für den Fall, dass der Beklagte nicht ohnehin (d.h. aus sonstigen Gründen) zur Erstellung einer neuen dienstlichen Beurteilung verurteilt wird, beantrage ich hilfsweise, den Regierungsdirektor XY als Zeuge dazu zu vernehmen, dass der Beurteiler in einem Gespräch im Dienstzimmer des Zeugen ... zu ihm gesagt hat, er könne „den Kläger nicht ausstehen", dieser bekäme bei ihm kein Bein auf den Boden, in der anstehenden Beurteilungskampagne werde er es ihm zeigen.[302] Durch diese Verknüpfung von Sachantrag und Hilfsbeweisantrag gibt der Antragsteller zu erkennen, dass aus seiner Sicht über den Hilfsbeweisantrag sinnvoll nur im Zusammenhang mit der Urteilsberatung entschieden werden soll. Konstitutives Merkmal eines Haupt-Beweisantrages nach § 86 Abs. 2 VwGO ist hingegen, dass über ihn **in** der mündlichen Verhandlung, also gerade **vor** der Hauptsachenentscheidung entschieden wird.[303]

116

Beim **Eventualbeweisantrag** macht der Antragsteller seinen Antrag von einer – noch ungewissen – sonstigen prozessualen Lage abhängig. Diese kann darin bestehen, dass das Gericht zu einer bestimmten Auffassung zur Verwirklichung eines Tatbestandsmerkmals der einschlägigen Norm gelangt ist oder den Sachverhalt in einem bestimmten Sinne würdigt. Dem Beweisantrag soll nur nachgegangen werden, wenn das Gericht von der Verwirklichung dieses Tatbestandsmerkmals bzw. dieser Sachverhaltswürdigung ausgeht.[304]

117

---

[298] *BGH*, Urt. v. 21.10. 1994 – 2 StR 328/94 – = BGHSt 40, 287.
[299] *BGH*, Urt. v. 21.10. 1994 – 2 StR 328/94 – = BGHSt 40, 287, 289: „ein darauf gerichtetes Beweisbegehren ist in sich widersprüchlich".
[300] *Dawin*, Schoch/Schmidt-Aßmann/Pietzner (Hrsg.), VwGO, Stand: Nov. 2009, § 86 Rdnr. 91.
[301] *Schmitt*, Beweisantragsrecht (2010), S. 32.
[302] *Dawin*, Schoch/Schmidt-Aßmann/Pietzner (Hrsg.), VwGO, Stand: Nov. 2009, § 86 Rdnr. 91.
[303] *Dawin*, Schoch/Schmidt-Aßmann/Pietzner (Hrsg.), VwGO, Stand: Nov. 2009, § 86 Rdnr. 91 a.
[304] *Dawin*, Schoch/Schmidt-Aßmann/Pietzner (Hrsg.), VwGO, Stand: Nov. 2009, § 86 Rdnr. 91 b.

Teil A. Beweisantragsrecht

118 bb) **Nachteile von Hilfs- und Eventualbeweisanträgen.** Manche Vorsitzende versuchen die Partei, die sich anschickt, einen Beweisantrag zu stellen, mit der Frage aufs Glatteis zu führen, sie wolle den Beweisantrag doch sicherlich als Hilfsbeweisantrag stellen. Vor Hilfsbeweisanträgen ist zu warnen. Sie haben mehrere wesentliche Nachteile: **Erstens** wird durch den nur hilfsweise oder vorsorglich gestellten Beweisantrag die **Vorab**entscheidungspflicht des Gerichts nach § 86 Abs. 2 VwGO gerade **nicht** ausgelöst.[305] Es ist – so der Bayerische Verwaltungsgerichtshof – „übrigens auch nicht Aufgabe des Gerichts, bei einem hilfsweise gestellten Beweisantrag in der mündlichen Verhandlung dessen voraussichtliche Behandlung anzukündigen, da der Kläger durch unbedingte Antragstellung die Entscheidung unmittelbar selbst herbeiführen könnte".[306] Der Anwalt erhält also die Information über den Meinungsstand des Gerichts erst mit Zustellung des Urteils, also zu einem Zeitpunkt, indem er die erste Instanz bereits verloren hat. Hierdurch begibt er sich wesentlicher Steuerungs- und Reaktionsmöglichkeiten. **Zweitens** erfüllt die Voraussetzungen einer erfolgreichen Gehörsrüge nach der Rechtsprechung nicht, „wer sich durch die bloß hilfsweise Stellung von Beweisanträgen der durch § 86 Abs. 2 VwGO eröffneten Möglichkeit begibt, die Gründe, die das Gericht zur Ablehnung eines Beweisantrages veranlassen, noch in der mündlichen Verhandlung zur Kenntnis und dazu Stellung zu nehmen".[307] Und **drittens** muss das Gericht Hilfsbeweisanträge nach der Rechtsprechung auch im Urteil nicht zwingend „**ausdrücklich**" verbescheiden", zumal dann nicht, „wenn sich die Begründung für die Beteiligten sinngemäß aus anderen Begründungselementen der Entscheidung ableiten lässt".[308] Fazit: Hilfsbeweisanträge haben gegenüber Hauptbeweisanträgen eklatante Nachteile. Der einzig sichere Weg für die Partei ist der in der mündlichen Verhandlung gestellte förmliche Hauptbeweisantrag.

119 Da das BVerwG den hilfsweisen Beweisanträgen auch sonstige bedingte Anträge wie den sogenannten **Eventualbeweisantrag** gleichstellt,[309] gelten die geschilderten Nachteile für beide Arten der genannten Beweisanträge. Die Begriffe „hilfsweise" bzw. „bedingter" oder Eventualantrag werden in der Praxis ohnehin kaum auseinandergehalten.[310] Hilfsbeweisanträge – dies zeigt die einschlägige Rechtsprechung des BVerwG deutlich – kranken an dem entscheidenden Nachteil, dass bei unberechtigter Ablehnung eines Hilfsbeweisantrages ein **Aufklärungsmangel nicht mit Erfolg geltend gemacht werden kann**. Dies hat das **BVerwG** wie folgt auf den Punkt gebracht: „Mit derartigen Angriffen gegen die tatrichterliche Sachverhalts- und Beweiswürdigung und

---

[305] *BVerwG*, Urt. v. 26.6. 1968 – V C 111.67 – = BVerwGE 30, 57, 58; *BVerwG*, Urt. v. 6.10. 1982 – 7 C 17.80 –, Rdnr. 13; *BayVGH*, Beschl. v. 8.2. 2010 – 16 a D 10.111 –, Rdnr. 6.

[306] *BayVGH*, Beschl. v. 9.6. 2009 – 9 ZB 08.30352 –, Rdnr. 4.

[307] *Sächsisches OVG*, Beschl. v. 26.5. 2005 – 3 B 16/02.A –; NVwZ-RR 2006, 741 = DÖV 2006, 395, Rdnr. 4; *OVG Schleswig-Holstein*, Beschl. v. 3.9. 2003 – 3 LA 87/03 –, Ls.

[308] *OVG Rheinland-Pfalz*, Beschl. v. 28.8. 2003 – 1 A 10520/03. OVG –, S. 18 (unveröffentlicht) für einen „nicht beschiedenen Beweisantrag".

[309] *Jacob*, VBlBW 1997, 41, 43.

[310] *Jacob*, VBlBW 1997, 41, 43.

VI. Stellen von Beweisanträgen

die vorinstanzliche Rechtsanwendung kann (…) ein Aufklärungsmangel im Sinne von § 86 Abs. 1 Satz 1 VwGO grundsätzlich **nicht** begründet werden. Der Vorwurf einer Verletzung der Aufklärungspflicht ist bei der Ablehnung eines **Hilfs**beweisantrages nur dann begründet, wenn sich dem Gericht eine weitere Beweisaufnahme hätte aufdrängen müssen. Die Beschwerde zeigt nicht auf, dass das Oberverwaltungsgericht auf der Grundlage seiner materiellrechtlichen Auffassung noch Anlass hätte sehen müssen, den Sachverhalt in der von der Beschwerde bezeichneten Richtung weiter aufzuklären."[311] Die Anforderungen der Rechtsprechung an dieses sich „Aufdrängen" sind bekanntermaßen hoch (vgl. auch Rdnr. 204 f.). Mehr noch: In einer anderen jüngeren Entscheidung setzt das BVerwG den Hilfsbeweisantrag sogar mit einer **bloßen Beweisanregung** gleich und führt aus: „Auch diese Rüge rechtfertigt die Zulassung der Revision nicht. Das Oberverwaltungsgericht hat den Beweisantrag des Klägers, bei dem es sich um einen Hilfsbeweisantrag und mithin um eine Beweisanregung handelte, die das Gericht zur Kenntnis nehmen und erst bei seiner Entscheidung in Erwägung zu ziehen hatte (…), in den Entscheidungsgründen seines Urteils (…) abgelehnt."[312] Ausweislich der vorangegangenen obergerichtlichen Entscheidung lautete der entsprechende Beweisantrag wie folgt: „Äußerst hilfsweise Beweis entsprechend folgender acht Beweisanträge zu erheben: (…) Es wird beantragt, Beweis zu erheben über die Tatsache, dass es sich bei dem Gebiet, welches die FFH-Gebiete „Tiefenbachtal" und „Kautenbachtal" und die dazwischenliegenden Areale umfasst, um ein einheitliches FFH-Schutzgebiet handelt, welches durch das Vorhaben in seinen für die Erhaltungsziele bzw. den Schutzzweck maßgeblichen Bestandteile beeinträchtigt wird, durch Einholung eines Sachverständigengutachtens."[313] Auch hier stellte sich die Tatsache, dass der beauftragte Anwalt den Beweisantrag in der mündlichen Verhandlung nicht als Hauptbeweisantrag formuliert und verlesen hatte, als tödlich für die Geltendmachung eines Verfahrensmangels im Nichtzulassungsbeschwerdeverfahren heraus; denn das BVerwG wischt die Verfahrensrüge mit der Bemerkung vom Tisch: „Im Übrigen erfüllt diese Rüge bereits deswegen nicht die Anforderungen des § 133 Abs. 3 Satz 3 VwGO, weil die Beschwerde nicht darlegt, warum sich eine ohnehin nicht konkret bezeichnete Beweiserhebung insbesondere auf der – hier maßgeblichen – Grundlage der Rechtsauffassung des Gerichts hätte aufdrängen müssen."[314] Insgesamt gilt, dass „die Rüge der Verletzung des rechtlichen Gehörs bei einem bedingten Beweisantrag schwerer erfolgreich zu begründen sein [wird] als bei einem unbedingten Beweisantrag."[315]

---

[311] *BVerwG*, Beschl. v. 20.1. 2009 – 4 B 45.08 –, Rdnr. 42.
[312] *BVerwG*, Beschl. v. 17.7. 2008 – 9 B 15.08 –, Rdnr. 6 = NVwZ 2008, 1115 = Buchholz 451.91 Europ UmweltR Nr. 35; st. Rspr.: *BVerwG*, Beschl. v. 9.12. 1997 – 9 B 505.97 –; Beschl. v. 9.5. 1996 – 9 B 254.96 –; Urt. v. 26.6. 1968 – 5 C 111.67 –, BVerwGE 30, 57, 58.
[313] *OVG Rheinland-Pfalz*, Urt. v. 8.11. 2007 – 8 C 11523/06 –, Rdnr. 36 und 41 – „Hochmoselübergang" = DVBl. 2008, 321.
[314] *BVerwG*, Beschl. v. 17.7. 2008 – 9 B 15.08 –, Rdnr. 6 – „Hochmoselquerung".
[315] *M. Redeker*, AnwBl. 2005, 518, 519.

Teil A. Beweisantragsrecht

120 **Praxistipp:**
Hände weg von Hilfs- und Eventualbeweisanträgen! Sie bieten keine wirklichen Vorteile, dafür aber zahlreiche Nachteile und Risiken.[316] Der sicherste Weg, den namentlich der Anwalt zu gehen hat, ist grundsätzlich der (unbedingte) Hauptbeweisantrag. Nur er löst die Vorabbescheidungspflicht des § 86 Abs. 2 VwGO aus, eröffnet die Chance der Reaktion vor Erlass des Urteils und hält eine eventuelle Verfahrensrüge offen.

4. Taktische Fragen der Ankündigung von Beweisanträgen

121 Die Frage, ob Beweisanträge vorher angekündigt werden sollten, ist eine taktische, nicht eine rechtliche Frage. Denn eine Rechtspflicht zur Ankündigung besteht nicht. Taktisch gibt es hierzu keine Patentrezepte. Folgende Erfahrungswerte können als Anhalt dienen:

122 Beweisanträge sollten dem Gericht **grundsätzlich** ausreichend lange vor dem Termin durch gesonderten Schriftsatz angekündigt werden. Es spricht nämlich einiges dafür, dass unangekündigte, „überraschende" Beweisanträge im Termin die Neigung des Gerichts zu deren Zurückweisung erhöhen dürften, schon um den eigenen Verhandlungsplan nicht zu gefährden. Hinzu kommt, dass das Gericht den Rechtsstreit möglichst in **einer** mündlichen Verhandlung erledigen soll (§ 87 Abs. 1 Satz 1 VwGO) und es bei Ankündigung der Beweisanträge die Möglichkeit erhält, Zeugen/Sachverständige zu diesem einen Termin bereits zu laden. Im Idealfall kann das Gericht die mündliche Verhandlung unter Mitwirkung der Beteiligten so vorbereiten, dass an ihrem Ende ein Urteil verkündet werden kann; auch deshalb erscheint es oftmals sinnvoll, **vor** der mündlichen Verhandlung schriftsätzlich Beweisanträge anzukündigen. Diese kann das Gericht zum Anlass nehmen, von sich aus eine Beweisaufnahme **vorab** gem. § 87 Abs. 3 VwGO durchzuführen. Dies vermeidet Verfahrensverzögerungen.[317] Ein atmosphärisches Argument tritt hinzu: Gerichte lieben keine Überraschungen. Allerdings muss bei dieser Vorgehensweise das Gericht hinlänglich davon überzeugt sein, der angekündigte Beweisantrag sei keine derzeit taktische „Luftnummer", sondern werde tatsächlich gestellt werden. Diese Überzeugung kann man fördern, indem man den Beweisantrag inhaltlich – obwohl prozessual nicht geboten – motiviert.

123 Selbstverständlich wird es immer Situationen geben, in denen sich aus einer überraschenden Wendung im Verfahren die Notwendigkeit eines **spontanen** Beweisantrages ergibt[318]. Dies ist der Fall, wenn der Prozess in der mündlichen Verhandlung eine überraschende Wendung z.B. zu Lasten des Klägers (oder des Beklagten) nimmt und dieser retten muss, was zu retten ist, d.h. das Rechtsmittel und eine Verfahrensrüge vorbereiten muss. Der zweite Hauptanwendungsfall für spontane Beweisanträge ist bereits erörtert. Im Termin – entsprechend dem Sinn und Zweck von § 86 Abs. 2 VwGO – ergibt sich erst aus der Begründung der Ablehnung eines angekündigten und gestellten Beweisantrages die Notwendigkeit, einen weiteren Beweisantrag zu stellen.

---

[316] Ebenso *Hamm/Hassemer/Pauly*, Beweisantragsrecht, 2. Aufl. 2007, Rdnr. 75.
[317] *M. Redeker*, AnwBl. 2005, 518.
[318] *M. Redeker*, AnwBl. 2005, 518.

VII. Vorabbescheidungspflicht des Gerichts nach § 86 Abs. 2 VwGO

Grundsätzlich aber gilt: Da Beweisanträge bei Richtern ohnehin unbeliebt sind, empfiehlt es sich aus atmosphärischen Gründen in der Regel, Beweisanträge im Voraus anzukündigen.[319] Die Kehrseite der Medaille ist naturgemäß, dass das Gericht mehr Zeit hat, um etwaige Ablehnungsgründe zu durchdenken und eine Ablehnung „wasserdicht" zu machen. Letzteres sollte die Partei grundsätzlich nicht von einer Ankündigung der Anträge abhalten. Wenn die Rechtslage so ist, wie das Gericht sie sieht, dann ist es in dieser Instanz eben so. Vielmehr sollte die Partei alles daran setzen, die Beweisanträge so formgerecht, präzise und substantiiert auszuarbeiten wie irgend möglich, um mit fehlerfreien, „wasserdichten" Beweisanträgen in die Verhandlung zu gehen.

124

VII. Vorabbescheidungspflicht des Gerichts nach § 86 Abs. 2 VwGO

1. Sinn und Zweck der Vorabbescheidungspflicht

Nach § 86 Abs. 2 VwGO muss ein in der mündlichen Verhandlung gestellter Hauptbeweisantrag durch einen im Termin zu verkündenden Beschluss beschieden werden, der zu begründen ist. Der Sinn und Zweck dieser Regelung deckt sich im Wesentlichen mit dem Ziel und Zweck von Beweisanträgen (s. o. eingehend Rdnr. 35 ff.). Die prozessuale Funktion der Vorabbescheidungspflicht nach § 86 Abs. 2 VwGO besteht danach – zusammengefasst – in Folgendem:

125

Sinn und Zweck der Vorabbescheidungspflicht nach § 86 II VwGO:

1. Information der Beteiligten über den Stand der gerichtlichen Meinungsbildung („Instrument der Früherkennung"),
2. (Vorläufige) Festlegung des Gerichts,
3. Eröffnung einer effektiven Reaktionsmöglichkeit (Neue/ergänzte Beweisanträge, neuer Sachvortrag),
4. Gewährung rechtlichen Gehörs (Art. 103 Abs. 1 GG),
5. Eröffnung der Kontrollmöglichkeit für das Berufungs- oder Revisionsgericht (Nachprüfung der Ablehnungsgründe),
6. Offenhalten von Verfahrens- und Gehörsrüge (Vorbereitung von Rechtsmitteln).

2. Zeitpunkt der Bescheidung

Das Gesetz sagt: Ein in der mündlichen Verhandlung gestellter Beweisantrag kann nur durch einen Gerichtsbeschluss, der zu begründen ist, abge-

126

---

[319] *Ignor*, Beweisantragsrecht aus der Sicht des Rechtsanwalts in: DAI (Hrsg.), Brennpunkte des Verwaltungsrechts. Verwaltungsrechtliche Jahresarbeitstagung 2009, S. 211 ff., 213.

Teil A. Beweisantragsrecht

lehnt werden (§ 86 Abs. 2 VwGO). Daraus sowie aus dem Zweck der Eröffnung einer effektiven Reaktionsmöglichkeit (s. o. Rdnr. 38 ff.) folgt, dass ein Beweisantrag nur „durch einen **vor Ergehen des Urteils** zu verkündenden Beschluss des Gerichts" beschieden werden kann.[320] In den meisten Fällen wird die Verkündung des Beschlusses nach § 86 Abs. 2 VwGO noch in der mündlichen Verhandlung, in der die Partei den Beweisantrag gestellt hat, erfolgen.[321] Nicht ausgeschlossen ist, dass das Gericht die mündliche Verhandlung entsprechend vertagt – beispielsweise um Beweisanträge wegen deren Komplexität oder Vielzahl gründlich zu beraten – und einen Fortsetzungstermin anberaumt, in dem die Partei auf die Bescheidung der Beweisanträge prozessual reagieren kann. Das Gericht kann den Beschluss nach § 86 Abs. 2 VwGO auch zustellen, muss dann aber die – unterbrochene – mündliche Verhandlung erneut eröffnen, um dem Antragsteller Gelegenheit zum Stellen geänderter, neuer Beweisanträge (s. Rdnr. 244 ff.) zu geben.[322] Gibt das Gericht dem Beweisantrag statt, muss es auch dem Verfahrensgegner Gelegenheit geben, seinerseits Beweisanträge zu stellen.

3. Inhaltliche Anforderungen an die Begründung

127 Die Begründung nach § 86 Abs. 2 VwGO muss ergeben, **warum** das Gericht den Beweisantrag ablehnt. Die Ablehnung kann auf mehrere Gründe gestützt werden; in diesem Falle muss **jeder** Ablehnungsgrund **substantiiert** dargelegt werden und die Ablehnungsgründe dürfen sich nicht widersprechen.[323] Liegen diese Voraussetzungen vor, soll es genügen, wenn **einer** der Ablehnungsgründe die Entscheidung trägt.[324] Dies überzeugt dann nicht, wenn das Gericht – was möglich sein muss – **alternativ** begründet. Angesichts der verfassungsrechtlichen Bedeutung des Beweisantragsrechts (s. o. Rdnr. 2 ff.) sind die inhaltlichen Anforderungen an die Begründungspflicht **streng**. Anderenfalls würde das Beweisantragsrecht unterlaufen. Erforderlich ist – auch und gerade vor dem Hintergrund der Zwecke des Beweisantragsrechts (s. o. Rdnr. 35 ff.) – eine **substantielle** Begründung, sofern sich z.B. die Bedeutungslosigkeit der Beweistatsache (s. u. Rdnr. 155 ff.) nicht ausnahmsweise gewissermaßen „von selbst" ergibt. Es gilt die Faustregel: Je umfangreicher, detaillierter und substantiierter der Beweisantrag, desto höher sind die Anforderungen an eine substantielle Begründung eines ablehnenden Beschlusses.[325]

128 **Nicht** ausreichend ist die – unter Umständen auch sinngemäße – **Wiederholung des Gesetzeswortlauts**.[326] Mit den Worten des BGH: „Diesen Anfor-

---

[320] *Dawin*, in: Schoch/Schmidt-Aßmann/Pietzner, VwGO, Stand: Nov. 2009, § 86 Rdnr. 123.

[321] *Dawin*, in: Schoch/Schmidt-Aßmann/Pietzner, VwGO, Stand: Nov. 2009, § 86 Rdnr. 124.

[322] Zu Beweisanträgen im schriftlichen Verfahren: *Dawin*, in: Schoch/Schmidt-Aßmann/Pietzner (Hrsg.), VwGO, Stand: Nov. 2009, § 86 Rdnr. 126–129.

[323] *Schmitt*, Beweisantragsrecht (2010), S. 31.

[324] *Schmitt*, Beweisantragsrecht (2010), S. 31.

[325] *Schmitt*, Beweisantragsrecht (2010), S. 31.

[326] *BGH*, Urt. v. 3.12. 2004 – 2 StR 156/04 –, Rdnr. 17 = NJW 2005, 1132 = NStZ 2005, 224 = StV 2005, 113.

VII. Vorabbescheidungspflicht des Gerichts nach § 86 Abs. 2 VwGO

derungen wird der Beschluss der Kammer nicht gerecht. Seine Begründung beschränkt sich im Wesentlichen auf die sinngemäße Wiederholung des Gesetzeswortlauts. Eine Erklärung, **warum** die Kammer die unter Beweis gestellten Indiztatsachen zur Glaubhaftigkeit bzw. Unglaubhaftigkeit der Angaben des M. als bedeutungslos angesehen hat, erfolgt ebenso wenig wie eine Einfügung und Würdigung der Beweistatsache – die so zu behandeln ist, als sei sie bewiesen – in das bisher gewonnene Beweisergebnis."[327] **Keine** dem Prozessrecht gemäße Begründung im Sinne des § 86 Abs. 2 VwGO stellt es also dar, wenn das Gericht lediglich erklärt, der Beweisantrag werde **abgelehnt**, weil die unter Beweis gestellte Tatsache unerheblich sei. Eine solche Begründung ist in Wirklichkeit keine. Das Gericht soll gerade mitteilen, **warum** sie seiner Auffassung nach unerheblich ist. Das geht im Regelfall nicht ohne einen materiell-rechtlichen Rückgriff, es sei denn in Fällen der fehlenden Förmlichkeit des Beweisantrags oder einer Wahrunterstellung. Die gegebenen Gründe gehören in das Protokoll (s. eingehend dazu u. Rdnr. 236 ff.). Ein „Nachschieben" von Gründen im Urteil ist unbeachtlich, da der Antragsteller durch die Ablehnungsgründe gerade in die Lage versetzt werden soll, sich auf die neue Prozesslage einzustellen.[328] Eine interessante Parallele: Der BGH geht in Strafsachen davon aus, dass die Anforderungen an die Begründung eines den Beweisantrag ablehnenden Beschlusses „grundsätzlich den Begründungserfordernissen bei der Würdigung von durch Beweisaufnahme gewonnenen Indiztatsachen in den Urteilsgründen [entspricht]".[329]

4. Richterliche Hinweispflicht bei Änderung der Bewertung im Prozessverlauf

Vor dem Hintergrund des Sinns und Zwecks der Vorabbescheidungspflicht, insbesondere der Information über die gerichtliche Rechtsauffassung (s.o. Rdnr. 36), der (vorläufigen) Festlegung des Gerichts (s.o. Rdnr. 37) und der Eröffnung einer effektiven Reaktionsmöglichkeit (s.o. Rdnr. 38 ff.), ist das Gericht verpflichtet, dem Antragsteller einen **richterlichen Hinweis** zu erteilen (§ 86 Abs. 3 VwGO), wenn es im Laufe des Prozesses seine (rechtliche) Bewertung einer bestimmten Frage dergestalt ändert, dass der Beweisantrag nunmehr anders zu bescheiden wäre. Diese prozessuale Pflicht folgt gleichsam aus dem Rechtsgrundsatz des „vorangegangenen Tuns".

129

Das Gericht kann zwar die Gründe, mit denen es einen Beweisantrag ablehnt, während der laufenden Verhandlung jederzeit auswechseln oder ergänzen.[330] Eine prozessuale Bindung entsteht insoweit durch den zurückweisenden Beschluss nicht. Dieser ist einer Rechtskraft nicht fähig (vgl. arg. e § 146 Abs. 1 VwGO). Damit sich die Verfahrensbeteiligten jedoch nach wie vor auf die veränderte Prozesslage einstellen können, muss das Gericht zwingend auf

130

---

[327] *BGH*, Urt. v. 3.12. 2004 – 2 StR 156/04 –, Rdnr. 17 = NJW 2005, 1132 = NStZ 2005, 224 = StV 2005, 113.
[328] *BGH*, Urt. v. 2.12. 2009 – 2 StR 363/09 –, Rdnr. 5 = StV 2010, 557.
[329] *BGH*, Urt. v. 2.12. 2009 – 2 StR 363/09 –, Rdnr. 4 = StV 2010, 557.
[330] *Schmitt*, Beweisantragsrecht (2010), S. 31 unter Berufung auf *BGH*, Beschl. v. 27.7. 2006 – 5 StR 249/06 = StraFo 2006, 452.

Teil A. Beweisantragsrecht

seine veränderte Bewertung von selbst hinweisen.[331] Unterlässt das Gericht einen solchen Hinweis, verletzt es das rechtliche Gehör (Art. 103 Abs. 1 GG) des Antragstellers, denn dieser erhält eine **Überraschungsentscheidung**[332] (eingehend s. Rdnr. 37, 159). Dies gilt auch dann, wenn ein Verfahrensbeteiligter einen Beweisantrag zurücknimmt, weil das Gericht eine bestimmte Einschätzung der Beweislage kundgetan hat, und das Gericht seine Meinung zu dieser Beweisfrage im Laufe des späteren Verfahrens ändert: „In der Sache wäre nach dem mitgeteilten Verfahrensablauf indes auch diese Rüge begründet gewesen. Jedenfalls nachdem die Staatsanwaltschaft im Vertrauen auf die angekündigte Verurteilung des Angeklagten ihren Beweisantrag auf Vernehmung der Zeugin Z. zurückgenommen hatte, musste die Strafkammer auf eine Änderung der Beurteilung der Notwehrfrage hinweisen und der Beschwerdeführerin die Gelegenheit verschaffen, über ein neuerliches Anbringen des zurückgenommenen Beweisantrages zu entscheiden."[333] Das ist auch eine Frage gerichtlicher Fairness. Das ist keine façon de parler, sondern Rechtspflicht.

5. Sofortige Rügepflicht der Partei bei Nichtbescheidung von Beweisanträgen

131 Verletzt das Gericht in der mündlichen Verhandlung seine Vorabbescheidungspflicht nach § 86 Abs. 2 VwGO, so darf die hiervon betroffene Partei dies nicht auf sich beruhen lassen. Vielmehr ist sie gezwungen – will sie die Verfahrensrüge offen halten – diese Verletzung **umgehend** zu **rügen**, und zwar zu Protokoll (§ 105 VwGO i.V.m. § 160 Abs. 2 ZPO). Die Rügepflicht besteht sowohl für den Fall des völligen Unterbleibens der förmlichen Bescheidung eines Beweisantrages durch Beschluss als auch für den Fall, dass der Beschluss zwar förmlich ergeht, die gegebene Begründung aber inhaltlich substanzlos ist (s.o. Rdnr. 127 f.).[334] Denn „in der höchstrichterlichen Rechtsprechung [ist] geklärt, dass der Verfahrensmangel der Nichtbescheidung nach § 86 Abs. 2 VwGO spätestens in der nächsten mündlichen Verhandlung gerügt werden muss, da anderenfalls das Rügerecht nach § 173 VwGO i.V.m. § 295 Abs. 1 ZPO verloren geht (vgl. BVerwG, Beschl. v. 13.12.2002, Buchholz 310 § 133 n.F. VwGO Nr. 67 m.w.N.)."[335]

132 Für die Parteien ist die Rügepflicht äußerst **fehleranfällig**. Die Formulierung „in der nächsten mündlichen Verhandlung" könnte – jedenfalls bei strikter Anwendung normalen Sprachgefühls – zu der Annahme verleiten, der Verfahrensverstoß müsse nicht schon in der **laufenden** mündlichen Verhandlung gerügt werden. Dies ist ein Irrtum. Beispielsweise das OVG NRW formuliert:

---

[331] *BVerfG*, B. v. 26.9.2006 – 1 BvR 248/05 – Rdnr. 29; BVerfGE 108, 346.
[332] *OVG NRW*, Beschl. v. 19.3.2003 – 4 A 3255/00.A –, Os. 6; *OVG NRW*, Beschl. v. 12.2.2002 – 8 A 451/02.A –.
[333] *BGH*, Urt. v. 21.4.2005 – 3 StR 68/05 –, Rdnr. 8; *Schmitt*, S. 31.
[334] Die Rüge ist auch in der letztgenannten Fallkonstellation der sicherste Weg, die Verfahrensrüge offenzuhalten, weil die Rechtsprechung generell dazu neigt, dem Beweisantragsteller Rügeobliegenheiten aufzubürden – z.B. *BVerwG*, Beschl. v. 16.11.2010 – 7 B 41.10 –, Rdnr. 10.
[335] *Sächsisches OVG*, Beschl. v. 16.6.2009 – A 3 A 310/07 –, Rdnr. 4.

VII. Vorabbescheidungspflicht des Gerichts nach § 86 Abs. 2 VwGO

„Die ‚nächste' mündliche Verhandlung kann auch die sich unmittelbar an die Beweisaufnahme bzw. den Verfahrensfehler anschließende **(fortgeführte)** Verhandlung sein."[336] Das ist gewiss juristische Haarspalterei, die noch dazu in der Sache unrichtig ist. Die lediglich unterbrochene, fortgeführte Verhandlung ist eben immer noch dieselbe, nicht die nächste. Im Klartext: Nachdem ein förmlicher Beweisantrag in der mündlichen Verhandlung gestellt wurde, den das Gericht ersichtlich übergeht, muss der Verfahrensverstoß noch **in derselben mündlichen Verhandlung unverzüglich gerügt** werden.

Das **OVG Berlin-Brandenburg** meint, ein Antragsteller könne auf die Bescheidung seines Beweisantrages **verzichten**; hierdurch gehe „das Rügerecht verloren".[337] In der Entscheidung wird der zugrundeliegende Sachverhalt allerdings dahingehend wiedergegeben, dass die Prozessbevollmächtigte des Klägers „ausweislich des Protokolls der mündlichen Verhandlung erklärt [hat], sie sei damit einverstanden, dass über die Beweisanträge **außerhalb** der mündlichen Verhandlung entschieden wird."[338] Wenn sich der Sachverhalt so zugetragen hat, wäre die Entscheidung des OVG unrichtig. Denn dann hätte der Kläger gerade nicht auf die **Bescheidung** seines Beweisantrages als solche, sondern lediglich auf die Bescheidung noch **innerhalb** der mündlichen Verhandlung verzichtet. Möglicherweise meinte die Partei, eine Bescheidung durch Zustellung eines Beschlusses nach § 86 Abs. 2 VwGO zu erlangen. Die Schlussfolgerung, die das OVG zieht, „**damit** hat sie auf die Einhaltung der prozessualen Vorschrift des § 86 Abs. 2 VwGO verzichtet",[339] wäre dann nicht gerechtfertigt.

133

Beispielsfall:
Lehrreich ist der Fall, den das OVG NRW mit Beschluss vom 25.2. 2010 entschieden hat: Der Kläger hatte in der mündlichen Verhandlung einen Beweisantrag gestellt. Das VG Köln unterließ es, in der mündlichen Verhandlung durch Beschluss über diesen Beweisantrag zu entscheiden, sondern entschied über ihn erst im Urteil.[340] Der Kläger stellte hierauf PKH-Antrag, um ein Berufungszulassungsverfahren führen zu können. Das OVG NRW lehnte den Antrag mangels Erfolgsaussichten der Berufungszulassung ab, weil insbesondere keine Gehörsverletzung vorliege. Zwar sei es zutreffend, dass im Unterlassen eines Gerichtsbeschlusses in der mündlichen Verhandlung über den gestellten Beweisantrag ein Verfahrensverstoß liege. Dieser müsse jedoch in der mündlichen Verhandlung unverzüglich gerügt werden. Wörtlich entschied das OVG NRW: „Nach § 173 VwGO i.V.m. § 295 Abs. 1 ZPO muss der Verfahrensmangel in der nächsten mündlichen Verhandlung gerügt werden, in der der Rügeberechtigte erscheint. Verhandelt dieser zur Sache, ohne den Verfahrensmangel zu rügen, obwohl er den Mangel kannte oder kennen musste, verliert er nach § 295 Abs. 1 ZPO sein Rügerecht. (…) Ausweislich der Sitzungsniederschrift hat die Prozessbevollmächtigte des Klägers das Übergehen des Beweisantrages nicht in der nach dem Verfahrensverstoß fortgeführten

134

---

[336] *OVG NRW*, Beschl. v. 25.2. 2010 – 13 A 88/09.A –, Rdnr. 8.
[337] *OVG Berlin-Brandenburg*, Beschl. v. 13.1. 2010 – 3 N 105.08 –, Rdnr. 5.
[338] *OVG Berlin-Brandenburg*, Beschl. v. 13.1. 2010 – 3 N 105.08 –, Rdnr. 5.
[339] *OVG Berlin-Brandenburg*, Beschl. v. 13.1. 2010 – 3 N 105.08 –, Rdnr. 5. Die vom OVG zitierte BFH-Entscheidung stützt die Auffassung des OVG nicht, weil sie – anders gelagerten – Fall des Übergehens eines Beweisantrags betrifft, bei dem es der Antragsteller versäumt hatte, dieses als Verfahrensfehler zu rügen, vgl. *BFH*, Beschl. v. 31.1. 1989 – VII B 162/88 - = BFHE 155, 498.
[340] *VG Köln*, Urt. v. 20.11. 2008 – 16 K 5177/07.A –, unveröffentlicht.

Teil A. Beweisantragsrecht

mündlichen Verhandlung gerügt. Sie hat weder vor noch nach Stellung des Klageantrages darauf hingewiesen, dass über den von ihr gestellten Beweisantrag noch nicht entschieden worden ist, noch hat sie dies getan, als das Gericht den Schluss der mündlichen Verhandlung und die Zustellung einer Entscheidung an die Beteiligten verkündete. Jedenfalls spätestens zu diesem Zeitpunkt hätte sie Anlass zur Erhebung der Rüge des Verstoßes gegen § 86 Abs. 2 VwGO haben müssen."[341] Richtigerweise dürfte anzunehmen sein, dass das OVG NRW in diesem Judikat die Anforderungen an das Rügerecht überspannt, zumal es immerhin das Gericht gewesen ist, das durch die prozessrechtswidrige Nichtbescheidung des Beweisantrages mit dem verfahrensfehlerhaften Verhalten begonnen hat und damit gleichsam die „Ursachen" selbst gesetzt hat. Angesichts solch rigider Rechtsprechung haben Gerichte jedenfalls wenig Anlass, sich pikiert zu zeigen, wenn Prozessparteien gerichtliche Verfahrensfehler zu Protokoll rügen – es ist die Konsequenz der Rechtsprechung.

135 **Praxistipp:**
Übergeht das Gericht einen in der mündlichen Verhandlung gestellten **Hauptbeweisantrag**, indem es sich nicht umgehend zur Beratung über diesen Antrag zurückzieht, sondern weiter verhandelt, muss der Antragsteller **unverzüglich** den Verfahrensverstoß der Verletzung von § 86 Abs. 2 VwGO förmlich rügen. In jedem Falle vor Schluss der mündlichen Verhandlung. Die Partei sollte zudem **beantragen**, die Erhebung der **Rüge** gemäß § 105 VwGO i.V.m. § 160 Abs. 2 ZPO als wesentlichen Vorgang der Verhandlung **in das Protokoll aufzunehmen**.[342] Der sicherste Weg besteht darin, diese Rüge so früh wie möglich, d.h. unmittelbar nach Erkennen des Verfahrensverstoßes zu erheben. Das wird der Fall sein, wenn sich das Gericht erkennbar anderen Fragen zuwendet und offenbar auf die Frage der Bescheidung des Beweisantrages nicht zurückzukommen gedenkt. Ansonsten setzt sich die Partei dem Einwand aus, sie habe rügelos weiterverhandelt und damit auf die Rüge des Mangels konkludent verzichtet.

VIII. Die Ablehnungsgründe

1. Grundsatz: Verbot der Beweisantizipation

136 Zentraler Grundsatz des Beweisantragsrechts schlechthin ist der Grundsatz des Verbots der Beweisantizipation. Dieser Grundsatz besagt, dass eine vorweggenommene Beweiswürdigung **unzulässig** ist.[343] Mit den Worten des BVerwG: Unzulässig ist „eine sogenannte vorweggenommene Beweiswürdigung, also die Würdigung eines Beweismittels, der keine ordnungsgemäße Beweiserhebung vorausgegangen ist."[344] Hinreichend substantiierte Beweisanträge dürfen „nur unter **engen** Voraussetzungen, nämlich insbesondere im Fall der Unerheblichkeit der unter Beweis gestellten Tatsachen oder bei Untauglichkeit des angebotenen Beweismittels abgelehnt werden. Denn das Gericht darf die Würdigung des Ergebnisses der Beweisaufnahme grundsätzlich

---

[341] *OVG NRW*, Beschl. v. 25.2. 2010 – 13 A 88/09.A –, Rdnr. 8–10.
[342] § 160 Abs. 2 ZPO ist immer dann erfüllt, wenn Art. 103 Abs. 1 GG berührt ist (*Baumbach/Lauterbach*, ZPO, 68. Aufl. 2010, § 160 Rdnr. 107), was bei einer Verletzung von § 86 Abs. 2 VwGO naturgemäß der Fall ist.
[343] *BGH*, Beschl. v. 30.1. 2008 – IV ZR 9/06 –, Rdnr. 3 = NJW-RR 2008, 696.
[344] *BVerwG*, Beschl. v. 14.9. 1999 – 5 B 44.99 –, Rdnr. 2.

VIII. Die Ablehnungsgründe

nicht vorwegnehmen. Auch die bloße Unwahrscheinlichkeit einer behaupteten Tatsache rechtfertigt es nicht, eine beantragte Beweisaufnahme zu unterlassen, deren Unergiebigkeit nur zu befürchten, aber nicht mit Sicherheit vorauszusehen ist".[345] Die Ablehnung eines Beweisantrages ist stets rechtswidrig, wenn sie „allein darauf abstellt, dass das Gericht vom Gegenteil der unter Beweis gestellten Tatsache überzeugt ist".[346] Eine Verletzung der Beweisantizipation dürfte zu den häufigsten tatrichterlichen Fehlern beim Umgang mit Beweisanträgen zählen.[347]

137 Die Nichtberücksichtigung eines von den Fachgerichten als erheblich angesehenen Beweisangebots verstößt dann gegen Art. 103 Abs. 1 GG, wenn sie im Prozessrecht keine Stütze mehr findet.[348] Das Verbot der Beweisantizipation bedeutet auf den Punkt gebracht: **Beweiserhebung geht vor Beweiswürdigung!** Dieser Grundsatz wurde bereits vom Reichsgericht entwickelt.[349] Dem im Jahre 1880 vom Reichsgericht entschiedenen Fall lag folgender Sachverhalt zugrunde: Das Schwurgericht hatte es abgelehnt, nach der Einvernahme eines Zeugen einen weiteren Zeugen zu befragen, der der Aussage des ersten Zeugen widersprochen hätte. Das Gericht führte hierzu im Hinblick auf die Tatsache, dass das Schwurgericht die Aussage des ersten Zeugen für überzeugend hielt, aus, „dass eine davon abweichende Aussage (des zweiten Zeugen) keinen Glauben verdienen würde. So verstanden beruht jener Grund auf einem Rechtsirrtum, indem dabei außer Acht gelassen wird, dass – von Ausnahmefällen abgesehen, die dann stets besonderer Begründung bedürfen – regelmäßig erst **nach** der von dem erkennenden Richter stattfindenden Vernehmung sich beurteilen lässt, welchen von zwei sich widersprechenden Zeugen mehr Glauben geschenkt werden kann."[350]

138 Eine verbotene Vorwegnahme der Beweiswürdigung liegt in der Regel nicht vor, wenn das VG beim Angebot eines Indizienbeweises von der beantragten Beweiserhebung darum absieht, weil die unter Beweis gestellte Hilfstatsache für den Nachweis der Haupttatsache zu seiner gerichtlichen Überzeugung nicht ausreicht.[351]

---

[345] *BVerwG*, Beschl. v. 12.3. 2010 – 8 B 90.09 –, Rdnr. 25; ebenso: *BVerwG*, Beschl. v. 22.9. 1992 – 7 B 40.92 –, Ls. 2 = Buchholz 11 Art. 33 Abs. 5 GG Nr. 71 = DVBl. 1993, 209 = NVwZ 1993, 377.
[346] *BVerwG*, Beschl. v. 12.3. 2010 – 8 B 90.09 –, Rdnr. 26.
[347] Musterbeispiel: **Anhang I, Beispiel 8, S. 215**; bei dem das Gericht – in Anmaßung eigener Sachkunde – antizipiert, was das Ergebnis eines hydrogeologischen Sachverständigengutachtens wäre, nachdem es zuvor – ohne jegliche Sachaufklärung – einen bestimmten Sachverhalt unterstellt hat.
[348] *BVerfG*, 1. Senat, Beschl. v. 8.11. 1978 – 1 BvR 158/78 – = BVerfGE 50, 32, 37; *BVerfG*, 1. Senat, Beschl. v. 20.4. 1982 – 1 BvR 1429/81 – = BVerfGE 60, 250, 252; *BVerfG*, 1. Senat, Urt. v. 29.11. 1983 – 1 BvR 1313/82 – = BVerfGE 65, 305, 308; *BVerfG*, 1. Senat, Beschl. v. 30.1. 1985 – 1 BvR 393/84 – = BVerfGE 69, 141, 144; *BVerfG*, Beschl. v. 22.1. 2001 – 1 BvR 2075/98 –, Rdnr. 16 = NJW-RR 2001, 1006.
[349] RGSt 1, 189.
[350] RGSt 1, 189, 190.
[351] *BVerwG*, Beschl. v. 20.5. 1998 – 7 B 440.97 – = Buchholz 428 § 1 VermG Nr. 153; *BVerwG*, Beschl. v. 22.12. 2004 – 1 B 94.04 – = Buchholz 310 § 86 Abs. 2 VwGO Nr. 58.

Teil A. Beweisantragsrecht

2. Beispielsfälle unzulässiger Beweisantizipation

139   Zur Illustration dieses Grundsatzes seien im Folgenden einige **Fälle aus der Praxis** genannt, in denen ein Verstoß gegen das Verbot der Beweisantizipation zu **bejahen** ist:

140   **Fall 1:** Der BGH hat die Ablehnung eines angebotenen **Sachverständigenbeweises** über die Vornahme nachträglicher Änderungen in einem Versicherungsantrag mit der Begründung, dieser Antrag liege nur noch als Mikrofiche vor und ein Gutachten ermögliche daher ersichtlich keine weitere Aufklärung, als unzulässige Beweisantizipation verworfen.[352] Die Beantwortung der Frage, ob eine Begutachtung geeignet sei, zur Aufklärung des Sachverhalts beizutragen, setze im Allgemeinen fachspezifische Sachkunde voraus, deren Vorhandensein das Gericht nicht dargelegt habe; es sei auch nicht ausgeschlossen, dass ein **Sachverständigengutachten** anhand des **Schriftbildes** Feststellungen zu der Beweisfrage ermögliche.[353]

141   **Fall 2:** Das BVerfG hat eine unzulässige Beweisantizipation in einem Fall angenommen, in dem das Berufungsgericht die weiteren von der Klägerin angebotenen Zeugenbeweise nicht erhob, „da es den von der Beschwerdeführerin benannten Zeugen in Anbetracht der behördlichen Mitteilung offensichtlich nicht mehr allzu viel Gewicht beimaß".[354] Die Beweiserhebungspflicht gelte auch für den Fall, dass die **Behauptung** als „recht **unwahrscheinlich** erscheine", da immerhin die Möglichkeit nicht auszuschließen sei, dass durch die Erhebung des angebotenen Beweises die bisherige Überzeugung des Gerichts erschüttert werde.[355]

142   **Fall 3:** Ein Beispiel für die mangelnde Aufklärungsneigung mancher Verwaltungsgerichte und die Aufklärungsfreudigkeit der ordentlichen Gerichtsbarkeit ist – anknüpfend an den letztgenannten Fall – die folgende Fallkonstellation: Bei der gerichtlichen Bewältigung der Kostentragungspflicht für Altlastensanierungen laufen in der Praxis häufig parallel ein verwaltungsgerichtliches Verfahren um die ordnungsrechtliche Inanspruchnahme des Verursachers einerseits und die zivilrechtliche Geltendmachung des Ausgleichsanspruchs des Eigentümers gegen den Verursacher nach § 24 Abs. 2 BBodSchG andererseits. In beiden Fällen dreht es sich u. a. zentral um die Frage der Verursachung ein und derselben Altlast. Während das LG Düsseldorf in einem solchen Parallelfall drei Beweisbeschlüsse erließ, zehn Zeugen und zwei sachverständige Zeugen vernahm und ein Sachverständigengutachten einholte, kam das VG Düsseldorf wenige Wochen später **ohne jedwede Beweisaufnahme** aus und begnügte sich mit der **Verwertung des Terminsprotokolls** des Zivilgerichts, dem es ausgewählte Zeugenaussagen entnahm, ohne diese

---

[352] *BGH*, Beschl. v. 30.1. 2008 – IV ZR 9/06 – = VersR 2008, 659 = NJW-RR 2008, 696.

[353] *BGH*, Beschl. v. 30.1. 2008 – IV ZR 9/06 –, Rdnr. 3 = VersR 2008, 659 = NJW-RR 2008, 696.

[354] *BVerfG*, Beschl. v. 22.1. 2001 – 1 BvR 2075/98 –, Rdnr. 17 = NJW-RR 2001, 1006.

[355] *BVerfG*, Beschl. v. 22.1. 2001 – 1 BvR 2075/98 –, Rdnr. 17 = NJW-RR 2001, 1006.

VIII. Die Ablehnungsgründe

Zeugen selbst zu vernehmen und sich einen Eindruck von deren Glaubwürdigkeit zu verschaffen. So führt das VG Düsseldorf im Urteil vom 29.9. 2009 aus: „Die Beweisaufnahme im zivilgerichtlichen Verfahren beim LG Düsseldorf vom 8. September 2009 hat ergeben, dass das L-Gleis zumindest insofern genutzt wurde, als Kesselwagen dort kurzfristig abgestellt wurden, wenn sie das T-Gleis blockierten. Der früher bei der E 3 AG beschäftigte Zeuge T 3 sagte aus, er habe fast immer Kesselwagen auf dem L-Gleis stehen sehen. Daneben seien zahlreiche Fässer in mehreren Reihen und Etagen gestapelt gewesen. (…) Die Aussagen der von der Beigeladenen benannten Zeugen, die eine Nutzung des Gleisanschlusses L für das Tanklager ausschließen, stellen den Ursachenzusammenhang nicht in Frage."[356] Das VG würdigt also Beweise, die es selbst gar nicht erhoben hat.

3. Die einzelnen Ablehnungsgründe

§ 86 Abs. 2 VwGO bestimmt, dass ein in der mündlichen Verhandlung gestellter Beweisantrag nur durch einen Gerichtsbeschluss, der zu begründen ist, abgelehnt werden kann. Daraus darf man folgern: Das Gericht muss einem Beweisantrag entsprechen, wenn kein gesetzlicher Grund für seine Ablehnung vorliegt. Mehr noch: „Soweit es um die Ablehnung von Beweisanträgen geht, ist hierbei vor allem zu beachten, dass in dem vom Amtsermittlungsgrundsatz beherrschten Verwaltungsprozess (…) eine gerichtliche Verpflichtung zur (weiteren) Aufklärung u.U. selbst dann bestehen kann, wenn das Verfahrensrecht dem Gericht die Möglichkeit gibt, den betreffenden Beweisantrag unter bestimmten Gesichtspunkten abzulehnen".[357] **143**

Die VwGO regelt hingegen nicht, aus welchen Gründen das Gericht einen Beweisantrag ablehnen darf. Diese **Regelungslücke** der VwGO lässt sich über die entsprechende Anwendbarkeit der Vorschriften der ZPO über die Beweisaufnahme, die § 98 VwGO anordnet, nicht schließen. Dies liegt im Wesentlichen daran, dass die ZPO – anders als die StPO und die VwGO – kein formalisiertes Beweisantragsrecht kennt; bezeichnender Weise spricht man im Zivilprozess üblicherweise vom **Beweisantritt**, der durch Bezeichnung der Beweismittel im vorbereitenden Schriftsatz erfolgt (§ 130 Nr. 5 ZPO).[358] Anders als die StPO enthält die ZPO auch keine ausdrückliche Regelung der Voraussetzungen und des Verfahrens für die Ablehnung von Beweisanträgen; ein besonderes Verfahren, etwa der Erlass eines Ablehnungsbeschlusses, braucht dort nicht eingehalten zu werden.[359] Die Ablehnung liegt bereits darin, dass das Gericht einen angetretenen Beweis nicht erhebt.[360] **144**

---

[356] *VG Düsseldorf*, Urt. v. 29.9. 2009 – 17 K 4572/08 –, Rdnr. 51 f. = ZUR 2010, 85 (nicht rechtskräftig). Allerdings unterließ es der Klägervertreter, Beweisanträge auf Vernehmung der Zeugen zu stellen und der Verwertung des Protokolls zu widersprechen.
[357] *BVerfG*, Kammerbeschluss v. 18.1. 1990 – 2 BvR 760/88 –. Rdnr. 15 = InfAuslR 1990, 161 unter Hinweis auf BGHSt 116, 119.
[358] *Greger*, in: Zöller, ZPO, 28. Aufl. 2010, vor § 284 Rdnr. 3.
[359] *Greger*, in: Zöller, ZPO, 28. Aufl. 2010, vor § 284 Rdnr. 8 a.
[360] *Greger*, in: Zöller, ZPO, 28. Aufl. 2010, vor § 284 Rdnr. 8 a.

Teil A. Beweisantragsrecht

145 Dagegen regelt die – wie die VwGO über ein formalisiertes Beweisantragsrecht verfügende – Strafprozessordnung in **§ 244 Abs. 3–5 StPO** ausdrücklich die einzelnen Ablehnungsgründe. Die einschlägigen Vorschriften sind in Anhang II, S. 237 abgedruckt.

146 Diese strafprozessuale Regelung der Ablehnungsgründe ist **abschließend**. Das **BVerwG** hat das Problem einer fehlenden eigenständigen Regelung der Ablehnungsgründe in der VwGO anfänglich mithilfe einer „sinngemäßen Anwendung der §§ 286 ff. ZPO (diese ergänzt durch die Grundsätze des § 244 StPO)"[361] gelöst. Die §§ 286 ff. ZPO helfen indes nur begrenzt weiter; lediglich die Regelung über die fehlende Beweisbedürftigkeit offenkundiger Tatsachen in § 291 ZPO und die Schadensschätzung in § 287 ZPO sind einschlägig.[362] In seiner weiteren Rechtsprechung hat das BVerwG schlicht und einfach die **Ablehnungsgründe des § 244 Abs. 3–5 StPO angewendet**, wobei es diese Anwendung zuweilen als eine **analoge** kennzeichnet, zuweilen die Vorschriften gleichsam kommentarlos anwendet.[363] Begründet hat das BVerwG dies mit der folgenden Überlegung: „In § 244 Abs. 3 StPO haben allgemeine Regeln des Beweisrechts Ausdruck gefunden, deren Anwendungsbereich über das Strafverfahren hinausreicht. Es bestehen deshalb keine Bedenken, diese Bestimmung (...) auch im Verwaltungsstreitverfahren sinngemäß anzuwenden."[364]

147 a) **Unzulässigkeit der Beweiserhebung (§ 244 Abs. 3 Satz 1 StPO analog)**. Nach § 244 Abs. 3 Satz 1 StPO ist ein Beweisantrag abzulehnen, wenn die Erhebung des Beweises unzulässig ist. § 244 Abs. 3 StPO findet im Verwaltungsprozess als allgemeine Regel des Beweisrechts analoge Anwendung.[365] Dem Gericht steht in diesem Fall – anders als bei den übrigen Varianten des § 244 Abs. 3 StPO – **kein Ermessen** zu; vielmehr ist das Gericht **verpflichtet**, den Antrag auf eine unzulässige Beweiserhebung abzulehnen.[366] Dieser Ablehnungsgrund knüpft an Beweisverbote an und verhindert, dass sich die Rechtsordnung selbst normativ widerspricht.[367] Das strafprozessuale

---

[361] *BVerwG*, Urt. v. 28.7. 1977 –III C 17.74 –, Rdnr. 14 = Buchholz 310 § 86 Abs. 1 VwGO Nr. 111.

[362] Zur Anwendbarkeit von § 287 ZPO im Verwaltungsprozess: *BVerwG*, Urt. v. 20.1. 2005 – 3 C 15.04 –, Rdnr. 27 = NVwZ-RR 2005, 446 = Buchholz 418.6 TierSG Nr. 18 = RdL 2005, 247.

[363] *BVerwG*, Urt. v. 26.1. 1982 – I D 97.80 –, Rdnr. 8 für § 244 Abs. 3 StPO; *BVerwG*, Beschl. v. 9.5. 1983 – 9 B 10466.81 –, Rdnr. 4 = Buchholz 402.25 § 1 AsylVfG Nr. 5 = NJW 1984, 574; *BVerwG*, Urt. v. 5.10. 1988 – 1 D 124.87 –, Rdnr. 29 und 32; *BVerwG*, Urt. v. 23.4. 1991 – 1 D 73.89 –, Rdnr. 22; *BVerwG*, Beschl. v. 27.3. 2000 – 9 B 518.99 –, Rdnr. 14, 18, 22 f. = Buchholz 310 § 98 VwGO Nr. 60; *BVerwG*, Urt. v. 28.8. 2001 – 1 D 57.00 –, Rdnr. 14; BVerwG, Beschl. v. 17.3. 2005 – 2 WDB 1.05 –, Rdnr. 7.

[364] *BVerwG*, Beschl. v. 7.2. 1983 – 7 CB 96.81 –, Rdnr. 6; ebenso: *BVerwG*, Urt. v. 13.12. 1977 – BVerwG 3 C 53.76 –, Buchholz 310 § 86 Abs. 1 VwGO Nr. 112.

[365] *BVerwG*, Beschl. v. 7.2. 1983 – 7 CB 96.81 –, Rdnr. 6.

[366] *Eisenberg*, Beweisrecht der StPO, 6. Aufl. 2008, Rdnr. 202; *Hamm/Hassemer/Pauly*, Beweisantragsrecht, 2. Aufl. 2007, Rdnr. 215: „einziger zwingender Ablehnungsgrund".

[367] *Hamm/Hassemer/Pauly*, Beweisantragsrecht, 2. Aufl. 2007, Rdnr. 215: „einziger zwingender Ablehnungsgrund".

VIII. Die Ablehnungsgründe

Schrifttum unterscheidet dogmatisch Beweisthemaverbote (z.b. Beweisaufnahme über Erklärungen, die dem richterlichen Beratungsgeheimnis nach § 43 DRiG unterliegen), Beweismittelverbote (z.b. Vernehmung eines aussageverweigerungsberechtigten Zeugen) und Beweismethodenverbote (z.b. Verwertungsverbote).[368]

Im **Verwaltungsprozess** spielen bezogen auf diesen Ablehnungsgrund insbesondere folgende **Fallgestaltungen** eine Rolle: Ein Beweisantrag muss stets auf die Behauptung einer Beweistatsache gerichtet sein (eingehend oben Rdnr. 55 ff.). Ein Beweisantrag, der auf eine **(rechtliche) Wertung** gerichtet ist, muss daher als unzulässig **abgelehnt** werden. Typisch hierfür sind (fehlerhafte) Beweisanträge, die als Beweis-„Tatsache" das Erfülltsein eines Rechtsbegriffs formulieren: „Beweis darüber zu erheben, dass der Kläger in der Türkei politisch verfolgt wurde", „Beweis darüber zu erheben, das das Grundstück XY im unbeplanten Außenbereich der Gemeinde Z liegt" etc. pp. So findet nach der obergerichtlichen Rechtsprechung zur Arzneimittelzulassung etwa die Ablehnung eines in der mündlichen Verhandlung gestellten Beweisantrags, „ein Sachverständigengutachten dazu einzuholen, dass die für die Kombinationsbegründung, sowohl von digitalis als auch calendula, vorgelegten Unterlagen und dazu abgegebenen Begründung ausreichend sind", im Prozessrecht eine hinreichende Stütze, weil die Beweiserhebung „in entsprechender Anwendung von § 244 Abs. 3 Satz 1 StPO unzulässig gewesen [wäre]; das Beweisthema ist – wie das Verwaltungsgericht zutreffend festgestellt hat – eine vom Gericht zu entscheidende **Rechtsfrage** und damit einer Beweiserhebung nicht zugänglich".[369] Das OVG Berlin hat einen auf die Frage der Sicherung des Existenzminimums für Rückkehrer bezogenen Beweisantrag als unzulässig abgelehnt, weil dieser auf Wertungen oder rechtliche Subsumtionsergebnisse gerichtet und daher in analoger Anwendung von § 244 Abs. 3 Satz 1 StPO unzulässig sei.[370] Im Strafprozess ist der Beweisantrag auf Verlesung polizeilicher Vernehmungsprotokolle wegen § 252 StPO unzulässig, wenn der vernommene Zeuge sich in der Hauptverhandlung auf sein Zeugnisverweigerungsrecht beruft.[371]

Dagegen sind Beweisanträge, die auf die Feststellung **ausländischen Rechts** zielen – z.B. im Zusammenhang mit der Staatsangehörigkeit eines Asylsuchenden – als zulässige (Sachverständigen-)Beweisanträge zu werten (vgl. § 173 Satz 1 VwGO i.V.m. § 293 ZPO).[372] Nach der Rechtsprechung des BVerwG dient „die Möglichkeit, Sachverständige [zur Bewertung von Prüfungsleistungen im zweiten juristischen Staatsexamen] hinzuziehen zu können, in besonderer Weise sowohl der Rationalität als auch der Rationalisierung der gerichtlichen Überprüfung und damit einem zeitgerechten und wirkungs-

---

[368] Eingehend *Hamm/Hassemer/Pauly*, Beweisantragsrecht, 2. Aufl. 2007, Rdnr. 217 bis 242.
[369] *OVG NRW*, Beschl. v. 23.9.2009 – 13 A 987/09 –, Rdnr. 13–15.
[370] *OVG Berlin*, Beschl. v. 11.5.2005 – 3 N 81.02 –, Os. 9.
[371] *Beulke*, JuS 2006, 599.
[372] *BVerwG*, Beschl. v. 4.10.1995 – 1 B 138.95 –, Rdnr. 3 f. = Buchholz 310 § 86 Abs. 1 VwGO Nr. 271; näher: *Geimer*, in: Zöller, ZPO, 28. Aufl. 2010, § 293 Rdnr. 20 ff.

Teil A. Beweisantragsrecht

vollen Rechtsschutz".[373] Auch die Ermittlung des vor dem 3.10.1990 zu einer bestimmten Frage geltenden **DDR-Rechts** bzw. von DDR-Umweltstandards kann Gegenstand eines Sachverständigenbeweises sein. So hat der BGH im Minol-Tankstellenfall ein erstinstanzliches Urteil in einer Mietsache aufgehoben, weil das Gericht nicht hinreichend aufgeklärt hatte, welches die in der Zeit zwischen 1961 und dem Beitritt in der DDR für den Betrieb von Tankstellen geltenden Umweltstandards waren; hierfür – so der BGH, „musste das Berufungsgericht einen anderen Sachverständigen zuziehen, der solche Kenntnisse hat".[374]

150 **b) Offenkundigkeit der Beweistatsache oder ihres Gegenteils (§ 244 Abs. 3 Satz 2 Alt. 1 StPO analog).** Nach § 244 Abs. 3 Satz 2 Alt. 1 StPO darf ein Beweisantrag abgelehnt werden, wenn eine Beweiserhebung wegen Offenkundigkeit überflüssig ist. Dasselbe gilt, wenn zwar nicht die Beweistatsache, wohl aber deren Gegenteil offenkundig ist.[375] Die verwaltungsgerichtliche Rechtsprechung versteht die Offenkundigkeit der unter Beweis gestellten Tatsache als Ablehnungsgrund: „Gemäß § 173 VwGO i.V.m. § 291 ZPO bedürfen Tatsachen, die dem Gericht offenkundig sind, auch im verwaltungsgerichtlichen Verfahren keines Beweises (...).[376] Offenkundige Tastachen sind sowohl allgemeinkundige als auch gerichtskundige Tatsachen.[377]

151 **Allgemeinkundig** sind Tatsachen, von denen verständige und erfahrene Menschen regelmäßig ohne weiteres Kenntnis haben oder von denen sie sich durch Benutzung allgemein zugänglicher, zuverlässiger Erkenntnisquellen unschwer unterrichten können,[378] und zwar ohne besondere Fachkenntnisse (z.B. Naturvorgänge, Ortsentfernungen oder feststehende geschichtliche Ereignisse und geschichtliche Daten, physikalische Gesetze und geografische Verhältnisse).[379] Allgemeines „Schulwissen" wird man diesem Bereich zuordnen können. In asylrechtlichen Verwaltungsstreitverfahren sind beispielsweise **unbestreitbare Verhältnisse** oder Veränderungen **in** bestimmten **Herkunftsländern** (z.B. ein offizieller Machtwechsel) allgemeinkundige Tatsachen; dagegen gehören die einzelnen Auswirkungen solcher Ereignisse nicht mehr zu den allgemeinkundigen Tatsachen.[380]

152 **Gerichtskundig** sind solche Tatsachen, die den Mitgliedern des Gerichts im Zusammenhang mit ihrer früheren oder jetzigen amtlichen Tätigkeit – ohne Benutzung privater Informationsquellen – zuverlässig bekannt

---

[373] *BVerwG*, Beschl. v. 21.7.1998 – 6 B 44.98 –, Rdnr. 8 = DVBl. 1998, 1350 = NVwZ 1999, 187 = Buchholz 421.0 Prüfungswesen Nr. 390.
[374] *BGH*, Urt. v. 10.7.2002 – 12 ZR 107/99 –, Rdnr. 22, 23, 26 = NJW 2002, 3234 – Minol-Tankstellenfall.
[375] BGHSt 6, 292, 296.
[376] *OVG Niedersachsen*, Beschl. v. 29.6.2010 – 11 LA 477/09 –, Rdnr. 21.
[377] *Eisenberg*, Beweisrecht der StPO, 6. Aufl. 2008, Rdnr. 207.
[378] *OVG Niedersachsen*, Beschl. v. 29.6.2010 – 11 LA 477/09 –, Rdnr. 21.
[379] BVerfGE 10, 183; *Meyer-Goßner*, StPO, 50. Aufl. 2007, § 244, Rdnr. 51; *Eisenberg*, Beweisrecht der StPO, 6. Aufl. 2008, Rdnr. 19.
[380] *BVerwG*, Urt. v. 13.7.1982 – 9 C 53.82 –, NVwZ 1983, 99; *Deibl*, InfAuslR 1984, 114, 118.

VIII. Die Ablehnungsgründe

sind.³⁸¹ Dies können auch die Feststellungen anderer Richter sein, von denen die erkennenden Richter amtlich erfahren haben.³⁸² Als gerichtskundig dürfen Tatsachen behandelt werden, die durch den Beweisantrag substantiiert in Frage gestellt werden.³⁸³

Beispiele: 153
So sollen Erkenntnisse aus der Datenbank „Juris" „zumindest gerichts- und damit offenkundig i.S.d. § 291 ZPO [sein], bedürfen deshalb also keiner gesonderten Beweisaufnahme durch ein Sachverständigengutachten".³⁸⁴ Nach der Rechtsprechung sind gerichtskundig ferner beispielsweise Erkenntnisse „aus einer Vielzahl von vermögensrechtlichen Verfahren".³⁸⁵ Erforderlich ist für die Gerichtskundigkeit allerdings, dass dem Gericht diese Tatsachen noch so bekannt sind, dass es der Feststellung aus den Akten nicht bedarf. Es muss sich um **präsentes Wissen** handeln. In einem Asylrechtsstreit, zu dessen Entscheidung die Kenntnis zahlreicher Gutachten und Auskünfte notwendig und die Feststellung der entscheidungserheblichen Tatsachen häufig erst das Ergebnis einer wertenden Betrachtung der Erkenntnismittel ist, wird das somit kaum der Fall sein.³⁸⁶ So hat das BVerfG etwa die pauschale Bezugnahme auf „die gerichtsbekannten Meldungen (…) in den deutschsprachigen Medien" als nicht geeignet angesehen, die Feststellung des offensichtlichen Bestehens einer inländischen Fluchtalternative zu tragen.³⁸⁷ Zur Begründung führt das BVerfG aus: „Dem angegriffenen Urteil lässt sich indes nicht entnehmen, nach welchen allgemein zugänglichen Quellen im Einzelnen das Bestehen einer inländischen Fluchtalternative für Kurden in der Türkei als feststehend anzusehen sein soll. Demgegenüber haben die Beschwerdeführer dem Gericht verschiedene Zeitungsartikel, etwa einen aus der Frankfurter Rundschau vom 3.3.1990 (‚Über die alltäglichen Grausamkeiten gegen Kurden in der Türkei') vorgelegt, die nach ihrer Ansicht das Gegenteil belegen sollen. Bereits aus diesem Grunde hätte das Verwaltungsgericht zur Stützung seiner Feststellung im Rahmen des Offensichtlichkeitsurteils die von ihm angenommene Offenkundigkeit einer Fluchtalternative in der Westtürkei näher belegen müssen."³⁸⁸ Das BVerfG bejahte eine Verletzung von Art. 103 Abs. 1 GG und gab der Verfassungsbeschwerde statt.³⁸⁹

Welche verfahrensrechtliche **Rechtsfolge** hat die Offenkundigkeit einer 154 Tatsache? Unmittelbare Folge ist zunächst, dass das Gericht den Beweisantrag durch Beschluss nach § 86 Abs. 2 VwGO ablehnen darf. Offenkundige Tat-

---

³⁸¹ *BVerwG*, Beschl. v. 17.10.2008 – 8 B 49.08 –, Rdnr. 6; BVerfGE 10, 183; *BGH*, NJW 2000, 1204; *OVG Niedersachsen*, Beschl. v. 29.6.2010 – 11 LA 477/09 –, Rdnr. 21; *Schmitt*, Beweisantragsrecht (2010), S. 13; *Eisenberg*, Beweisrecht der StPO, 6. Aufl. 2008, Rdnr. 24.
³⁸² *Schmitt*, Beweisantragsrecht (2010), S. 13.
³⁸³ *BGH*, 4. Strafsenat, Beschl. v. 8.12.2005 – 4 StR 198/05 –, Rdnr. 22 = StV 2006, 118 = NStZ-RR 2007, 116.
³⁸⁴ *OVG Niedersachsen*, Beschl. v. 29.6.2010 – 11 LA 477/09 –, Rdnr. 21.
³⁸⁵ *BVerwG*, Beschl. v. 17.10.2008 – 8 B 49.08 –, Rdnr. 6.
³⁸⁶ *BVerwG*, Beschl. v. 22.8.1989 – 9 B 207.89 –, NVwZ 1990, 571; *Geiger*, BayVBl. 1999, 321, 328; *Jacob*, VBlBW, 1997, 41, 48.
³⁸⁷ *BVerfG*, 2. Senat, 1. Kammer, Kammerbeschluss vom 4.12.1991 – 2 BvR 657/91 –, Rdnr. 12 = NVwZ 1992, 561 = InfAuslR 1992, 69.
³⁸⁸ *BVerfG*, 2. Senat, 1. Kammer, Kammerbeschluss vom 4.12.1991 – 2 BvR 657/91 –, Rdnr. 12 = NVwZ 1992, 561 = InfAuslR 1992, 69.
³⁸⁹ *BVerfG*, 2. Senat, 1. Kammer, Kammerbeschluss vom 4.12.1991 – 2 BvR 657/91 –, Rdnr. 13 = NVwZ 1992, 561 = InfAuslR 1992, 69: vgl. auch *BVerfG*, 2. Senat, 1. Kammer, Kammerbeschluss vom 17.1.1991 – 2 BvR 1243/90 –, Rdnr. 21.

Teil A. Beweisantragsrecht

sachen – in der Form allgemeinkundiger oder gerichtskundiger Tatsachen – können ohne Beweisaufnahme bei der Urteilsfindung „als Entscheidungsgrundlage grundsätzlich herangezogen werden".[390] Die Gerichts- bzw. Allgemeinkundigkeit einer bestimmten Tatsache hat verfahrensrechtlich zur Folge, „dass deren **Beweisbedürftigkeit** mittels des Kanons der strafprozessualen Beweismittel **entfällt**".[391] Letzteres gilt ebenso im Verwaltungsprozess. Nicht entbehrlich bleibt indes die erkennbare Einbeziehung der allgemein- bzw. gerichtskundigen Tatsache in den Prozess; „diese gebietet verfassungsrechtlich bereits die Garantie rechtlichen Gehörs aus Art. 103 Abs. 1 GG".[392] Für die Prozesspartei muss vor allem erkennbar sein, dass das Gericht eine allgemein- bzw. gerichtskundige Tatsache in den Prozess einzuführen und zur Grundlage seiner Entscheidung zu machen gedenkt.[393] Das gilt übrigens auch, wenn ein Beweisantrag nach § 86 Abs. 2 VwGO nicht gestellt wurde.

155 c) **Bedeutungslosigkeit/Unerheblichkeit der Beweistatsache** (§ 244 Abs. 3 Satz 2 Alt. 2 StPO analog). aa) **Inhalt**. Nach § 244 Abs. 3 Satz 2 Alt. 2 StPO darf der Tatrichter einen Beweisantrag ablehnen, wenn die Tatsache, die bewiesen werden soll, für die Entscheidung ohne Bedeutung ist. Nach der Rechtsprechung des BGH in Strafsachen soll eine Beweistatsache u. a. dann bedeutungslos sein, wenn sie trotz eines bestehenden Zusammenhangs zur Tat nicht geeignet ist, die gerichtliche Entscheidung irgendwie zu beeinflussen.[394] Obgleich auch § 244 Abs. 3 Satz 2 Alt. 2 StPO im **Verwaltungsprozess** analog anwendbar ist, ist dieser Ablehnungsgrund der einzige, bei dem die verwaltungsgerichtliche Rechtsprechung terminologisch eigene Wege geht: Üblicherweise wird für den Verwaltungsprozess insoweit von der Ablehnung eines Beweisantrages wegen **Unerheblichkeit** der unter Beweis gestellten Tatsache gesprochen. Präzise hat das BVerwG dies – gerade in Abgrenzung zur strafprozessualen Möglichkeit einer Wahrunterstellung – herausgearbeitet: Das „Dahinstehenlassen von behaupteten Tatsachen, weil sie, wenn sie vorlägen, für den Ausgang des Rechtsstreits **ohne Bedeutung** wären", ist – so das BVerwG – der „zulässige Verzicht auf Tatsachenermittlung wegen rechtlicher **Unerheblichkeit** der Tatsache".[395] Ein Beweisantrag darf wegen Bedeutungslosigkeit bzw. Unerheblichkeit der Beweistatsache **nur** dann abgelehnt werden, **wenn** es auf die zu beweisende Tatsache bei Zugrun-

---

[390] *BVerfG*, stattgebender Kammerbeschluss vom 14. 9. 2006 – 2 BvR 123/06 –, – 2 BvR 429/06 –, – 2 BvR 430/06 –, Rdnr. 24 = NJW 2007, 207.
[391] *BVerfG*, stattgebender Kammerbeschluss vom 14. 9. 2006 – 2 BvR 123/06 –, – 2 BvR 429/06 –, – 2 BvR 430/06 –, Rdnr. 24 = NJW 2007, 207.
[392] *BVerfG*, stattgebender Kammerbeschluss vom 14. 9. 2006 – 2 BvR 123/06 –, – 2 BvR 429/06 –, – 2 BvR 430/06 –, Rdnr. 24 = NJW 2007, 207.
[393] *BVerfG*, stattgebender Kammerbeschluss vom 14. 9. 2006 – 2 BvR 123/06 –, – 2 BvR 429/06 –, – 2 BvR 430/06 –, Rdnr. 24 = NJW 2007, 207; ebenso: *BVerfG*, 1. Senat, 3. Kammer, stattgebender Kammerbeschluss vom 4. 6. 2003 – 1 BvR 2114/02 –, Rdnr. 9.
[394] *BGH*, Beschl. v. 21. 11. 2006 – 1 StR 477/06 – = NStZ-RR 2007, 52.
[395] *BVerwG*, Urt. v. 17. 1. 1990 – 9 C 39.89 –, Rdnr. 12; *BVerwG*, Beschl. v. 19. 8. 2010 – 10 B 22.10 –, – 10 PKH 11/10 –, Rdnr. 12; *BVerwG*, Beschl. v. 3. 12. 2008 – 10 B 13.08 –, Rdnr. 6; *BVerwG*, Beschl. v. 15. 5. 2008 – 8 B 17.08 –, Rdnr. 21; *BVerwG*, Beschl. v. 23. 1. 2008 – 10 B 88.07 –, Rdnr. 7.

VIII. Die Ablehnungsgründe

delegung der – möglicherweise verfehlten – materiell-rechtlichen Auffassung des Gerichts (!)³⁹⁶ **nicht ankommt**.³⁹⁷

bb) Fehleranfälligkeit. Dieser – in der Praxis besonders häufig von den Verwaltungsgerichten gewählte – Ablehnungsgrund ist inhaltlich besonders **fehleranfällig**. Dies hat folgenden Grund: Im Kern bedeutet „der Verzicht auf eine Beweiserhebung wegen Unerheblichkeit", dass die Beweistatsache „durch die Wahrunterstellung nur sozusagen experimentell erwiesen wird".³⁹⁸ Daraus folgt für das Gericht, dass es den Beweisantrag zum Anlass nehmen muss, den Fall tatsächlich und rechtlich vollständig **„zu Ende zu denken"**. Es muss die Kausalität der behaupteten Tatsache für das Klagebegehren bereits jetzt in jeder Hinsicht ausschließen können. Das setzt ein vollständiges materiell-rechtliches Kalkül der Entscheidung voraus. Denn nur, wenn sich dabei herausstellt, dass es auf die behauptete Beweistatsache nach der derzeitigen rechtlichen Lösung des Gerichts nicht ankommt, darf das VG den Beweisantrag unter Berufung auf diesen Ablehnungsgrund zurückweisen. Ein **Beispiel** mit den Worten des BVerwG: „Ergibt die rechtliche Würdigung – wie hier –, dass dieser Tataschenvortrag – als wahr unterstellt – den Asylanspruch nicht zu begründen vermag (sei es wegen fehlender politischer Verfolgung, sei es wegen anderweitigen Verfolgungsschutzes), so ist die Klage bereits unschlüssig; ein Eintreten des Gerichts in weitere Ermittlungen scheidet dann aus".³⁹⁹ Mit anderen Worten: Das Gericht muss den Fall unter Unterstellung der Richtigkeit der Beweistatsache vollständig „durchspielen". Ist es der Auffassung, dass es nach seiner Rechtsauffassung auf die Beweistatsache nicht ankommt, dann – und nur dann – darf es den Beweisantrag ablehnen. Dabei sind – wie das Beispiel zeigt – auch **alternative Erwägungen** im Sinne eines Puzzles zulässig. 156

Die Zurückweisung eines Beweisantrages wegen Bedeutungslosigkeit ist rechtsfehlerhaft, wenn der Tatrichter „damit das **Gegenteil** der Beweisbehauptung als erwiesen **annimmt**; hierin liegt eine – im Rahmen des Ablehnungsgrundes der Bedeutungslosigkeit – **unzulässige Beweisantizipation**, auf die die Zurückweisung des Antrags nicht gestützt werden" darf.⁴⁰⁰ Der Tatrichter – so die Rechtsprechung des BGH – „darf eine Tatsache nur dann als (aus tatsächlichen Gründen) bedeutungslos ansehen, wenn zwischen ihr und dem Gegenstand der Urteilsfindung **keinerlei Sachzusammenhang** besteht oder wenn sie trotz eines solchen Zusammenhangs selbst im Fall ihres Erwiesenseins die Entscheidung nicht beeinflussen kann, weil sie nur mögliche, nicht 157

---

³⁹⁶ *BVerwG*, Urt. v. 14.1.1998 – BVerwG 11 C 11.96 – = BVerwGE 106, 115, 119; *BVerwG*, Beschl. v. 19.8.2010 – 10 B 22.10 –, – 10 PKH 11.10 –, Rdnr. 12.
³⁹⁷ *BVerwG*, Urt. v. 6.2.1985 – 8 C 15.84 –, Rdnr. 15 = BVerwGE 71, 38 = Buchholz 303 § 414 ZPO Nr. 1 = NJW 1986, 2268; *Rixen*, in: Sodan/Ziekow, VwGO, 3. Aufl. 2010, § 86 Rdnr. 100 m.w.N.
³⁹⁸ *BVerwG*, Urt. v. 24.3.1987 – 9 C 47.85 –, Rdnr. 18 = BVerwGE 77, 150 = Buchholz 402.25 § 2 AsylVfG Nr. 6 unter Hinweis auf *Gustav Radbruch*, FS zum 50jährigen Bestehen des Reichsgerichts, Bd. V, S. 202, 205.
³⁹⁹ *BVerwG*, Urt. v. 24.3.1987 – 9 C 47.85 –, Rdnr. 17 = BVerwGE 77, 150 = Buchholz 402.25 § 2 AsylVfG Nr. 6.
⁴⁰⁰ *BGH*, Beschl. v. 11.4.2007 – 3 StR 114/07 –, Rdnr. 8 = StraFo 2007, 331.

Teil A. Beweisantragsrecht

aber zwingende Schlüsse zulässt und das Gericht den möglichen Schluss nicht ziehen will. Dies ist vom Tatrichter in freier Beweiswürdigung auf der Grundlage des bisherigen Beweisergebnisses zu beurteilen. Allerdings darf das Gericht dabei die unter Beweis gestellte Tatsache nicht in Zweifel ziehen oder Abstriche an ihr vornehmen; es hat diese vielmehr so, **als sei sie voll erwiesen**, seiner antizipierenden Würdigung zugrunde zu legen".[401] Mit Wahrscheinlichkeitsurteilen kann sich das Gericht also **nicht** der prozessualen Bindung des § 86 Abs. 2 VwGO entziehen.

158 cc) **Bindung des Gerichts an die zugrunde gelegte Auffassung.** An dieser dem Ablehnungsbeschluss zugrunde gelegten Rechtsauffassung muss sich das Gericht dann allerdings **festhalten** lassen (vgl. zur Festlegungs-Funktion von Beweisanträgen eingehend oben Rdnr. 37, 129 f.). Ergebnis: Die Ablehnung eines Beweisantrages wegen (rechtlicher) Unerheblichkeit der Beweistatsache entfaltet eine **Bindungswirkung für das Gericht,** und zwar dahingehend, dass es die von ihm geäußerte Rechtsauffassung nicht nach Belieben später ändern darf, jedenfalls nicht, ohne zuvor einen **ausdrücklichen richterlichen Hinweis** zu geben, zu dem rechtliches Gehör zu gewähren ist (eingehend s.o. Rdnr. 129 f.).

159 So hat das BVerfG den Satz aufgestellt: „Wenn **einerseits** die Ablehnung eines Beweisantrages zum Verfolgungsschicksal damit begründet wird, die unter Beweis gestellte Tatsache könne als wahr unterstellt werden, **andererseits** aber die Klage wegen Zweifeln an der Glaubwürdigkeit – Widersprüche und Steigerung – abgewiesen wird, so liegt ein Verstoß gegen die Grundsätze des rechtlichen Gehörs und eines fairen Verfahrens vor."[402] Verletzt das VG diese Grundsätze, so handelt es sich unter Umständen den Vorwurf eines gehörsverletzenden **Überraschungsurteils** ein.[403] Zutreffend hat das OVG NRW in seinem Beschluss vom 12.2. 2002 zu dieser Fallgruppe den folgenden Leitsatz aufgestellt: „Die Ablehnung eines Beweisantrages mit der Begründung, die unter Beweis gestellten Tatsachen seien für die Entscheidung **unerheblich**, verletzt das Recht auf Gewährung rechtlichen Gehörs, **wenn das Gericht später davon abrückt und die unter Beweis gestellten Behauptungen des Klägers als unglaubhaft würdigt.**"[404] In dem konkreten Fall hatte das VG den Beweisantrag des Klägers, er sei in den Jahren 1994 und 1997 wegen PKK-Verdachts festgenommen worden, mit der Begründung abgelehnt, dass es für die Entscheidung hierauf nicht ankomme; gleichwohl hatte das VG in den Entscheidungsgründen die vom Kläger behaupteten Verhaftungen wegen unsubstantiierten und gesteigerten Vorbringens als unglaubhaft erachtet.[405]

160 Diese gerichtliche Selbstbindung macht für das Prozessgeschehen auch Sinn. Zweck des Zwangs zur Begründung des Ablehnungsbeschlusses nach

---

[401] *BGH*, Beschl. v. 12.1. 2010 – 3 StR 519/09 –, Rdnr. 7 = NStZ-RR 2010, 211 = StV 2010, 558; ebenso: *BGH*, Beschl. v. 6.3. 2008 – 3 StR 9/08 –, Rdnr. 7 = StV 2008, 288 = NStZ-RR 2008, 205 = StraFo 2008, 245.
[402] *BVerfG*, Beschl. v. 22.11. 1996 – 2 BvR 1753/96 –.
[403] *OVG NRW*, Beschl. v. 19.3. 2003 – 4 A 3255/00.A –, Os. 6.
[404] *OVG NRW*, Beschl. v. 12.2. 2002 – 8 A 451/02.A –.
[405] *OVG NRW*, Beschl. v. 12.2. 2002 – 8 A 451/02.A –, Rdnr. 2.

VIII. Die Ablehnungsgründe

§ 86 Abs. 2 VwGO ist es gerade, der Prozesspartei eine „Früherkennung" der gerichtlichen Rechtsauffassung zwecks adäquater Reaktionsmöglichkeit zu eröffnen (vgl. eingehend oben Rdnr. 36, 38 ff.). Diese Funktion würde konterkariert, wenn es dem Gericht erlaubt wäre, die bei Erlass des formalisierten Ablehnungsbeschlusses nach § 86 Abs. 2 VwGO zugrunde gelegte Rechtsauffassung im Nachhinein zu ändern, ohne dies den Parteien explizit kundzutun und ihnen dadurch wiederum eine prozessuale Reaktionsmöglichkeit zu eröffnen. In einem Beschluss vom 5.4. 2006 hatte sich das BVerwG mit einer solchen Fallkonstellation zu befassen. Das BVerwG kommt zu dem Ergebnis, das Berufungsgericht habe das rechtliche Gehör „auch nicht dadurch verletzt, dass es den im Termin zur mündlichen Verhandlung unbedingt gestellten Antrag auf Vernehmung eines präsenten Zeugen mit der Begründung abgelehnt hat, dass die Beweistatsache als wahr unterstellt werden könne, die Beweistatsache dann aber seinem Urteil nicht zugrunde gelegt" habe.[406] Das BVerwG hat das Vorgehen des Berufungsgerichts, soweit der Entscheidung zu entnehmen ist, offenbar deshalb nicht beanstandet, weil das Berufungsgericht laut Sitzungsprotokoll einen **ausdrücklichen Hinweis** gegeben hatte.[407]

Aus der vorgenannten Bindungswirkung des Gerichts an einen Ablehnungsbeschluss wegen (rechtlicher) Unerheblichkeit der Beweistatsache gemäß § 86 Abs. 2 VwGO i.V.m. § 244 Abs. 3 Satz 1 Alt. 2 StPO analog ergibt sich ein weiteres Argument für die hier vertretene Rechtsauffassung, wonach mündlich mitgeteilte Ablehnungsgründe gemäß § 105 VwGO i.V.m. § 160 Abs. 2 ZPO zwingend in das **Protokoll** aufzunehmen sind (eingehend unten Rdnr. 236 ff.). Denn nur bei Dokumentation der Ablehnungsgründe, insbesondere der Erwägungen, aus denen das Gericht eine Beweistatsache für unerheblich erachtet, ist dem Rechtsmittelgericht die Überprüfung der Ablehnung möglich.[408] Ohne Protokollierung dieser Erwägungen können zudem die Prozessparteien nicht sicher darauf vertrauen, dass sie ihre Prozessführung auf genau die geäußerte Rechtsauffassung des Gerichts ausrichten können. 161

d) Beweistatsache ist schon erwiesen (§ 244 Abs. 3 Satz 2 Alt. 3 StPO analog). Nach § 244 Abs. 3 Satz 2 Alt. 3 StPO darf das Tatsachengericht einen Beweisantrag ablehnen, wenn die Tatsache, die bewiesen werden soll, schon erwiesen ist. Die verwaltungsgerichtliche Rechtsprechung wendet diesen Ablehnungsgrund analog im Verwaltungsprozess an.[409] Bei dieser Fallkon- 162

---

[406] *BVerwG*, Beschl. v. 5.4. 2006 – 3 B 24.06 –, Rdnr. 6 = Buchholz 451.90 sonstiges Europ. Recht Nr. 207.
[407] *BVerwG*, Beschl. v. 5.4. 2006 – 3 B 24.06 –, Rdnr. 6 am Ende = Buchholz 451.90 sonstiges Europ. Recht Nr. 207,.
[408] *Jacob*, VBlBW. 1997, 41, 45.
[409] *BVerwG*, Urt. v. 26.1. 1982 – I D 97.80 –, Rdnr. 8 für § 244 Abs. 3 StPO; *BVerwG*, Beschl. v. 9.5. 1983 – 9 B 10466.81 –, Rdnr. 4 = Buchholz 402.25 § 1 AsylVfG Nr. 5 = NJW 1984, 574; *BVerwG*, Urt. v. 5.10. 1988 – 1 D 124.87 –, Rdnr. 29 und 32; *BVerwG*, Urt. v. 23.4. 1991 – 1 D 73.89 –, Rdnr. 22; *BVerwG*, Beschl. v. 27.3. 2000 – 9 B 518.99 –, Rdnr. 14, 18, 22 f. = Buchholz 310 § 98 VwGO Nr. 60; *BVerwG*, Urt. v. 28.8. 2001 – 1 D 57.00 –, Rdnr. 14; *BVerwG*, Beschl. v. 17.3. 2005 – 2 WDB 1.05 –, Rdnr. 7.

Teil A. Beweisantragsrecht

stellation ist die Beweistatsache, auf die sich der Beweisantrag bezieht, zwar **entscheidungserheblich,**[410] **aber nicht mehr beweisbedürftig.**

163 Entscheidend bei der Handhabung des Ablehnungsgrundes „schon erwiesen" ist die peinlich genaue Beachtung des **Verbots der Beweisantizipation** (vgl. dazu eingehend oben Rdnr. 136 ff.). Tritt eine Prozesspartei beispielsweise für eine bestimmte Beweistatsache durch Benennung zweier Zeugen Beweis an, so darf das Tatgericht nach Vernehmung des ersten Zeugen eine Vernehmung des weiteren Zeugen nicht mit der Begründung ablehnen, es sei bereits vom Gegenteil der Beweistatsache überzeugt.[411]

164 Einen Fall unzulässiger Beweisantizipation hat das BVerfG mit Kammerbeschluss vom 28.2.1992 entschieden. Ein Zivilgericht hatte die Verwerfung der Berufung nur auf dienstliche Äußerungen von Justizbediensteten zur Herkunft zweier unterschiedlicher Eingangsstempel auf der Berufungsschrift gestützt. Es hatte den benannten Zeugenbeweis nicht erhoben, mit dem bewiesen werden sollte, der Schriftsatz sei rechtzeitig in den Nachtbriefkasten eingeworfen worden. Die Kammer gab der Verfassungsbeschwerde wegen Verletzung rechtlichen Gehörs durch Nichtberücksichtigung von Parteivortrag statt. Übergehe das Gericht einen zulässigen und rechtzeitig angetretenen Beweis sinngemäß mit der Begründung, das Gegenteil der behaupteten Tatsachen sei bereits erwiesen, so stelle dies eine, auch im Zusammenhang mit Prüfungen gemäß § 418 Abs. 2 ZPO zu beachtende, unzulässige Vorwegnahme der Beweiswürdigung dar.[412] Der Richter dürfe „von der Erhebung zulässiger und rechtzeitig angetretener Beweise nur dann absehen, wenn das Beweismittel völlig ungeeignet oder die Richtigkeit der unter Beweis gestellten Tatsache **bereits erwiesen** (…) ist, wobei bei der Zurückweisung eines Beweismittels als ungeeignet größte Zurückhaltung geboten ist. Grundsätzlich stellt es eine unzulässige Vorwegnahme der Beweiswürdigung dar, die Erhebung weiterer Beweise mit der Begründung abzulehnen, das Gegenteil der behaupteten Tatsachen sei bereits erwiesen. Der völlige Unwert eines Beweismittels muss feststehen, um es ablehnen zu dürfen. **Nur ausnahmsweise** kann dies der Fall sein, wenn beispielsweise nach dem Ergebnis der durchgeführten Beweisaufnahme jede Möglichkeit ausgeschlossen ist, dass der übergangene Beweisantrag Sachdienliches ergeben und die vom Gericht bereits gewonnene gegenteilige Überzeugung erschüttern könnte".[413] Damit steht Zweierlei fest: Zum einen besitzt dieser Ablehnungsgrund gegenüber dem Verbot der Beweisantizipation praktisch kaum einen eigenständigen Anwendungsbereich. Zum anderen sind die Grenzen zwischen dem Ablehnungsgrund des Schon-Erwiesenseins einerseits und der völligen Ungeeignetheit des Beweismittels andererseits fließend.

165 Die Rechtsprechung des **BVerwG** bestätigt diese Einsicht. Auch das BVerwG betont: „Das Gericht darf eine beantragte Beweisaufnahme nur **aus-**

---

[410] *Beulke*, JuS 2006, 600.
[411] RGSt 1, 189, 190; zit. nach: *Hamm/Hassemer/Pauly*, Beweisantragsrecht, 2. Aufl. 2007, Rdnr. 9.
[412] *BVerfG*, 2. Senat, 1. Kammer, Kammerbeschluss vom 28.2.1992 – 2 BvR 1179/91 – = NJW 1993, 254.
[413] *BVerfG*, 2. Senat, 1. Kammer, Kammerbeschluss vom 28.2.1992 – 2 BvR 1179/91 –, Rdnr. 10 = NJW 1993, 254.

VIII. Die Ablehnungsgründe

nahmsweise mit der Begründung ablehnen, es sei bereits vom Gegenteil der unter Beweis gestellten Tatsache überzeugt und könne in seiner Überzeugung durch nichts mehr erschüttert werden. Eine derartige Ablehnung setzt zwingend voraus, dass der Erfolg der beantragten Beweisaufnahme unterstellt wird."[414] In dem zugrunde liegenden Fall ging es um die gerichtliche Kontrolle der Abberufung eines Gemeindedirektors wegen Vertrauensverlustes. Der Kläger hatte in der Vorinstanz zum Nachweis der Richtigkeit einer bestimmten Motivation der Abberufung zwölf Mitglieder des Rates der beklagten Gemeinde als Zeugen benannt. Das Berufungsgericht war diesem Beweisangebot nur teilweise gefolgt. Es hatte lediglich die beiden Fraktionsvorsitzenden der CDU und der SPD als Zeugen vernommen, dagegen den in der mündlichen Verhandlung gestellten Beweisantrag auf Vernehmung auch der übrigen Zeugen abgelehnt. Für die Ablehnung des Beweisantrages gab das Berufungsgericht die Begründung, „es sei bereits aufgrund der Vernehmung der Fraktionsvorsitzenden davon überzeugt, dass für die Abberufung des Klägers kein anderer Grund als der ihm gegenüber eingetretene Vertrauensverlust maßgeblich gewesen sei".[415] Das BVerwG hat die Ablehnung des Beweisantrages als rechtswidrig angesehen. Das Gericht habe „die Würdigung des Ergebnisses der Beweisaufnahme grundsätzlich nicht vorwegnehmen" dürfen, wobei „auch die **bloße Unwahrscheinlichkeit einer** behaupteten **Tatsache**" es **nicht rechtfertige**, „**eine** beantragte **Beweisaufnahme zu unterlassen**, deren Unergiebigkeit nur zu befürchten, aber nicht mit Sicherheit vorauszusehen ist".[416] Die Ablehnung der Vernehmung eines Zeugen mit der Begründung, dessen – voraussichtliche – Angaben seien bereits durch andere Zeugenangaben „überzeugend" widerlegt, stellt offensichtlich nachgerade einen „Klassiker" unter den Fehlern bei der Ablehnung von Beweisanträgen dar.[417] Hier lag es zudem auf der Hand, dass der Verdacht bestehen konnte, nur die beiden Fraktionsvorsitzenden hätten – gleichsam konspirativ – die Abberufung initiiert. Übrigens zeigt sich eine pragmatische Professionalität des Gerichtes gerade darin, dass der Beweis erhoben wird, bevor es sich ohne Not auf das prozessuale Minenfeld des § 244 Abs. 3 Satz 2 Alt. 3 StPO begibt.

e) Völlige Ungeeignetheit des Beweismittels (§ 244 Abs. 3 Satz 2 Alt. 4 StPO analog). aa) Strenger Maßstab. Nach § 244 Abs. 3 Satz 2 Alt. 4 StPO darf das Tatsachengericht einen Beweisantrag ablehnen, wenn das Beweismittel völlig ungeeignet ist. Auch hier drängt sich der Konflikt mit dem Verbot der Beweisantizipation (vgl. dazu eingehend oben Rdnr. 136 ff.) geradezu auf. Der Ablehnungsgrund impliziert wiederum eine prognostische Bewertung des Ergebnisses der „virtuellen" Beweisaufnahme.

166

---

[414] *BVerwG*, Beschl. v. 22.9. 1992 – 7 B 40.92 –, Ls. 2 = Buchholz 11 Art. 33 Abs. 5 GG Nr. 71 = DVBl. 1993, 209 = DÖV 1993, 204 = NVwZ 1993, 377.
[415] *BVerwG*, Beschl. v. 22.9. 1992 – 7 B 40.92 –, Rdnr. 5 = Buchholz 11 Art. 33 Abs. 5 GG Nr. 71 = DVBl. 1993, 209 = DÖV 1993, 204 = NVwZ 1993, 377.
[416] *BVerwG*, Beschl. v. 22.9. 1992 – 7 B 40.92 –, Rdnr. 6 = Buchholz 11 Art. 33 Abs. 5 GG Nr. 71 = DVBl. 1993, 209 = DÖV 1993, 204 = NVwZ 1993, 377.
[417] Einschlägige Fallkonstellationen: *BVerwG*, Urt. v. 5.6. 1986 – 3 C 64.85 – = IFLA 1987, 78; *BVerwG*, Beschl. v. 4.10. 2001 – 6 B 39.01 –, Rdnr. 4 = Buchholz 448.0 § 23 WPflG Nr. 11.

Teil A. Beweisantragsrecht

167 Entscheidend ist, dass es sich auch hier nach der Rechtsprechung um eine eng auszulegende **Ausnahme** handelt. Nur die **völlige, in jeder Hinsicht unbestreitbare Ungeeignetheit** des angebotenen Beweismittels berechtigt das Gericht zur Ablehnung, **nicht** hingegen nur ein geminderter, geringerer oder gar zweifelhafter Beweiswert.[418] Der Ablehnungsgrund ermöglicht in diesen sehr engen Grenzen eine vorweggenommene Beweiswürdigung und dabei auch Freibeweis.[419] Dementsprechend **restriktiv** wird der Ablehnungsgrund in der Rechtsprechung gehandhabt; so stellt der BGH fest: „Als völlig ungeeignet im Sinne des § 244 Abs. 3 Satz 2 StPO ist ein Beweismittel nur dann, wenn das Gericht ohne jede Rücksicht auf das bisher gewonnene Beweisergebnis sagen kann, dass sich mit diesem Beweismittel das im Beweisantrag in Aussicht gestellte Ergebnis nach sicherer Lebenserfahrung nicht erzielen lässt. Die **absolute Untauglichkeit** muss sich aus dem Beweismittel im Zusammenhang mit der Beweisbehauptung selbst ergeben. Bei der Annahme, die Erhebung eines Beweises erscheine von vorherein gänzlich nutzlos, ist ein **strenger Maßstab** anzulegen. Ein geminderter, geringer oder zweifelhafter Beweiswert darf **nicht** mit völliger Ungeeignetheit gleichgesetzt werden. Ein Sachverständiger ist nur dann ein ungeeignetes Beweismittel, wenn auszuschließen ist, dass er sich zu der vorgelegten Beweisfrage sachlich überhaupt äußern kann. Geeignetes Beweismittel ist er auch dann, wenn die vorhandenen Anknüpfungstatsachen ihm die Darlegung solcher Erfahrungssätze oder Schlussfolgerungen erlauben, die für sich allein die unter Beweis gestellte Behauptung lediglich wahrscheinlicher machen."[420]

168 Bei einem völlig ungeeigneten Beweismittel „muss es sich aber um ein Beweismittel handeln, dessen Inanspruchnahme von vornherein gänzlich aussichtslos wäre, sodass sich die Erhebung des Beweises in einer **reinen Förmlichkeit** erschöpfen müsste. Der ablehnende Beschluss bedarf einer Begründung, die ohne jede Verkürzung oder sinnverfehlende Interpretation der Beweisthematik alle tatsächlichen Umstände dartun muss, aus denen das Gericht auf die völlige Wertlosigkeit des angebotenen Beweismittels schließt."[421] Die Ablehnung eines Beweisantrages wegen „Ungeeignetheit der Beweiserhebung" ist im Gesetz **nicht** vorgesehen.[422] Das Gericht muss ohne jede Rücksicht auf das bislang gewonnene Ergebnis der Beweisaufnahme sagen können, dass sich nach sicherer Lebenserfahrung mit dem Beweismittel, das im Beweisantrag angeboten wird, das in Aussicht gestellte Beweisergebnis nicht erzielen lassen werden wird.[423] Es muss in jeder Hinsicht als völlig ausgeschlossen erscheinen, dass das Beweismittel irgendetwas zur Klärung des betroffenen Beweisthemas wird beitragen können.

---

[418] *BGH*, Urt. v. 27.4. 1993 – 1 StR 123/93 –, Os. 2 = StV 1993, 508.
[419] *Schmitt*, Beweisantragsrecht (2010), S. 16.
[420] *BGH*, Beschl. v. 24.8. 2007 – 2 StR 322/07 –, Rdnr. 2 = NStZ 2008, 116 = StraFo 2007, 466.
[421] *BGH*, Beschl. v. 12.1. 2010 – 3 StR 519/09 –, Rdnr. 6 = NStZ-RR 2010, 211 = StV 2010, 558.
[422] *BGH*, Beschl. v. 12.1. 2010 – 3 StR 519/09 –, Rdnr. 6 = NStZ-RR 2010, 211 = StV 2010, 558.
[423] *Beulke*, JuS 2006, 600 m.w.N.

VIII. Die Ablehnungsgründe

bb) Beispielsfälle.

Zeugen, die „relativ weit weg" vom Tatgeschehen waren, bei denen die Erinnerung zum Tatgeschehen sehr lange zurückliegt oder die vermutlich unglaubhaft sein werden, sind **nicht** im Sinne von § 244 Abs. 3 Satz 2 Alt. 4 StPO analog völlig ungeeignet als Beweismittel. Denn nach dem Grundsatz „Beweisaufnahme geht vor Beweiswürdigung" sind diese Zeugen tunlichst erst zu hören und danach ist der Beweiswert ihrer Aussagen zu würdigen. Völlig ungeeignet ist der Zeugenbeweis ausnahmsweise nur dann, wenn sich aus dem Beweisantrag – ohne Berücksichtigung des bisherigen Beweisergebnisses – ergibt, dass ein Zeuge von seinem Standort aus die behauptete Beobachtung nicht machen konnte.[424] Völlig ungeeignet ist beispielsweise ein Zeuge für Angaben zu innerpsychischen Vorgängen einer anderen Person. Dies trifft allerdings auf einen Zeugen, der jedenfalls **äußere** Tatsachen bekunden kann, aus denen eventuell der Schluss auf die inneren Vorgänge gezogen werden könnte, nicht zu.[425] Schließlich ist der Zeugenbeweis für eine Tatsache dann völlig ungeeignet, wenn der Zeuge Vorgänge bekunden soll, die nur ein Sachverständiger zuverlässig wahrnehmen kann.[426] Auch hier besteht die Gefahr einer unzulässigen Beweisantizipation. Denn die Erörterung, aus welchen Gründen der benannte Zeuge etwas zur Feststellung des maßgebenden Sachverhaltes bekunden könnte, ist bereits eine Art Beweisaufnahme. Nach § 396 Abs. 2 ZPO sind auch „zur Erforschung des Grundes, auf dem die Wissenschaft des Zeugen beruht", nötigenfalls Fragen zu stellen.

169

Völlig ungeeignet ist ein Beweismittel nur dann, wenn das angeführte **Beweismittel seiner Art nach als solches schlechterdings ungeeignet** ist, um die unter Beweis gestellte Tatsache zu beweisen. Als Beispiel hierfür wird der auf Vernehmung eines blinden Zeugen gerichtete Antrag zum Beweis eines nur optisch und dazu nur bei besonders genauer Wahrnehmung erkennbaren Details genannt.[427] Dagegen überzeugt das folgende Fallbeispiel für ein völlig ungeeignetes Beweismittel **nicht**: Von vorherein ungeeignet soll die Zeugenaussage eines ehemaligen Soldaten sein, der in den 1930er Jahren auf der Schreibstube seiner damaligen Kompanie beschäftigt war und der 40 Jahre später bekunden soll, ob die Urkunde über die Begründung des Berufssoldatenverhältnisses eines anderen Soldaten vor oder nach einem bestimmten Tag des Jahres **1933** durch Unterzeichnung wirksam geworden ist, im Vergleich zu der vorliegenden, seinerzeit mit Datumsangabe ausgestellten Urkunde.[428] Allein die Tatsache, dass das Ereignis, zu dem der Zeuge seine Erinnerung bekunden soll, sehr lange zurückliegt, macht das Beweismittel nicht von vornherein ungeeignet. Wäre dem so, so würde der Richter seine geringe Erwartung zum Beweiswert der Aussage und damit seine Vermutung zum Beweisergebnis an die Stelle der Beweisaufnahme setzen, das Ergebnis also gerade vorwegnehmen. Hinzu kommt, dass bestimmte besonders einschneidende Tatsachen oder abstruse Details bestimmter Vorgänge von Zeugen unter Umständen auch nach Jahrzehnten durchaus noch erinnert

170

---

[424] *Schmitt*, Beweisantragsrecht (2010), S. 17.
[425] *BGH*, Beschl. v. 29.5. 2008 – 1 StR 189/08 – = NStZ 2008, 580 = StraFo 2008, 383.
[426] *Schmitt*, Beweisantragsrecht (2010), S. 17.
[427] *Dawin*, in: Deutsches Anwaltsinstitut (Hrsg.), Brennpunkte des Verwaltungsrechts, 2009, S. 167 ff. 182.
[428] *Dawin*, in: Deutsches Anwaltsinstitut (Hrsg.), Brennpunkte des Verwaltungsrechts, 2009, S. 167 ff. 182.

werden können.⁴²⁹ Wäre die Hypothese, allein das **lange Zurückliegen des Ereignisses** mache eine Zeugenaussage zum völlig ungeeigneten Beweismittel richtig, hätten selbst die – beklagenswert wenigen – Strafprozesse gegen NS-Täter in der Bundesrepublik überhaupt nicht geführt werden können.⁴³⁰

171 Zutreffend hat der **BGH** in Strafsachen für die Beurteilung der Frage, „ob ein Zeuge, der für **länger zurückliegende Vorgänge** benannt worden ist, völlig ungeeignet ist, weil auszuschließen ist, dass er sie zuverlässig in seinem Gedächtnis behalten hat", **folgende Grundsätze** entwickelt:⁴³¹ Der Tatrichter hat „anhand allgemeiner Lebenserfahrung und unter Berücksichtigung aller Umstände, die dafür oder dagegen sprechen, dass der Zeuge die in sein Wissen gestellten Wahrnehmungen gemacht und im Gedächtnis behalten hat, zu beurteilen. Maßgeblich für die Beurteilung ist insbesondere, ob der Vorgang, zu dem der Zeuge aussagen soll, für ihn **bedeutsam** gewesen ist, sein Interesse geweckt hat und ob sich der Zeuge auf Erinnerungshilfen stützen kann. Bei der Prüfung der Geeignetheit des Beweismittels ist zwar in Grenzen eine Vorwegnahme der Beweiswürdigung und dabei auch Freibeweis zulässig, wobei jedoch feststehen muss, dass eine verwertbare Aussage keinesfalls zu erwarten ist."⁴³² Maßgeblich ist also, ob der Zeuge nachvollziehbare Gründe dafür benennen kann, dass er ein bestimmtes Ereignis im Gedächtnis behalten hat oder ob Gegenstand der Beweisbehauptung ein völlig belangloser Vorgang ist.⁴³³ Das lässt erst dann hinreichend sicher beurteilen, wenn man den Zeugen vernommen hat.

172 cc) **Auslandszeugen.** Allein die Tatsache, dass ein **Zeuge** einen **Wohnsitz im Ausland** hat, macht ihn ebenfalls **nicht** zu einem von vorherin völlig ungeeigneten Beweismittel im Sinne des Ablehnungsgrundes (**vgl. auch § 244 Abs. 5 Satz 2 StPO analog**). Danach kann ein Beweisantrag auf Vernehmung eines Zeugen, dessen Ladung im Ausland zu bewirken wäre, nach dem pflichtgemäßen Ermessen des Gerichts nur dann abgelehnt werden, wenn er zur Erforschung der Wahrheit nicht **erforderlich** ist. Maßstab ist auch hier die Aufklärungspflicht. Ob das Erfordernis der Feststellung des maßgebenden Sachverhaltes die Vernehmung eines Auslandszeugen gebietet, kann nur unter Berücksichtigung der jeweiligen Besonderheiten des Einzelfalles beurteilt

---

⁴²⁹ Dies zeigen z.B. Zeitzeugenaussagen zu der Frage, was eine bestimmte Person am Tag des Ausbruchs oder des Endes des Zweiten Weltkrieges oder am Tag des Mauerfalles gemacht habe, als sie von diesem Ereignis erfahren habe.

⁴³⁰ So liegen etwa die John Demjanuk von der Anklage zur Last gelegten Taten im NS-Vernichtungslager Sobibor 68 Jahre zurück. Gleichwohl wurden in dem seit dem 30.11.2009 vor dem LG München II geführten Strafprozess zahlreiche Zeitzeugen vernommen, insbesondere jüdische Überlebende und Teilnehmer eines Häftlingsaufstandes.

⁴³¹ *BGH*, Beschl. v. 14.9.2004 – 4 StR 309/04 –, Rdnr. 8 = NStZ-RR 2005, 78 = StV 2005, 115 = BGHR StPO § 244 Abs. 3 Satz 2 Ungeeignetheit 23.

⁴³² *BGH*, Beschl. v. 14.9.2004 – 4 StR 309/04 –, Rdnr. 8 = NStZ-RR 2005, 78 = StV 2005, 115 = BGHR StPO § 244 Abs. 3 Satz 2 Ungeeignetheit 23.

⁴³³ *BGH*, Beschl. v. 14.9.2004 – 4 StR 309/04 –, Rdnr. 8 = NStZ-RR 2005, 78 = StV 2005, 115 = BGHR StPO § 244 Abs. 3 Satz 2 Ungeeignetheit 23.

VIII. Die Ablehnungsgründe

werden.[434] Entscheidendes Beurteilungskriterium ist die **Bedeutung des Beweismittels „Auslandszeuge" mit Rücksicht auf das bisherige Beweisergebnis.** Die Vernehmung des Zeugen wird generell umso notwendiger sein, je ungesicherter das bisherige Beweisergebnis erscheint und je mehr Zweifel über den Wert der bisher erhobenen Beweise überwunden werden müssen.[435] Durch die Einführung des § 244 Abs. 5 Satz 2 StPO wurde die Möglichkeit der Ablehnung eines Beweisantrags auf Vernehmung eines Auslandszeugen „nur um den schmalen Bereich erweitert, in dem die Ablehnungsgründe des bis dahin allein anwendbaren § 244 Abs. 3 Satz 2 StPO es nicht zuließen, einen derartigen Beweisantrag zurückzuweisen, obwohl die Beweiserhebung von Aufklärungspflicht nicht geboten war".[436] Bei der Prüfung, ob die Aufklärungspflicht die Ladung eines benannten Auslandszeugen gebietet, sind danach grundsätzlich die Bedeutung und der Beweiswert des weiteren Beweismittels vor dem Hintergrund des bisherigen Beweisergebnisses, der zeitliche und organisatorische Aufwand der etwaigen Beweisaufnahme und die damit verbundenen Nachteile durch die Verzögerung des Verfahrens unter Beachtung des Grundsatzes der Verhältnismäßigkeit gegeneinander abzuwägen. In diesem Rahmen ist der Tatrichter von dem sonst geltenden Verbot der Beweisantizipation befreit. Er darf daher bei seiner Entscheidung prognostisch berücksichtigen, welche Ergebnisse von der beantragten Beweisaufnahme zu erwarten sind und wie diese zu würdigen wären.[437] Kommt das Gericht auf dieser Grundlage zu dem Schluss, dass der Zeuge die unter Beweis gestellten Tatsachen nicht wird bestätigen können oder dass seine Aussage selbst dann sicher keinen Einfluss auf die Überzeugungsbildung des Gerichts haben wird, wenn er die Beweisbehauptungen bestätigen sollte, wird das Revisionsgericht die Ablehnung des Beweisantrags in aller Regel nicht beanstanden.[438]

dd) Rechtshilfeverfahren. Ein Beweisantrag, der nach allgemeinen Grundsätzen nicht abgelehnt werden dürfte, darf auch nicht allein deshalb abgelehnt werden, weil das Gericht die Beweisaufnahme nicht vor dem Prozessgericht durchführen könnte, sondern sich dazu der Rechtshilfe eines ausländischen Gerichts bedienen müsste. Das gewiss im Einzelfall komplizierte **Rechtshilfeverfahren** rechtfertigt noch keine Zurückweisung des Beweisantrages. Das **BVerwG** hielt auf dieser Grundlage im folgenden Fall die Ablehnung eines Beweisantrages für **verfahrensfehlerhaft**: Der Kläger begehrte als Erbe seines Vaters, der als jüdischer Verfolgter umgekommen war, die **lastenausgleichsrechtliche Entschädigung** für die Entziehung von Hausrat, den

173

---

[434] *Schmitt*, Beweisantragsrecht (2010), S. 28.
[435] *Schmitt*, Beweisantragsrecht (2010), S. 28 unter Hinweis auf *BGH*, NStZ 2007, 359 – Auslandszeuge, der Vorgänge bekunden soll, die für den Schuldvorwurf von zentraler Bedeutung sind.
[436] *BGH*, Urt. v. 9.6. 2005 – 3 StR 269/04 –, Rdnr. 15 = NJW 2005, 2322 = NStZ 2005, 701.
[437] *BGH*, Urt. v. 9.6. 2005 – 3 StR 269/04 –, Rdnr. 15 = NJW 2005, 2322 = NStZ 2005, 701.
[438] *BGH*, Urt. v. 9.6. 2005 – 3 StR 269/04 –, Rdnr. 15 = NJW 2005, 2322 = NStZ 2005, 701.

sein Vater im **Juli 1944** in Ungarn durch Deportation erlitten habe. Der Kläger trug vor, sein Vater sei zu Beginn der Verfolgungszeit in Ungarn deutscher Volkzugehöriger gewesen. Im verwaltungsgerichtlichen Verfahren hatte der Kläger sich hierfür in einem Beweisantrag auf das Zeugnis der Zeuginnen L., F. und G. berufen und in deren Wissen die behauptete Tatsache gestellt, der Erblasser habe bei der **Volkszählung 1930** in Ungarn als Muttersprache „deutsch" angegeben. Die Zeuginnen hatten dies durch eidesstattliche Versicherungen bestätigt, ihre Reise nach Deutschland zum Zwecke der Vernehmung abgelehnt, jedoch ihre Bereitschaft erklärt, sich von einem israelischen Richter vernehmen zu lassen.[439] Das VG wies den Beweisantrag und die Klage ab. Das BVerwG hob das Urteil auf und verwies die Sache zurück. Der Beweisantrag habe nur dann abgelehnt werden dürfen, wenn „das von einem Beteiligten angebotene Beweismittel **schlechterdings untauglich** ist".[440] Die Verpflichtung zur Ausschöpfung angebotener Beweise werde nicht durch § 96 Abs. 2 VwGO eingeschränkt. Die in das Wissen der Zeuginnen gestellten Tatsachen seien entscheidungserheblich gewesen. Daher habe das VG die angebotenen **Beweise ausschöpfen müssen**, was es nicht getan habe: „Die vom Verwaltungsgericht angenommene Unmöglichkeit einer unmittelbaren Beweisaufnahme vor dem Prozessgericht ist kein Grund, von einer möglichen Beweisaufnahme schlechthin abzusehen. Es lag keiner der oben dargestellten Gründe vor, die ein Absehen von der Durchführung einer beantragten Beweisaufnahme rechtfertigen können. Ist der Beweis, wie hier, notwendig, so bleibt **kein Ermessensspielraum für das Tatsachengericht**, ob die einzige Aufklärungsmöglichkeit, hier im Rechtshilfeverfahren, wahrgenommen werden soll oder nicht (…). Die Begründung des angefochtenen Urteils ergibt auch nicht, dass die Zeugenvernehmung im Rechtshilfeverfahren hier ein völlig ungeeignetes Beweismittel wäre. Die einzuräumenden Schwierigkeiten bei einem solchen Verfahren sind für sich allein keine ausreichende Begründung für eine völlige Ungeeignetheit des Beweismittels."[441]

174 ee) **Asylprozess.** In folgenden Beispielsfällen hat die Rechtsprechung die völlige Ungeeignetheit eines Beweismittels indes **bejaht**: Das BVerfG hat die Einholung von **Auskünften** von Stellen **aus dem Verfolgerstaat** als völlig ungeeignetes Beweismittel angesehen: „Der vom Beschwerdeführer beantragten Beweiserhebung bedurfte es nicht. Die von ihm begehrte Einholung einer amtlichen Auskunft türkischer Stellen wäre nach dem Vorbringen des Beschwerdeführers selbst möglicherweise geeignet gewesen, die Gefahr politischer Verfolgung heraufzubeschwören. Die begehrte Auskunft dürfte daher als ein

---

[439] *BVerwG*, Urt. v. 28.7. 1977 – III C 17.74 –, Rdnr. 14 = Buchholz 310 § 86 Abs. 1 VwGO Nr. 111.

[440] *BVerwG*, Urt. v. 28.7. 1977 – III C 17.74 –, Rdnr. 14 = Buchholz 310 § 86 Abs. 1 VwGO Nr. 111.

[441] *BVerwG*, Urt. v. 28.7. 1977 – III C 17.74 –, Rdnr. 18 unter Hinweis auf *BVerwG*, Urt. v. 14.6. 1962 – I C 67.61 – und *BVerwG*, Urt. v. 16.8. 1973 – III C 75.71 – = Buchholz 310 § 86 Abs. 1 VwGO Nr. 111; vgl. zur Frage des völligen Unwerts eines Beweismittels auch *BVerwG*, Urt. v. 1.11. 1963 – VI C 37.61 –, Buchholz 310 § 138 Ziff. 3 VwGO Nr. 5 = DÖV 1964, 561.

VIII. Die Ablehnungsgründe

absolut ungeeignetes Beweismittel angesehen werden."[442] Mit derselben Argumentation hat das OVG NRW in einem Beschluss vom 12.1.1996 in einem Asylprozess das Absehen von einem Auskunftsersuchen wegen Gefährdung der Auskunftsperson als rechtmäßig angesehen.[443] Diese Fälle der **Eigengefährdung** des Zeugen oder beispielsweise eines Vertrauensanwaltes dürfen indes nicht überdehnt werden. Es fällt zudem auf, dass in der Rechtsprechung teilweise eine klare dogmatische Abgrenzung zu dem Ablehnungsgrund der Unerreichbarkeit des Beweismittels (§ 244 Abs. 3 Satz 2 Alt. 5 StPO) fehlt.[444] Bejaht hat die Rechtsprechung die Ablehnung eines Beweisantrages wegen völliger Ungeeignetheit des Beweismittels für den Fall ausländischer Amtsträger, die **völkerrechtliche Immunität** genießen. Ihre gerichtliche Ladung zu einer Vernehmung als Zeuge sei in Bezug auf ihre Tätigkeiten grundsätzlich ausgeschlossen.[445] Hier ist allerdings ein anderer Gedanke tragend: Die deutsche Hoheitsgewalt, die in einer Zeugenladung liegt, muss die Immunität beachten. Das bedeutet nicht, dass die Zeugenfähigkeit nicht besteht. Ein freiwilliges Erscheinen und Bekunden ist zulässig.

ff) Sachverständigenbeweis. Für den **Sachverständigenbeweis** hat die Rechtsprechung zum Ablehnungsgrund der völligen Ungeeignetheit folgende Grundsätze entwickelt: Ein Sachverständiger ist immer schon dann ein **geeignetes Beweismittel**, wenn der benannte Sachverständige zwar keine sicheren oder eindeutigen Schlüsse ziehen kann, seine Folgerungen aber die unter Beweis gestellte Behauptung als mehr oder weniger wahrscheinlich erscheinen lassen und das Gutachten Einfluss auf die Überzeugungsbildung des Gerichts haben kann.[446] Ein Sachverständiger ist ferner immer dann geeignetes Beweismittel, wenn der Gutachter selbst davon ausgeht, sich sachverständig zu der Beweisfrage äußern zu können.[447] Dagegen ist ein Sachverständigenbeweis **völlig ungeeignet**, wenn die allein in Betracht kommende Untersuchungsmethode unausgereift oder nicht zuverlässig ist sowie dann, wenn ein Zeuge in die beantragte Begutachtung nicht einwilligt.[448] Völlig ungeeignet ist der Sachverständigenbeweis ferner dann, wenn die für die Erstattung des Gutachtens erforderlichen Anknüpfungstatsachen nicht bekannt sind und auch nicht

175

---

[442] *BVerfG*, Beschl. v. 2.5.1984 – 2 BvR 1413/83 –, Rdnr. 45 = BVerfGE 67, 43 = DVBl. 1984, 673 = NJW 1984, 2028 = EuGRZ 1984, 436.

[443] *OVG NRW*, Beschl. v. 12.1.1996 – 25 A 7626/95.A –, Rdnr. 14 = NWVBl. 1996, 348 = AuAS 1996, 105.

[444] So wertet des *OVG Mecklenburg-Vorpommern*, Beschl. v. 16.8.2000 – 2 L 40/99 –, Rdnr. 8 die Vernehmung von Zeugen im angeblichen Verfolgerstaat wegen Selbstgefährdung des Zeugen als Fall der „Unerreichbarkeit" (= NVwZ 2001, Beilage Nr. 3, 30–31 = AuAS 2001, 33).

[445] *BVerwG*, Beschl. v. 30.9.1988 – 9 CB 47.88 – = Buchholz 310 § 133 VwGO Nr. 84.

[446] *BGH*, Beschl. v. 15.3.2007 – 4 StR 66/07 –, Rdnr. 10 = NStZ 2007, 476 = StraFo 2007, 293 = StV 2008, 337; *BGH*, Beschl. v. 28.10.2008 – 3 StR 364/08 –, Rdnr. 9 = StV 2009, 116 = BGHR StPO § 244 Abs. 4 Satz 1 Glaubwürdigkeitsgutachten 8 = NStZ 2009, 346.

[447] *Schmitt*, Beweisantragsrecht (2010), S. 17.

[448] *Schmitt*, Beweisantragsrecht (2010), S. 17.

beschafft werden können.⁴⁴⁹ Allerdings kann es sich als schwierig erweisen, die völlige Ungeeignetheit des beantragten Sachverständigenbeweises ohne sachkundige Beratung beurteilen zu können. Auch hier lauert also die Gefahr einer unzulässigen Beweisantizipation.

176 Vorsicht ist geboten, wenn ein Beweisantrag auf Einholung eines Sachverständigengutachtens zu einer **Kausalitätsfrage** mit der Begründung als völlig ungeeignet abgewiesen wird, der Vorgang könne wegen **mangelnder Rekonstruierbarkeit** nicht (mehr) sachverständig beurteilt werden. In einem Strafverfahren hatte das LG die beantragte Einholung eines Sachverständigengutachtens zum Beweis der Tatsache, dass die Schilderung eines Angeklagten zum Tathergang mit den tatsächlichen Umständen der Brandverursachung nicht vereinbar sei, abgelehnt. Der Beweisantrag sei völlig ungeeignet, „da die von dem Angeklagten angezündeten Gegenstände nicht mehr vorhanden seien und der genaue Tatablauf daher nicht mehr rekonstruierbar sei". Nach zutreffender Auffassung des BGH begegnet „die Zurückweisung des Antrags mit dieser Begründung rechtlichen Bedenken".⁴⁵⁰ Denn „wie die Revision zutreffend darlegt, hätten einem Brandsachverständigen eine Reihe spezifischer Beweismittel zur Verfügung gestanden, nämlich Tatort- und Spurenbericht sowie Lichtbilder, welche **Anknüpfungspunkte** für eine sachverständige Beurteilung der Intensität der Brandlegung und des Ablaufs der Brandausbreitung hätten bieten können".⁴⁵¹ Fehlerhaft ist die Ablehnung eines auf Sachverständigenbeweis gerichteten Antrags durch ein VG zur Frage der Verursachung einer Altlast mit der pauschalen Begründung, die Altlast sei inzwischen saniert, stehe also zur Begutachtung nicht mehr zur Verfügung.⁴⁵² Fehlerhaft ist es auch, wenn ein VG den Beweisantrag auf Einholung eines hydrogeologischen Sachverständigengutachtens zur Kausalität eines plangenehmigten Gewässerausbaus für die Vernässung landwirtschaftlich genutzter Flächen trotz Vorliegens einer mehrere Dutzend Lichtbilder umfassenden Dokumentation der streitgegenständlichen Vernässungserscheinungen mit der Begründung zurückweist: „Dies ist (zumindest inzwischen) tatsächlich nicht (mehr) feststellbar."⁴⁵³

177 f) **Unerreichbarkeit des Beweismittels (§ 244 Abs. 3 Satz 2 Alt. 5 StPO analog).** Nach § 244 Abs. 3 Satz 2 Alt. 5 StPO darf das Tatgericht einen Beweisantrag ablehnen, wenn das Beweismittel unerreichbar ist. Nach der Rechtsprechung des BGH in Strafsachen ist ein Beweismittel in diesem Sinne unerreichbar, wenn alle der Bedeutung des Beweismittels und der Sache entsprechenden Bemühungen des Gerichts, das Beweismittel herbeizuschaffen,

---

⁴⁴⁹ *BGH*, Beschl. v. 7.8. 2008 – 3 StR 274/08 –, Rdnr. 7 = NStZ 2009, 48 = StraFo 2008, 473.
⁴⁵⁰ *BGH*, Beschl. v. 12.8. 2005 – 2 StR 480/04 –, Rdnr. 6.
⁴⁵¹ *BGH*, Beschl. v. 12.8. 2005 – 2 StR 480/04 –, Rdnr. 6.
⁴⁵² Selbstverständlich kann ein Sachverständiger z.B. aus aktenkundiger Art des Anlagenbetriebs und Schadensbild Rückschlüsse auf die Verursachung ziehen (arg. § 6 I UmweltHG).
⁴⁵³ So aber *VG Magdeburg*, Beschl. v. 11.12. 2006 – 1 A 397/05 MD –, abgedr. im **Anhang I, Beispiel 8, S. 215**, der zugehörige Beweisantrag befindet sich im **Anhang I, Beispiel 7, S. 211**.

VIII. Die Ablehnungsgründe

erfolglos geblieben sind. Zudem darf keine begründete Aussicht bestehen, dass das Beweismittel dennoch in absehbarer Zeit zur Verfügung stehen wird.[454] Angesichts des Amtsermittlungsprinzips gemäß § 86 Abs. 1 VwGO sind an die Pflicht des Gerichts, das Beweismittel zu erreichen, **hohe Anforderungen** zu stellen. Keine Unerreichbarkeit eines Zeugen besteht beispielsweise dann, wenn der Zeuge lediglich an einem beabsichtigten Terminstag nicht erreichbar ist. Eine nur vorübergehende Unerreichbarkeit berechtigt das Gericht nicht zur Ablehnung.[455] Soweit teilweise angenommen wird, ein Zeuge unbekannten Aufenthaltes sei in diesem Sinne unerreichbar,[456] ist dies zu kurz gegriffen: Das Gericht muss Routineermittlungen ohne größeren Aufwand wie beispielsweise eine **Melderegisteranfrage** durchführen; erst wenn darüber hinausgehende Ermittlungen notwendig werden würden, kann der Zeuge in diesem Sinne „unerreichbar" sein.[457] Bei der Beurteilung der Frage, wie intensiv die Bemühungen des Gerichts zur Herbeischaffung des Beweismittels, insbesondere beispielsweise vor Ermittlung des Aufenthalts eines Zeugen zu sein haben, ist von einer Abwägungsentscheidung des Gerichtes auszugehen. Das Gericht hat **Bedeutung und Gewicht der Beweistatsache** für die Entscheidungsfindung zu bewerten. Geht es um den buchstäblichen „einzigen Zeugen" für ein Ereignis, sind die Anforderungen an die Bemühungen des Gerichts naturgemäß höher als wenn für dieselbe Beweistatsache mehrere Zeugen angegeben sind.

Für den Asylprozess hat das OVG Greifwald entschieden, dass das beantragte Beweismittel der Vernehmung eines in Togo als angeblichen Verfolgerstaates wohnenden Zeugen für das Gericht „unerreichbar" sei, und zwar obwohl nach dem Rechtshilfeersuchen grundsätzlich die Möglichkeit für die deutsche Botschaft in Togo bestehe, auch togoische Staatsangehörige vernehmen zu lassen.[458] Das OVG folgert dies daraus: „Dass es dem Zeugen nicht zugemutet werden kann, seinen Heimatstaat als verantwortlich für politische Verfolgungen erscheinen zu lassen, zumal er sich damit selbst der Gefahr entsprechender Verfolgungen aussetzen würde"; ein solches Vorgehen seitens der Bundesrepublik wäre als völkerrechtlich unfreundlicher Akt zu werten.[459] Dogmatisch genauer erscheint es in diesen Fallkonstellationen allerdings, den Beweisantrag mit der Erwägung abzulehnen, die Erhebung des Beweises sei unzulässig (§ 244 Abs. 3 Satz 1 StPO analog). Unerreichbar im Sinne von § 244 Abs. 3 Satz 2 Alt. 5 StPO analog sind hingegen nicht identifizierte Zeugen wie z.B. V-Leute.

178

---

[454] *BGH*, Beschl. v. 28.10. 1986 – 1 StR 605/86 – = StV 1987, 45; *Schmitt*, Beweisantragsrecht (2010), S. 18.
[455] *Schmitt*, Beweisantragsrecht (2010), S. 18.
[456] *Rixen*, in: Sodan/Ziekow, VwGO, 3. Aufl. 2010, § 86 Rdnr. 99.
[457] *Beulke*, JuS 2006, 601.
[458] *OVG Mecklenburg-Vorpommern*, Beschl. v. 16.8. 2000 – 2 L 40/99 –, Rdnr. 8 = NVwZ 2001, Beilage Nr. 3, 30–31 = AuAS 2001, 33.
[459] *OVG Mecklenburg-Vorpommern*, Beschl. v. 16.8. 2000 – 2 L 40/99 –, Rdnr. 8 = NVwZ 2001, Beilage Nr. 3, 30–31 = AuAS 2001, 33.

Teil A. Beweisantragsrecht

179 g) **Verschleppungsabsicht (§ 244 Abs. 3 Satz 2 Alt. 6 StPO analog).**
aa) **Allgemeines.** Nach § 244 Abs. 3 Satz 2 Alt. 6 StPO darf ein Beweisantrag abgelehnt werden, wenn der Antrag zum Zweck der Prozessverschleppung gestellt ist. Nach der Rechtsprechung des BGH in Strafsachen darf Verschleppungsabsicht nur dann angenommen werden, wenn kumulativ drei Voraussetzungen zu bejahen sind: **Erstens** kann die Beweisaufnahme nach Ansicht des Gerichts nichts Sachdienliches mehr zu Gunsten des Antragstellers erbringen, **zweitens** würde die Durchführung der beantragten Beweiserhebung zu einer wesentlichen Verzögerung des Verfahrensabschlusses führen (objektives Element) und **drittens** ist der Antragsteller sich dieser Umstände auch bewusst und bezweckt mit seinem Antrag ausschließlich die Verzögerung des Verfahrens (subjektives Element).[460] Allerdings betont der BGH, dass es „auch unter dem Gesichtspunkt der Prozessverschleppung **unzulässig** [sei], Beweisanträge ohne inhaltliche Prüfung als rechtsmissbräuchlich abzulehnen".[461]

180 bb) **Fallkonstellationen.** Im Verwaltungsprozess dürfte dieser Ablehnungsgrund in der Praxis kaum je anwendbar sein. Dort sind die Kläger in der Regel froh, wenn der Prozess überhaupt vorangeht und haben zuweilen eher den Eindruck, dass es das Gericht ist, das den Prozess „verschleppt".[462] Allenfalls in den wenigen Fallkonstellationen, in denen ein Kläger die aufschiebende Wirkung einer Klage nach § 80 Abs. 1 VwGO nutzen kann,[463] kann eine Verschleppung überhaupt in Betracht kommen. Denkbar ist, dass eine beklagte Kommune den Rechtsstreit durch Beweisanträge zu verzögern versucht, um Zeit für ein ergänzendes Verfahren gemäß § 214 Abs. 4 BauGB zu gewinnen. Das kann Bebauungspläne oder andere städtebauliche Satzungen betreffen. Denkbar sind auch Verschleppungsabsichten bei einer angeordneten Zwangspensionierung oder bei drohender Ausweisung. Verwaltungsgerichtliche Judikate zur Ablehnung von Beweisanträgen wegen Verschleppungsabsicht sucht man – soweit ersichtlich – allerdings vergebens. Das Thema spielt vereinzelt im Zusammenhang mit Vertagungsanträgen eine Rolle in der Spruchpraxis: So hat das **BVerwG** in Bezug auf einen vor dem Instanzgericht gestellten Vertagungsantrag im KDV-Verfahren zwecks Hinzuziehung eines rechtlichen Beistandes Verschleppungsabsicht verneint.[464] Wenn der anwalt-

---

[460] *BGH*, Beschl. v. 7.12.1979 – 3 StR 299/79 (S) – = NJW 1980, BGHSt 29, 149, 151; *BGH*, Beschl. v. 9.5.2007 – 1 StR 32/07 – = BGHSt 51, 333 = NStZ 2007, 659 – letzteres Judikat spricht sich für eine restriktive Handhabung des objektiven Kriteriums aus.

[461] *BGH*, Beschl. v. 7.12.1979 – 3 StR 299/79 (S) –, Ls. 1 = BGHSt 29, 149.

[462] Grundlegend zu den Gründen überlanger Verfahrensdauer in der Verwaltungsgerichtsbarkeit: *Horst Sendler*, DVBl. 1982, 923 und DÖV 2006, 133 zur „hausgemachten" Überlastung der Verwaltungsgerichte.

[463] Der Gesetzgeber hat allerdings in den letzten Jahren gesetzliche Ausschlüsse des Suspensiveffekts zunehmend so ausgebaut, dass das Bestehen des Suspensiveffekts heute eher die Ausnahme, dessen Nichtbestehen hingegen die Regel zu sein scheint. Übersicht über entsprechende Bundesgesetze: *Finkelnburg/Dombert/Külpmann*, Vorläufiger Rechtsschutz im Verwaltungsstreitverfahren, 5. Aufl. 2008, S. 260 ff.

[464] *BVerwG*, Beschl. v. 4.11.1996 – 6 B 64.96 – = Buchholz 11 Art. 103 Abs. 1 GG Nr. 50.

VIII. Die Ablehnungsgründe

lich nicht vertretene Kläger mit der für ihn schwer überschaubaren verfahrensrechtlichen Situation erst in der mündlichen Verhandlung konfrontiert werde, könne ein substantielles Interesse daran bestehen, „sich einer Parteivernehmung in Angelegenheiten der Kriegsdienstverweigerung nicht ohne Beistand auszusetzen", sodass dem Vertagungsantrag hätte stattgegeben werden müssen.[465]

cc) Grundsätzlich keine Befristung. Im Strafprozess spielt der Ablehnungsgrund der Prozessverschleppung eine so große Rolle, dass die Rechtsprechung praeter legem Befristungen für Beweisanträge entwickelt hat.[466] Das Verwaltungsprozessrecht kennt grundsätzlich **keine Befristung für Beweisanträge**. Es gibt auch keine Ansätze in der verwaltungsgerichtlichen Judikatur, derartige Befristungen zu entwickeln. Beweisanträge können im **Verwaltungsprozess** daher grundsätzlich so lange gestellt werden, bis der Vorsitzende die (letzte) mündliche Verhandlung für geschlossen erklärt hat (§§ 86 Abs. 2, 104 Abs. 3 Satz 1 VwGO). Alles andere wäre ein unzulässiger Eingriff in den Schutzbereich des Grundrechts auf Gewährung rechtlichen Gehörs aus Art. 103 Abs. 1 GG. Eine gesetzliche Grundlage für eine Befristung von Beweisanträgen enthält die VwGO nicht, sieht man von der Präklusion nach §§ 87 b Abs. 2 Nr. 1, 128 a Abs. 2 VwGO einmal ab. Erst mit **Beginn der Urteilsverkündung** endet das unbedingte Recht zur Stellung von Beweisanträgen.[467] „Überraschende", d.h. nicht vorher angekündigte Beweisanträge muss das Gericht nach dem Aussprechen der ersten Worte der Entscheidungsformel nicht mehr entgegennehmen.[468] Bei „vorangekündigten" Beweisanträgen ist es hingegen nicht zulässig, einen Prozessbevollmächtigten, der nach Urteilsberatung, aber vor Urteilsverkündung noch einen Beweisantrag stellen will, nicht zu Wort kommen zu lassen und ihn dadurch an der Stellung des Antrages zu hindern.[469] Dasselbe gilt, wenn nach Unterbrechung einer Urteilsverkündung mit dieser erneut und vollständig von vorne begonnen wird, nachdem dem Vorsitzenden zuvor die Stellung eines Beweisantrags angekündigt worden war.[470] Auch dies spricht dafür, Beweisanträge grundsätzlich anzukündigen (eingehend s.o. Rdnr. 121 ff.). Für den Fall, dass sich aus Sicht eines Be-

181

---

[465] *BVerwG*, Beschl. v. 4.11.1996 – 6 B 64.96 –, Rdnr. 7 = Buchholz 11 Art. 103 Abs. 1 GG Nr. 50; Verschleppungsabsicht bejahend: *VG Ansbach*, Urt. v. 19.6.2007 – AN 1 K 06.01147 –, Rdnr. 65, allerdings nicht für einen Beweisantrag.

[466] *BGH*, Beschl. v. 23.9.2008 – 1 StR 484/08 – = BGHSt 52, 355 = NJW 2009, 605 = NStZ 2009, 169; *BGH*, Beschl. v. 9.5.2007 – 1 StR 32/07 – = BGHSt 51, 333, 345 = NStZ 2007, 659; *BGH*, Urt. v. 9.7.2009 – 5 StR 263/08 – = NJW 2009, 3248; *BGH*, Beschl. v. 21.8.2007 – 3 StR 238/07 – = NStZ 2009, 168; zur verfassungsrechtlichen Unbedenklichkeit: *BVerfG*, Nichtannahmebeschluss v. 6.10.2009 – 2 BvR 2580/08 = NStZ 2010, 155; so war das Thema „Fristsetzung für Beweisanträge" auf dem 68. Deutschen Juristentag in Berlin vom 21.–24.9.2010 Thema der strafrechtlichen Abteilung, vgl. *Kudlich*, NJW-Beil. 2010, 86, 88 f.

[467] *Schmitt*, Beweisantragsrecht (2010), S. 30.

[468] *Schmitt*, Beweisantragsrecht (2010), S. 30.

[469] *BGH*, Urt. v. 7.9.2006 – 3 StR 277/06 –, Rdnr. 12 = NStZ 2007, 112 = StV 2007, 16 = StraFo 2006, 498.

[470] *BGH*, Urt. v. 7.9.2006 – 3 StR 277/06 –, Rdnr. 12 = NStZ 2007, 112 = StV 2007, 16 = StraFo 2006, 498.

teiligten noch **nach** Schluss der mündlichen Verhandlung die Notwendigkeit, einen Beweisantrag zu stellen ergeben sollte, muss gleichzeitig beim Gericht beantragt werden, die **Wiedereröffnung der mündlichen Verhandlung** gemäß § 104 Abs. 3 Satz 2 VwGO zu beschließen. Die Wiedereröffnung der mündlichen Verhandlung steht im **pflichtgemäßen**, revisionsgerichtlich nicht nachprüfbaren **Ermessen** des Gerichts.[471] Ein Antrag auf Wiedereröffnung der mündlichen Verhandlung kann zu den verfahrensrechtlichen Möglichkeiten gehören, von denen ein anwaltlich vertretener Beteiligter Gebrauch machen muss, um den Anspruch auf rechtliches Gehör durchzusetzen.[472]

182 dd) **Ausnahme 1: Asylprozess.** Eine Ausnahme von diesem Grundsatz besteht für den **Asylprozess.** Dort regelt § **74 Abs. 2 AsylVfG**[473]: „Der Kläger hat die zur Begründung dienenden Tatsachen und **Beweismittel binnen einer Frist** von einem Monat nach Zustellung der Entscheidung anzugeben. § 87 b Abs. 3 der Verwaltungsgerichtsordnung gilt entsprechend. Der Kläger ist über die Verpflichtung nach Satz 1 und die Folgen der Fristversäumung zu belehren. Das Vorbringen neuer Tatsachen und Beweismittel bleibt unberührt."

183 Mit dieser Vorschrift beschäftigt sich eine Entscheidung des OVG NRW vom 12.1.1996. Ihr lag folgender Sachverhalt zugrunde: Der Kläger, ein türkischer Staatsangehöriger, stellte einen Asylantrag. Bereits im Verwaltungsverfahren benannte er Frau H. B. als Zeugin für eine bestimmte Tatsache. Im gerichtlichen Verfahren unterließ es der Kläger, seinen Beweisantrag innerhalb der Frist des § 74 Abs. 2 Satz 1 AsylVfG zu wiederholen. Seine in der mündlichen Verhandlung gestellten Hilfsbeweisanträge wurden abgelehnt. Das OVG NRW wies die vom Kläger erhobene Verfahrensrüge mit folgender Begründung als nicht durchgreifend zurück: „Von der Verpflichtung, ein Beweismittel innerhalb der Frist des § 74 Abs. 2 Satz 1 AsylVfG (AsylVfG 1992) zu benennen, ist der Asylbewerber nicht ohne weiteres schon dann entbunden, wenn er das Beweismittel bereits im Verwaltungsverfahren angegeben hatte."[474] Nach Auffassung des OVG NRW hätte der klagende Asylbewerber dem Gericht umgehend mitteilen müssen, dass er an jenem Beweismittel auch im Hinblick auf den Inhalt des Anhörungsprotokolls und die Ausführungen im Asylablehnungsbescheid festhält; Unzumutbares werde damit vom Asylbewerber nicht verlangt, weil eine ausdrückliche Bezugnahme auf seine Eingaben im Verwaltungsverfahren ausreiche.[475] Wei-

---

[471] *BVerwG*, Beschl. v. 5.11.2001 – 9 B 50.01 –, Rdnr. 28 = NVwZ-RR 2002, 217; *BVerwG*, Beschl. v. 29.6.2007 – 4 BN 22.07 –, Os.; *Dolderer*, in: Sodan/Ziekow, VwGO, 3. Aufl. 2010, § 104 Rdnr. 59.

[472] *BVerwG*, Urt. v. 3.7.1992 – 8 C 58.90 – = NJW 1992, 3185; *VGH Baden-Württemberg*, Beschl. v. 30.1.1998 – A 12 S 157/98 –, Ls. 4 = VBlBW. 1998, 260–261; *Dolderer*, in: Sodan/Ziekow, VwGO, 30. Aufl. 2010, § 104 Rdnr. 52.

[473] Bekanntmachung der Neufassung des Asylverfahrensgesetzes vom 2.9.2008, BGBl. 2008 I S. 1798; eingehend zum Ganzen: *Gerd Michael Köhler*, Asylverfahren in der anwaltlichen und gerichtlichen Praxis, 1998.

[474] *OVG NRW*, Beschl. v. 12.1.1996 – 25 A 7626/95.A –, Ls. 1 = NWVBl. 1996, 348 = AuAS 1996, 105.

[475] *OVG NRW*, Beschl. v. 12.1.1996 – 25 A 7626/95.A –, Rdnr. 8 = NWVBl. 1996, 348 = AuAS 1996, 105.

VIII. Die Ablehnungsgründe

tere Ausnahmen ergeben sich aus dem Fachplanungsrecht (vgl. beispielhaft § 17 e Abs. 5 Satz 1 FStrG).

ee) Ausnahme 2: Fristsetzung nach § 87 b Abs. 2 VwGO. Will das Gericht die Möglichkeit zum grundsätzlich unbefristeten Stellen von Beweisanträgen zu Lasten der Prozesspartei **im Einzelfall** beschränken, so steht ihm hierzu die Möglichkeit **einer Fristsetzung nach § 87 b Abs. 2 Nr. 1 VwGO** zur Verfügung. Danach kann der Vorsitzende oder der Berichterstatter einem Beteiligten unter Fristsetzung u. a. aufgeben, zu bestimmten Vorgängen Beweismittel zu bezeichnen. Das Gericht kann sodann Beweismittel, die erst nach Ablauf einer solchen Frist vorgebracht werden, zurückweisen, wenn ihre Zulassung nach der freien Überzeugung des Gerichts die Erledigung des Rechtsstreits verzögern würde, der Beteiligte die Verspätung nicht genügend entschuldigt **und** der Beteiligte vorher über die Folgen einer Fristversäumung belehrt worden ist (§ 87 b Abs. 3 Satz 1 VwGO). 184

Die präkludierende Fristsetzung nach § 87 b Abs. 2 VwGO ist ein „scharfes Schwert" und sollte als Einschränkung von Art. 103 Abs. 1 GG **restriktiv** gehandhabt werden. Geboten ist ihre Anwendung im Wesentlichen nur dann, wenn eine Prozesspartei trotz mehrmaliger gerichtlicher Aufforderung die Klage als Kläger nicht begründet (§ 82 Abs. 1 Satz 3 VwGO) oder als Beklagter sich zur Klage nicht schriftlich äußert (§ 85 Satz 2 VwGO). Die Vorschrift ist **ultima ratio**.[476] Sinngemäß gilt dies auch für § 128 a Abs. 1 VwGO.[477] Es verbietet sich von selbst, bereits unmittelbar nach Eingang einer fristwahrenden (Anfechtungs-) Klage zu terminieren und bereits in der Terminsladung dem Kläger eine Frist nach § 87 b Abs. 2 VwGO zu setzen; gleichwohl kommt auch dies zuweilen vor. Bei der Handhabung der Vorschrift verkennen Verwaltungsgerichte zuweilen, dass § 87 b Abs. 2 VwGO die präkludierende Fristsetzung **beiden** Beteiligten des Prozesses gegenüber erlaubt, also sowohl gegenüber dem Kläger als auch dem Beklagten (arg.: **„einem Beteiligten"**).[478] 185

h) Wahrunterstellung (§ 244 Abs. 3 Satz 2 Alt. 7 StPO analog). Nach § 244 Abs. 3 Satz 2 Alt. 7 StPO kann eine erhebliche Behauptung, die zur Entlastung des Angeklagten bewiesen werden soll, so behandelt werden, als wäre die behauptete Tatsache wahr. Das BVerwG macht in seiner Rechtsprechung teilweise durchaus **Ausnahmen** von der analogen Anwendbarkeit des § 244 Abs. 3 bis 5 StPO. Das geschieht dann, wenn die speziell auf strafprozessuale Besonderheiten zugeschnittene Verfahrenslage im Verwaltungsprozess keine Entsprechung findet. Hinter der Wahrunterstellung im Sinne von § 244 Abs. 3 Satz 2 letzter Halbsatz StPO steht im Grunde der strafprozessuale Grundsatz in dubio pro reo. So hat das BVerwG 1990 noch entschieden, dass „für eine **Wahrunterstellung** entscheidungserheblicher Tatsachen (…) im Verwal- 186

---

[476] Zum Ausnahmecharakter des § 87 b VwGO: *K.-M. Ortloff/K.-U. Riese*, in: Schoch/Schmidt-Aßmann/Pietzner, VwGO, § 87 b Rdnr. 18.
[477] Diese Vorschrift gehört in eine „Kette" mit § 87 b VwGO und § 74 Abs. 2 AsylVfG – vgl. *BVerwG*, Beschl. v. 19.12.1996 – 9 B 320.96 –, Rdnr. 4.
[478] Dies folgt aus der Legaldefinition des Beteiligten in § 63 VwGO. Das Gebot der Waffengleichheit im Prozess gebietet eine ausgewogene Handhabung der Vorschrift.

tungsprozess anders als im Strafprozess nach § 244 Abs. 3 Satz 2 letzter Halbsatz StPO **kein Raum** [sei]. Hinsichtlich der für die Entscheidung (rechts-)erheblichen Tatsachen fordern §§ 86 Abs. 1, 108 Abs. 1 VwGO die richterliche Überzeugung, dass diese Tatsachen vorliegen. Die genannten Vorschriften erlauben es dem Gericht daher nicht, das Vorliegen entscheidungserheblicher Tatsachen nur ‚als wahr zu unterstellen', und damit offenzulassen, ob sie vorhanden sind oder nicht".[479] In diesem Zusammenhang sei ein Absehen von einer Beweiserhebung im Verwaltungsprozess nur dort zulässig, wo der Sache nach ein Verzicht auf eine Beweiserhebung wegen Unerheblichkeit der vorgetragenen Tatsachen vorliege, welche durch die Wahrunterstellung nur sozusagen experimentell erwiesen werde.[480]

187 Allerdings scheint das **BVerwG** allmählich einen **Meinungswechsel** vorgenommen zu haben. So hat das Gericht **bereits 1993** eine Verfahrensrüge zurückgewiesen, die sich gegen eine Wahrunterstellung richtet. Das Berufungsgericht hatte den Antrag des Klägers, Beweis darüber zu erheben, „dass die Hühnerhaltung des Klägers in der in den Schriftsätzen des Prozessbevollmächtigen geschilderten Form und unter Zugrundelegung der eigenen und angepachteten Flächen zur Futtermittelherstellung ein landwirtschaftlicher Betrieb, auf Dauer und ernsthaft betrieben, ist", mit der Begründung abgelehnt, das tatsächliche Vorbringen des Klägers könne als wahr unterstellt werden.[481] Hier nimmt das BVerwG an der Wahrunterstellung keinerlei Anstoß, sondern führt schlicht aus: „Mit der Ablehnung eines Beweisantrages als Wahrunterstellung sagt das Gericht den Beteiligten zu, dass es die behaupteten Beweistatsachen als wahr behandeln wird. Hierzu darf es sich im weiteren Verlauf des Verfahrens nicht in Widerspruch setzen. Der Umfang der Wahrbehandlung muss dem erkennbaren Sinn und dem vollen Inhalt des Beweisbegehrens entsprechen (…). Welche Rechtsfolgen sich aus dem wahr unterstellten Sachverhalt ergeben, ist Sache der rechtlichen Würdigung des Gerichts. Die als wahr behandelten Tatsachen stehen in dieser Hinsicht den erwiesenen gleich."[482]

188 **i) „Unauflösliche Widersprüchlichkeit" der Beweistatsache.** Die verwaltungsgerichtliche Rechtsprechung hat über die Ablehnungsgründe des § 244 Abs. 3–5 StPO hinaus, die sie analog auf den Verwaltungsprozess anwendet (s. o. Rdnr. 146), einen zusätzlichen Ablehnungsgrund kreiert: Danach soll ein Beweisantrag auch dann abgelehnt werden können, wenn der unter Beweis gestellte Vortrag in nicht auflösbarer Weise widersprüchlich ist.[483]

---

[479] *BVerwG*, Urt. v. 17.1. 1990 – 9 C 39.89 –, Rdnr. 12 = Buchholz 402.25 § 1 AsylVfG Nr. 122 = NVwZ-RR 1990, 510; ebenso: *Schmied*, in: Sodan/Ziekow, VwGO, 3. Aufl. 2010, § 87 b Rdnr. 8.
[480] *BVerwG*, Urt. v. 17.1. 1990 – 9 C 39.89 –, Rdnr. 12 = Buchholz 402.25 § 1 AsylVfG Nr. 122 = NVwZ-RR 1990, 510; ebenso: *Schmied*, in: Sodan/Ziekow, VwGO, 3. Aufl. 2010, § 87 b Rdnr. 8.
[481] *BVerwG*, Beschl. v. 20.9. 1993 – 4 B 125.93 –, Rdnr. 7.
[482] *BVerwG*, Beschl. v. 20.9. 1993 – 4 B 125.93 –, Rdnr. 7.
[483] *BVerwG*, Beschl. v. 26.10. 1989 – 9 B 405.89 –, Ls. 1 = Buchholz 310 § 86 Abs. 1 VwGO Nr. 12 = Buchholz 310 § 127 VwGO Nr. 4 = NVwZ-RR 1990, 379 = InfAuslR 1990, 38.

VIII. Die Ablehnungsgründe

Hierbei handelt es sich um einen durch **Richterrecht** geschaffenen Ablehnungsgrund, den das Strafprozessrecht so nicht kennt,[484] und der auf den Asylprozess gerichtet zu sein scheint. Die Rechtsprechung des BVerwG fasst diesen Ablehnungsgrund etwa wie folgt zusammen: Ist die Schilderung, die der **Asylkläger** von seinem persönlichen Verfolgungsschicksal gibt, in wesentlichen Punkten unzutreffend oder in nicht auflösbarer Weise widersprüchlich, so braucht das Tatsachengericht – auch substantiierten – Beweisanträgen zum Verfolgungsgeschehen nicht nachzugehen, sondern kann die Klage ohne Beweisaufnahme abweisen.[485] Das BVerwG wendet diese Rechtsfigur vereinzelt auch außerhalb des Asylprozesses an.[486] Funktional nähert sich die Rechtsprechung des BVerwG einer „antizipierten" Beweiswürdigung. Die erstinstanzliche Rechtsprechung ordnet diesen Ablehnungsgrund teilweise § 244 Abs. 3 Satz 2 Alt. 2 StPO analog zu.[487] Dies ist dogmatisch falsch, weil es sich hier nicht um die Fallgruppe der Bedeutungslosigkeit/Unerheblichkeit der Beweistatsache handelt; diese ist nur dann einschlägig, wenn es auf die zu beweisende Tatsache bei Zugrundelegung der materiell-rechtlichen Auffassung des Gerichts nicht ankommt (eingehend oben Rdnr. 155 ff.). Das **BVerfG** hat die Frage, „ob eine in wesentlichen Punkten unzutreffende oder in nicht auflösbarer Weise widersprüchliche Schilderung des Asylklägers von seinem persönlichen Verfolgungsschicksal das Gericht der Verpflichtung enthebt, (auch substantiierten) Beweisanträgen zum Verfolgungsgeschehen nachzugehen", bislang ausdrücklich **offengelassen**.[488]

189

Die Handhabung des – weder in VwGO noch StPO noch ZPO vorgesehenen – Ablehnungsgrundes der „unauflöslichen Widersprüchlichkeit" ist stark **fehleranfällig**. Unzulässig ist es insbesondere, unter diesem Etikett den Sachvortrag eines Klägers, z.B. eines Asylsuchenden als „unplausibel" oder „unglaubhaft" zu qualifizieren. Eine solche richterliche Arbeitstechnik ist zumeist am Verbot der Beweisantizipation (s.o. Rdnr. 136 ff.) zu messen. Die Hürden für die tatrichterliche Annahme eines „unauflösbar widersprüchlichen" Beweisantrages liegen demgemäß vor dem Hintergrund von Art. 103 Abs. 1 GG recht hoch. Dies ergibt sich namentlich bei nicht anwaltlich vertretenen Klägern aus der VwGO selbst: Denn wenn der Tatrichter erkennt, dass ein Beweisantrag widersprüchlich – also unklar – ist, dann ist er gesetzlich verpflich-

190

---

[484] Vgl. die Übersicht über die strafprozessualen Ablehnungsgründe bei *Eisenberg*, Beweisrecht der StPO, 6. Aufl. 2008, Rdnr. 202–268.
[485] *BVerwG*, Beschl. v. 26.10. 1989 – 9 B 405.89 –, Ls. 2 = Buchholz 310 § 86 Abs. 1 VwGO Nr. 12 = Buchholz 310 § 127 VwGO Nr. 4 = NVwZ-RR 1990, 379 = InfAuslR 1990, 38; *BVerwG*, Beschl. v. 18.9. 1989 – 9 B 308.89 – = NVwZ-RR 1990, 441; *BVerwG*, Beschl. v. 20.7. 1998 – 9 B 10.98 – = NVwZ-RR 1999, 208.
[486] *BVerwG*, Beschl. v. 26.11. 2007 – 5 B 172.07 –, – zum Staatsangehörigkeitsrecht.
[487] *VG Gera*, Urt. v. 19.6. 2008 – 5 K 549/04 Ge – = ThürVBl. 2009, 58 Ls. 3: „Im Verwaltungsprozess darf ein an sich schlüssiger Beweisantrag in entsprechender Anwendung des § 244 Abs. 3 Satz 2 Alt. 2 StPO abgelehnt werden, wenn der Tatsachenvortrag in wesentlichen Punkten unzutreffend oder in unauflösbarer Weise widersprüchlich ist".
[488] *BVerfG*, Kammerbeschluss v. 20.6. 1990 – 2 BvR 1727/89 –, Rdnr. 19 = InfAuslR 1991, 85.

tet, zunächst darauf hinzuwirken, dass unklare Anträge erläutert und sachdienliche Anträge gestellt werden (§ 86 Abs. 3 VwGO). Die **Hinweispflicht aus § 86 Abs. 3 Alt. 3 VwGO** bezieht sich gleichermaßen auf prozessuale und materielle Anträge.[489] § 86 Abs. 3 VwGO ist eine verfahrensspezifische Konkretisierung des Verfassungsgrundsatzes des rechtlichen Gehörs gemäß Art. 103 Abs. 1 GG.[490]

191 Nach alledem ist für die Ablehnung des von einem nicht anwaltlich vertretenen Kläger (z.B. im Asylprozess oder im KDV-Verfahren) gestellten Beweisantrages wegen „unauflöslicher Widersprüchlichkeit" de facto kaum Raum, weil der Vorsitzende aus § 86 Abs. 3 VwGO gerade die Rechtspflicht hat, den von ihm erkannten Widerspruch aufzulösen. Wenn und soweit er erkennt, dass der betreffende Beteiligte dazu nicht in der Lage ist, muss er den sachdienlichen Antrag ggf. selbst vorformulieren. Denn – mit den Worten des BVerwG – „die in § 86 Abs. 3 normierte Pflicht, auf die Stellung eines sachdienlichen Antrags hinzuwirken, umfasst auch eine **Formulierungshilfe**, ggf. nach einer klärenden Erörterung des Begehrens mit dem Rechtssuchenden".[491] Das Gericht muss insbesondere dann auf Klarstellung bzw. Vervollständigung unzulänglicher Beweisanträge hinwirken, wenn die unzulängliche Antragstellung erkennbar auf Ungeschick oder auf einem Versehen des Antragstellers beruht.[492] Nicht zu verkennen ist in Asylverfahren allerdings, dass der Asylkläger einerseits unter ganz erheblichen Beweisschwierigkeiten stehen, aber andererseits die Gefahr der Prozessverschleppung gegeben sein kann.

192 **j) Ausforschungsbeweis.** Das Vorliegen eines sog. Ausforschungsbeweises ist dogmatisch **kein** Ablehnungsgrund. Gleichwohl begründen viele Verwaltungsgerichte Beschlüsse über die Ablehnung von Beweisanträgen sinngemäß damit, der Beweisantrag sei abzulehnen, weil es sich um einen Ausforschungsbeweis handele.[493] Ein unzulässiger Ausforschungsbeweis liegt vor in Bezug auf Tatsachenbehauptungen, für deren Wahrheitsgehalt nicht wenigstens eine gewisse Wahrscheinlichkeit spricht, die mit anderen Worten ohne greifbare Anhaltspunkte willkürlich „aus der Luft gegriffen", „aufs Geratewohl" oder „ins Blaue hinein" aufgestellt werden, für die tatsächliche Grundlagen jedoch fehlen. Das geltende Prozessrecht kennt einen Ablehnungsgrund „Ausforschungsbeweis" nicht, weder in der VwGO noch in den von der Rechtsprechung analog angewandten Ablehnungsgründen des § 244 StPO.

---

[489] *Rixen*, in: Sodan/Ziekow, VwGO, 3. Aufl. 2010, § 86 Rdnr. 120 m.w.N.
[490] *Rixen*, in: Sodan/Ziekow, VwGO, 3. Aufl. 2010, § 86 Rdnr. 112.
[491] *BVerwG*, Beschl. v. 9.11.1976 – V B 80.76 –, Ls. 2 = NJW 1977, 1465 = Buchholz 310 § 188 VwGO Nr. 6 = DÖV 1977, 334; *Rixen*, in: Sodan/Ziekow, VwGO, 3. Aufl. 2010, § 86 Rdnr. 119 will dies auf den anwaltlich vertretenen Beteiligten ausdehnen.
[492] *Schmitt*, Beweisantragsrecht (2010), S. 11.
[493] Exemplarisch: *VG Berlin*, Beschl. v. 1.12.2010 – VG 13 A 177.07 – (unveröffentlicht): „Darüber hinaus handelt es sich um einen bloßen Ausforschungsbeweis, weil nicht ansatzweise konkret dargelegt wird, welches Ergebnis die Beweisaufnahme ergeben wird."

VIII. Die Ablehnungsgründe

Dogmatisch richtig ist es, Anträge, die einen „Ausforschungsbeweis" zum Gegenstand haben, nicht als unbegründete Beweisanträge zu erfassen, sondern als **unzulässige Beweisermittlungsanträge** abzuweisen. Der Verfahrensbeteiligte darf keine Beweiserhebung „ins Blaue hinein" fordern. Man kann auch daran denken, dass insoweit kein bestimmtes Beweisthema für ein subsumtionsfähiges Tatbestandsmerkmal bezeichnet wird. Verwaltungsgerichte lassen allerdings häufig außer Acht, dass der Vorsitzende gesetzlich verpflichtet ist, darauf hinzuwirken, dass Formfehler beseitigt, unklare Anträge erläutert und sachdienliche Anträge gestellt werden (**§ 86 Abs. 3 VwGO**). Die „**vorherige** Erörterung gerade solcher ‚prozessual bedenklicher' Beweisanträge ist daher nicht nur eine Frage der Höflichkeit, sondern sie ist einfach- und sogar verfassungsrechtlich geboten".[494] Dies gilt nicht nur für die Naturalpartei, sondern auch für den anwaltlich vertretenen Beteiligten.[495] Teilweise wird in der Literatur die Auffassung vertreten, für den Ausforschungsbeweis stelle das materielle Beweisablehnungsrecht „auch eine zur förmlichen Ablehnung ausreichende Kategorie zur Verfügung", nämlich diejenige der unzulässigen Beweiserhebung im Sinne von § 244 Abs. 3 Satz 1 StPO.[496] Die Heranziehung dieses Ablehnungsgrundes wirkt indes gekünstelt, zumal dieser Ablehnungsgrund primär auf die **rechtliche** Unzulässigkeit einer Beweisaufnahme (z.B. Beweisverwertungsverbote) zugeschnitten ist (vgl. dazu oben Rdnr. 147 f.). Wie der BGH entschieden hat, fällt die Zurückweisung als Beweisermittlungsantrag auch nicht etwa unter den Ablehnungsgrund der Bedeutungslosigkeit im Sinne von § 244 Abs. 3 Satz 2 Alt. 2 StPO.[497]

193

In der Sache wird ein unzulässiger Beweisantrag „ins Blaue hinein" **eher selten** vorliegen. Dem Antragsteller ist nämlich grundsätzlich nicht verwehrt, auch solche Tatsachen unter Beweis zu stellen, die er nur für möglich hält oder nur vermutet.[498] Von einer „ins Blaue hinein" aufgestellten Behauptung wird „nicht schon dann gesprochen werden können, wenn die unter Beweis gestellte Tatsache objektiv ungewöhnlich oder unwahrscheinlich erscheint oder andere Möglichkeiten näher gelegen hätten".[499] Ein Beweisermittlungsantrag ist schließlich auch **nicht** etwa schon dann gegeben, wenn die bisherige Beweisaufnahme keine Anhaltspunkte für die Richtigkeit der Behauptung erbracht hat.[500] Wenn der Tatrichter den Verdacht hat, eine Beweistatsache werde aufs Geratewohl behauptet, kann er den Antragsteller nach seinen Wis-

194

---

[494] *Jacob*, VBlBW. 1997, 41, 45; krit. auch *Wysk*, VwGO, 2011, § 86 Rdnr. 36.
[495] *Rixen*, in: Sodan/Ziekow, VwGO, 3. Aufl. 2010, § 86 Rdnr. 119 für die verwandte Fallgruppe der Ablehnung wegen „unauflöslicher Widersprüchlichkeit" eines Beweisantrages.
[496] *Jacob*, VBlBW. 1997, 41, 45.
[497] *BGH*, Beschl. v. 29.3. 2007 – 5 StR 116/07 –.
[498] *BVerfG*, 2. Senat, 2. Kammer, Nichtannahmebeschluss v. 6.10. 2009 – 2 BvR 2580/08 –, Rdnr. 30 = NJW 2010, 592 = NStZ 210, 155 = StV 2010, 113; *BGH*, Urt. v. 3.8. 1966 – 2 StR 242/66 – = BGHSt 21, 118, 125; *BGH*, Urt. v. 17.9. 1982 – 2 StR 139, 82 – = NJW 1983, 126, 127; *BGH*, Beschl. v. 4.4. 2006 – 4 StR 30/06 – = NStZ 2006, 405; *Schmitt* (2010), S. 8; *Schwenn*, StV 1981, 631; *ders.*, StV 1988, 370.
[499] *BGH*, 1. Strafsenat, Beschl. v. 3.11. 2010 – 1 StR 497/10 –, Rdnr. 7 = NSW StPO § 244; *BGH*, NStZ 2008, 474; zustimmend: *Schmitt*, Beweisantragsrecht (2010), S. 8.
[500] *BGH*, NStZ 2006, 405; zustimmend: *Schmitt*, Beweisantragsrecht (2010), S. 8.

Teil A. Beweisantragsrecht

sensquellen und den Gründen für seine Vermutung fragen; erhält er darauf keine oder keine plausible Antwort, so kann er den Antrag als Beweisermittlungsantrag behandeln und – so das **BVerfG** – ohne Bindung an den Ablehnungskatalog sowie an § 244 Abs. 6 StPO **ohne formellen Beschluss** verwerfen.[501] Dies ist auf den Verwaltungsprozess zur Gänze übertragbar. Nach anderer Auffassung gilt, dass auch der mit Mängeln behaftete Beweisantrag ein Beweisantrag im Sinne des Prozessrechts ist, der eine förmliche Entscheidung nach § 86 Abs. 2 VwGO verlangt.[502]

195 k) **Ablehnung des Sachverständigenbeweises wegen eigener Sachkunde des Gerichts (§ 244 Abs. 4 Satz 1 StPO analog).** Nach § 244 Abs. 4 Satz 1 StPO kann das Tatsachengericht einen Beweisantrag auf Vernehmung eines Sachverständigen, soweit nichts anderes bestimmt ist, auch ablehnen, wenn das Gericht selbst die erforderliche Sachkunde besitzt. Diese Fallgruppe betrifft ausschließlich die **erstmalige** Benennung eines Sachverständigen (arg.: e contrario §§ 244 Abs. 4 Satz 2 StPO, 412 ZPO zu „**weiteren** Sachverständigen"). § 244 Abs. 4 Satz 1 StPO wird im Verwaltungsprozess analog angewendet.[503] Einen Beweisantrag auf Einholung eines Sachverständigengutachtens darf das Tatsachengericht nach der Rechtsprechung des BVerwG allerdings nur dann ablehnen, wenn das Gericht die Beweisfrage „aufgrund jedermann zugänglicher Sätze, die nach der allgemeinen Erfahrung unzweifelhaft gelten und durch keine Ausnahmen durchbrochen sind", entscheiden kann.[504] Das Tatsachengericht hat grundsätzlich nach pflichtgemäßem Ermessen zu entscheiden, ob es sich selbst die für die Aufklärung und Würdigung des Sachverhalts erforderliche Sachkunde zutraut. Dieses Ermessen überschreitet das Gericht erst dann, wenn es sich eine ihm nicht zur Verfügung stehende Sachkunde zuschreibt und sich nicht mehr in den Lebens- und Erkenntnisbereichen bewegt, die den ihm angehörenden Richtern allgemein zugänglich sind. Nach der Rechtsprechung des Bundesgerichtshofs in Strafsachen darf der Tatrichter einen Beweisantrag auf erstmalige Vernehmung eines Sachverständigen unter Hinweis auf eigene Sachkunde des Gerichts ohne nähere Darlegung des Ursprungs dieser Sachkunde nur ablehnen, wenn auch ein Laie die unter Beweis gestellten Vorgänge ohne weiteres richtig beurteilen könnte.[505]

196 Das Unterlassen der Einholung eines beantragten physikalischen Sachverständigengutachtens unter Hinweis auf die **eigene Sachkunde** und Lebenserfahrung hat der **BGH** für prozessual unzulässig erklärt, wenn das Gericht dar-

---

[501] *BVerfG*, 2. Senat, 2. Kammer, Nichtannahmebeschluss v. 6.10. 2009 – 2 BvR 2580/08 –, Rdnr. 28; = NJW 2010, 592 = NStZ 210, 155 = StV 2010, 113; *Schatz*, Das Beweisantragsrecht in der Hauptverhandlung (1999), S. 354.
[502] *Jacob*, VBlBW. 1997, 41, 44.
[503] *BVerwG*, Urt. v. 23.4. 1991 – 1 D 73.89 –, Rdnr. 22; *BayVGH*, Beschl. v. 10.8. 2009 – 11 ZB 06.31172 –, Rdnr. 7; *Rixen*, in: Sodan/Ziekow, VwGO, 3. Aufl. 2010, § 86 Rdnr. 106 m.w.N.
[504] *BVerwG*, Beschl. v. 28.8. 1995 – 3 B 5/95 –, Rdnr. 2 = Buchholz 310 § 86 Abs. 1 VwGO Nr. 270; ebenso: *BVerwG*, Urt. v. 10.11. 1983 – 3 C 56/82 –, Rdnr. 29 = BVerwGE 68, 177 = DÖV 1984, 559 = Buchholz 418.711 LMBG Nr. 5 – medizinische und ernährungswissenschaftliche Sachkunde.
[505] *BGH*, StV 1981, 394; *BGH*, NStZ 2000, 156; *Beulke*, JuS 2006, 597, 602.

VIII. Die Ablehnungsgründe

auf verzichte, den Parteien diese eigene Sachkunde bekanntzugeben und im Urteil im Einzelnen darzulegen; der bloße Hinweis auf diese eigene Sachkunde sei nicht ausreichend.[506]

Zur analogen Anwendung von § 244 Abs. 4 Satz 1 StPO im Verwaltungsprozess einige **Beispiele**: Nach Ansicht des **BVerwG** kann sich ein Tatsachengericht in einfach gelagerten Fällen aufgrund eigener Sachkunde für befugt halten, die Verkehrsbedeutung einer Straße (als dem örtlichen oder überörtlichen Verkehr dienend) aufgrund ihrer Lage im Straßennetz zu beurteilen, es sei denn es liegen Anhaltspunkte dafür vor, dass die funktionalen Zusammenhänge so komplexer Natur sind, dass sie nur mithilfe verkehrswissenschaftlichen Sachverstands zu beurteilen sind.[507] Der **BayVGH** hatte mit Beschluss vom 10.8.2009[508] im Rahmen eines Berufungszulassungsantrages über eine Verfahrensrüge zu entscheiden. Der Kläger sah einen Verfahrensmangel im Sinne von § 78 Abs. 3 Nr. 3 AsylVfG darin, dass das VG den folgenden Beweisantrag abgelehnt hatte: „Zum Beweis der Tatsache, dass erstens bei dem Kläger eine posttraumatische Belastungsstörung vorliegt und zweitens der Gesundheitszustand des Klägers sich bei einer zwangsweise Rückführung in die Türkei auf Dauer und erheblich verschlechtern würde, wird ein **psychologisches Sachverständigengutachten** eingeholt." Das VG lehnte diesen Beweisantrag durch Beschluss mit folgender Begründung ab: „Die zum Beweis beantragten Tatsachen sind durch die vom Klägervertreter selbst vorgelegten ärztlichen Begutachtungen hinreichend geklärt, sodass der Einzelrichter eine rechtliche Würdigung auf Basis dieser Gutachten vornehmen kann." Der BayVGH lehnte den Berufungszulassungsantrag mit der Begründung ab, eine Gehörsverletzung liege nicht vor. Das VG habe die Ablehnung des Beweisantrages zutreffend auf die ausreichende Sachkunde des Gerichts gemäß § 244 Abs. 4 Satz 1 StPO analog stützen dürfen. Das Gericht entscheide dabei „nach pflichtgemäßem Ermessen, ob es sich selbst die notwendige Sachkunde für die Beurteilung und Würdigung des Sachverhalts zutraut. Woher die eigene Sachkunde rührt, ist dabei nicht entscheidend. Insbesondere in einem Asylrechtsstreit kann sie durch Auswertung von in das Verfahren eingeführten, im Einzelnen benannten Erkenntnisquellen oder auch auf von den Parteien beigebrachten Gutachten, Stellungnahmen oder anderen Unterlagen herrühren. Im Urteil muss das Gericht diese Sachkunde in einer für die Beteiligten nachvollziehbaren Weise darlegen."[509]

Das **OVG NRW** hat ebenfalls in einem Asylprozess eine Verfahrensrüge als **nicht** durchgreifend gewertet, bei der es um die Anwendung des § 244 Abs. 4 Satz 1 StPO ging.[510] Der Kläger stellte in der ersten Instanz einen Beweisantrag auf Einholung eines psychiatrischen Sachverständigengutachtens zum Beweis der Tatsache, dass er aufgrund der in der Türkei erlittenen Folter psychisch erkrankt und deshalb zu einem sachgerechten Asylvorbringen nicht in

---

[506] *BGH*, VersR 2007, 1008; a.A. *BVerwG*, NVwZ-RR 2011, 126 für Flurbereinigungsgericht.
[507] *BVerwG*, Beschl. v. 13.1.2009 – 9 B 64.08 – = NVwZ 2009, 329.
[508] *BayVGH*, Beschl. v. 10.8.2009 – 11 ZB 06.31172 –.
[509] *BayVGH*, Beschl. v. 10.8.2009 – 11 ZB 06.31172 –, Rdnr. 7.
[510] *OVG NRW*, Beschl. v. 7.1.1998 – 25 A 2593/96.A –.

der Lage sei. Das OVG NRW sah einen prozessrechtsgemäßen Ablehnungsgrund des Beweisantrages, der auf § 244 Abs. 4 Satz 1 StPO analog habe gestützt werden dürfen. „Von diesem Ablehnungsgrund hat das VG hier zutreffend mit der Erwägung Gebrauch gemacht, die **Würdigung der Glaubwürdigkeit** des Klägers sei **eine richterliche, keine psychiatrische Aufgabe.** In der Tat muss sich der Richter im Allgemeinen nicht erst besondere Sachkunde verschaffen, um die Glaubwürdigkeit des Klägers oder von ihm benannter Zeugen in Asylrechtsstreitigkeiten beurteilen zu können. Es ist allgemein anerkannt, dass die Beurteilung der Glaubwürdigkeit einer Partei, eines Zeugen oder eines sonstigen Prozessbeteiligten zum Wesen der richterlichen Rechtsfindung, vor allem der freien Beweiswürdigung gehört. Auch in schwierigen Fällen ist der Tatrichter daher berechtigt und verpflichtet, den Beweiswert einer Aussage selbst zu würdigen. Er ist im Allgemeinen nicht auf sachverständige Hilfe angewiesen."[511] Interessant ist, dass das OVG mit einem Zungenschlag bereits auf die „freie Beweiswürdigung" Bezug nimmt. Man erkennt, wie sehr das an sich formalisierte Beweisantragsrecht in der Praxis der Gerichte in den Bereich der Beweiswürdigung hineinragt. Vorsicht ist indes geboten. Für den **Asylprozess** hat das BVerfG entschieden, dass eine Verletzung der Amtsaufklärungspflicht aus § 86 Abs. 1 VwGO verfassungsrechtlich auch am Maßstab des Art. 16 Abs. 2 Satz 2 GG zu messen ist: Dem BVerfG obliegt es im Verfassungsbeschwerdeverfahren zu prüfen, ob die mit dem Asylverfahren befassten Behörden und Gerichte den Anforderungen des Art. 16 Abs. 2 Satz 2 GG auch in verfahrensmäßiger Hinsicht Rechnung getragen haben.[512] Im konkreten Fall entschied das BVerfG: „Die angegriffenen Urteile werden der grundrechtlichen Gewährleistung des Art. 16 Abs. 2 Satz 2 GG insoweit nicht gerecht, als sie die gegen die Ahmadies gerichteten Strafbestimmungen vom April 1984 **aufgrund nicht hinreichender Sachaufklärung** als nicht unerheblich einstufen."[513] Das Fehlen entsprechender Darlegungen indiziert eine Verletzung der Aufklärungspflicht.[514]

199 Das **LG Mannheim** hat im sog. „Kachelmann-Prozess" (2010/2011) zugelassen, sowohl den Angeklagten als auch die Nebenklägerin während der gesamten Hauptverhandlung einer **Glaubwürdigkeitsbegutachtung durch** einen **Sachverständigen** zu unterziehen.[515] Diese Trendwende im Strafprozess ist auf Kritik gestoßen.[516] In der Tat geht der BGH bis heute davon aus, „dass

---

[511] *OVG NRW*, Beschl. v. 7.1.1998 – 25 A 2593/96.A –, Rdnr. 2.

[512] *BVerfG*, Beschl. v. 1.7.1987 – 2 BvR 478/86 –, – 2 BvR 962/86 –, Rdnr. 39 = BVerfGE 76, 143 = NVwZ 1988, 237 = DVBl. 1988, 45.

[513] *BVerfG*, Beschl. v. 1.7.1987 – 2 BvR 478/86 –, – 2 BvR 962/86 –, Rdnr. 44 = BVerfGE 76, 143 = NVwZ 1988, 237 = DVBl. 1988, 45.

[514] *Rixen*, in: Sodan/Ziekow, 3. Aufl.2010, § 86 Rdnr. 108.

[515] Grundlegend zu den wissenschaftlichen Anforderungen an Glaubhaftigkeitsgutachten im Strafprozess: *BGH*, Urt. v. 30.7.1999 – 1 StR 618/98 – = BGHSt 45, 164 = NJW 1999, 2746 insbesondere zur sog. Nullhypothese (Rdnr. 12); zu Glaubhaftigkeitsgutachten als Beweismittel im Zivilprozess: *BGH*, Beschl. v. 24.6.2003 – VI ZR 327/02 – = NJW 2003, 2527.

[516] *Holzhaider*, SZ Nr. 291 v. 16.12.2010, S. 3: „Auch das ist ein relativ neuer Trend im Strafprozess: Dass man den Berufs- und Laienrichtern die Beurteilung der Glaubwürdigkeit von Zeugen, die Aufgabe also, die den eigentlichen Kern richterlicher Tätig-

VIII. Die Ablehnungsgründe

die Beurteilung der Glaubhaftigkeit von Zeugenaussagen Aufgabe des Tatgerichts [ist]. Es ist regelmäßig davon auszugehen, dass Berufsrichter über diejenige Sachkunde bei der Anwendung aussagepsychologischer Glaubwürdigkeitskriterien verfügen, die für die Beurteilung von Aussagen auch bei schwieriger Beweislage erforderlich ist und dass sie diese Sachkunde den beteiligten Laienrichtern vermitteln können."[517] Entscheidend ist, dass das Gericht in einem solchen Falle darlegt, dass, weshalb und inwieweit es über hinreichende eigene Sachkunde verfügt.[518]

l) Ablehnung eines weiteren Sachverständigengutachtens (§§ 244 Abs. 4 Satz 2 Hs. 2 StPO analog, § 412 Abs. 1 ZPO analog). Die Konstellation, dass bereits **ein** gerichtliches Sachverständigengutachten eingeholt wurde und danach ein Beweisantrag auf Einholung eines **weiteren** Sachverständigengutachtens gestellt wird, ist sowohl in § 244 Abs. 4 Satz 2 StPO als auch in § 412 ZPO geregelt. Die VwGO selbst regelt keine Ablehnungsgründe, ordnet aber über § 98 VwGO u. a. die entsprechende Anwendung von § 412 ZPO an. Die Rechtsprechung des BVerwG wendet sowohl § 244 Abs. 4 Satz 2 StPO analog[519] als auch § 412 ZPO analog[520] an.

Nach § 244 Abs. 4 Satz 2 StPO kann der Tatrichter die Anhörung eines weiteren Sachverständigen ablehnen, wenn durch das frühere Gutachten das Gegenteil der (erneut) behaupteten Tatsache bereits erwiesen ist. Dieser Ablehnungsgrund stellt eine gesetzliche Ausnahme vom Grundsatz des Verbots der Beweisantizipation dar. Dies gilt allerdings dann nicht, wenn die Sachkunde des früheren Gutachters zweifelhaft ist, wenn sein Gutachten von unzutreffenden tatsächlichen Voraussetzungen ausgeht, wenn das Gutachten Widersprüche enthält oder wenn der neue Sachverständige über Forschungsmittel verfügt, die denen eines früheren Gutachters überlegen erscheinen (§ 244 Abs. 4 Satz 2 Hs. 2 StPO). Verallgemeinernd formuliert es die ZPO. Danach kann das Gericht eine neue Begutachtung durch dieselben oder andere Sachverständige dann anordnen, wenn es das Gutachten für **ungenügend** erachtet (§ 412 Abs. 1 ZPO). Dazu hat das BVerwG formuliert: „Die Verwertung eines gerichtlichen Sachverständigengutachtens ist unzulässig, wenn – erstens – das Gutachten unvollständig, widersprüchlich oder aus anderen Gründen nicht überzeugend ist, wenn – zweitens – das Gutachten von unzutreffenden tatsächlichen Voraus-

---

keit ausmacht, nicht mehr zutraut und diese deshalb an Sachverständige delegiert. Im Kachelmann-Prozess werden wie kaum zuvor die grotesken Folgen einer solchen Aufgabenverlagerung deutlich."
[517] *BGH*, Urt. v. 18.8. 2009 – 1 StR 155/09 –, Rdnr. 7 = NStZ 2010, 51.
[518] *OVG NRW*, Beschl. v. 22.10. 2002 – 15 A 3805/01.A –, Rdnr. 4; *Rixen*, in: Sodan/Ziekow, 3. Aufl. 2010, § 86 Rdnr. 108 m.w.N.
[519] So z.B. *BVerwG*, Urt. v. 23.4. 1991 – 1 D 73.89 –, Rdnr. 22.
[520] *BVerwG*, Beschl. v. 19.8. 2010 – 10 B 22.10 – und – 10 PKH 11.10 –, Rdnr. 11; *BVerwG*, Beschl. v. 4.1. 2007 – 10 B 20.06 –, Rdnr. 12 = Buchholz 310 § 86 Abs. 1 VwGO Nr. 353 ebenso: *BVerwG*, Urt. v. 8.6. 1979 – 4 C 1.79 – = NJW 1980, 900; vgl. bereits *BVerwG*, Urt. v. 17.10. 1968 – VIII C 48.68 – = Buchholz 310 § 86 Abs. 1 VwGO Nr. 79; *BVerwG*, Beschl. v. 16.12. 1976 – IV B 173 – 181.76 –; *BVerwG*, Beschl. v. 13.3. 1992 – 4 B 39.92 – NVwZ 1993, 268; *BVerwG*, Beschl. v. 10.6. 1999 – 9 B 81/99 –, Rdnr. 13; *BVerwG*, Beschl. v. 4.11. 2010 – 9 B 85/09 –, Rdnr. 9 = NVwZ-RR 2011, 126.

Teil A. Beweisantragsrecht

setzungen ausgeht, wenn – drittens – der Sachverständige erkennbar nicht über die notwendige Sachkunde verfügt oder Zweifel an seiner Unparteilichkeit bestehen, wenn – viertens – sich durch neuen entscheidungserheblichen Sachvortrag der Beteiligten oder durch eigene Ermittlungstätigkeit des Gerichts die Bedeutung der vom Sachverständigen zu klärenden Fragen verändert, wenn – fünftens – ein anderer Sachverständiger über neue oder überlegenere Forschungsmittel oder über größere Erfahrung verfügt oder wenn – sechstens – das Beweisergebnis durch substantiierten Vortrag eines der Beteiligten oder durch eigene Überlegungen des Gerichts ernsthaft erschüttert wird."[521] Selbstverständlich kann das Gericht die Begutachtung durch einen anderen Sachverständigen auch dann anordnen, wenn ein Sachverständiger nach Erstattung seines Gutachtens mit Erfolg abgelehnt wurde (§ 412 Abs. 2 ZPO).

202   Das **BVerwG** hat die Ablehnung eines Beweisantrages durch Sachverständigengutachten in folgender Fallkonstellation unter Berufung auf § 244 Abs. 4 Satz 2 StPO für rechtmäßig erachtet: Der Beweisantrag „ein Gutachten eines Sachverständigen für Orthopädie zur Frage der Dienstunfähigkeit des Beamten einzuholen", habe abgelehnt werden dürfen. Nach „§ 244 Abs. 4 Satz 2 StPO kann die Anhörung eines weiteren Sachverständigen auch dann abgelehnt werden, wenn durch das frühere Gutachten das Gegenteil der behaupteten Tatsache bereits bewiesen ist. Hiervon geht der Senat aufgrund der vorstehenden Ausführungen aus. Die Voraussetzungen der genannten Vorschrift, unter denen die Anhörung eines weiteren Sachverständigen nicht abgelehnt werden darf, liegen nicht vor. Die Sachkunde der früher tätig gewesenen Gutachter ist nicht zweifelhaft. Ihre Gutachten sind nicht von unzutreffenden tatsächlichen Voraussetzungen ausgegangen, sind in sich nicht widersprüchlich und es [ist] weder dargetan noch erkennbar, dass ein neuer Sachverständiger über Forschungsmittel verfügen könnte, die denen des früheren Gutachters überlegen erscheinen."[522]

203   **m) Sonderfall: Ablehnung des gerichtlichen Sachverständigenbeweises wegen bereits vorliegender (Behörden-) Gutachten. aa) Standpunkt des BVerwG.** Von großer praktischer Bedeutung ist ein Sonderfall, der sich in den hergebrachten, an die StPO angelehnten Katalog der Ablehnungsgründe nicht zwanglos einordnen lässt. Das **BVerwG** hat eine Figur entwickelt, nach der das Tatsachengericht sich grundsätzlich ohne Verstoß gegen seine Aufklärungspflicht auf eine (fach-)gutachterliche Stellungnahme stützen kann, die eine Behörde im Verwaltungsverfahren eingeholt hat. Das Tatsachengericht dürfe eine solche Stellungnahme gleichermaßen **wie** ein „gerichtliches Gutachten" verwerten.[523] Dies ist ständige Rechtsprechung des BVerwG bis heute: „Ungeachtet dessen sind die erhobenen Aufklärungsrügen jedenfalls in der Sache nicht begründet. Liegen – wie hier – bereits Gutachten zu einer entscheidungserheblichen Tatsache vor, steht es nach § 98 VwGO, § 412 Abs. 1 ZPO im Ermessen des Tatsachengerichts, ob es zusätzliche Sachver-

---

[521] *BVerwG*, Beschl. v. 26.6. 1992 – 4 B 1-11.92 – = NVwZ 1993, 572.
[522] *BVerwG*, Urt. v. 23.4. 1991 – 1 D 73.89 –, Rdnr. 22.
[523] Erstmals entschieden von *BVerwG*, Urt. v. 15.4. 1964 – V C 45.63 –, BVerwGE 18, 216, 217 f. = DÖV 1964, 492 = Buchholz 310 § 188 VwGO Nr. 1.

VIII. Die Ablehnungsgründe

ständigengutachten einholt. Das Tatsachengericht kann sich dabei ohne Verstoß gegen seine Aufklärungspflicht auf Gutachten oder gutachterliche Stellungnahmen, die **von einer Behörde im Verwaltungsverfahren eingeholt wurden**, stützen. Ein Verfahrensmangel liegt nur dann vor, wenn sich die Einholung eines weiteren Gutachtens wegen fehlender Eignung der vorliegenden Gutachten hätte **aufdrängen** müssen!"[524] Diese Rechtsprechung hat erhebliche Bedeutung bei sachverhaltslastigen Rechtsmaterien. Bei ihnen geht es um komplexe medizinische, technisch-naturwissenschaftliche oder politische Fragen, also insbesondere auf den Gebieten des Gesundheitsrechts (z.B. Arzneimittel- und Medizinprodukterecht), des Dienstrechts (Stichworte: Dienstunfähigkeit, Minderung der Erwerbsfähigkeit), des naturgemäß „techniklastigen" Umwelt- und Technikrechts, des Ausländer- und Asylrechts (Stichwort: Rückkehrgefährdung, Abschiebungshindernisse) aber auch beispielsweise bei Themen wie der Gebührenkalkulation im Beitragsrecht. In der ersten einschlägigen Entscheidung bestätigte das BVerwG ein tatrichterliches Vorgehen, bei dem das Gericht nicht selbst Sachverständige bestellt hatte, weil bereits ärztliche Gutachten aus dem Verwaltungsverfahren vorlagen, die von „Sachverständigen im Dienst der Verwaltungsbehörde" stammten.[525] Nach dieser sich alsbald verfestigenden Rechtsprechung kann das Tatsachengericht ein von der beklagten Behörde, also einer **Partei**, eingeholtes Sachverständigengutachten, sog. fachtechnische Stellungnahmen (von „Fachbehörden") und behördliche Auskünfte, gleichsam wie Sachverständigengutachten als Urteilsgrundlage verwerten. Die Einholung eines „echten", also eines gerichtlichen Sachverständigengutachtens soll nur dann geboten sein, wenn „sich eine weitere Beweiserhebung hätte aufdrängen müssen, weil die bereits vorliegenden Gutachten nicht geeignet gewesen wären, dem Gericht die für die richterliche Überzeugungsbildung notwendigen sachlichen Grundlagen zu vermitteln", weil sie „grobe offen erkennbare Mängel oder unlösbare Widersprüche aufweisen, wenn sie von unzutreffenden sachlichen Voraussetzungen ausgehen oder Anlass zu Zweifeln an der Sachkunde oder der Unparteilichkeit des Gutachters besteht".[526] Gestützt wird diese Rechtsauffassung auf § 98 VwGO i.V.m. entsprechender Anwendung von **§ 412 ZPO**.[527]

---

[524] *BVerwG*, Beschl. v. 3.2. 2010 – 7 B 35/09 –, Rdnr. 12 = AbfallR 2010, 112; *BVerwG*, Beschl. v. 30.12. 1997 – 11 B 3.97 – = Buchholz 451.171 § 6 AtG Nr. 1, S. 5.
[525] *BVerwG*, Urt. v. 15.4. 1964 – V C 45.63 –, BVerwGE 18, 216, 217 f. = DÖV 1964, 492 = Buchholz 310 § 188 VwGO Nr. 1, Rdnr. 26 f. – Erteilung eines Schwerbeschädigtenausweises.
[526] *BVerwG*, Beschl. v. 4.1. 2007 – 10 B 20.06 –, Rdnr. 12 = Buchholz 310 § 86 Abs. 1 VwGO Nr. 353 ebenso: *BVerwG*, Urt. v. 8.6. 1979 – 4 C 1.79 – = DVBl 1980, 593 = NJW 1980, 900; vgl. bereits *BVerwG*, Urt. v. 17.10. 1968 – VIII C 48.68 – = Buchholz 310 § 86 Abs. 1 VwGO Nr. 79; *BVerwG*, Beschl. v. 16.12. 1976 – IV B 173 – 181.76 –; *BVerwG*, Beschl. v. 13.3. 1992 – 4 B 39.92 – = NVwZ 1993, 268; *BVerwG*, Beschl. v. 10.6. 1999 – 9 B 81/99 –, Rdnr. 13 = Buchholz 310 § 86 Abs. 1 VwGO Nr. 302; *BVerwG*, Urt. v. 6.2. 1985 – BVerwG 8 C 15.84 –, BVerwGE 71, 38, 41.
[527] *BVerwG*, Beschl. v. 3.2. 2010 – 2 B 73.09 –, Rdnr. 9; *BVerwG*, Beschl. v. 3.2. 2010 – 7 B 35.09 –, Rdnr. 12 = AbfallR 2010, 112; *BVerwG*, Beschl. v. 4.1. 2007 – 10 B 20.06 –, Rdnr. 12; *BVerwG*, Beschl. v. 10.6. 1999 – 9 B 81.99 –, Rdnr. 13; *OVG NRW*, Beschl. v. 21.10. 2010 – 1 A 3334/08 –, Rdnr. 23.

> **§ 412 Abs. 1 ZPO. Neues Gutachten.**
>
> Das Gericht kann eine neue Begutachtung durch dieselben oder durch andere **Sachverständige** anordnen, wenn es das **Gutachten** für **ungenügend** erachtet.

204 Die BVerwG-Rechtsprechung hat dazu gewissermaßen einen numerus clausus derjenigen Mängel herausgearbeitet, bei deren Vorliegen ein „**(Sich-)Aufdrängen**"[528] im oben genannten Sinne vorliegen soll. Der Katalog ist überwiegend an **§ 244 Abs. 4 Satz 2 Hs. 2 StPO** angelehnt,[529] der detaillierter als die Regelung des § 412 Abs. 1 ZPO ist. Demzufolge muss ein solcher **Beweisantrag**, um ein „weiteres" Sachverständigengutachten zu erreichen, herausarbeiten, dass das vorliegende Gutachten[530]

– für die Überzeugungsbildung des Gerichts ungeeignet oder jedenfalls unzureichend ist, weil es fachlich grobe, auch für den nicht sachkundigen erkennbare Mängel oder unlösbare **Widersprüche** aufweist ($\cong$ § 244 Abs. 4 Satz 2 Hs. 2 Alt. 3 StPO),[531]
– von **unzutreffenden sachlichen Voraussetzungen** ausgeht ($\cong$ § 244 Abs. 4 Satz 2 Hs. 2 Alt. 2 StPO);[532]

---

[528] Beispiel für „Sichaufdrängenmüssen": *BVerwG*, Beschl. v. 28.6. 2010 – 5 B 49.09 –, Rdnr. 3 = DVBl. 2010, 1056; zur Darlegungslast hinsichtlich des „Sichaufdrängens" *BVerwG*, Beschl. v. 19.8. 2010 – 10 B 22.10 –, – 10 PKH 11/10 –, Rdnr. 10.

[529] Zur analogen Anwendbarkeit: *BVerwG*, Urt. v. 26.1. 1982 – I D 97.80 –, Rdnr. 8 für § 244 Abs. 3 StPO; *BVerwG*, Beschl. v. 9.5. 1983 – 9 B 10466.81 –, Rdnr. 4 = Buchholz 402.25 § 1 AsylVfG Nr. 5 = NJW 1984, 574; *BVerwG*, Urt. v. 5.10. 1988 – 1 D 124.87 –, Rdnr. 29 und 32; *BVerwG*, Urt. v. 23.4. 1991 – 1 D 73.89 –, Rdnr. 22; *BVerwG*, Beschl. v. 27.3. 2000 – 9 B 518.99 –, Rdnr. 14, 18, 22 f. = Buchholz 310 § 98 VwGO Nr. 60; *BVerwG*, Urt. v. 28.8. 2001 – 1 D 57.00 –, Rdnr. 14; *BVerwG*, Beschl. v. 17.3. 2005 – 2 WDB 1.05 –, Rdnr. 7.

[530] Der Begriff „Gutachten" wird im Folgenden als Bezeichnung sowohl für ein „echtes" gerichtlich eingeholtes Gutachten als auch für ein im Verwaltungsverfahren von der Behörde eingeholtes Gutachten, eine fachbehördliche Stellungnahme oder eine behördliche Auskunft im Sinne der Rechtsprechung des BVerwG verwendet.

[531] *BVerwG*, Beschl. v. 3.2. 2010 – 2 B 73.09 –, Rdnr. 9 – gerichtlich eingeholtes Gutachten; *BVerwG*, Beschl. v. 30.6. 2010 – 2 B 72.09 –, Rdnr. 5; *BVerwG*, Beschl. v. 4.12. 1991 – 2 B 135.91 – Buchholz 310 § 86 Abs. 1 VwGO Nr. 238 S. 67; *BVerwG*, Beschl. v. 26.6. 1992 – 4 B 1-11.92 – DVBl 1992, 1435 = NVwZ 1993, 572; *BVerwG*, Beschl. v. 7.6. 1995 – 5 B 141.94 – Buchholz 310 § 86 Abs. 1 VwGO Nr. 268; *BVerwG*, Beschl. v. 4.1. 2007 – 10 B 20.06 – Buchholz 310 § 86 Abs. 1 VwGO Nr. 353; *BVerwG*, Beschl. v. 5.12. 2008 – 9 B 28.08 – NVwZ 2009, 320 = UPR 2009, 154; *OVG NRW*, Beschl. v. 21.10. 2010 – 1 A 3334/08 –, Rdnr. 25.

[532] *BVerwG*, Beschl. v. 30.6. 2010 – 2 B 72.09 –, Rdnr. 5; *BVerwG*, Beschl. v. 4.1. 2007 – 10 B 20.06 – Buchholz 310 § 86 Abs. 1 VwGO Nr. 353; *BVerwG*, Beschl. v. 26.6. 1992 – 4 B 1-11.92 – DVBl 1992, 1435 = NVwZ 1993, 572; *BVerwG*, Beschl. v. 7.6. 1995 – 5 B 141.94 – Buchholz 310 § 86 Abs. 1 VwGO Nr. 268; *BVerwG*, Beschl. v. 5.12. 2008 – 9 B 28.08 – NVwZ 2009, 320 = UPR 2009, 154.

VIII. Die Ablehnungsgründe

– ungeeignet oder jedenfalls unzureichend ist, weil ein anderer Sachverständiger über **bessere Forschungsmittel** verfügt ($\cong$ § 244 Abs. 4 Satz 2 Hs. 2 Alt. 4 StPO);[533]
– inzwischen ungeeignet oder unzureichend ist, weil sich durch neuen entscheidungserheblichen Sachvortrag der Beteiligten oder durch eigene Ermittlungstätigkeit des Gerichts die Bedeutung der vom Sachverständigen zu klärenden Fragen verändert hat;[534]
– ungeeignet oder jedenfalls unzureichend ist, weil es sich um besonders schwierige (medizinische) Fragen handelt, die umstritten sind oder zu denen einander widersprechende Gutachten vorliegen;[535] oder
– ungeeignet oder jedenfalls unzureichend ist, weil aus tatsächlichen Gründen Anlass zu **Zweifeln an der Sachkunde** oder der Unparteilichkeit **des Gutachters** besteht ($\cong$ § 244 Abs. 4 Satz 2 Hs. 2 Alt. 1 StPO).[536]

bb) Fallbeispiel aus der Rechtsprechung. Die Auswirkungen dieser höchstrichterlichen Rechtsprechung sollen an einem konkreten Fallbeispiel aus der ersten und zweiten Instanz illustriert werden. Einem Beschluss des **BayVGH** vom 19.9. 2008[537] über die Ablehnung eines Berufungszulassungsantrages lag folgender Sachverhalt zugrunde: Der Kläger war Eigentümer eines Nachbargrundstücks. Er hatte im Wege der Drittanfechtung die Erteilung einer wasserrechtlichen **Erlaubnis für die Grundwasserentnahme** eines beigeladenen Lebensmittelbetriebs mit der Begründung angefochten, er sei von dieser in seinem Grundeigentum negativ betroffen. Der **BayVGH** kam zu dem Ergebnis, „ein Einfluss der Grundwasserentnahme auf die Vegetation auf den Grundstücken der Klägerin und damit eine negative Beeinflussung der Ertragsfähigkeit dieser Grundstücke [sei] ausgeschlossen." Das **VG Regensburg**[538] als Vorinstanz hatte sich für diese Feststellung „auf die schriftlichen Stellungnahmen des Wasserwirtschaftsamtes und des Amtes für Landwirtschaft und Forsten sowie die Erläuterung der Vertreter dieser Behörden in der mündlichen Verhandlung vor dem Verwaltungsgericht gestützt."[539] Das **VG** begründete seine Klageabweisung damit, der Klägerin sei es nicht gelungen, **205**

---

[533] *BVerwG*, Beschl. v. 3.2. 2010 – 7 B 35.09 –, Rdnr. 12; *BVerwG*, Beschl. v. 26.6. 1992 – 4 B 1-11.92 – DVBl 1992, 1435 = NVwZ 1993, 572.
[534] *BVerwG*, Beschl. v. 26.6. 1992 – 4 B 1-11.92 – DVBl 1992, 1435 = NVwZ 1993, 572 – gerichtlich eingeholtes Gutachten aus der 1. Instanz.
[535] *BVerwG*, Urt. v. 17.12. 1959 – 6 C 278.57 – DVBl 1960, 287 = DÖV 1960, 506; *BVerwG*, Urt. v. 6.2. 1985 – 8 C 15.84 – BVerwGE 71, 38 [41] = NJW 1986, 2268; *BVerwG*, Beschl. v. 23.6. 1975 – VII B 54.75 –; *BVerwG*, Beschl. v. 26.11. 1980 – 6 B 16.80 – BayVBl 1982, 158 = VerwRspr 32, 895.
[536] *BVerwG*, Beschl. v. 3.2. 2010 – 2 B 73.09 –, Rdnr. 9; *BVerwG*, Beschl. v. 30.6. 2010 – 2 B 72.09 –, Rdnr. 5; *BVerwG*, Beschl. v. 26.6. 1992 – 4 B 1-11.92 – DVBl 1992, 1435 = NVwZ 1993, 572; *BVerwG*, Beschl. v. 4.12. 1991 – 2 B 135.91 – Buchholz 310 § 86 Abs. 1 VwGO Nr. 238 S. 67; *BVerwG*, Beschl. vom 4.1. 2007 – 10 B 20.06 – Buchholz 310 § 86 Abs. 1 VwGO Nr. 353; *BVerwG*, Beschl. v. 7.6. 1995 – 5 B 141.94 – Buchholz 310 § 86 Abs. 1 VwGO Nr. 268; *BVerwG*, Beschl. v. 5.12. 2008 – 9 B 28.08 – NVwZ 2009, 320 = UPR 2009, 154.
[537] *BayVGH*, Beschl. v. 19.9. 2008 – 22 ZB 08.1523.
[538] *VG Regensburg*, Urt. v. 5.5. 2008 – RN 8 K 07.1088 –.
[539] *BayVGH*, Beschl. v. 19.9. 2008 – 22 ZB 08.1523 –, Rdnr. 2.

Teil A. Beweisantragsrecht

die Feststellungen des Wasserwirtschaftsamtes „substantiiert zu widerlegen", denen als „**sachverständige Aussagen** (...) **der Fachbehörde** für wasserwirtschaftliche Fragen große Bedeutung" zukomme[540]. Ein derartiges Vorgehen macht fachbehördliche Stellungnahmen für den Rechtsschutzsuchenden nahezu unangreifbar. Das VG hatte noch erläuternd hinzugefügt, die Stellungnahmen hätten „in der Regel größeres Gewicht als Expertisen von privaten Fachinstituten, weil die amtlichen Erkenntnisse auf jahrelanger Bearbeitung eines bestimmten Gebiets und nicht nur auf der Auswertung von Aktenvorgängen im Einzelfall beruhen, und können durch schlichtes Bestreiten oder bloße Behauptungen nicht erschüttert werden".[541] Der BayVGH hat das Urteil des VG bestätigt, insbesondere keinen Verfahrensmangel gesehen, auf dem die Entscheidung beruhen könne. Die zentrale Begründung hierfür formuliert der BayVGH wie folgt: „Die Ablehnung des in der mündlichen Verhandlung gestellten Beweisantrags der Klägerin durch verkündeten Beschluss des Verwaltungsgerichts gem. § 86 Abs. 2 VwGO weist keinen Verfahrensfehler auf. Das VG hatte in der mündlichen Verhandlung diese Ablehnung damit begründet, dass die vom Beweisantrag umfassten Fragen bereits durch die schriftlichen und mündlichen gutachterlichen Aussagen des Wasserwirtschaftsamtes und des Amts für Landwirtschaft und Forsten geklärt sind und diese von der Klägerin nicht substantiiert in Frage gestellt werden. Solche im Verwaltungsverfahren eingeholte Gutachten dürften vom VG im Wege des Urkundenbeweises(!)[542] verwertet werden. Ist ein Gericht aufgrund eines mängelfreien Gutachtens bereits überzeugt, ist es berechtigt, auch von einer ausdrücklich beantragten Einholung eines weiteren Gutachtens abzusehen; das Verbot vorweggenommener Beweiswürdigung gilt hinsichtlich weiterer Gutachten nicht (...). Anhaltspunkte für grobe Mängel der bereits vorliegenden Gutachten, die diese als zur Sachverhaltsaufklärung ungeeignet oder jedenfalls nicht ausreichend tragfähig erscheinen lassen, lassen sich dem Zulassungsvorbringen nicht entnehmen."[543] Und in einem Beschluss vom 4.9.2007 hat der **BayVGH** präzisiert, dass diese Grundsätze auch für im Verwaltungsverfahren vom Vorhabenträger „nach Abstimmung mit der Genehmigungsbehörde in Auftrag gegebene Sachverständigengutachten" gelten sollen.[544]

206 **cc) Kritik der Rechtsprechung.** Die skizzierte Rechtsprechung (s.o. Rdnr. 203–205) überzeugt in ihrer Pauschalität aus mehreren Gründen nicht.

---

[540] *VG Regensburg*, Urt. v. 5.5. 2008 – RN 8 K 07.1088 –, S. 8 –.
[541] *VG Regensburg*, Urt. v. 5.5. 2008 – RN 8 K 07.1088 –, S. 8 –. Die Begründung des VG ist zweifelhaft. Typischerweise verfügen bestimmte private Ingenieurbüros in technikladtigen Materien (z.B. Umweltschutz, Sicherheitstechnik etc.) über einen größeren Spezialisierungsgrad und mehr Praxiserfahrung als Überwachungsbehörden, die zuweilen Mühe haben, von privaten Ingenieurbüros erstellte Gutachten, Sanierungspläne etc. auf fachlich-inhaltliche Richtigkeit hin zu überprüfen. Vgl. zum Ganzen: *Vierhaus*, Sachverstand als Vierte Gewalt?, NVwZ 1993, 36–41.
[542] Der BayVGH wendet die einschlägige BVerwG-Rechtsprechung unzutreffend an. Das BVerwG sieht derartige Stellungnahmen gerade als Sachverständigengutachten gem. §§ 98 VwGO i.V.m. 412 ZPO analog (*BVerwG*, Beschl. v. 4.1. 2007 – 10 B 20.06 – = Buchholz 310 § 86 Abs. 1 VwGO Nr. 353), nicht als Urkundsbeweis.
[543] *BayVGH*, Beschl. v. 19.9. 2008 – 22 ZB 08.1523 –, Rdnr. 3.
[544] *BayVGH*, Beschl. v. 4.9. 2007 – 22 ZB 06.3161 –, Rdnr. 6.

VIII. Die Ablehnungsgründe

Sie ist abzulehnen. Die Rechtsprechung basiert im Kern auf der Gewährung eines Vertrauensvorschusses gegenüber Behörden und behördlichen „Gutachtern". Dies kommt darin zum Ausdruck, dass das Grundsatzurteil des **BVerwG** vom 15.4. 1964 den Einwand des Klägers, die Verwaltungsbehörde habe die Ärzte mit der Gutachtenerstattung beauftragt, unverhohlen mit der folgenden Begründung zu entkräften versucht: „Denn im Rechtsstaat ist die Verwaltung ebenso wie das Gericht an Gesetz und Recht gebunden. Die Verwaltungsbehörden haben daher den Sachverhalt der ihnen zur Regelung übertragenen Rechtsverhältnisse wie die Gerichte nur nach rechtlichen Maßstäben aufzuklären, so dass auch die von einer Verwaltungsbehörde bestellten Gutachter **grundsätzlich als objektiv** urteilende Gehilfen der **das öffentliche Interesse wahrenden Verwaltungsbehörde** und nicht als parteiische Sachverständige anzusehen sind".[545] Die Formel, die Behörde sei an Gesetz und Recht gebunden", ist – für sich betrachtet – natürlich richtig. Das BVerwG verwendet sie indes, um ein Hinterfragen sachlicher Entscheidungskompetenz zu vermeiden. Das geschieht auch in anderen Zusammenhängen. So wird die Frage, ob es mit dem Rechtsstaatsprinzip vereinbar ist, dass dieselbe Stelle der öffentlichen Verwaltung als Vorhabenträger und als Planfeststellungsbehörde agiere, ebenfalls mit dem entsprechenden Gesichtspunkt gerechtfertigt. Eine Behörde mit Doppelzuständigkeit habe als Teil der öffentlichen Verwaltung in beiden ihr übertragenen Funktionen dem Gemeinwohl zu dienen und sei an Recht und Gesetz gebunden.[546]

Dieser Normativismus ist erschreckend. Genau umgekehrt „wird ein Schuh daraus": Das Gesetz schreibt die gerichtliche Kontrolle der Verwaltungsbehörde vor (Art. 19 Abs. 4 GG). Es sieht nur den **gerichtlich** bestellten (!) Sachverständigen nicht als parteiisch, sondern als **neutral** an, die Verwaltungsbehörde hingegen als Verfahrensbeteiligte (§ 63 Nr. 2 VwGO), also als Partei. Wenn fachbehördliche Stellungnahmen zu Sachverständigengutachten aufgewertet und ihnen nur, weil sie „amtliche Erkenntnisse" sind „in der Regel größeres Gewicht als Expertisen von privaten Fachinstituten" zugestanden wird,[547] so scheint aus dem Blick geraten zu sein, dass „Verwaltungsgerichte zum Schutze der einzelnen gegen Anordnungen und Verfügungen der Verwaltungsbehörden"[548] eingerichtet wurden. Ihre strikte Neutralität bei der Auseinandersetzung Bürger/Behörde ist daher oberstes Gebot eines effektiven verwaltungsgerichtlichen Rechtsschutzes. Eine Formulierung, wie die vom grundsätzlich objektiv urteilenden Gehilfen der Verwaltung,[549] wirft die Frage auf, warum eine gerichtliche Kontrolle der Verwaltung bestehen muss, wenn ohnehin bereits beweisprozessual vermutet wird, dass die Verwaltung nach Recht und Gesetz handelt.

---

[545] *BVerwG*, Urt. v. 15.4. 1964 – V C 45.63 –, Rdnr. 27 = BVerwGE 18, 216.
[546] Jüngst *BVerwG*, Urt. v. 18.3. 2009 – 9 A 39.07 – = BVerwGE 133, 239 Rdnr. 24 = NVwZ 2010, 44.
[547] So wörtlich: *VG Regensburg*, Urt. v. 5.5. 2008 – RN 8 K 07.1088 –, S. 8 (unveröffentlicht); bestätigt durch *BayVGH*, Beschl. v. 19.9. 2008 – 22 ZB 08.1523 –.
[548] Art. 107 der Verfassung des Deutschen Reichs vom 11.8. 1919, RGBl. S. 1383.
[549] *BVerwG*, Urt. v. 15.4. 1964 – V C 45.63 –, Rdnr. 27 = BVerwGE 18, 216.

Teil A. Beweisantragsrecht

208 Auch die methodische Rechtfertigung der Figur über eine analoge Anwendung von § 412 ZPO überzeugt nicht sonderlich. Zwischen dem gerichtlich bestellten Sachverständigengutachten i.S.v. § 412 ZPO und einem „Gutachten", das die beklagte Behörde im Verwaltungsverfahren einholt, fehlt es in einem zentralen Punkt an der eine Analogie erlaubenden Vergleichbarkeit: Wesensmerkmal des Sachverständigenbeweises ist es, dass das Gericht – nicht die Partei – den Sachverständigen erstens auswählt (§ 404 ZPO), zweitens dessen Tätigkeit zu leiten hat (§ 404 a ZPO) und sich dies drittens in einem offenen Prozess der wechselseitigen Kontrolle der Verfahrensbeteiligten vollzieht.[550] Kennzeichnend für den gerichtlichen Sachverständigen ist dementsprechend dessen **Unparteilichkeit**. Dies folgt zwingend daraus, dass der Sachverständige aus denselben Gründen, die zur Ablehnung eines Richters berechtigen, abgelehnt werden kann (§ 98 VwGO i.V.m. § 406 Abs. 1 Satz 1 ZPO). Danach kann der Sachverständige abgelehnt werden wegen Besorgnis der Befangenheit (§ 54 Abs. 1 VwGO i.V.m. § 42 Abs. 1 ZPO). Ausschluss- und Befangenheitsregelungen haben „nicht nur Bedeutung, wenn eine Interessenkollision wirklich vorliegt, sondern zielen gerade darauf ab, dass schon **der ‚böse Schein' möglicher Parteilichkeit vermieden** wird".[551] Auf die so abgesicherte Unparteilichkeit setzt das Prozessrecht funktional. Gerade dies rechtfertigt es, weitere Gutachten grundsätzlich abzuwehren (vgl. § 412 ZPO). All dies gilt für Behörden-„Gutachten" nicht; sie sind Partei-Gutachten. Sie bereiten eine Entscheidung der Administration vor und haben deshalb rechtfertigenden Charakter. Es wäre so, als wenn im Prozess **einer** der beiden Parteien das Recht auf Auswahl des Sachverständigen zugestanden werden würde, den das Gericht dann bestellen müsste, ohne dass die andere Partei auf die Auswahl Einfluss nehmen könnte. Zudem würde das bei einem gerichtlichen Sachverständigen kraft Gesetzes bestehende Ablehnungsrecht der klägerischen Partei unterlaufen, wenn ein solches „Behördengutachten" gewissermaßen „durch die Hintertür" schleichend in den Prozess eingeführt werden dürfte. Auch das Recht, Einwendungen gegen das Gutachten sowie Ergänzungsfragen mitzuteilen (§ 411 Abs. 4 ZPO) sowie das Fragerecht der Parteien in der mündlichen Verhandlung (§§ 402, 397 ZPO) würde „ausgehebelt". Bezeichnend ist, dass die Vorschriften der §§ 402 ff. ZPO für Behörden oder sonstige öffentliche Stellen „gar nicht" gelten.[552]

209 Stützt das Verwaltungsgericht seine Entscheidung maßgebend auf den Inhalt eines im Verwaltungsverfahren erstatteten Gutachtens, ohne den Gutachter im Verwaltungsprozess in der mündlichen Verhandlung zu vernehmen, kollidiert dies zudem mit dem **Unmittelbarkeitsgrundsatz** (§ 96 Abs. 1 Satz 1 VwGO). Dieser Gedanke findet sich interessanterweise in der frühen Rechtsprechung des **BVerwG** selbst: „Darüber hinaus widerspricht es dem Grundsatz der Unmittelbarkeit (§ 96 Abs. 1 Satz 1 VwGO), wenn anstelle einer Beweisaufnahme innerhalb des gerichtlichen Verfahrens der Entscheidung ohne

---

[550] Für „eine deutliche Führung" des Sachverständigen durch das Gericht Baumbach/Lauterbach, ZPO, 68. Aufl. 2010, Übers. § 402 Rdnr. 2.
[551] *BVerwG*, Urt. v. 30.5. 1984 – 4 C 58.81 –, Rdnr. 40 = BVerwGE 69, 256 – Flughafen München II.
[552] *Reichold*, in: Thomas/Putzo, ZPO, 30. Aufl. 2009, § 404 Rdnr. 5.

VIII. Die Ablehnungsgründe

weiteres Erklärungen von Zeugen oder Sachverständigen zugrunde gelegt werden, die innerhalb des vorangegangenen Verwaltungsverfahrens abgegeben worden sind."[553] Allerdings stellte das BVerwG hierfür die zusätzliche Voraussetzung auf – und hier schließt sich der Kreis –, dass der Kläger die Behauptung des außergerichtlichen Gutachters im Prozess „substantiiert bestritten" haben muss; indes fällt auf, dass die Anforderungen dieses Bestreitens nicht überzogen waren, vielmehr genügte, dass der Kläger dem Gutachten mit „nicht ohne weiteres von der Hand zu weisenden Einwendungen entgegengetreten war".[554] Diese Linie erscheint angemessener als das heutige stark restriktive Anforderungsprofil des **BVerwG**.

Die Auffassung des **BVerwG** läuft im Ergebnis auf eine Privilegierung von Parteivortrag der Behörde hinaus. Das kollidiert mit dem rechtsstaatlichen Gebot der „Waffengleichheit". Der **Grundsatz der Waffengleichheit im Prozess** ist wesentliches Element des Anspruchs auf „fair trial" und durch Art. 6 Abs. 1 Satz 1 EMRK geschützt.[555] Aus dem Prinzip der Waffengleichheit folgt gerade, dass jede Prozesspartei Zeugen und Sachverständige benennen kann, die vom Gericht zu berücksichtigen sind; ferner gehört dazu das Fragerecht der Parteien.[556] Dieser Grundsatz gilt auch im Zivilverfahren,[557] wobei zu den „Zivilverfahren" (civil rights) in der Terminologie des **EGMR** auch die meisten deutschen Verwaltungsprozesse gehören.[558] Die Beachtung der Konvention und der Entscheidungen des EGMR ist als Bestandteil von Art. 20 Abs. 3 GG den nationalen Gerichten aufgegeben.[559] Das Unionsrecht kommt zu demselben Ergebnis, denn Art. 47 der EU-Charta[560] garantiert in seinem Abs. **1** das Recht, bei einem Gericht einen **wirksamen** Rechtsbehelf einzulegen und in Abs. **2** Satz 1 das Recht auf ein faires gerichtliches Verfahren. Art. 47 Abs. 2 Satz 1 der Charta „setzt mithin Waffen- und Chancengleichheit voraus"; dieser Grundsatz ermöglicht es jedem Beteiligten in seiner Rechtssache die „Beweise einem Gericht vorzulegen".[561] Daraus folgt, dass eine **für den Kläger** effek-

210

---

[553] *BVerwG*, Urt. v. 15.1. 1969 – IV C 54.67 –, Rdnr. 26 = Buchholz 310 § 108 VwGO Nr. 33.
[554] *BVerwG*, Urt. v. 15.1. 1969 – IV C 54.67 –, Rdnr. 26 = Buchholz 310 § 108 VwGO Nr. 33.
[555] *EGMR*, Urt. v. 27.6. 1968, Beschwerde Nr. 1936/63, *Neumeister gegen Österreich*, EGMR-E 1, 62, 70, Rdnr. 22; *Frowein/Peukert*, EMRK-Kommentar, 3. Aufl. 2009, Art. 6 Rdnr. 147.
[556] *Frowein/Peukert*, EMRK-Kommentar, 3. Aufl. 2009, Art. 6 Rdnr. 65.
[557] *EGMR*, Urt. v. 18.6. 2002, Beschwerde Nr. 24541/94, *Wierzbicki gegen Polen*, Rdnr. 39; *Frowein/Peukert*, EMRK-Kommentar, 3. Aufl. 2009, 39, Art. 6 Rdnr. 165 Fn. 232.
[558] *EGMR*, Piloturteil vom 2.9. 2010, Beschwerde Nr.: 46344/06 –, *Rumpf gegen Deutschland*, EuGRZ 2010, 700 - Verwaltungsprozess wegen Ablehnung waffenrechtlicher Erlaubnisse als Anwendungsfall von Art. 6 Abs. 1 EMRK; grundlegend: *EGMR*, Urt. v. 28.6. 1978, Beschwerde Nr. 6232/73, *König gegen Deutschland*, EGMR-E 1, 278.
[559] *BVerfG*, Beschl. v. 14.10. 2004 – 2 BvR 1481/04 – = BVerfGE 111, 307 – *Görgülü*.
[560] Charta der Grundrechte der EU, ABl. EG C 364/1 v. 15.12. 2000.
[561] *Blanke*, in: Callies/Ruffert, EUV/EGV. Kommentar, 3. Aufl. 2007, Art. 47 GRCh, Rdnr. 14 f. m.w.N.

Teil A. Beweisantragsrecht

tive Handhabung des Beweisantragsrechts auch völker- und unionsrechtlich geboten ist.

211 dd) **Konsequenzen für die klägerische Prozessführung.** Die Privilegierung von vorprozessual von der Behörde eingeholten Gutachten, fachbehördlichen Stellungnahmen etc. erschwert massiv die klägerische Prozessführung. Im Kern hat die Rechtsprechung des **BVerwG** die Hürde für den Kläger, an ein solches Gutachten beweisprozessual noch „heranzukommen" derart hoch gelegt, dass der Kläger und sein anwaltlicher Beistand beizeiten eine im Zulassungsverfahren zu erhebende Aufklärungsrüge vorbereiten müssen. Da Dreh- und Angelpunkt dieser Rechtsprechung die Annahme ist, dass die Nicht-Einholung eines gerichtlichen Sachverständigengutachtens in dieser Konstellation nur dann verfahrensfehlerhaft ist, wenn sie sich „**aufdrängt**", muss der Anwalt in dieser Situation alles dafür tun, **dass** sich eine solche Beweiserhebung dem Gericht „aufdrängt". Das Mindeste, was der Kläger hierfür tun muss, ist, in der mündlichen Verhandlung einen förmlichen Hauptbeweisantrag mit dem Ziel der Einholung eines gerichtlichen Sachverständigengutachtens zu stellen. Dass dies allein nicht genügt, zeigt gerade die oben genannte Entscheidung des BayVGH. Dort hatte der Kläger in der mündlichen Verhandlung offensichtlich einen Hauptbeweisantrag gestellt.[562] An diesen Beweisantrag stellt die Rechtsprechung besondere Anforderungen. Das ist zumindest folgerichtig. Fasst man die einschlägige Rechtsprechung zusammen, muss der Beweisantrag so substantiiert konkrete Mängel des bereits vorliegenden „Behördengutachtens" aufzeigen, dass dies nicht als Beweisantrag „aufs Geratewohl", also als Ausforschungsbeweis abgelehnt werden kann. Das wird vielfach nur durch ein begleitendes Privatgutachten gelingen, das zumindest die fachliche Qualität der behördlichen Stellungnahme bzw. Gutachten in substantielle Zweifel zieht.

212 ee) **Kostenrechtliche Lösung des BVerwG.** Es liegt auf der Hand, dass der Kläger, ist er Laie, **substantiierte** Beweisanträge, die diesem Anforderungsprofil standhalten, bei komplexen technisch-naturwissenschaftlichen, medizinischen oder sonst erheblich durch wissenschaftliche Erkenntnisse geprägten Materien kaum ohne eigene sachverständige Unterstützung erarbeiten kann. Anderenfalls besteht das ernsthafte Risiko, dass das Gericht sie als Behauptung aufs Geratewohl, also als Ausforschungsbeweis zurückweist; es sei – so etwa das **VG Regensburg** in dem oben (Rdnr. 205) näher geschilderten Beispielsfall – „nicht Aufgabe des Gerichts, durch Einholung von Sachverständigengutachten Spekulationen einer Prozesspartei weiter nachzugehen".[563]

213 Das **BVerwG** glaubt einen Mittelweg in einer **kostenrechtlichen Lösung** gefunden zu haben. Das **BVerwG** erkennt selbst, dass das Nachvollziehen von technischen Zusammenhängen, medizinischen Darlegungen, Berechnungen etc. vielfach den mit der Materie naturgemäß nicht vertrauten Laien (Kläger) überfordert. Das soll ihn jedoch nicht von der Obliegenheit entbinden, sich

---

[562] *BayVGH*, Beschl. v. 19.9. 2008 – 22 ZB 08.1523 –, Rdnr. 3.
[563] *VG Regensburg*, Urt. v. 5.5. 2008 – RN 8 K 07.1088 –, S. 11 – unveröffentlicht –.

VIII. Die Ablehnungsgründe

notfalls mit Hilfe eines von ihm selbst in Auftrag gegebenen (Partei-)Sachverständigengutachtens soweit selbst sachkundig zu machen, dass er Mängel des bereits vorliegenden „Behördengutachtens" aufzuzeigen in der Lage ist. Die Kosten dieses Parteigutachtens soll der Kläger – je nach Ausgang des Verfahrens (!) – ggf. mit seinem **Kostenerstattungsanspruch** nach Abschluss des Prozesses geltend machen können.[564]

Diese kostenrechtliche Lösung ist **nicht** geeignet, wirkliche Waffengleichheit zwischen den Parteien im Verwaltungsprozess herzustellen. Dies zum einen nicht, weil der Kläger über Jahre hinaus – die Dauer von Verwaltungsprozessen braucht hier nicht vertieft zu werden – mit der Finanzierung eines solchen Parteigutachtens in Vorleistung treten müsste. Zum anderen, weil er in den Genuss einer Kostenerstattung nur dann kommen kann, wenn er im Prozess obsiegt. Dabei sind die Erfolgsaussichten für private Kläger im Verwaltungsprozess unterdurchschnittlich gering. Und zum dritten kommt hinzu, dass der Kostenbeamte, der über den Kostenfestsetzungsantrag entscheidet, auch noch davon überzeugt werden muss, dass die Einholung des Gutachtens zur Rechtsverteidigung „notwendig" war. Der Verstoß gegen die Waffengleichheit im Prozess liegt insbesondere darin begründet, dass dem Kläger – trotz richterlicher Amtsermittlungspflicht (§ 86 Abs. 1 Satz 1 VwGO) – praktisch die volle Darlegungslast aufgebürdet wird und er einen entsprechenden Sachverständigen mindestens über Jahre vorfinanzieren muss, wenn er nicht ohnehin am Ende vollständig auf den Kosten „sitzen bleibt". Demgegenüber kann die Ausgangsbehörde **unentgeltlich** auf die Unterstützung einer Fachbehörde zurückgreifen. Das BVerwG sollte seine „Kostenlösung" und hinter ihr stehende Rechtsprechung also aufgeben, zumindest die Anforderungen an die Erschütterung amtlicher Gutachten oder Stellungnahmen deutlich senken.

214

ff) Eigener differenzierender Lösungsansatz. Im Folgenden wird ein eigener Lösungsansatz entwickelt, bei dem hinsichtlich der Frage, inwieweit eine Anwendung der oben genannten Grundsätze des **BVerwG** (Rdnr. 203 f.) sachgerecht erscheint, nach **Qualität, Genese und Anlass** der (außergerichtlichen) Gutachtenerstellung im Verwaltungsverfahren differenziert wird. Anhand dieser Kriterien lassen sich grob **vier Fallgruppen** herausarbeiten, nämlich – in der Reihenfolge vom „stärksten" zum „schwächsten" Beweismittel – die Fallgruppen:

215

– Gutachtenerstellung in einem vom Parlamentsgesetz vorgesehenen Beteiligungs- oder Ermittlungsverfahren;
– Gutachten, das eine Fachbehörde („Spezialbehörde") auf Antrag erstellt;
– Gutachten/Stellungnahme der „eigenen" Behörde selbst (Ausgangsbehörde);
– „Privatgutachten" des Vorhabenträgers im Verwaltungsverfahren.

Hierzu im Einzelnen:

(1) Gutachtenerstellung in einem vom Parlamentsgesetz vorgesehenen Beteiligungs- oder Ermittlungsverfahren. Regelt der parlamentarische Gesetz-

216

---

[564] *BVerwG*, Beschl. v. 4.1. 2007 – 10 B 20.06 –, Os. 3 = Buchholz 310 § 86 Abs. 1 VwGO Nrn. 353.

geber selbst, dass ein Gutachten bzw. eine Stellungnahme in einem bestimmten Beteiligungsverfahren zu ergehen hat oder sonstige **qualitative Anforderungen an das Verfahren der Sachverhaltsermittlung** regelt, misst der Gesetzgeber dem Ergebnis dieses Prozesses eine bestimmte Wertigkeit bei. Daher verdient diese Fallgruppe von Gutachten die Einordnung in die höchste Qualitätsstufe, was die Belastbarkeit dieses Beweismittels und damit verbunden die Anforderungen an seine **Überwindung** durch Beweisanträge betrifft. **Beispielsfälle** für diese Fallgruppe sind:

– Messergebnisse und **sicherheitstechnische Stellungnahmen** im immissionsschutzrechtlichen Verwaltungsverfahren (**§§ 26 ff. BImSchG**);
– die **Einschätzung der zuständigen Behörde** aufgrund einer Vorprüfung des Einzelfalls (**§ 3 a Satz 4 UVPG**).

217 Zu dieser Fallgruppe macht eine jüngere Entscheidung des OVG Saarland[565] vom 4.5. 2010 exemplarisch die Gründe deutlich, aus denen derartige Stellungnahmen als Beweismittel ein durch Beweisanträge der Partei nur schwer zu überwindendes „Gutachten" darstellen. Zwar handelte es sich um ein vorläufiges Rechtsschutzverfahren. Auch dort gilt indes grundsätzlich der Untersuchungsgrundsatz des § 86 Abs. 1 VwGO; „dabei können zur Klärung der tatsächlichen Grundlagen für die erforderliche Abwägung Maßnahmen der gerichtlichen Sachverhaltsermittlung auch bereits im Verfahren des vorläufigen Rechtsschutzes geboten sein".[566] Gegenstand des Rechtsstreits war eine im immissionsschutzrechtlichen Genehmigungsverfahren (Windenergieanlagen) seitens des beigeladenen Betreibers vorgelegte **Lärmprognose**. Der Kläger hatte vorgetragen, diese müsse im gerichtlichen Verfahren durch einen unabhängigen Sachverständigen überprüft werden. Das OVG sah keinen Anlass zu der erstrebten Beweiserhebung und argumentierte insbesondere mit der Plausibilität und besonderen Geeignetheit der vorgelegten Immissionsprognose und -messung: „In diesen Fällen wird die Objektivität von Messungen und Begutachtungen dadurch sichergestellt, dass die relevanten Emissionen sowie Immissionen der Anlage durch eine von nach Landesrecht zuständige Behörde bekannt gegebene Stelle nach § 26 BImSchG zu ermitteln sind. Erstellt daher eine solche Messstelle im immissionsschutzrechtlichen Genehmigungsverfahren für den Anlagenbetreiber eine Lärmprognose, auf deren Grundlage die Genehmigung erteilt wird, so **rechtfertigt** es **bereits deren Status gem. § 26 BImSchG** prinzipiell von ihrer hierfür erforderlichen **Objektivität und Unabhängigkeit** auszugehen und kann somit im Regelfall nicht mit Erfolg eingewandt werden, der Auftrag zur Erstellung der Lärmprognose stamme vom Anlagenbetreiber."[567] Dabei sei auch die Begutachtung durch ein Ingenieurbüro nicht ausgeschlossen. Entscheidend sei, dass die **Begutachtung durch gesetzliche Vorschriften** wie § 10 Abs. 1 und 2 BImSchG i.V.m. § 4 Abs. 1 Satz 1

---

[565] *OVG des Saarlandes*, Beschl. v. 4.5. 2010 – 3 B 77/10 –, Rdnr. 19.
[566] *BVerfG*, stattgebender Kammerbeschluss v. 24.3. 2009 – 2 BvR 2347/08 –, Rdnr. 9; *BVerfG*, stattgebender Kammerbeschluss v. 31.3. 2004 – 1 BvR 356/04 – = NwVZ 2004, 1112 = BayVBl. 2005, 240.
[567] *OVG des Saarlandes*, Beschl. v. 4.5. 2010 – 3 B 77/10 –, Rdnr. 19.

VIII. Die Ablehnungsgründe

i. V. m. § 4 a Abs. 2 Nr. 1 der 9. BImSchV **vorgezeichnet** seien: „Der **Normgeber** geht also erkennbar von der grundsätzlichen Verwertbarkeit der vom Betreiber vorgelegten Immissionsprognose aus. Das mag zwar in besonderem Maße gelten, wenn sie von einer nach § 26 BImSchG bekannt gegebenen Stelle erarbeitet worden ist (...). Nach der normativen Wertung sind aber Immissionsprognosen anderer sachverständiger Stellen bzw. fachlich einschlägiger Ingenieurbüros (...) grundsätzlich nicht weniger geeignet, die Genehmigungsvoraussetzungen darzulegen."[568] Das Gericht argumentiert also im Ergebnis mit einem **qualitativen** Kriterium und stellt darauf ab, dass die Gutachten vom Normgeber gewollt und „unter **Beachtung der geltenden Regelwerke** fachgerecht und nachvollziehbar erstellt worden bzw. für den Fachkundigen überzeugend sind".[569]

Ein Beispiel dafür, dass der parlamentarische Gesetzgeber selbst einer bestimmten behördlichen Stellungnahme eine besondere, nur schwer angreifbare Position einräumt, bildet ferner die gesetzliche Regelung zur Feststellung der UVP-Pflicht in **§ 3 a Satz 4 UVPG**: Beruht die Feststellung, dass eine UVP unterbleiben soll, auf einer Vorprüfung des Einzelfalls nach § 3 c UVPG, ist die **Einschätzung der zuständigen Behörde** in einem gerichtlichen Verfahren betreffend die Entscheidung über die Zulässigkeit des Vorhabens **nur** darauf zu überprüfen, ob die Vorprüfung entsprechend den Vorgaben von § 3 c durchgeführt worden ist und ob das Ergebnis **nachvollziehbar** ist. Die damit postulierte gesetzliche Einschätzungsprärogative bei der Vorprüfung ist eine weitere Vorstufe des Beweisabbruchs. Ihr „Ergebnis" entzieht der Gesetzgeber selbst der uneingeschränkten verwaltungsgerichtlichen Kontrolle: „Nach der Gesetzesbegründung (BR-Drs. 551/06 S. 43 f.) soll damit dem Umstand Rechnung getragen werden, dass § 3 c UVPG der zuständigen Behörde mit der Formulierung ‚nach Einschätzung der zuständigen Behörde aufgrund überschlägiger Prüfung' einen gerichtlich nur eingeschränkt überprüfbaren Beurteilungsspielraum einräumt. **Nachvollziehbarkeit** im Sinne dieser Vorschrift bedeutet, dass das Ergebnis der behördlichen Prognose nach § 13 UVPG durch ein Gericht nicht auf materielle Richtigkeit, sondern **lediglich auf Plausibilität zu überprüfen** ist."[570]

218

Rechtsfolge: Bei dieser ersten Fallgruppe gelten für die Überwindung des Gutachtens durch einen Beweisantrag die oben genannten restriktiven Kriterien des **BVerwG** für das „(Sich-)Aufdrängen" (o. Rdnr. 203 f.). Zutreffend hängt das OVG Saarland die Hürde – insoweit in Übereinstimmung mit der oben genannten Rechtsprechung des BVerwG – an eine beweisrechtliche Überwindung eines solchen Gutachtens hoch: Der (Beweis-)Antragsteller könne „mit seinem **allgemeinen** Hinweis auf die Schwierigkeit und Komplexität einer derartigen Begutachtung die methodische Richtigkeit und Nachvollziehbarkeit der Lärmprognose ebenso wenig in Frage stellen wie deren Ergebnis".[571]

219

---

[568] *OVG des Saarlandes*, Beschl. v. 4.5. 2010 – 3 B 77/10 –, Rdnr. 21.
[569] *OVG des Saarlandes*, Beschl. v. 4.5. 2010 – 3 B 77/10 –, Rdnr. 23.
[570] *OVG Berlin-Brandenburg*, Beschl. v. 29.7. 2010 – OVG 11 S 45.09 –, Rdnr. 9.
[571] *OVG des Saarlandes*, Beschl. v. 4.5. 2010 – 3 B 77/10 –, Rdnr. 25.

Teil A. Beweisantragsrecht

220 Unter diese erste Fallgruppe fielen auch die **Immissionsgrenzwerte der TA Luft**, die auf einem parlamentsgesetzlich vorgesehenen Ermittlungsverfahren, der sog. Anhörung der beteiligten Kreise (**§§ 48, 51 BImSchG**) beruhen. Dies aber nur dann, wenn man sie mit der zunächst vom BVerwG mitgetragenen Konzeption als **„antizipiertes Sachverständigengutachten"** ansähe.[572] Maßgeblich für diese Einordnung war, dass die Immissionswerte „wegen der gesetzlich vorgeschriebenen Art und Weise ihrer Ermittlung" und „wegen ihres naturwissenschaftlich fundierten sachlichen Aussagegehaltes auch für das kontrollierende Gericht bedeutsam sind".[573] Bei dieser Auffassung wäre die Anwendung von § 412 Abs. 1 ZPO konsequente Folge. Beginnend mit dem **Wyhl**-Urteil[574] vollzog das BVerwG „einen klaren Bruch mit der **Voerde**- Entscheidung"[575] und vertrat die Auffassung, dass derartige technische Regelwerke „als normkonkretisierende Richtlinie auch die Verwaltungsgerichte [binden]".[576] In ständiger Rechtsprechung geht das BVerwG nunmehr davon aus, dass TA Lärm und TA Luft „auf besonderem Sachverstand gegründete, den Gesetzesvollzug vereinheitlichende normkonkretisierende Funktion" besitzen und „insoweit grundsätzlich auch für das gerichtliche Verfahren verbindlich sind".[577] Dieser Befund einer nur eingeschränkten gerichtlichen Kontrolle gilt indes **nicht** für die **konkrete Messanwendung**, also für die Art und Weise der konkreten Tatsachenermittlung. Dort spielt in der Regel die konkrete Bedeutung der tatrichterlichen Bewertung. Die **konkrete Messanwendung** muss gerichtlich voll **angreifbar** sein, denn dieser liegt – anders als den festgelegten Werten an sich – keine gesetzgeberische Entscheidung zugrunde.

221 *(2) Gutachten, das eine Fachbehörde („Spezialbehörde") auf Antrag stellt*. Diese Fallgruppe ist dadurch gekennzeichnet, dass nicht die Ausgangsbehörde, sondern eine davon zu unterscheidende „Spezialbehörde" auf Antrag der Ausgangsbehörde ein Gutachten bzw. eine Stellungnahme zu einer bestimmten tatsächlichen Frage erstellt. Bei dieser Spezialbehörde sind, so darf man annehmen, Fachkenntnisse zu einem ganz bestimmten Gebiet gebündelt. Allerdings hat hier nicht der Parlamentsgesetzgeber selbst die Begutachtung

---

[572] So wegweisend: *Breuer*, DVBl. 1978, 28; ihm folgend: BVerwG, Urt. v. 17.2. 1978 – I C 102.76 –, Ls. 2 und Rdnr. 37 = BVerwGE 55, 250 = Buchholz 406.25 § 48 BImSchG Nr. 1 = DVBl. 1978, 591 = NJW 1978, 1450 = DÖV 1978, 559 – „Steinkohlekraftwerk Voerde"; lesenswert dazu später *Sendler*, NJW 1986, 2907, 2913.
[573] *BVerwG*, Urt. v. 17.2. 1978 – I C 102.76 –, Rdnr. 37.
[574] *BVerwG*, Urt. v. 19.12. 1985 – 7 C 65.82 –, Rdnr. 44 = BVerwGE 72, 300 = NVwZ 1986, 208 = Buchholz 451.171 AtG Nr. 15 – „Kernkraftwerk Whyl – erste Teilgenehmigung".
[575] So zutreffend *Koch*, Umweltrecht, 3. Aufl. 2010, § 4 Rdnr. 98.
[576] *BVerwG*, Urt. v. 19.12. 1985 – 7 C 65.82 –, Ls. 5 und Rdnr. 44 = BVerwGE 72, 300 = NVwZ 1986, 208 = Buchholz 451.171 AtG Nr. 15 – „Kernkraftwerk Whyl – erste Teilgenehmigung".
[577] *BVerwG*, Urt. v. 21.6. 2001 – 7 C 21.00 –, Rdnr. 11 = BVerwGE 114, 342 = DVBl. 2001, 1460 = NVwZ 2001, 1165 = Buchholz 406.25 § 48 BImSchG Nr. 8 – „Zementwerk" für die Emissionsgrenzwerte der TA Luft; *BVerwG*, Beschl. v. 5.5. 2006 – 7 B 1.06 –, Rdnr. 2; kritisch zur Rechtsprechung des BVerwG: *Koch*, Umweltrecht, 3. Aufl. 2010, § 4 Rdnr. 93–100: „schwerlich vertretbar" (Rdnr. 98).

VIII. Die Ablehnungsgründe

vorgezeichnet, sondern häufig der Verordnungsgeber. **Beispielsfälle** für diese Fallgruppe sind:

- **Medizinisch-psychologisches Gutachten** nach § 13 Nr. 2 lit. c) FeV
- **Amtsärztliche Stellungnahme** zur Frage der **Dienst(un)fähigkeit** von Beamten,
- Stellungnahme des **medizinischen Dienstes** der Polizei zum Grad der MdE bei Dienstunfällen oder zur Dienstunfähigkeit;
- Stellungnahme des Wasserwirtschaftsamts zur Frage der Verursachung einer Altlast.

Auch hier ist die Anwendung des Anforderungs-Niveaus der BVerwG-Rechtsprechung (s. o. Rdnr. 203 f.) an ein neues Gutachten i. S. v. § 412 Abs. 1 ZPO **grundsätzlich** adäquat. Auch hier gilt dies nicht absolut. Die Hürde an ein substantiiertes In-Zweifel-Ziehen der fachbehördlichen Stellungnahme darf **nicht** so hoch gesteckt werden, dass der Kläger regelmäßig ein Privat-Gutachten beauftragen muss, um sie zu überspringen. 222

Beispiel 1: 223
Medizinisch-psychologisches Gutachten der MPU-Stelle: Einen Hauptanwendungsfall dieser Fallgruppe stellt § 13 Fahrerlaubnis-Verordnung (FeV)[578] dar. Nach § 3 Abs. 2 FeV hat die Fahrerlaubnisbehörde bei dem Vorliegen von Tatsachen, welche die Annahme rechtfertigen, dass der Führer eines Fahrzeugs zum Führen ungeeignet oder nur noch bedingt geeignet ist, die in den §§ 11–14 FeV geregelten Aufklärungsmaßnahmen zu treffen. Geregelt ist u. a., dass die Fahrerlaubnisbehörde „ohne jeglichen Ermessensspielraum nach § 13 Nr. 2 lit. c) FeV die Beibringung eines **medizinisch-psychologischen Gutachtens** anzuordnen hat, wenn der Betroffene ein Fahrzeug im Straßenverkehr bei einer Blutalkoholkonzentration von 1,6‰ oder einer Atemalkoholkonzentration von 0,8 mg/l oder mehr geführt hat".[579] Kennzeichnend für diese Fallgruppe ist also, dass die Ausgangsbehörde – hier: die Fahrerlaubnisbehörde – aufgrund einer verordnungsrechtlichen Regelung ein Gutachten einer Fachbehörde (sog. **MPU-Stelle**) beizieht (vgl. auch Beweisbeschlüsse: **Anhang I, Beispiele 1, S. 203; 11, S. 222 ff.**). Ähnliches regelt beispielsweise § 14 Abs. 2 FeV für Eignungszweifel im Hinblick auf Betäubungsmittel und Arzneimittel. Ausschlaggebend für den relativ hohen Beweiswert dieser Gutachten ist, dass bei den entsprechenden Begutachtungsstellen Fachwissen gebündelt ist. Es liegt eine Professionalisierung vor. Zudem bedürfen die Begutachtungsstellen für Fahreignung der amtlichen Anerkennung durch die zuständige oberste Landesbehörde oder durch die von ihr bestimmte oder nach Landesrecht zuständige Stelle (§ 66 FeV i. V. m. Anlage 14, welche en detail die Voraussetzungen für die **amtliche Anerkennung** als Begutachtungsstelle regelt). Maßgebend für die Anerkennung als sog. MPU-Stelle ist letztlich das Vorliegen der vom Verordnungsgeber vorgegebenen erforderlichen fachlichen Qualifikationsmerkmale.[580]

Beispiel 2: 224
Amtsärztliche Gutachten zur Dienst(un)fähigkeit: Eine besondere Bedeutung kommt medizinischen Fachkenntnissen im Rahmen von Rechtsstreitigkeiten zu, die um die **Dienst(un)fähigkeit** von Beamten geführt werden. Diese Fälle treten in zwei Spielarten auf: In der einen Konstellation möchte der Dienstherr den Beamten zur Ruhe set-

---

[578] Verordnung über die Zulassung von Personen zum Straßenverkehr – Fahrerlaubnis-Verordnung –, i. d. F. 13.12.2010, BGBl. I 2010, 1980.
[579] *VG München*, Beschl. v. 9.9.2010 – M 6 AS 10.4223 –, Rdnr. 25.
[580] Vgl. *VG Trier*, Urt. v. 31.7.2007 – 2 K 440/07.TR –, Rdnr. 16.

Teil A. Beweisantragsrecht

zen, weil er ihn für **dienstunfähig** hält. Wird die Dienstunfähigkeit festgestellt, so **ist** der Beamte auf Lebenszeit in den Ruhestand zu versetzen (§ 26 Abs. 1 Satz 1 BeamtStG, § 44 Abs. 1 Satz 1 BBG). Bestehen Zweifel über die Dienstunfähigkeit des Beamten, ist dieser verpflichtet, nach Weisung der Dienstbehörde sich **amtsärztlich** untersuchen zu lassen. Die umgekehrte Fallkonstellation ist diejenige des unerlaubten Fernbleibens vom Dienst (§ 48 BBG), welche voraussetzt, dass der Beamte aktuell dienstfähig ist. Das Erfordernis der Dienstfähigkeit stellt ein ungeschriebenes Tatbestandsmerkmal dar. Der Nachweis der Dienstfähigkeit des abwesenden Beamten obliegt dem Dienstherrn. Das BVerwG stattet dabei das **amtsärztliche Gutachten** mit einem grundsätzlich vorrangigen Beweiswert aus: „Weicht die medizinische Beurteilung des Amtsarztes hinsichtlich desselben Krankheitsbildes von der Beurteilung des behandelnden Privatarztes ab, so kommt der Beurteilung des Amtsarztes unter folgenden Voraussetzungen Vorrang zu: Es dürfen keine begründeten Zweifel an der Sachkunde des Amtsarztes stehen. Die medizinische Beurteilung muss auf zutreffenden Tatsachengrundlagen beruhen sowie in sich stimmig und nachvollziehbar sein."[581] Dies sind im Wesentlichen genau die Kriterien, die die Rechtsprechung analog § 412 Abs. 1 ZPO entwickelt hat (Rdnr. 203 f.). Es bleibt die Frage, wer die „Stimmigkeit" sachkundig feststellen kann und festzustellen hat.

225 **Beispiel 3:**
Vergleichsmessungen nach § 48 Abs. 4 StrlSchV: Eine herausgehobene Rolle haben naturgemäß die **Sachverständigen im Atomrecht**. Die angewandte Nuklearphysik und die Nuklearanlagentechnik sind Spezialmaterien. Nur wenige spezialisierte Unternehmen und private Sachverständigenorganisationen außerhalb der Technischen Hochschulen und Universitäten beherrschen sie.[582] Gutachten spielen im Atomrecht als primär technischem Recht eine herausragende Rolle. § 47 Abs. 1 Strahlenschutzverordnung (StrlSchV)[583] regelt Grenzwerte für die Ableitungen radioaktiver Stoffe mit Luft oder Wasser aus anlagenbedingten Strahlenexpositionen von Einzelpersonen der Bevölkerung pro Kalenderjahr. Entscheidend ist also die Messung und Überwachung dieser Werte. Zur Sicherstellung eines bundeseinheitlichen Qualitätsstandards bei der Emissions- und Immissionsüberwachung führen bestimmte, in Anlage XIV zur Strahlenschutzverordnung genannte Verwaltungsbehörden des Bundes als Leitstellen **Vergleichsmessungen und Vergleichsanalysen** durch (**§ 48 Abs. 4 Satz 1 StrlSchV**). Auch für die Definition der **Leitstellen des Bundes für die Emissions- und Immissionsüberwachung** in Anlage XIV zu § 48 Abs. 4 StrlSchV ist das Kriterium der Bündelung von Fachkompetenz maßgeblich.[584] Den von diesen Leitstellen durchgeführten Messungen und Analysen kommt daher naturgemäß ein relativ hoher Beweiswert zu, zumal der Verordnungsgeber die Stellen selbst definiert. Im Zusammenhang mit dem Atomrecht sei übrigens angemerkt, dass in der Rechtsprechung zuweilen „zur Vermeidung unnötiger, kostspieliger Beweiserhebungen für das Gerichtsverfahren in Atomrechtsstreitigkeiten" hinsichtlich der

---

[581] *BVerwG*, Disziplinarsenat, Urt. v. 12.10. 2006 – 1 D 2.05 –, Rdnr. 34; *VGH BW*, Urt. v. 26.7. 2010 – 10 S 3384/08 –, Ls. 4, DVBl. 2011, 185.

[582] *John/Jankowski*, in: Koch, Umweltrecht, 3. Aufl. 2010, § 10 Rdnr. 122 mit einer Aufzählung der einschlägigen Akteure.

[583] Verordnung über den Schutz vor Schäden durch ionisierende Strahlen – Strahlenschutzverordnung – (StrSchV), BGBl. I 2001, 1714 und 2002 I 1459.

[584] Leitstellen des Bundes für die Emissions- und Immissionsüberwachung nach Anlage XIV zu § 48 Abs. 4 StrlSchV sind derzeit: Deutscher Wetterdienst, Bundesanstalt für Gewässerkunde, Bundesamt für Seeschifffahrt und Hydrographie, Max-Rubner-Institut, Bundesforschungsinstitut für Ernährung und Lebensmittel, Johann-Heinrich-von-Thünen-Institut, Bundesforschungsinstitut für ländliche Räume, Wald und Fischerei sowie das Bundesamt für Strahlenschutz.

VIII. Die Ablehnungsgründe

Beiziehung behördlich zurückgehaltener Unterlagen und Akten „ein schrittweises Vorgehen" als „sachdienlich erachtet hat".[585] Danach „muss ein Kläger zumindest Anhaltspunkte dafür vortragen, dass seine Rechte verletzt werden könnten", der „Standpunkt der Genehmigungsbehörde", die die Daten zurückhält, „muss widerlegbar erscheinen".[586] Der Sache nach handelt es sich um eine – nicht unproblematische -Durchbrechung des Verbots der Beweisantizipation (s. o. Rdnr. 136 ff.).

Beispiel 4: 226
Stellungnahmen der Fachbehörden im Altlastenrecht: Ein letztes Beispiel für fachbehördliche Gutachten, die von der Ausgangsbehörde zu bestimmten Spezialthemen eingeholt werden, sind die häufig zur Verursacher-Frage in Altlastenfällen eingeholten **Stellungnahmen der Wasserwirtschaftsämter** oder anderer zumeist staatlicher Fachbehörden. Derartigen fachbehördlichen Stellungnahmen wird von der verwaltungsgerichtlichen Rechtsprechung regelmäßig hoher Beweiswert zugemessen. Der Grund ist nahliegend. Er liegt in der Annahme, dass dort das gebündelte hydrogeologische und wasserwirtschaftliche Fachwissen vermutet wird. So lehnt die Rechtsprechung Beweisanträge auf Einholung von Sachverständigengutachten mit der Begründung ab, „dass die vom Beweisantrag umfassten Fragen bereits durch die schriftlichen und mündlichen gutachterlichen Aussagen des Wasserwirtschaftsamtes und des Amtes für Landwirtschaft und Forsten geklärt" seien.[587] In einem anderen Fall wurde ein Antrag auf Einholung eines Sachverständigengutachtens zur Aufklärung der Sanierungsbedürftigkeit einer Altlast mit der Begründung abgelehnt, es sei „nichts dafür ersichtlich, dass ein jetzt einzuholendes Gutachten zu besseren Erkenntnismöglichkeiten führt als die fachliche Stellungnahme des StAU".[588] Auf dieser Linie rechtfertigt der BayVGH (s. o. Rdnr. 205) die Ablehnung eines Sachverständigengutachtens damit, „dass die vom Beweisantrag umfassten Fragen bereits durch die schriftlichen und mündlichen gutachterlichen Aussagen des Wasserwirtschaftsamtes und des Amtes für Landwirtschaft und Forst geklärt sind und diese von der Klägerin nicht substantiiert in Frage gestellt werden".[589]

(3) Gutachten/Stellungnahme der „eigenen" Behörde (Ausgangsbehörde). 227
Es liegt auf der Hand, dass, anders als bei der vorgenannten Fallgruppe einer gutachterlichen Stellungnahme einer spezialisierten Fachbehörde, „eigenen" Stellungnahmen, Ausarbeitungen oder „Gutachten" der Ausgangsbehörde beweisrechtlich im Hinblick auf die Rechtsprechung zu § 412 Abs. 1 ZPO ein deutlich geringeres Gewicht beizumessen ist. Die Hürden, die hier an die Darlegungen des Beweisantragstellers hinsichtlich der „Ungeeignetheit" des Behörden-„Gutachtens" gestellt werden, dürfen hier gerade vor dem Hintergrund der grundrechtlichen Absicherung des Beweisantragsrechts durch Art. 103 Abs. 1 GG (s. o. Rdnr. 2 ff.) **keinesfalls überspannt** werden. Denn was die Ausgangsbehörde selbst an Schriftstücken fertigt, als Untersuchungen zusammenstellt oder als „Beweisaufnahme" in einer Besichtigung festhält,

---

[585] *OVG Niedersachsen*, Urt. v. 23.6. 2010 – 7 KS 215/03 –, DVBl. 2011, 115, 118 f. unter Berufung auf *BVerwG*, Urt. v. 22.10. 1987 – 7 C 4.85 –, BVerwGE 78, 177, 181.
[586] *OVG Niedersachsen*, Urt. v. 23.6. 2010 – 7 KS 215/03 –, DVBl. 2011, 115, 118 f. unter Berufung auf *BVerwG*, Urt. v. 22.10. 1987 – 7 C 4.85 –, BVerwGE 78, 177, 181.
[587] *BayVGH*, Beschl. v. 19.9. 2008 – 22 ZB 08.1523 –, Rdnr. 3: kein Verfahrensmangel.
[588] *VG Magdeburg*, Beschl. v. 29.1. 2001 – 1 A 303/99 MD – (unveröffentlicht) – StAU = Staatliches Amt für Umweltschutz.
[589] *BayVGH*, Beschl. v. 19.9. 2008 – 22 ZB 08.1523 –, Rdnr. 3.

Teil A. Beweisantragsrecht

dürfte im Ergebnis ähnlich wie **Parteivortrag** einzustufen sein. Eine Anwendung der BVerwG-Rechtsprechung (s.o. Rdnr. 203 f.) passt auf diese Fallgruppe **nicht**. Ausarbeitungen der Ausgangsbehörde, also einer Partei, haben keine neutrale Gutachten-Qualität. Eine Analogie zu § 412 Abs. 1 ZPO hat daher auszuscheiden.

228 *(4) „Privatgutachten" des Vorhabenträgers im Verwaltungsverfahren.* In der hier skizzierten Stufenfolge kommt dem „Privatgutachten", das der Vorhabenträger im Verwaltungsverfahren erstellt bzw. durch ein von ihm bezahltes Fachbüro erstellen lässt, naturgemäß der schwächste Beweiswert zu. An die Hürden, nach einem solchen „Privatgutachten" ein neues Gutachten in den Prozess einzuführen, sind geringe Anforderungen zu stellen, die jedenfalls **unterhalb** den vom BVerwG entwickelten Anforderungen liegen. Zweifelhaft ist auch hier, ob es sich überhaupt um ein „Behörden-Gutachten" im strengen Sinne handelt, § 412 Abs. 1 ZPO also überhaupt analog anwendbar ist. Der Vorhabenträger im Planfeststellungsverfahren nach den §§ 72 ff. VwVfG ist nicht die Planfeststellungsbehörde. Vorhabenträger kann auch – wie etwa bei einem **eisenbahnrechtlichen Planfeststellungsverfahren** – die Deutsche Bahn AG, also eine privatrechtliche Aktiengesellschaft sein.[590] Ein weiteres Beispiel für diese Fallgruppe stellen die Fälle des **großflächigen Einzelhandels** dar: Die Behörde fordert vom Investor die Vorlage eines kostspieligen **Marktgutachtens,** um die Hindernisse des § 34 Abs. 3 BauGB auszuräumen. Motivation hierfür ist u.a., dass die Behörde die Kosten eigener Sachverhaltsermittlung vermeiden möchte. Zwar durchläuft ein solches Marktgutachten immerhin eine behördliche Plausibilitätsprüfung, der Sache nach handelt es sich gleichwohl um ein Privatgutachten des Antragstellers. Für eine Privilegierung des Vorhabenträgers, namentlich der von diesem bestellten und bezahlten „Privatgutachten", im beweisrechtlichen Sinne besteht daher kein sachlicher Grund. Zudem verfolgt der Vorhabenträger primär seine eigenen (wirtschaftlichen) Interessen. Um diese realisieren zu können, „kauft" er u.a. Privatgutachten ein, die er der Behörde im Verwaltungsverfahren zur Verfügung stellt.

IX. Gerichtliche Entscheidung über den Beweisantrag

229 Auf einen in der mündlichen Verhandlung gestellten Hauptbeweisantrag hat das Gericht nur zwei Reaktionsmöglichkeiten: Entweder es erlässt einen Beweisbeschluss (s.u. Rdnr. 230) oder es erlässt einen Ablehnungsbeschluss (s.u. Rdnr. 231 ff.). Hierzu im Einzelnen:

1. Erlass eines Beweisbeschlusses

230 Gibt das Gericht dem Beweisantrag statt, so erlässt es einen **Beweisbeschluss** (Beispiele: **Anhang I, Bespiele 1, 3, 5, 10, 11, 16, S. 203 ff.**). Auch der Beweisbeschluss ist ein Gerichtsbeschluss, obgleich er nicht in § 86 Abs. 2 VwGO, der lediglich den ablehnenden Beschluss regelt, erwähnt wird. Die

---

[590] *BVerwG,* Urt. v. 19.1. 2000 – 11 C 6.99 –, Rdnr. 5 = NVwZ 2000, 673.

IX. Gerichtliche Entscheidung über den Beweisantrag

VwGO nennt Beweisbeschlüsse lediglich in der Regelung über die Statthaftigkeit der Beschwerde, nämlich in **§ 146 Abs. 2 VwGO**. Dort ist geregelt, dass Beweisbeschlüsse nicht mit der Beschwerde angefochten werden können, was der Vermeidung von Verfahrensverzögerungen dienen soll.[591] Erlässt das Gericht den Beweisbeschluss, hat der Antragsteller sein Ziel, die Durchführung einer bestimmten Beweisaufnahme, vollständig erreicht. Die Formulierung des Beweisbeschlusses, mit dem das Gericht einem Beweisantrag stattgibt, braucht jedenfalls den Anwalt weniger zu interessieren; wenn das Beweisthema mit denselben Worten gekennzeichnet wird, wie er es im Beweisantrag umschrieben hat, weiß der Anwalt, dass er nicht nur in der Sache, sondern auch sprachlich ins Schwarze getroffen hat (Beispiele: **Anhang I, Beispiele 2–5, S. 205 ff.**).[592] Das Gericht hat zudem stets dann einen förmlichen Beweisbeschluss zu erlassen, wenn die Beweisaufnahme ein „besonderes Verfahren" erfordert (§ 98 VwGO i.V.m. § 358 ZPO) oder die Vernehmung eines Beteiligten angeordnet wird (§ 98 VwGO i.V.m. § 450 Abs. 1 Satz 1 ZPO).[593] Der **Inhalt eines Beweisbeschlusses** richtet sich nach § 98 VwGO i.V.m. **§ 359 ZPO**.[594] Nach der Rechtsprechung des BVerwG gilt für Beweisbeschlüsse, die vom beauftragten Richter auszuführen sind, folgende Besonderheit: „Die in § 98 VwGO in Bezug genommene Vorschrift des § 359 Nr. 1 ZPO ist im Verwaltungsgerichtsprozeß im Hinblick auf den hier geltenden Untersuchungsgrundsatz in der Weise entsprechend anzuwenden, daß es der Bezeichnung konkreter Tatsachen in einem vom beauftragten Richter auszuführenden verwaltungsgerichtlichen Beweisbeschluß nicht bedarf, sondern ausreichend ist, wenn der Beweisbeschluß die Richtung erkennen läßt, in der das Gericht eine weitere Beweisaufnahme für nötig erachtet."[595] Dagegen soll – trotz der Verweisung in § 98 VwGO – ein förmlicher Beweisbeschluss im Verwaltungsprozess ohne Rücksicht auf § 360 ZPO vom Gericht jederzeit von Amts wegen wieder aufgehoben werden können:[596] „Ein förmlicher Beweisbeschluß nach § 98 VwGO in Verbindung mit §§ 358, 359 ZPO kann ohne Rücksicht auf § 360 ZPO vom Gericht jederzeit von Amts wegen wieder aufgehoben werden, insbesondere dann, wenn – wie hier – das Gericht die vorgesehene Beweiserhebung nach erneuter mündlicher Verhandlung als unerheblich ansieht. Da der Kläger in der letzten mündlichen Verhandlung nach Verkündung und Begründung des Beschlusses über die Aufhebung des Beweisbeschlusses keinen zusätzlichen oder ergänzenden Beweisantrag zu Pro-

---

[591] *Guckelberger*, in: Sodan/Ziekow, VwGO, 3. Aufl. 2010, § 146 Rdnr. 20.

[592] *Dawin*, Der Beweisantrag im Verwaltungsprozess, in: Deutsches Anwaltsinstitut (Hrsg.), Brennpunkte des Verwaltungsrechts. Verwaltungsrechtliche Jahresarbeitstagung 2009, S. 167, 185.

[593] *Rixen*, in: Sodan/Ziekow, VwGO, 3. Aufl. 2010, § 86 Rdnr. 110; *Lang*, in: Sodan/Ziekow, VwGO, 3. Aufl. 2010, § 98 Rdnr. 58 unter Berufung auf *BVerwG*, Buchholz 310 § 98 VwGO Nr. 2.

[594] *Rixen*, in: Sodan/Ziekow, VwGO, 3. Aufl. 2010, § 86 Rdnr. 110.

[595] *BVerwG*, Beschl. v. 2.12. 1987 – 9 B 229/87 –, Ls = Buchholz 310 § 98 VwGO Nr. 32.

[596] *BVerwG*, Beschl. v. 25.9. 1975 – 5 B 9.75 –, Rdnr. 6 = Buchholz 427.3 § 360 LAG Nr. 52; von der Anwendbarkeit von § 360 ZPO ausgehend: *Rixen*, in: Sodan/Ziekow, VwGO, 3. Aufl. 2010, § 86 Rdnr. 110.

tokoll gestellt hat, kann er nicht geltend machen, daß sein früheres schriftsätzliches Beweisanerbieten durch die Aufhebung des Beweisbeschlusses übergangen worden bzw. unberücksichtigt geblieben sei. Nach der Rechtsprechung des Bundesverwaltungsgerichts ist ein Beweisantrag nur dann im Sinne von § 86 Abs. 2 VwGO in der mündlichen Verhandlung gestellt, wenn er zur Herbeiführung eines Gerichtsbeschlusses zu Protokoll gegeben wird, nicht schon, wenn er sich in einem Schriftsatz befindet (BVerwGE 18, 216 (217); 21, 184 (185) u. 30, 57 (58)). In der Nichtberücksichtigung eines in der mündlichen Verhandlung nicht gestellten Beweisantrags liegt auch keine Versagung des rechtlichen Gehörs."[597]

2. Erlass eines Ablehnungsbeschlusses i. S. v. § 86 Abs. 2 VwGO

231 a) **Allgemeines.** Lehnt das Gericht einen in der mündlichen Verhandlung gestellten Beweisantrag hingegen ab, so sieht die VwGO zwingend vor, dass dies nur durch einen **Gerichtsbeschluss**, der zu **begründen** ist, erfolgen darf (§ 86 Abs. 2 VwGO). Der Beschluss, mit dem das Gericht den Beweisantrag ablehnt, muss immer als selbstständige, dem Urteil zeitlich **vorausgehende** Entscheidung ergehen.[598] Ist der Antrag in mündlicher Verhandlung gestellt worden, muss der Beschluss **verkündet** werden.[599]

232 b) **Recht auf Aushändigung des schriftliches Beschlusses/Akteneinsicht.** Lehnt das Gericht einen in der mündlichen Verhandlung gestellten Beweisantrag hingegen ab, so sieht die VwGO zwingend vor, dass dies nur durch einen **Gerichtsbeschluss**, der zu **begründen** ist, erfolgen darf (§ 86 Abs. 2 VwGO). Der Beschluss, mit dem das Gericht den Beweisantrag ablehnt, muss immer als selbstständige, dem Urteil zeitlich **vorausgehende** Entscheidung ergehen.[600] Ist der Antrag in mündlicher Verhandlung gestellt worden, muss der Beschluss **verkündet** werden.[601]

233 In der Praxis ist von Bedeutung, ob die Partei, deren Beweisanträge abgelehnt wurden, die Möglichkeit oder sogar das Recht hat, den Text des ablehnenden Beschlusses ausgehändigt zu bekommen. Dies kann gerade bei Beschlüssen, die über eine Vielzahl von Beweisanträgen oder über komplexe Beweisanträge entscheiden und daher umfangreich sind, bei der Erarbeitung der Reaktion während einer Unterbrechung/Vertagung der Sitzung sinnvoll sein, um sachgerecht die monita des Gerichts abarbeiten zu können. Es gibt Vorsitzende, die die Ablehnung von Beweisanträgen mehr oder weniger ad hoc mündlich in das Sitzungsprotokoll diktieren, es gibt aber auch Kammern/

---

[597] *BVerwG*, Beschl. v. 25.9. 1975 – 5 B 9.75 –, Rdnr. 6 = Buchholz 427.3 § 360 LAG Nr. 52.

[598] *Dawin*, in: Schoch/Schmidt-Aßmann/Pietzner, VwGO, Stand: Nov. 2009, § 86 Rdnr. 123; *Rixen*, in: Sodan/Ziekow, VwGO, 3. Aufl. 2010, § 86 Rdnr. 84 f.

[599] *Dawin*, in: Schoch/Schmidt-Aßmann/Pietzner, VwGO, Stand: Nov. 2009, § 86 Rdnr. 123 f.; *Rixen*, in: Sodan/Ziekow, VwGO, 3. Aufl. 2010, § 86 Rdnr. 84 f.

[600] *Dawin*, in: Schoch/Schmidt-Aßmann/Pietzner, VwGO, Stand: Nov. 2009, § 86 Rdnr. 123.

[601] *Dawin*, in: Schoch/Schmidt-Aßmann/Pietzner, VwGO, Stand: Nov. 2009, § 86 Rdnr. 123 f.; *Rixen*, in: Sodan/Ziekow, VwGO, 3. Aufl. 2010, § 86 Rdnr. 84 f.

IX. Gerichtliche Entscheidung über den Beweisantrag

Senate, die aus einer Beratungspause mit einem schriftlich ausformulierten, mehrseitigen Beschluss zurückkehren und diesen verlesen.

234 Ob die Prozesspartei, die den Beweisantrag gestellt hat, ein Recht auf **Aushändigung einer schriftlichen Fassung** des ablehnenden Beschlusses hat, ist § 86 Abs. 2 VwGO nicht zu entnehmen. Ein solches Recht würde naheliegen, wenn der Beschluss **zwingend schriftlich** zu begründen wäre. Er gehörte dann zur Gerichtsakte, in die die Prozesspartei nach § 100 Abs. 1 VwGO Akteneinsicht nehmen kann. Zudem könnte sich die Partei dann gemäß § 100 Abs. 2 Satz 1 VwGO von dem Beschluss eine Abschrift erteilen lassen. Indes hat das BVerwG bereits früh entschieden, dass der Beschluss nach § 86 Abs. 2 VwGO „nicht notwendig schriftlich ergehen muss".[602]

235 Verkündet das Gericht einen schriftlichen Beschluss, kann der Antragsteller gemäß **§ 100 Abs. 2 Satz 1 VwGO die Aushändigung einer Abschrift des Beschlusstextes** bereits während der laufenden mündlichen Verhandlung verlangen. Das entspricht jedenfalls dem Gesetzeszweck, „sich auf die durch die Ablehnung des Beweisantrages geschaffene Verfahrenslage einzustellen".[603] Gerade bei umfangreichen und komplexen Ablehnungsbeschlüssen **(Beispiel: Anhang Ziff. I Nr. 8, S. 215 ff.)** liefe eine gerichtliche Verweigerung einer solchen Aushändigung im Ergebnis auf die Verweigerung eines fairen Verfahrens und einer effektiven Rechtsaktionsmöglichkeit hinaus. Sollte das Gericht die Aushändigung gleichwohl in einem solchen Falle verweigern, ist zu erwägen, nach Verkündung des ablehnenden Beschlusses einen Vertagungsantrag mit der Begründung zu stellen, dass der Antragsteller nur so die Gelegenheit erhalte, sich mit dem ablehnenden Beschluss – über einen Akteneinsichtsantrag gemäß § 100 Abs. 1 VwGO in die Gerichtsakte – sachgerecht auseinanderzusetzen und reagieren zu können. Ergänzend kann folgende Vorgehensweise sinnvoll sein: Man kann bereits beim Stellen eines umfangreichen Beweisantrags die Schriftlichkeit des Beschlusses anregen, sowohl für den Fall eines Beweisbeschlusses als auch für den Fall der Zurückweisung des Antrags.

236 **c) Recht auf Protokollierung nur mündlich mitgeteilter Ablehnungsgründe (§ 105 VwGO i.V.m. § 160 Abs. 2 ZPO). aa) Praxis.** In der Praxis lehnen Gerichte gerade kürzere oder erst spontan aus dem Verlauf der mündlichen Verhandlung heraus gestellte Beweisanträge regelmäßig durch nur **mündlich** verkündeten Beschluss ab. Dies ist – wie gesagt – zulässig, weil der Beschluss nach § 86 Abs. 2 VwGO nicht notwendig schriftlich ergehen muss.[604] Ganz unschuldig ist ein anwaltlich vertretener Kläger an der Vorgehensweise des Gerichts allerdings nicht. Er hat mit seinen „spontanen" Beweisanträgen dem Gericht den Eindruck vermittelt, er sei für die mündliche Verhandlung nicht ausreichend vorbereitet gewesen. Dies allerdings nur

---

[602] *BVerwG*, Urt. v. 23.6. 1961 – IV C 308.60 –, Ls. 2 = BVerwGE 12, 268 = NJW 1961, 2081 = DVBl. 1961, 668.

[603] *BVerwG*, Urt. v. 23.6. 1961 – IV C 308.60 –, Ls. 2 = BVerwGE 12, 268 = NJW 1961, 2081 = DVBl. 1961, 668.

[604] *BVerwG*, Urt. v. 23.6. 1961 – IV C 308.60 –, Ls. 2 = BVerwGE 12, 268 = NJW 1961, 2081 = DVBl. 1961, 668.

Teil A. Beweisantragsrecht

dann, wenn es sich nicht um solche „spontanen" Beweisanträge handelt, die der Antragsteller als Reaktion auf Ablehnungsbeschlüsse nach § 86 Abs. 2 VwGO stellt. Denn dort ist die spontane Reaktion ja gerade geboten (s. o. Rdnr. 244 ff.).

237 Lediglich mündlich mitgeteilte Ablehnungsgründe verhallen gewissermaßen „im Raum", wenn sie nicht sofort schriftlich fixiert werden, und zwar zutreffend. Für den Anwalt und auch für das Rechtsmittelgericht birgt diese Verfahrensweise des Gerichts die missliche Konsequenz, dass die Nachprüfbarkeit gemindert wird. Prozesstaktisch ist es in jedem Falle ratsam, dass die Partei, die die Beweisanträge gestellt hat, beim Gericht sogleich **förmlich beantragt**, die Gründe für die Ablehnung in das Protokoll aufzunehmen. Denn nur so wird das Gericht gezwungen, sich im Zeitpunkt des ablehnenden Beschlusses zumindest auf einen bestimmten Begründungstyp festzulegen. Nur diese Vorgehensweise ermöglicht zudem den Abgleich zwischen Ablehnungsbeschluss und den späteren Urteilsgründen hinsichtlich der vom Gericht gegebenen Begründung für die Ablehnung der Beweisanträge.[605] Damit stellt sich die entscheidende Frage, ob die einen Beweisantrag stellende Partei einen Rechtsanspruch darauf hat, dass das Gericht die Gründe des Beschlusses gemäß § 86 Abs. 2 VwGO im Falle eines (nur) mündlich bekannt gegebenen Beschlusses in das Protokoll aufnimmt. Es gibt Instanzgerichte, die dies verneinen. So lehnte beispielsweise das **VG Köln** – trotz entsprechenden ausdrücklichen Antrages – die Protokollierung der Ablehnungsgründe mit der Begründung ab, „dass ein Rechtsanspruch auf Aufnahme der einzelnen Ablehnungsgründe in das Protokoll nicht gegeben ist. Es besteht lediglich ein Anspruch auf Begründung in der mündlichen Verhandlung."[606] Andere Gerichte protokollieren die Ablehnungsgründe wie selbstverständlich. Die Frage ist umstritten.

238 **bb) Argumente für das Recht auf Protokollierung. Der Antragsteller hat ein Recht auf Protokollierung der Ablehnungsgründe.** Dafür sprechen mehrere Argumente:

239 Nach Ansicht des BVerwG soll dem Berufungs- oder Revisionsgericht eine Nachprüfung der zurückweisenden Erwägungen ermöglicht werden.[607] Wie aber soll das Rechtsmittelgericht eine Nachprüfung gerade der für die Ablehnung des Beweisantrages maßgeblichen Gründe des Ausgangsgerichts vornehmen können, wenn es diese Gründe nicht zuverlässig dokumentiert zur Kenntnis bekommt? Diese Kenntnis von den Ablehnungsgründen kann dem Rechtsmittelgericht bei nur mündlich ergangenem Beschluss insbesondere das Protokoll vermitteln. Die Entscheidungsgründe genügen nicht, weil dann gerade die effektive Reaktionsmöglichkeit (s. o. Rdnr. 38 ff.) abgeschnitten würde. Völlig zu Recht weist Jacob daher darauf hin: „Was die Formalien angeht, so hat das Protokoll den Beschlusstenor mit Begründung zu Nachweiszwecken zu enthalten. Ein Hinweis, dass die Ablehnung (mündlich) begründet

---

[605] *Jacob*, VBlBW. 1997, 41, 45.
[606] *VG Köln*, Beschl. v. 12.3. 2010 – 18 K 409/08 –, S. 8 (unveröffentlicht).
[607] *BVerwG*, Urt. v. 23.6. 1961 – IV C 308/60 – = BVerwGE 12, 268, 270 f. = NJW 1961, 2081, 2082.

IX. Gerichtliche Entscheidung über den Beweisantrag

worden sei, aber nicht in welcher Weise, versperrt dem Rechtsmittelgericht die inhaltliche Überprüfung."[608] Dem Rechtsmittelgericht fehlt ein wesentlicher Baustein für die **Kontrolle der Ablehnung**, wenn es die Genese und das Wechselspiel von Beweisantrag, Ablehnungsgründen und darauf reagierendem neuen Beweisantrag aus dem Protokoll nicht nachvollziehen kann. Ohne die Protokollierung würden zudem dem Erstgericht **Manipulationsmöglichkeiten** eröffnet; es könnte die Ablehnungsgründe nach Schluss der mündlichen Verhandlung austauschen und für die Urteilsgründe „passend machen". Genau dies soll nicht sein: „Im Urteil darf sich das Gericht mit der Ablehnungsbegründung nicht in Widerspruch setzen, insbesondere die Urteilsgründe nicht auf das Gegenteil der unter Beweis gestellten Tatsache stützen."[609] Letzteres aber wäre folgenlos möglich, wenn die Ablehnungsgründe nicht protokolliert werden müssten.

Die Begründung der Ablehnung gemäß § 86 Abs. 2 VwGO ist wegen des Zwecks „der Effektuierung [des] Anspruchs auf rechtliches Gehör"[610] ein wesentlicher Vorgang der Verhandlung und ist zwingend in das Protokoll aufzunehmen (§ 105 VwGO i.V.m. § 160 Abs. 2 ZPO).[611] Dies folgt auch aus der allgemeinen rechtsstaatlichen Forderung, dass belastende Entscheidungen zu begründen sind. **240**

Nach § 160 Abs. 2 ZPO sind „alle wesentlichen Vorgänge der Verhandlung [in das Protokoll] aufzunehmen".[612] **Wesentlich** ist die Begründung der Ablehnung, weil sich aus ihr ergibt, „ob das Gericht den Antrag in zulässiger Weise abgelehnt hat und somit kein Verfahrensmangel vorliegt".[613] Was wesentlich im Sinne von § 160 Abs. 2 ZPO ist, bestimmt u.a. Art. 103 Abs. 1 GG,[614] der hier – wie gezeigt – eindeutig berührt ist.[615] Völlig zu Recht weist Jacob daher darauf hin: „Soll der Beweisantragsteller (…) die gerichtliche Interpretation seines Beweisantrags nicht mehr rügen können, wenn er nach ihrer Bekanntgabe untätig bleibt, dann muss diese Interpretation aus dem Protokoll auch ersichtlich sein. Zu demselben Ergebnis führt die Pflicht des Gerichts, den ablehnenden Beschluss nach § 173 VwGO i.V.m. § 329 Abs. 1 Satz 1 ZPO zu verkünden; „auch hierzu gehört die Angabe (und Protokollierung), der nach der ausdrücklichen Gesetzesvorschrift des § 86 Abs. 2 VwGO erforderlichen Begründung."[616] Durch eine Verweigerung der Protokollierung der Ablehnungsgründe würde es dem Antrag- **241**

---

[608] *Jacob*, VBlBW. 1997, 41, 45.
[609] *BGH*, 2. Strafsenat, Urt. v. 19.9. 2007 – 2 StR 248/07 –, Rdnr. 9 = StraFo 2008, 29.
[610] *Dawin*, in: Schoch/Schmidt-Aßmann/Pietzner, VwGO, Stand: Nov. 2009, § 86 Rdnr. 87; ebenso: *Breunig*, in: Posser/Wolff, VwGO, 2008, § 86 Rdnr. 62.
[611] *Geiger*, in: Eyermann, VwGO, 12. Aufl. 2006, § 86 Rdnr. 30; *Jacob*, VBlBW. 1977, 41, 45; *Breunig*, in: Posser/Wolff, VwGO, 2008, § 86 Rdnr. 68.
[612] *Stöber*, in: Zöller, ZPO, 28. Aufl. 2010, § 160 Rdnr. 3.
[613] *Geiger*, in: Eyermann, VwGO, 12. Aufl. 2006, § 86 Rdnr. 30.
[614] *Baumbach/Lauterbach/Albers/Hartmann*, ZPO, 68. Aufl. 2010, § 160 Rdnr. 7 m.w.N.
[615] *Dawin*, in: Schoch/Schmidt-Aßmann/Pietzner, VwGO, Stand: Nov. 2009, § 86 Rdnr. 87.
[616] *Jacob*, VBlBW. 1997, 41, 45.

Teil A. Beweisantragsrecht

steller erschwert, sinnvoll und effektiv neue bzw. ergänzende Beweisanträge zu stellen.

242 Die Gegenauffassung meint sich auf einen Beschluss des BVerwG stützen zu können, wonach alternativ zur Aufnahme der Ablehnungsgründe in das Protokoll auch genügen soll, dass das Gericht „seine Begründung für die Zurückweisung der Beweisanträge in den Entscheidungsgründen darlegt".[617] Das genannte Judikat ist wohl als „Ausreißer" zu deuten; denn in einer anderen Entscheidung betont das BVerwG ausdrücklich, „dass es im Hinblick auf die Begründungspflicht nach § 86 Abs. 2 VwGO eines **vorherigen** Hinweises an die Kläger bedürfte, sofern das Berufungsgericht (…) von der damals für die Zurückweisung der Beweisanträge in der mündlichen Verhandlung gegebenen Begründung, die behaupteten Tatsachen seien nicht entscheidungserheblich, abweichen und nunmehr aus einem anderen Grunde dem Beweisantrag nicht entsprechen will".[618] Die hier vertretene Rechtsauffassung deckt sich im Übrigen mit der **Rechtsprechung des BGH** in Strafsachen zur strafprozessualen Parallelnorm des § 244 Abs. 6 StPO, wonach die Ablehnung eines Beweisantrages eines Gerichtsbeschlusses bedarf. Auch der BGH betont, dass einer der Zwecke der Begründungspflicht darin besteht, „dass dem Revisionsgericht die rechtliche Überprüfung des Beschlusses ermöglicht werden" soll.[619] Folgerichtig urteilt der BGH in Strafsachen, dass der Gerichtsbeschluss nach § 244 Abs. 6 StPO, mit dem ein Beweisantrag abgelehnt wird, „einschließlich des wesentlichen Inhalts der Begründung gem. § 273 Abs. 1 StPO zu protokollieren" ist.[620] Nur so ist das Gericht – so der BGH – zu „einer sorgfältigen Auseinandersetzung mit den Beweisanträgen gezwungen.

243 Praxistipp:
Der Antragsteller von Beweisanträgen sollte im Falle des mündlich verhandelten Ablehnungsbeschlusses nach § 86 Abs. 2 VwGO **darauf bestehen, dass** das **Gericht** die einzelnen **Ablehnungsgründe** gem. § 105 VwGO, § 160 Abs. 2 ZPO **zu Protokoll nimmt**. Weigert sich das Gericht, dies zu tun, sollte dies in derselben mündlichen Verhandlung unverzüglich und ausdrücklich zu Protokoll **gerügt** werden.[621] Dann muss beantragt werden, diese Rüge ins Protokoll aufzunehmen. Allerdings der „Friede" in der mündlichen Verhandlung ist dann (endgültig) dahin. Aber der Anwalt muss bei einer derartigen Verfahrenslage ohnedies nur an die nächste Instanz denken. Notfalls kann die Rüge als kurzer, handschriftlicher Schriftsatz zur Akte gereicht werden.

---

[617] *BVerwG*, Beschl. v. 10.6.2003 – 8 B 32.03 –, Rdnr. 7 = Buchholz 310 § 86 Abs. 2 VwGO Nr. 57 ohne Begründung.

[618] *BVerwG*, Beschl. v. 19.4.1999 – 8 B 150.98 –, Rdnr. 8 = Buchholz 310 § 130 a VwGO Nr. 37 = NVwZ-RR 1999, 537. In diesem Judikat betont das *BVerwG* zutreffend, dass eine Auswechslungsmöglichkeit hinsichtlich der Ablehnungsgründe dem Sinn und Zweck der Regelung, dem Antragsteller ein Sich-Einstellen auf die geschaffene Prozesssituation zu ermöglichen, zuwiderlaufe.

[619] *BGH*, Urt. v. 18.1.1994 – 1 StR 745/93 –, Rdnr. 24 = BGHSt 40, 60.

[620] *BGH*, Beschl. v. 22.3.1994 – 5 StR 8/94 – = StV 1994, 635; ebenso: *Fischer*, in: Hannich, Hrsg. Karlsruher Kommentar zur StPO, 6. Aufl. 2008, § 244 Rdnr. 118.

[621] Die Tendenz zur Annahme von Rügeverlust ist in der Rechtsprechung verbreitet: vgl. etwa *BVerwG*, Beschl. v. 6.8.2009 – 2 B 45.09 –, Ls. 2 und Rdnr. 20 – Rüge unzulässiger Beweismittelverwertung.

X. Reaktion bei Ablehnung von Beweisanträgen

1. Stellen anderer bzw. modifizierter Beweisanträge zur Vermeidung eines Rügeverlusts – Obliegenheiten im eigenen Interesse

Lehnt das Verwaltungsgericht den Beweisantrag oder die Beweisanträge ab, so kommt es zu einem „ersten" Schwur. Der Antragsteller ist nun in die Lage versetzt, über den Stand der gerichtlichen Meinungsbildung informiert zu sein. Er kann sich durch neue oder modifizierte Beweisanträge oder neuen Sachvortrag auf die geänderte Prozesssituation einstellen (s. o. Rdnr. 38 ff.). Entscheidend ist, dass der Antragsteller die Verkündung eines Ablehnungsbeschlusses im Sinne von § 86 Abs. 2 VwGO **nicht reaktionslos** hinnehmen darf, sondern weitestmöglich versuchen muss, diejenigen Beanstandungen, aus denen das Gericht seinen Beweisantrag abgelehnt hat, durch einen neuen bzw. modifizierten Beweisantrag oder durch einen weiteren Sach- oder Rechtsvortrag abzustellen. Entnimmt der Antragsteller dem zurückweisenden Beschluss beispielsweise, dass das Gericht seinen Antrag missverstanden oder nicht voll erfasst hat, muss er seinerseits das Gericht darauf hinweisen, ggf. seinen Antrag klarstellen bzw. seinen Vortrag ergänzen.[622]

244

Ebenso sieht es das **BVerwG**. So hat es die Revision wegen eines Verfahrensfehlers nach § 132 Abs. 2 Nr. 3 VwGO mit der Begründung nicht zugelassen, die **Aufklärungsrüge** stelle „**kein Mittel dar, um Versäumnisse eines Verfahrensbeteiligten in der Tatsacheninstanz zu kompensieren**".[623] Der Kläger hatte in der Nichtzulassungsbeschwerde gerügt, das OVG habe bestimmte Beweisanträge fehlerhaft als unzulässige Ausforschungsbeweise abgelehnt, weil es sein Tatsachenvorbringen bei der Bewertung der Beweisanträge missverstanden habe. Das BVerwG hat die Verfahrensrüge mit dem Argument zurückgewiesen, der Kläger habe mit dem Ablehnungsbeschluss gemäß § 86 Abs. 2 VwGO die Begründung für die Ablehnung gekannt. Wörtlich heißt es: „Die nunmehr zur Darlegung der Aufklärungsrüge geltend gemachte Verkennung des Beweisthemas war demnach für den Kläger und seinen damaligen Prozessbevollmächtigten schon in der mündlichen Verhandlung vor dem Oberverwaltungsgericht erkennbar. Die Aufklärungspflicht wird aber dann nicht verletzt, wenn ein anwaltlich vertretener Kläger es nach Bekanntgabe der Gründe für die Ablehnung eines Beweisantrages unterlässt, einen – das als „verkannt" gerügte Beweisthema – **klarstellenden weiteren Beweisantrag zu stellen**. Dem entspricht es, dass § 86 Abs. 2 VwGO das Gericht verpflichtet, die Ablehnung eines in der mündlichen Verhandlung unbedingt gestellten Beweisantrages zu begründen, um die Verfahrensbeteiligten in die Lage zu versetzen, sich auf die geschaffene Verfahrenslage einzustellen. Wird ein Aufklärungsmangel damit begründet, dass das Gericht einen Beweisantrag zu Unrecht abgelehnt hat, weil es das Beweisthema missverstanden hat,

245

---

[622] *Schmitt*, Beweisantragsrecht (2010), S. 11.
[623] *BVerwG*, Beschl. v. 16.11. 2010 – 7 B 41.10 –, Rdnr. 8; ebenso *BVerwG*, Beschl. v. 19.1. 2010 – 4 B 2.10 –, Rdnr. 2.

Teil A. Beweisantragsrecht

muss derjenige, der sich auf den Verfahrensmangel beruft, sich zudem entgegenhalten lassen, dass es ihm oblegen hätte, entweder um eine kurze Sitzungsunterbrechung zum Zwecke der Formulierung eines anderen Beweisantrages zu ersuchen oder das erkennende Gericht unmittelbar mit einem veränderten Aufklärungsbegehren zu befassen."[624] Etwas anderes gilt ausnahmsweise dann, wenn dies dem Bevollmächtigten des Klägers in der mündlichen Verhandlung „aus besonderen Gründen unzumutbar" war.[625]

246 Auch nach der Rechtsprechung des **BGH** sind Verfahrensrügen in Bezug auf vermeintlich zu Unrecht abgelehnte Beweisanträge unzulässig, wenn dem Antragsteller ein aus seiner Sicht bestehendes richterliches „Missverständnis über die Reichweite der Beweisanträge aus der Begründung der Ablehnungsbeschlüsse bewusst war, eine Klarstellung" des Beweisantrages jedoch gleichwohl unterblieben ist.[626] Dem liegt eine allgemein zu beobachtende Neigung der Rechtsprechung zugrunde, **Rügeverluste** für den Fall anzunehmen, dass der Antragsteller sich gegen eine ihn belastende gerichtliche Entscheidung nicht unverzüglich zur Wehr setzt. Im Falle abgelehnter Beweisanträge versteht sich dies aus dem Sinn und Zweck des Beweisantragsrechts eigentlich von selbst. Die antragstellende Partei darf nach einem Ablehnungsbeschluss **nicht untätig bleiben.** Es ist ihre prozessuale Obliegenheit, durch neues Vorbringen oder durch neue Beweisanträge zu versuchen, auf die sich abzeichnende Entscheidung Einfluss zu nehmen. Versäumt sie dies, verliert sich zu Recht die prozessuale Möglichkeit, später Verfahrens- und Gehörsrügen zu erheben (s. o. Rdnr. 41 ff.).

2. Antrag auf Unterbrechung oder Vertagung? – die „Minuten-Theorie"

247 Um sich entsprechend dem **Sinn und Zweck des § 86 Abs. 2 VwGO auf die durch die** Ablehnung entstandene neue prozessuale Situation einstellen und neue Beweisanträge ausarbeiten zu können, benötigt die Partei ein **angemessenes** Zeitfenster. Um sich dieses zu eröffnen, wird sie tunlichst Unterbrechung oder sogar Vertagung der Verhandlung beantragen. Eine Kernfrage zur Reaktionsmöglichkeit des Antragstellers nach Zurückweisung lautet: **Wie viel Zeit muss das Gericht ihm hierfür geben?** Nach Auffassung des **OVG Magdeburg** muss einer Prozesspartei „nach der Ablehnung ihrer förmlich gestellten Beweisanträge **ausreichend** Zeit eingeräumt werden", „um sich auf die neue Situation einstellen und ggf. neue Anträge formulieren zu können". Er-

---

[624] *BVerwG*, Beschl. v. 16.11.2010 – 7 B 41.10 –, Rdnr. 10; ebenso *BVerwG*, Beschl. v. 19.1.2010 – 4 B 2.10 –, Rdnr. 2.

[625] *BVerwG*, Beschl. v. 16.11.2010 – 7 B 41.10 –, Rdnr. 10; ebenso *BVerwG*, Beschl. v. 19.1.2010 – 4 B 2.10 –, Rdnr. 2; *BVerwG*, Beschl. v. 30.7.2008 – 5 B 59/08 – = Buchholz 310 § 132 Abs. 2 Nr. 3 VwGO Nr. 50 Rdnr. 4.

[626] *BGH*, 5. Strafsenat, Urt. v. 12.5.2005 – 5 StR 238/04 –, Rdnr. 15 = NJW 2005, 2242 = NStZ 2005, 568 = StV 2005, 496; ebenso: *BGH*, 3. Strafsenat, Urt. v. 14.8.2008 – 3 StR 181/08 –, Rdnr. 17 = NStZ 2009, 171 = StV 2009, 62 – unzutreffende richterliche Auslegung eines Beweisantrages kann mit der Revision nicht beanstandet werden, wenn diese auf missverständlicher Formulierung durch den Antragsteller beruht und dieser das Missverständnis in der Hauptverhandlung nicht ausräumt.

X. Reaktion bei Ablehnung von Beweisanträgen

folge die Ablehnung „in der mündlichen Verhandlung, so soll dafür in der Regel die wesentlich kürzere Frist von **wenigen Minuten**" genügen.[627] Auch nach Auffassung von *Kopp/Schenke* sollen „in der mündlichen Verhandlung in der Regel wenige Minuten, allenfalls eine kurze „Bedenkzeit" zur Reaktion auf die Ablehnung genügen.[628]

a) Grundsatz der Effektivität der Reaktionsmöglichkeit. Eine solche „**Minuten-Theorie**" ist in ihrer Pauschalität mit § 86 Abs. 2 VwGO, mit dem Grundrecht auf rechtliches Gehör (Art. 103 Abs. 1 GG) und mit dem Recht auf ein faires Verfahren (Art. 6 Abs. 1 EMRK) unvereinbar. Ausgangspunkt der Überlegungen muss der oben beschriebene Zweck der Vorschrift sein: Der Prozesspartei, die den Beweisantrag gestellt hat, soll hierdurch die **effektive Möglichkeit** einer prozessual sinnvollen Reaktion auf eine Ablehnung eröffnet werden. § 86 Abs. 2 VwGO „dient zugleich der Sicherung der **Effektivität** des Rechts der Beteiligten, Beweisanträge zu stellen" und damit der Wahrung des rechtlichen Gehörs.[629] Ein Vergleich mit dem Strafprozessrecht beleuchtet schlaglichtartig, worum es hier geht: Für das Strafprozessrecht wird vor dem Hintergrund der Leitentscheidung des BGH intensiv über eine Fristsetzung für Beweisanträge diskutiert, wobei die sachliche Konfliktlinie zwischen wirksamem Beweisantragsrecht und rechtlichem Gehör einerseits sowie Beschleunigungsgebot andererseits verläuft.[630]

Vor diesem Hintergrund wird deutlich, dass die Verhandlungsführung eines Verwaltungsgerichts, die einem Prozessbeteiligten nach Ablehnung seines Beweisantrages nur eine sehr **begrenzte Reaktionszeit** einräumt, **im Ergebnis funktional nichts anderes** ist, als **eine Fristsetzung für das Anbringen neuer Beweisanträge**. Hierzu hat das BVerfG in seinem Beschluss vom 24.3. 2010 (wiederum für den Strafprozess) klargestellt, dass bestimmender Maßstab die Möglichkeit auf effektive Teilhabe an der Sachverhaltsaufklärung sein muss. Eine solche Fristsetzung – so das BVerfG – sei „nur in gewissen Prozesskonstellationen ernsthaft in Betracht zu ziehen".[631] Wörtlich führt das BVerfG aus: „Diese Möglichkeit auf effektive Teilhabe an der Sachverhaltsaufklärung wird vorliegend durch die sehr kurze Frist von unter 24 Stunden unzulässig beschnitten. Gerade im Hinblick auf die neue Prozesssituation, welche unmittelbar zuvor infolge der Abtrennung des Verfahrens gegen einen geständigen Mitangeklagten entstanden ist, werden die Verfahrensbeteiligten hierdurch gedrängt, binnen kurzer Zeit ihre Schlussfolgerungen aus dem prozessualen Vorgehen des Gerichts zu ziehen, dieses aus ihrer Sicht zu bewerten und ihr weiteres Prozessverhalten festzulegen. Die Frist muss es den Verfahrensbeteiligten jedoch ermöglichen, auf der Basis des bisherigen Prozessverlaufs, darüber zu entscheiden, ob und ggf. welche Beweisanträge noch gestellt werden sollen. Dies setzt die **Zubilligung eines** derartigen **Zeitrahmens** vor-

248

249

---

[627] *OVG Sachsen-Anhalt*, Beschl. v. 28.1. 2008 – 2 L 33/07 –, S. 3 f. (unveröffentl.).
[628] *Kopp/Schenke*, VwGO, 19. Aufl. 2009, § 86 Rdnr. 20.
[629] So *Kopp/Schenke*, a.a.O., § 86 Rdnr. 18 selbst.
[630] *BGH*, Beschl. v. 23.9. 2008 – 1 StR 484/08 – = BGHSt 52, 355 = NJW 2009, 605; dazu *Kudlich*, NJW-Beil. 2010, 86, 88 f. sowie das Thema der strafrechtlichen Abteilung des 68. Deutschen Juristentages im Sept. 2010 in Berlin.
[631] *BVerfG*, Beschl. v. 24.3. 2010 – 2 BvR 2092/09 –, – 2 BvR 2523/09 –, Rdnr. 16.

Teil A. Beweisantragsrecht

aus, der eine sachgerechte Überzeugungsbildung sowie anschließende Entscheidung und damit **eine effektive Verfahrensteilhabe ermöglicht**. Ob hierzu weniger als 24 Stunden ausreichen, ist im Einzelfall zu entscheiden und erforderlichenfalls zu begründen. Eine solche ist vorliegend weder erfolgt noch sonst ersichtlich."[632] Diese Erwägungen dürften auf den Verwaltungsprozess entsprechend übertragbar sein. Befremdlich muss es auf den Kläger wirken, der im verwaltungsgerichtlichen Hauptsacheverfahren i. d. R. ein oder mehrere Jahre auf den Verhandlungstermin gewartet hat,[633] wenn er z. B. auf einen Vertagungsantrag nach Ablehnung von sieben komplexen, naturwissenschaftliche Kausalitätsfragen betreffenden Beweisanträgen erfährt, „eine Zurückstellung des Beschleunigungs- und Konzentrationsgebotes" sei nicht möglich.[634] Übrigens steht nichts entgegen, dass das Gericht bereits vor der mündlichen Verhandlung durch prozessleitende Verfügung seine Bedenken gegen einen schriftsätzlich angekündigten Beweisantrag verdeutlicht. Verfährt es in dieser Weise, mindert sich die hier geforderte angemessene Überlegungszeit.

250 Für eine großzügigere Handhabung der Reaktions- und Bedenkzeit spricht auch, dass Art. 6 Abs. 1 EMRK jedermann das Recht auf ein faires Verfahren garantiert. Zur Vermeidung von Missverständnissen: Ein Verfahren über zivilrechtliche Ansprüche (Art. 6 Abs. 1 EMRK) meint im Sinne der ständigen Rechtsprechung des EGMR in vielen Fällen auch den **Verwaltungs**prozess.[635] Der Grundsatz des fairen Verfahrens garantiert den Verfahrensbeteiligten angemessene Mitwirkungsrechte und schützt sie gegen Willkür des Gerichts.[636] Der **EGMR prüft** dabei auch die **Ablehnung einer Beweiserhebung am Maßstab von Art. 6 Abs. 1 EMRK**: So hat der EGMR im Fall **Gaida gegen Deutschland**, in dem es um die Gesundheitsgefahren durch eine Mobilfunkanlage ging, die Beschwerde im konkreten Fall mit der Begründung verworfen, „dass die Ablehnung der Beweiserhebung durch die deutschen Behörden und Gerichte in der Sache des Beschwerdeführers **nicht als willkürlich** angesehen werden" könne und „**deswegen** festzustellen [sei], dass das in Rede stehende Verfahren insgesamt **fair** i. S. v. Art. 6 Abs. 1 EMRK war".[637] Ferner gilt dass „die fehlende Auseinandersetzung mit einer Entscheidung des Gerichtshofs" und der EMRK nach der Rechtsprechung des BVerfG „gegen Grundrechte i. V. m. dem Rechtsstaatsprinzip verstoßen" kann.[638] All dies ist bei der

---

[632] *BVerfG*, Beschl. v. 24. 3. 2010 – 2 BvR 2092/09 –, – 2 BvR 2523/09 –, Rdnr. 17.

[633] Vgl. nur *EGMR*, Piloturteil v. 2.9. 2010 – Beschwerde Nr. 46344/06 – Rumpf gegen Deutschland, EuGRZ 2010, 700 – überlange Dauer eines Gerichtsverfahrens (hier: 13 Jahre und 5 Monate vor Verwaltungsgerichten in Sachsen-Anhalt wegen waffenrechtlicher Erlaubnis).

[634] *VG Magdeburg*, Terminsprotokoll 1 A 391/05 MD v. 11.12. 2006, S. 8.

[635] Std. Rspr. des EGMR seit König/Deutschland, EuGRZ 1978, 406; vgl. auch *EMGR*, Piloturteil v. 2.9. 2010 – Beschwerde Nr. 46344/06 – Rumpf gegen Deutschland, EuGRZ 2010, 700 – Zivilverfahren bejaht für Verwaltungsgerichtsprozess um waffenrechtliche Erlaubnisse; *Meyer-Ladewig*, EMRK, 2. Aufl. 2006, Art. 6 Rdnr. 7.

[636] *Meyer-Ladewig*, EMRK, 2. Aufl. 2006, Art. 6 Rdnr. 35.

[637] *EGMR*, Entsch. v. 3.7. 2007 – 32015/02 – *Gaida gegen Deutschland* – NVwZ 2008, 1215, 1217.

[638] *BVerfG*, Beschl. v. 14.10. 2004 – 2 BvR 1481/04 –, BVerfGE 11, 307=NJW 2004, 3407 – *Görgülü*.

X. Reaktion bei Ablehnung von Beweisanträgen

Beantwortung der Frage, welche Reaktionszeit angemessen ist, in den Blick zu nehmen.

b) Differenzierte Betrachtung. Der Bedeutung des Beweisantragsrechts für den vom Amtsermittlungsgrundsatz geprägten Verwaltungsprozess wird nur eine differenzierte, nicht aber eine engherzige Handhabung der Vorschrift des § 86 Abs. 2 VwGO gerecht. Denn de facto steht dem Kläger seit der 6. VwGO-Novelle **in aller Regel nur eine einzige Tatsacheninstanz** zur Verfügung. Die Chancen, einen Fall in die Berufung zu bekommen, sind angesichts der bekanntermaßen geringen Zulassungsquoten von sechs bis maximal 25 % je nach Obergericht minimal.[639] Der prozessuale instanzielle Reparaturbetrieb ist also nur sehr eingeschränkt zugänglich.[640] In diesem Zusammenhang ist die Begründung interessant, mit der das **BVerwG** in einer frühen Grundsatzentscheidung entschieden hat, dass § 86 VwGO dem Kläger die Möglichkeit eröffne, „etwaige andere Beweisanträge zu stellen". Dies sei seinerzeit „in Lastenausgleichsstreitigkeiten umso wichtiger, als es hier nur **eine** einzige gerichtliche **Tatsacheninstanz** gibt".[641] Genau dies ist heute die Regel! Mit anderen Worten: Das Beweisantragsrecht ist heute **erst recht effektiv** zu handhaben. Man kann übrigens in der Rechtsprechung des BVerwG beobachten, dass die auf die Verletzung beweismäßiger Aufklärung gestützten Verfahrensrügen in Verfahren des Lastenausgleichs, der Kriegsdienstverweigerung oder in Verfahren über „offene Vermögensfragen" überproportional erfolgreich waren. Das BVerwG hatte hier ersichtlich das richtige Gefühl, dass es korrigierend eingreifen müsse.

251

Wenngleich zuzugestehen ist, dass nach Bekanntgabe eines Ablehnungsbeschlusses der Antragsteller **„in den meisten Fällen"** noch **„während** der mündlichen Verhandlung die notwendigen Schlüsse ziehen und ergänzend vortragen oder weiteren Beweis beantragen kann",[642] muss dies keinesfalls in allen Fällen zutreffen. Vielmehr muss dann, wenn während einer mündlichen Verhandlung die zur Verfügung stehende Bedenkzeit ausnahmsweise nicht ausreicht, „der Partei wegen ihres Anspruchs auf rechtliches Gehör eine Frist zur Überlegung und Ausarbeitung einer etwaigen weiteren Stellungnahme eingeräumt", d. h. vertagt werden.[643] So viel Zeit muss sein! Für die Bemes-

252

---

[639] Wünschenswert und transparent wäre es, wenn **alle** Obergerichte die Erfolgsquoten von Berufungszulassungsanträgen und Berufungen im Internet öffentlich machten (so z. B. www.vghmannheim.de), damit der „Kunde" vorher weiß, auf was er sich einlässt.

[640] Kritisch zu dieser Zulassungspraxis: *Gaier*, Effektiver Rechtsschutz in der Berufungszulassung, Vortrag gehalten am 29.1. 2011 auf der 17. Verwaltungsrechtlichen Jahresarbeitstagung des Deutschen Anwaltsinstituts im BVerwG in Leipzig (Manuskript, S. 17): „Die Oberverwaltungsgerichte und Verwaltungsgerichtshöfe sind hierauf nicht reduziert, sondern können (…) auch eine großzügige Zulassungspraxis entwickeln und sollten dies vielleicht auch tun, damit das Vertrauen der Rechtsuchenden in die Verwaltungsgerichtsbarkeit keinen Schaden nimmt."

[641] *BVerwG*, Urt. v. 22.11. 1963 – IV C 125/63 –, NJW 1964, 787.

[642] *Dawin*, in: Schoch/Schmidt-Aßmann/Pietzner, VwGO, Stand: Nov. 2009, § 86 Rdnr. 124.

[643] *Dawin*, in: Schoch/Schmidt-Aßmann/Pietzner, VwGO, Stand: Nov. 2009, § 86 Rdnr. 124.

Teil A. Beweisantragsrecht

sung der Umstände kommt es auf mehrere Faktoren an: Wie lange wurde zum Zeitpunkt der Ablehnung der Beweisanträge bereits verhandelt? Wie viele Beweisanträge wurden gestellt? Wann wurden sie gestellt? Wie komplex waren die Beweisanträge und welche Fachthemen betrafen diese? Welche Beratungszeit benötigte das Gericht? Wie umfangreich sind die ablehnenden Beschlüsse des Gerichts? Macht das Stellen neuer Beweisanträge aus sachlichen Gründen Abstimmungen mit Parteigutachtern und Sachverhaltsermittlungen oder Abstimmungen mit nicht anwesenden Mandanten erforderlich?

253 c) **Fallbeispiel.** Die Probleme der Praxis, die Untauglichkeit der so genannten „Minuten-Theorie" und die Notwendigkeit einer effektiven Handhabung des Beweisantragsrechts lassen sich an einem praktischen Beispielsfall veranschaulichen:

254 Eine 1993 in das Handelsregister eingetragene Agrargesellschaft bewirtschaftet rund 320 000 h landwirtschaftlicher Nutzfläche, die teils in ihrem Eigentum steht, teils gepachtet wurde. Im Jahre 2001 erteilte die Behörde einem Vorhabenträger eine Plangenehmigung für den Gewässerausbau „Oberflächenabflusssystem XY". In der Begründung hieß es, es sei zu erwarten, „dass durch den verbesserten Zustand des Gewässers für den Wasserabfluss höhere Sicherheiten gegen (...) nicht tolerierbare Vernässungen entstehen". Doch das Gegenteil trat ein: Seit Fertigstellung des plangenehmigten Vorhabens kam es zu massiven, großflächigen Vernässungen der klägerischen Flächen. Sie machten eine Bewirtschaftung weitestgehend unmöglich. Nach erfolglosem Verwaltungs- und Vorverfahren klagte die Agrargesellschaft am 12.9. 2005 beim VG nachträgliche Schutzvorkehrungen sowie Entschädigung für die erlittenen Ertragsrückgänge ein. Nach der Anspruchsgrundlage des § 75 Abs. 2 Sätze 2 bis 4 VwVfG ist zentrale Anspruchsvoraussetzung, dass die nicht vorhersehbaren Wirkungen ihre (mindestens teilweise) **Ursache** in dem plangenehmigten Vorhaben haben.[644] Eben diese Kausalität war im Prozess zwischen den Beteiligten streitig und Gegenstand zahlreicher Beweisanträge der Klägerin.

255 Die mündliche Verhandlung begann am 11.12. 2006 (1¼ Jahre nach Klageerhebung) um 10:00 Uhr morgens. Der beigeladene Vorhabenträger, der mit zwei Rechtsanwälten und einem Hydrogeologen als Parteigutachter erschien, vertrat die Auffassung, Ursache der Vernässungen sei, dass es viel geregnet habe. Merkwürdigerweise gab es die Vernässungen indes **vor** Durchführung des plangenehmigten Vorhabens nicht. Die Klägerin sah die Ursache der Vernässungen im plangenehmigten Vorhaben. Sie stellte nach ca. 2½-stündiger Verhandlungsdauer insgesamt sieben Hauptbeweisanträge (mit jeweils mehreren Unterbeweisanträgen). Sie beantragte u.a. die Inaugenscheinnahme einer umfangreichen Lichtbilddokumentation, eine Ortsbesichtigung der streitgegenständlichen Flächen, die Einholung eines hydrogeologischen Sachverständigengutachtens zum Beweis der Kausalität, die Vernehmung diverser Zeugen zum Beweis der Tatsache, dass es **vor** Durchführung des Vorhabens **nicht** zu Vernässungserscheinungen gekommen sei etc. Die Beweisanträge umfassten insgesamt sieben Seiten Schriftsatz (s.u. **Anhang I, Beispiel 7, S. 211 ff.**). Hierauf unterbrach das Gericht für 1½ Stunden die Sitzung, um über die Beweisanträge zu beraten. Anschließend verkündete das VG per Beschluss die Ablehnung aller sieben Beweisanträge. Der Ablehnungsbeschluss umfasste vier engzeilig beschriebene Textseiten (s.u. **Anhang I, Beispiel 8, S. 215 ff.**).[645] Die Ablehnung des – zentralen – Beweisantrages auf Einholung eines hydrogeologischen Sachverständigengutachtens zur Kausalität lehnte das VG im wesentlichen mit

---

[644] *Bonk/Neumann*, in: Stelkens/Bonk/Sachs, VwVfG, 7. Aufl. 2008, § 75 Rdnr. 72.
[645] *VG Magdeburg*, Beschl. v. 11.12. 2006 – 1 A 397/05 MD –.

X. Reaktion bei Ablehnung von Beweisanträgen

der Begründung ab, dass die „möglichen Ursachen und der mögliche Anteil für die Vernässungen der streitbefangenen Flächen unbekannt und für die Vergangenheit nicht mehr feststellbar und damit die Einholung des hydrogeologischen Gutachtens" zur Kausalitätsfrage „nicht mehr möglich" sei.[646] Anstatt den Sachverständigen zu fragen, ob eine fachliche Aussage zur Kausalität möglich sei oder nicht, nahm das VG das Ergebnis eines Sachverständigengutachtens somit schlicht vorweg (s. u. **Anhang I, Beispiel 8, S. 215 ff.**).[647]

Um 15:30 Uhr beantragte der Klägervertreter hierauf die Vertagung der Verhandlung, weil die ihm vom VG angebotene eine Stunde Unterbrechung nicht annähernd ausreiche, um sich auf die neue prozessuale Situation einzustellen. Als Begründung gab er die technisch-naturwissenschaftliche Komplexität des Falles an, die es erforderlich mache, u. a. mit einem Parteigutachter zu sprechen; im übrigen sei die Zeit von 8^{1}/$_{2}$ Minuten pro Beweisantrag angesichts des Umfanges des Ablehnungsbeschlusses nicht ausreichend, um rechtliches Gehör zu gewähren. Zum Zeitpunkt des Vertagungsantrages war zudem bereits 5^{1}/$_{2}$ Stunden verhandelt worden, ohne dass das VG über eine Kantine oder in der Nähe befindliche Einkaufsmöglichkeiten verfügt. Das VG lehnte den Vertagungsantrag mit der Begründung ab, dass „das Beschleunigungs- und Konzentrationsgebot", Vorrang habe und die Unterbrechung ausreichend sei. Die Ablehnung des Vertagungsantrages erfolgte durch Beschluss um 15:40 Uhr. Anschließend stellte der Kläger den Klageantrag, den das VG abwies. 256

Den Berufungszulassungsantrag wies das OVG 13^{1}/$_{2}$ Monate nach diesem Urteil zurück. Die Sache weise keine besonderen tatsächlichen Schwierigkeiten auf. Dass „die mündliche Verhandlung mit sechs Stunden deutlich länger als üblich gedauert" habe, beruhe vor allem auf den „zahlreichen und umfangreichen Beweisanträgen". Die „Frist von wenigen Minuten" pro Beweisantrag sei ausreichend; besondere Umstände hätten nicht vorgelegen. Insbesondere sei der Kläger nicht berechtigt, zur sachgerechten Formulierung weiterer Anträge Sachaufklärung zu betreiben und einen hydrogeologischen Gutachter hinzuzuziehen, denn zur Erforschung des Sachverhaltes sei das Gericht ja von Amts wegen verpflichtet und aus dessen Sicht habe kein Bedarf für solche Ermittlungen bestanden.[648] 257

Fazit: Bei 1^{1}/$_{4}$ Jahren Prozessdauer in der ersten Instanz fand das Gericht keine Zeit, die Verhandlung für eine Woche zu unterbrechen, um nach einer 6-stündigen mündlichen Verhandlung Gelegenheit zu sorgfältiger Vorbereitung neuer komplexester hydrogeologische Fragen betreffender Beweisanträge zu geben. Die Akzeptanz derartiger Gerichtsentscheidungen ist gering. Ein Zivilgericht hätte wahrscheinlich keine Sekunde gezögert, das Sachverständigengutachten einzuholen, und das, obwohl dort das Amtsermittlungsprinzip nicht gilt. 258

d) Möglichkeit eigener Ermittlungen der eigenen Partei. Es wird die Auffassung vertreten, die Überlegungs- und Äußerungsfrist diene „grundsätzlich nicht dazu", dass „die Prozesspartei weitere eigene Ermittlungen zum Sachverhalt anstellen" könne, denn seien solche Ermittlungen erforderlich, oblägen sie nach § 86 Abs. 1 VwGO dem Gericht.[649] Diese Auffassung überzeugt nur dann, wenn man von diesem Grundsatz großzügig Ausnahmen zulässt. Das ist vor allem der Fall, wenn dem Rechtsstreit ein komplizierter tech- 259

---

[646] *VG Magdeburg*, Beschl. v. 11.12.2006 – 1 A 397/05 MD –. S. 3.
[647] Die Zurückweisung des Beweisantrages leidet somit an einem Begründungsmangel.
[648] *OVG Sachsen-Anhalt*, Beschl. v. 28.1.2008 – 2 L 33/07 –, S. 4.
[649] *Dawin*, in: Schoch/Schmidt-Aßmann/Pietzner, VwGO, Stand: Jan. 2000, § 108 Rdnr. 150.

Teil A. Beweisantragsrecht

nisch-naturwissenschaftlicher Sachverhalt zugrunde liegt. Hier darf man erwarten, dass der Partei die Möglichkeit eröffnet wird, Rücksprache mit einem Parteigutachter zu halten. Denn nach erfolgter Ablehnung wird sie mutmaßlich nur dann überhaupt in der Lage sein, effektiv neue Beweisanträge zu stellen oder ergänzend vorzutragen. „**Reicht** die während einer mündlichen Verhandlung zur Verfügung stehende **Bedenkzeit dafür nicht aus,** muss der Partei wegen ihres Anspruchs auf rechtliches Gehör eine **Frist zur Überlegung** und zur Ausarbeitung einer etwaigen weiteren Stellungnahme eingeräumt werden".[650]

260 Zahlreiche Bereiche faktenbezogener Komplexität sind gegeben (vgl. auch die Beispiele o. Rdnr. 216–228), etwa medizinische Fragen der Wirksamkeit oder fehlenden Wirksamkeit eines bestimmten Stoffes in einem Arzneimittel, der fachlichen Geeignetheit einer Lärmschutzwand zum Zwecke des Gesundheitsschutzes, der fachlichen Eignung einer bestimmten Sanierungsvariante zur Sanierung einer schädlichen Bodenveränderung, der hydrogeologischen Verhältnisse eines Grundstücks im Hinblick auf die Kausalität eines Schadstoffeintrages für eine Altlast, fachliche Fragen der botanischen Schutzwürdigkeit einer bestimmten Flora im Zusammenhang mit einer Schutzgebietsausweisung etc. pp. Diese Aufzählung ist nur exemplarisch. Der Hinweis, eigene Ermittlungen bräuchten nicht ermöglicht zu werden, weil diese ohnehin dem Gericht oblägen, ist zirkulär. Es überzeugt auch faktisch nicht, weil Verwaltungsgerichte eigene Ermittlungen recht restriktiv handhaben und gerade dies durch die Ablehnung der gestellten Beweisanträge auch konkret dokumentiert wird. Ausgerechnet von demjenigen Unterstützung zu erwarten, der einem soeben den prozessualen „Todesstoß" versetzt hat, erscheint blauäugig. Wie lang die zu gewährende Bedenkzeit sein muss, lässt sich naturgemäß nicht pauschal sagen, sondern hängt von allen Umständen des konkreten Einzelfalls ab. Es gilt folgende Faustformel: Je quantitativ umfangreicher die gestellten Beweisanträge und der diese ablehnende Beschluss bzw. die Beschlüsse waren und je qualitativ komplexer die Materie ist, der die Beweistatsachen entstammen, desto länger muss das rechtliche Gehör in Gestalt einer Bedenk- und Reaktionszeit sein. Man wird aber auch an eine prozessuale Obliegenheit des Beweisantragstellers im Sinne prozessualer Vorsorge zu denken haben. Hat er die Beweisanträge (erkennbar) in gutachterlicher Beratung vorbereitet, so wird man ihm auch zumuten können, darauf präpariert zu sein, dass die Beweisanträge in der mündlichen Verhandlung abgelehnt werden. Das legt es nahe, dass er den Termin nur in Gegenwart seines Gutachters wahrnimmt.

3. Richterliche Reaktion auf Beweisanträge als Befangenheitsgrund

261 **a) Anschein der Voreingenommenheit.** Gerade im Zusammenhang mit dem Stellen oder der Ablehnung von Beweisanträgen kann sich in der mündlichen Verhandlung die Frage stellen, ob ein Befangenheitsgesuch angebracht werden sollte. Es ist hilfreich, sich rechtzeitig mit der einschlägigen Recht-

---

[650] *Dawin*, in: Schoch/Schmidt-Aßmann/Pietzner, VwGO, Stand: Nov. 2009, § 86 Rdnr. 124 unter Hinweis auf *Vierhaus*, DVBl. 2009, 629, 633 ff.

X. Reaktion bei Ablehnung von Beweisanträgen

sprechung zu befassen, um prozessual in der gebotenen Art und Weise sinnvoll reagieren oder auch eben nicht reagieren zu können. Der anwaltliche Prozessbevollmächtigte steht in dieser Situation vor einer besonders schwierigen Entscheidung: Einerseits gilt es, wenig erfolgversprechende Ablehnungsgesuche von vornherein zu unterlassen, andererseits kann derjenige Prozessbevollmächtigte, der trotz begründeter Besorgnis der Befangenheit nichts unternimmt, das Rügerecht verspielen (§ 54 Abs. 1 VwGO i. V. m. § 43 ZPO) und – sowohl gegenüber dem Gericht als auch gegenüber dem Mandanten – in dem Licht dastehen, er „lasse alles mit sich machen". Bei zu Unrecht abgelehnten Vertagungsanträgen (o. Rdnr. 247–260) mag ein Befangenheitsgesuch im Einzelfall der einzige pragmatische Weg sein, de facto gleichwohl eine Vertagung zu erzielen, um effektiv neue Anträge vorbereiten zu können. Die Begründung der Befangenheit muss aber so hinreichend substantiiert sein, dass der Antrag nicht a limine abgelehnt werden kann. Im letzteren Falle kann das Gericht ihn als unzulässig übergehen. Das ist vor allem dann der Fall, wenn eine Verschleppungsabsicht erkennbar ist.

Die VwGO enthält keine eigenständige Regelung der Ablehnung von Richtern wegen Besorgnis der Befangenheit. Vielmehr regelt **§ 54 Abs. 1 VwGO**, dass für die Ablehnung der Gerichtspersonen die **§§ 41–49 ZPO entsprechend** gelten. § 54 Abs. 1 VwGO ist lex specialis gegenüber der Generalweisung des § 173 VwGO; die Vorschrift ist eine dynamische Verweisung, erklärt die §§ 41 bis 49 ZPO also in ihrer jeweils geltenden Fassung für entsprechend anwendbar.[651] Anlass, über die Notwendigkeit eines Befangenheitsantrags nachzudenken besteht, wenn das Gericht reihenweise Beweisanträge mit leerformelhaften und fernliegenden Begründungen reflexartig ablehnt oder Unmut über das Stellen dieser Anträge ausdrücklich oder konkludent artikuliert wird.

262

Wegen Besorgnis der Befangenheit findet die Ablehnung statt, wenn ein Grund vorliegt, der geeignet ist, **Misstrauen gegen die Unparteilichkeit** eines Richters zu rechtfertigen (**§ 42 Abs. 2 ZPO**). Zweck der Vorschrift über die Ausschließung und Ablehnung der Gerichtspersonen ist die Durchsetzung des Rechts auf einen gesetzlichen, unparteiischen und neutralen Richter im konkreten Rechtsstreit (Art. 20 Abs. 3, 101 Abs. 1 Satz 2 GG, Art. 6 Abs. 1 EMRK).[652] Verfassungsrechtlicher Grund ist das Recht auf den **gesetzlichen Richter**. Nach ständiger Rechtsprechung des BVerfG garantiert Art. 101 Abs. 1 Satz 2 GG das Recht, „dass der Rechtsuchende im Einzelfall vor einem Richter steht, der unabhängig und unparteilich ist und der die Gewähr für Neutralität und Distanz gegenüber den Verfahrensbeteiligten bietet".[653] Auch

263

---

[651] *Meissner*, in: Schoch/Schmidt-Aßmann/Pietzner, VwGO, Stand: Okt. 2005, § 54 Rdnr. 9 f.
[652] *Vollkommer*, in: Zöller, ZPO, 27. Aufl. 2009, Vorbem. § 41 Rdnr. 1.
[653] BVerfG, stattgebender Kammerbeschluss vom 20.7. 2007 – 1 BvR 2228/06 –, Rdnr. 17 = NJW 2007, 3771; ebenso bereits *BVerfG*, Entscheidung v. 17.11. 1959 – 1 BvR 88/56 – = BVerfGE 10, 200, 213; *BVerfG*, Entscheidung v. 8.2. 1967 – 2 BvR 235/94 – = BVerfGE 21, 139, 154; *BVerfG*, Entscheidung v. 26.1. 1971 – 2 BvR 443/69 – = BVerfGE 30, 149, 153; *BVerfG*, 2. Senat, Beschl. v. 28.10. 1975 – 2 BvR 258/75 – = BVerfGE 40, 268, 271; *BVerfG*, 1. Senat, Beschl. v. 10.7. 1990 – 1 BvR 984/87 –, – 1 BvR 985/87 – = BVerfGE 82, 286, 298; *BVerfG*, 1. Senat, Beschl. v. 8.6. 1993 – 1 BvR 878/90 – = BVerfGE 89, 28, 36.

Teil A. Beweisantragsrecht

Vorsitzende am VG lassen sich zuweilen dazu hinreißen, das Stellen von Beweisanträgen als „Mätzchen" zu bezeichnen. Schließlich ist darauf hinzuweisen, dass die Befangenheitsfrage für den Prozessgegner auch eine Frage **seines** gesetzlichen Richters ist. Auch er hat einen Anspruch darauf, dass die Richterbank nicht „leichtfertig" ausgetauscht wird.

264 Die Besorgnis der Befangenheit besteht nach ständiger Rechtsprechung dann, „wenn ein am Verfahren Beteiligter bei vernünftiger Würdigung aller Umstände Anlass hat, an der Unvoreingenommenheit des Richters zu zweifeln".[654] Die rein subjektive Besorgnis, für die bei Würdigung der Tatsachen vernünftigerweise kein Grund ersichtlich ist, reicht dagegen zur Ablehnung nicht aus.[655] Die erfolgreiche Ablehnung wegen Besorgnis der Befangenheit „setzt **nicht** voraus, dass der Richter **tatsächlich** befangen, voreingenommen oder parteiisch **ist**".[656] Ebenso wenig kommt es darauf an, ob der über das Befangenheitsgesuch entscheidende Spruchkörper und/oder der abgelehnte Richter selbst diesen für befangen halten.[657] Ziel der Vorschriften über die Besorgnis der Befangenheit ist es vielmehr, „bereits den **bösen Schein** einer möglicherweise fehlenden Unvoreingenommenheit zu vermeiden".[658] Wird einem Ablehnungsgesuch nicht stattgegeben, kann darin eine Verletzung des Art. 101 Abs. 1 Satz 2 GG liegen.[659]

265 Daher enthält – was Richter häufig verkennen – die Richterablehnung auch **keine** Herabsetzung des Richters.[660] Die gegenteilige Auffassung des BayObLG, wonach der mit der Richterablehnung erhobene Vorwurf „in aller Regel eine Herabsetzung des Richters [bedeute], weil dessen Unparteilichkeit in Frage gestellt" werde,[661] offenbart ein falsches Verständnis der Funktion von Befangenheitsvorschriften. Denn wenn die Rechtsordnung auch eine Ablehnung von Amts wegen vorsieht (sog. Selbstablehnung nach § 48 ZPO), dann zeigt sie, dass mit der Ablehnung keine Herabsetzung verbunden ist, sondern diese allein eine „notwendige Vorsorgemaßnahme des Gesetzgebers für das rechtsstaatliche Funktionieren der rechtsprechenden Gewalt" darstellt.

---

[654] *BVerfG*, 2. Senat, Beschl. v. 16.2. 1995 – 2 BvR 1852/94 – = BVerfGE 92, 138, 139; *BVerfG*, 2. Senat, Beschl. v. 15.9. 1998 – 2 BvE 2/93 –, – 2 BvE 5/95 –, – 2 BvE 1/96 –, – 2 BvE 3/97 – = BVerfGE 99, 51, 56; *BVerfG*, Beschl. v. 11.12. 2007 – 4 A 3001/07 –, Rdnr. 15.

[655] *BVerwG*, Urt. v. 5.12. 1975 – 6 C 129.74 –, BVerwGE 50, 36, 38 f.; *BVerwG*, Beschl. v. 11.12. 2007 – 4 A 3001.07 –, Rdnr. 15.

[656] *BVerwG*, Beschl. v. 11.12. 2007 – 4 A 3001.07 –, Rdnr. 15; *Schmidt*, in: Eyermann, VwGO, 12. Aufl. 2006, § 54 Rdnr. 12; *Vollkommer*, in: Zöller, 27. Aufl. 2009, § 42 Rdnr. 9.

[657] *BVerwG*, Beschl. v. 11.12. 2007 – 4 A 3001.07 –, Rdnr. 15; BVerfGE 73, 335; 99, 56; *Schmidt*, in: Eyermann, VwGO, 12. Aufl. 2006, § 54 Rdnr. 12; *Vollkommer*, in: Zöller, ZPO, 27. Aufl. 2009, § 42 Rdnr. 9.

[658] *BVerfG*, 2. Senat, Beschl. v. 18.6. 2003 – 2 BvR 383/03 –, Rdnr. 25 = BVerfGE 108, 122 = NJW 2003, 3404 – Selbstablehnung Jentsch.

[659] *Zuck*, Die Grundrechtsrüge im Zivilprozess, Münster 2008, Rdnr. 94 mit Beispielsfall.

[660] *Vollkommer*, in: Zöller, ZPO, 27. Aufl. 2009, § 42 Rdnr. 8.

[661] *BayObLG*, 2. Strafsenat – 2 St RR 66/2000 –, Ls. 1 = NJW 2000, 3079.

X. Reaktion bei Ablehnung von Beweisanträgen

b) Rechtswidrige Ablehnung von Beweisanträgen grundsätzlich kein 266
Befangenheitsgrund. Als Grundsatz gilt: Eine unrichtige Handhabung des Verfahrensrechts begründet nicht die Besorgnis der Befangenheit. Denn die Rechtsauffassung des Richters unterfällt seiner unabhängigen, richterlichen Entscheidungstätigkeit, sodass einer Partei ungünstige Rechtsausführungen im Rahmen der richterlichen Begründungspflicht grundsätzlich keine Besorgnis der Befangenheit begründen.[662] Nach der höchstrichterlichen Rechtsprechung begründet demgemäß „die rechtsirrige Ablehnung begründeter Beweisanträge **allein** [nicht] die Besorgnis der Befangenheit".[663] Ein Grund zur Annahme der Befangenheit ist dann gegeben, wenn das Verhalten des Richters auf eine **unsachliche Einstellung** gegenüber den Verfahrensbeteiligten schließen lässt oder den **Verdacht der Willkür** nahe legt.[664] Die Befangenheitsablehnung ist also grundsätzlich kein Instrument zur Fehlerkontrolle.[665] Das gilt jedenfalls für den Verwaltungsprozess. Wenn Gerichte das formelle oder materielle Recht falsch anwenden, so ist dies demgemäß keine Frage der prozessualen Befangenheit, sondern ein solches der Rechtsmittel. Für das Bestehen der Besorgnis der Befangenheit muss also – wie eine gängige Formel lautet – „noch etwas hinzukommen", was entweder auf Willkür oder auf eine unsachliche Einstellung zu einem Beteiligten[666] schließen lässt.

c) „Abwürgen" von Beweisanträgen und grobe Verfahrensfehler. Es 267
kann durchaus die Besorgnis der Befangenheit begründen, wenn Befangenheitsanträge verfahrensrechtlich grob fehlerhaft behandelt und sogar Anstalten unternommen werden, diese „abzuwürgen" oder auf deren Unterlassen hinzuwirken. Grobe Verfahrensverstöße, insbesondere wirklich grobe Verletzungen von Verfahrensgrundrechten wie des Anspruchs auf rechtliches Gehör (Art. 103 Abs. 1 GG) sind Fallgruppen der Befangenheit.[667] Da das Beweisantragsrecht Ausfluss des Grundrechts auf rechtliches Gehör ist,[668] kommt die grob verfahrensfehlerhafte Ablehnung von Beweisanträgen als Befangenheitsgrund zumindest ernsthaft in Betracht. **Beispiele** hierfür können sein: Das Gericht weigert sich, ohne Nennung irgendeines sachlichen Grundes, einen Beweisantrag entgegenzunehmen, zu protokollieren oder unterlässt es gänzlich, im Falle eines formgerecht gestellten Hauptbeweisantrages, diesen durch Beschluss gemäß § 86 Abs. 2 VwGO zu bescheiden. Auch die beharrliche Weigerung des Gerichts, die Gründe für die Ablehnung eines Beweisantrages trotz ausdrücklichen Antrages auf Protokollierung als wesentlichen Vorgang der mündlichen Verhandlung gem. § 105 VwGO/§ 160 Abs. 2 ZPO ins Protokoll aufzunehmen,[669] dürfte einen groben Verfahrensfehler darstellen

---

[662] *BGH*, NJW 1998, 612; NJW-RR 1986, 738 = MDR 1986, 670.
[663] *BGH*, Urt. v. 9.3. 1988 – 3 StR 567/87 – NStZ 1988, 3720 = StV 1988, 281, Rdnr. 5.
[664] *OVG Berlin-Brandenburg*, Beschl. v. 16.7. 2009 – OVG 9 N 201.08 –, Rdnr. 7.
[665] *Vollkommer*, in: Zöller, ZPO, 27. Aufl. 2009, § 42 Rdnr. 28.
[666] *OVG Berlin-Brandenburg*, Beschl. v. 16.7. 2009 – OVG 9 N 201.08 –, Rdnr. 7.
[667] Beispiele bei *Vollkommer*, in: Zöller, ZPO, 27. Aufl. 2009, § 42 Rdnr. 24.
[668] *Dawin*, in: DAI (Hrsg.), Beweisantragsrecht im Verwaltungsprozess, Berlin, 6./7.3. 2008, S. 14.
[669] *VG Köln*, Beschl. v. 12.3. 2010 – 18 K 409/08 –, S. 8 (unveröffentlicht).

Teil A. Beweisantragsrecht

(s. o. Rdnr. 236 ff.), der eine Ablehnung rechtfertigen kann. Dagegen verstößt „das Setzen einer Frist zur Stellung von Beweisanträgen (...) als solches weder gegen die Grundsätze des fairen Verfahrens noch stellt es eine unzulässige Rechtsfortbildung dar"; ein die Besorgnis der Befangenheit begründender Umstand ist darin nicht per se zu sehen, sondern erst, wenn das **Verhalten insgesamt betrachtet** als **willkürlich** erscheint.[670] Es müssen weitere Umstände hinzutreten, um diese Wertung zu rechtfertigen.

268 Die Besorgnis der Befangenheit begründen beispielsweise das Ignorieren eines Antrages,[671] oder das „Abwürgen" angekündigter Beweisanträge, indem das Gericht versucht, über einen entsprechenden Vorstoß einer Partei hinwegzugehen. So hat der **BGH** das Befangenheitsgesuch eines Strafverteidigers als begründet angesehen, dem das Gericht unter Schließung der Beweisaufnahme die **Möglichkeit abgeschnitten** hat, zu erheblichen Beweistatsachen angekündigte **neue Beweisanträge zu stellen**.[672] Der BGH hat dabei betont: „Ein Antragsteller darf auch das, was er nur für möglich hält, vermutet, zum Gegenstand eines Beweisantrages machen (...). Eine ‚aufs Geratewohl' aufgestellte, aus der Luft gegriffene Beweisbehauptung liegt bei dieser Sachlage, bei der es um die Zuordnung von am Tatort tatsächlich aufgefundenen Spuren geht, ersichtlich nicht vor. (...) Die Ablehnung eines Beweisantrages darf nicht dazu führen, dass aufklärbare zugunsten eines Angeklagten sprechende Umstände der gebotenen Gesamtabwägung im Rahmen der Beweiswürdigung entzogen werden".[673] Es müssen allerdings hinreichende Anhaltspunkte dafür bestehen, dass das Gericht die schnellere Sacherledigung einer sachgerechten Aufklärung vorziehen will. In die Nähe des Ignorierens eines Beweisantrages gehört es, wenn das Gericht sich nach dem Stellen eines Beweisantrages derart kurz zu einer lediglich symbolischen Beratung zurückzieht, dass eine ernsthafte Auseinandersetzung mit dem gestellten Beweisantrag erkennbar nicht erfolgen konnte.[674] Letztlich hängt es davon ab, ob das Gericht den Eindruck vermittelt, dass es Beweisanträge quasi automatisch ablehnt, ohne sie ernsthaft geprüft zu haben. Hier liegt naturgemäß vieles im Atmosphärischen, das sich einer klaren beweismäßigen Zuordnung entziehen kann.

269 **d) Unmutsäußerungen über Beweisanträge.** Bei Richtern sind Beweisanträge bisweilen unbeliebt.[675] Dementsprechend kommt es in der Praxis ge-

---

[670] *BVerfG*, 2. Senat 2. Kammer, Nichtannahmebeschluss vom 24.3. 2010 – 2 BvR 2092/09 –, – 2 BvR 2523/09 –, Rdnr. 15 ff. für den Strafprozess: „Im Ergebnis kein Grund zur Befangenheit zu sehen" bei Frist von unter 24 Stunden für das Stellen von Beweisanträgen.
[671] *OLG Bamberg*, FamRZ 1997, 1223.
[672] *BGH*, Beschl. v. 11.3. 2003 – 3 StR 28/03 – = NStZ 2003, 666 = StV 2003, 369.
[673] *BGH*, Beschl. v. 11.3. 2003 – 3 StR 28/03 –, Rdnr. 16.
[674] Beispiel: *VG Köln*, Beschl. v. 12.3. 2010 – 18 K 409/08 –, S. 9 (Unterbrechung von max. 3 Minuten bei nicht angekündigtem Beweisantrag) und S. 5 f. (Unterbrechung von max. 5 Minuten bei mehreren, komplexen unangekündigten Beweisanträgen und Übergabe eines Schriftsatzes) in voller Kammerbesetzung.
[675] *Ignor*, Beweisantragsrecht aus der Sicht des Strafverteidigers, Vortragsmanuskript der 20. Fortbildungsveranstaltung der ARGE Verwaltungsrecht Rheinland-Pfalz im DAV v. 24./25.11.2008 in Speyer, S. 2.

X. Reaktion bei Ablehnung von Beweisanträgen

legentlich vor, dass Vorsitzende die gebotene richterliche Zurückhaltung ablegen und ihren Unmut über die Ankündigung oder das Stellen von Beweisanträgen im Termin mehr oder weniger offen verbal oder non-verbal artikulieren. Je nachdem, wie deutlich derartige Unmutsäußerungen ausfallen, können sie durchaus im Einzelfall die Besorgnis der Befangenheit begründen. Nicht jede Unmutsäußerung führt nach der Rechtsprechung per se zur Befangenheit; es wird darauf abgestellt, ob „vor dem Hintergrund des geschilderten Verfahrensablaufs" die Unmutsäußerung des Richters „noch verständlich" erscheint.[676] Einige Fallkonstellationen, die eine gewisse Typizität für sich beanspruchen können, seien anhand einiger Beispiele aus der Rechtsprechung aufgezeigt.[677]

aa) Beispielsfälle

Beipspielsfall 1: Bezeichnung von Beweisanträgen als „Mätzchen" o.ä.

Das **OLG Brandenburg**[678] hat mit Beschluss vom 12.10. 2006 im folgenden Fall einem Ablehnungsgesuch stattgegeben: Ein Strafverteidiger hatte wiederholt einen Unterbrechungsantrag zum Zwecke der Vorbereitung eines weiteren Beweisantrages gestellt. Hierauf äußerte die Vorsitzende: „Ich weiß gar nicht, was das soll. Es geht hier lediglich um eine Ordnungswidrigkeit und Sie machen so einen Aufstand. Ich werde die Anwaltskammer darüber in Kenntnis setzen, was Sie hier für **Mätzchen** machen. Es handelt sich um ein Kaspertheater. Mein fünfjähriger Sohn benimmt sich vernünftiger als Sie. (…) Jetzt fühle ich mich befangen." Die Vorsitzende war dieser Darstellung des Verteidigers in ihrer dienstlichen Äußerung nicht entgegengetreten. Hier kam hinzu, dass die Richterin mit ihrem unangemessenen Vergleich die berufliche Qualifikation des anwaltlichen Verteidigers in Frage stelle. Dass Vorsitzende, denen ein bestimmtes prozessuales Vorgehen eines Rechtsanwaltes nicht gefällt, diesem ankündigen, sie würden sich an die zuständige Rechtsanwaltskammer wenden, kann auch in einem Verwaltungsprozess erfolgen.[679]

Das AG **Bad Freienwalde** hatte mit Beschluss vom 3.4. 2006 das hierauf angebrachte Ablehnungsgesuch als unbegründet verworfen. Die Generalstaatsanwaltschaft hielt die hiergegen vom Betroffenen gerichtete Rechtsbeschwerde für begründet. Das **OLG Brandenburg** folgte dem mit der Erwägung, ein vernünftiger Dritter komme aufgrund der Äußerung zu der Annahme, „der Richter ziehe **eine schnelle Prozesserledigung** einer sachgerechten Aufklärung der Sache vor und sehe in der Stellung oder Vorbereitung von Beweisanträgen nur eine **Störung des Prozessablaufes und seines Terminplanes**". Derart „**unsachliches Verhalten**" begründe für einen verständigen Betroffenen die Furcht, dass sich dies auf die Entscheidung auswirke.[680]

270

271

---

[676] *BGH*, Beschl. v. 21.8. 2007 – 3 StR 238/07 –, Rdnr. 8 = NStZ 2009, 168 – im entschiedenen Fall verneint der BGH die Befangenheit (einfach gelagertes BtM-Verfahren mit sieben Hauptverhandlungstagen, schweigendem Angeklagten, diversen Beweisanträgen und schließlich einem Antrag auf Anhörung des Sachverständigen).

[677] Es handelt sich zwar um Judikate aus der Strafrechtspflege. Gleichwohl erscheinen diese für das auch im Verwaltungsprozess bestehende Grundproblem als illustrativ.

[678] *OLG Brandenburg*, Beschl. v. 12.10. 2006 – 2 Ss (Owi) 154 B/06 –, StraFo 2007, 24 f. = StV 2007, 121 f.

[679] So geschehen als Reaktion auf einen Befangenheitsantrag in einem Erörterungstermin beim *VG Potsdam* am 2.4. 2009 – 6 L 88/09 –.

[680] *OLG Brandenburg*, Beschl. v. 12.10. 2006 – 2 Ss (Owi) 154 B/06 –, StraFo 2007, 24 f. = StV 2007, 121 f.

Teil A. Beweisantragsrecht

272 Beispielsfall 2: „Der Schuss geht nach hinten los"

Im folgenden Fall hat der **BGH** mit Urteil vom 9.3. 1988 ein Befangenheitsgesuch als begründet angesehen: In einer strafrechtlichen Hauptverhandlung ging der Vorsitzende mangels vorheriger Hinweise auf zu erwartende Beweisanträge davon aus, dass die Beweisaufnahme am ersten Hauptverhandlungstag geschlossen werden könne. Am Nachmittag dieses Verhandlungstages stellte die Verteidigung – für den Vorsitzenden unerwartet – eine ganze Reihe von Beweisanträgen. Dadurch wären – wäre man diesen Anträgen gefolgt – mehrere Fortsetzungstermine unerlässlich gewesen. Der Vorsitzende reagierte hierauf u.a. durch folgende Äußerungen: „Meinen Sie, dass Sie im Interesse Ihres Mandanten handeln? (…) Sie müssen ja wissen, wie Sie Ihren Mandanten verteidigen, Sie werden schon sehen, was Sie davon haben. (…) Der Schuss geht nach hinten los, aber Sie werden schon wissen, wie Sie Ihren Mandanten beraten. (…) Was glauben Sie, was wir zu tun haben, wir haben noch mehr Arbeit!".[681] Zum weiteren Verfahrensgang: Die Strafkammer verwarf das Ablehnungsgesuch mit Beschluss als unzulässig (verspätet). Der BGH teilte diese Auffassung nicht. Das Landgericht habe zum einen durch die getanen Äußerungen eine antizipierte Beweiswürdigung befürchten lassen. Insbesondere aber müsse ein besonnener Dritter zu der Annahme kommen, „der Vorsitzende ziehe eine schnelle Prozesserledigung einer sachgemäßen Aufklärung der Sache vor und **nehme eine** seine Vorstellung von dem Prozessablauf störende **Stellung von Beweisanträgen ‚übel'**". Die weitere Begründung des BGH lautet: „Der Umstand, dass sich ein Richter zu derart massiven Unmutsäußerungen hinreißen lässt, obgleich der Verteidiger lediglich von einem prozessualen Recht Gebrauch machte", dokumentiere ebenfalls eine „unsachliche Einstellung", bei der der **„Erledigungsdrang des Richters"** im Vordergrund stehe.[682]

273 Beispielsfall 3: „Gnade Ihnen Gott!"

Auch das **LG Bad Kreuznach**[683] hat mit Beschluss vom 15.10. 1991 über ein Ablehnungsgesuch erkannt, das auf Unmutsäußerungen im Zusammenhang mit Beweisanträgen gegründet war. Der Vorsitzende hatte in einem Strafverfahren auf das Stellen von Hilfsbeweisanträgen mit folgenden Äußerungen reagiert: „Aber gnade Ihnen Gott, wenn wir nach zwei Stunden hier sitzen und dann zu dem Ergebnis kommen, wir müssen die Hauptverhandlung wegen des Hilfsbeweisantrages unterbrechen. (…) Es gibt Beweisanträge, mit denen ein Verteidiger ein Gericht in die Enge treiben kann und solche, die dieses Ziel verfehlen. Dazu gehört dieser Antrag." Hierauf stellte der Verteidiger einen Befangenheitsantrag. In seiner dienstlichen Äußerung gab der abgelehnte Richter an, dass er wegen des kühlen und gelassenen Tons des Verteidigers „ganz besonders aufgebracht" gewesen sei. Das Ablehnungsgesuch hatte in der Sache Erfolg. Das LG Bad Kreuznach hat dies insbesondere damit begründet, dass die Äußerungen des Vorsitzenden für einen neutralen Dritten den Anschein erwecken, „dass gerade für den später tatsächlich eintretenden Fall der Unterbrechung ein Nachteil für die Verteidigung und damit letztlich auch für den Angeklagten selbst eintreten werde". Zudem habe sich das Gericht offenbar **von der Erwägung leiten lassen, dass** die Verteidigung versuche, „das Gericht in die Enge zu treiben", und „dass hiergegen **seitens des Gerichts Abwehrmaßnahmen ergriffen werden müssen**". Zwar begründe eine „bloße Unmutsäußerung" für sich genommen noch nicht die Besorgnis der Befangenheit, wegen der hier hinzutretenden Einzelfallumstände sei eine solche jedoch eindeutig anzu-

---

[681] *BGH*, Urt. v. 9.3. 1988 – 3 StR 567/87 – (LG Lübeck), NStZ 1988, 372 f. = StV 1988, 281 f. = BGHR StPO § 24 Abs. 2 Vorsitzender 1 = NStE Nr. 2 zu § 24 StPO.
[682] *BGH*, Urt. v. 9.3. 1988 – 3 StR 567/87 – (LG Lübeck), NStZ 1988, 372 f. = StV 1988, 281 f. = BGHR StPO § 24 Abs. 2 Vorsitzender 1 = NStE Nr. 2 zu § 24 StPO.
[683] Beschl. v. 15.10. 1991 – 3 Js 1159/98 Ls –, StV 1992, 61.

X. Reaktion bei Ablehnung von Beweisanträgen

nehmen.[684] Übrigens gilt auch: So wenig wie die rechtsirrige Ablehnung begründeter Beweisanträge allein die Besorgnis der Befangenheit begründet, so wenig entfällt eine durch grob unsachliche Äußerungen des Richters hervorgerufene Besorgnis einer Voreingenommenheit des Richters dadurch, dass er sich, wenn auch widerstrebend, der gesetzlichen Anordnung beugt, eine beantragte Beweisaufnahme vorzunehmen.

bb) Grobe Verfahrensverstöße. Nach herrschender Meinung in Rechtsprechung und Schrifttum kann, wie gesagt, die Zurückweisung eines Beweisantrages selbst dann keinen Ablehnungsgrund darstellen, wenn sie auf einer unrichtigen Rechtsauffassung beruht. Die Begründungspflicht für die Ablehnung von Beweisanträgen soll den Antragsteller gerade über den Standpunkt des Gerichts unterrichten und ihm „auch die Möglichkeit [geben], auf die Beseitigung von Irrtümern und Missverständnissen hinzuwirken".[685] „Es gilt der Grundsatz, dass sachliche und rechtliche Fehler **für sich** nicht geeignet sind, die Besorgnis der Befangenheit eines Richters zu begründen."[686] Derartige Zwischenentscheidungen und Verfahrensverstöße rechtfertigen die Besorgnis der Befangenheit „nur unter der Voraussetzung, dass der Richter in **unhaltbarer** Weise gegen fundamentale Grundsätze des Verfahrensrechts verstoßen oder sogar den Anschein der Willkür erweckt hat".[687] Zwischenentscheidungen können ferner die Besorgnis der Befangenheit begründen, wenn sie „**abwegig** sind".[688] **Grobe Verfahrensverstöße**, wie z.B. schwere Verstöße gegen den Anspruch auf rechtliches Gehör (Art. 103 Abs. 1 GG) oder auf ein faires und willkürfreies Verfahren (Art. 6 Abs. 1 EMRK)[689] sind also geeignet, die Besorgnis der Befangenheit zu begründen.[690] 274

Dies gilt auch für grobe Verstöße gegen die Garantie des gesetzlichen Richters[691] sowie bei ungebührlichen Verfahrensverzögerungen.[692] **Beispiel** zum Zeitpunkt eines Beweisantrages: Hat ein Angeklagter am ersten Verhandlungstag beantragt, den nicht erschienenen Mitangeklagten, gegen den das Verfahren abgetrennt worden ist, zu seiner Entlastung als Zeugen zu vernehmen, so begründet es die Besorgnis der Befangenheit, wenn das Gericht diesen Antrag am dritten Verhandlungstag nach Durchführung der übrigen Beweisaufnahme mit der Begründung ablehnt, der Antrag sei nur zum Zwecke der Prozessverschleppung gestellt.[693] Werden Beweisanträge „abgewürgt", oder wird in irgendeiner Form darauf hingewirkt, das Stellen von Beweisanträgen 275

---

[684] *LG Bad Kreuznach*, Beschl. v. 15.10. 1991 – 3 Js 1159/98 Ls –, StV 1992, 61.
[685] *BGH*, Beschl. v. 8.9. 1998 – 1 StR 352/98 – = NStZ-RR 1999, 257.
[686] BGHSt 15, 40, 46; *BGH*, Beschl. v. 10.9. 2002 – 1 StR 169/02 –, Rdnr. 12 = BGHSt 48, 4.
[687] *BayVGH*, Urt. v. 16.5. 2006 – Vf. 98 – VI – 05 –, BayVBl. 2007, 269 f., Rdnr. 15; ebenso: *OVG Berlin-Brandenburg*, Beschl. v. 16.7. 2009 – OVG 9 N 201.08 –, Rdnr. 7.
[688] *BGH*, Beschl. v. 10.9. 2002 – 1 StR 169/02 –, Rdnr. 12 = BGHSt 48, 4.
[689] Zur EMRK als Bestandteil des Rechtsstaatsprinzips nach Art. 20 Abs. 3 GG: *BVerfG*, Beschl. v. 14.10. 2004 – 2 BvR 1481/04 –, *Görgülü gegen Deutschland*.
[690] *Vollkommer*, in: Zöller, ZPO, 27. Aufl. 2009, § 42 Rdnr. 24 m.w.N.
[691] *BVerfG*, 1. Senat, 1. Kammer, stattgebender Kammerbeschluss v. 20.7. 2007 – 1 BvR 2228/06 – = NJW 2007, 3771.
[692] *OLG Bamberg*, FamRZ 2000, 1287; *OVG NRW*, NJW 1993, 2259; *Vollkommer*, a.a.O., Rdnr. 24.
[693] *LG Frankfurt*, Beschl. v. 14.5. 1992 – 5/15 KLs 86 Js 8543.4/91 –, StV 1992, 460.

Teil A. Beweisantragsrecht

zu unterlassen, so stellt dies eine grobe Verletzung des Anspruchs auf rechtliches Gehör aus Art. 103 Abs. 1 GG dar. Auch ein Vertagungsantrag, den die Partei nach Ablehnung ihres Beweisantrages stellt, um neue Beweisanträge vorbereiten zu können, ist wegen seiner im Hinblick auf Art. 103 Abs. 1 GG besonderen Bedeutung[694] ein wesentlicher Vorgang der Verhandlung im Sinne von § 160 Abs. 2 ZPO, so dass dessen Nicht-Protokollierung einen groben Verfahrensfehler darstellt.

276   e) **Verfahren bei Ablehnungsgesuchen.** Das für die Anbringung und die Behandlung von Ablehnungsgesuchen geltende Verfahrensrecht ist fehleranfällig. Weder Verwaltungsgerichte noch im Verwaltungsrecht tätige Anwälte sind damit häufig konfrontiert. Dies birgt Chancen und Risiken. Im Einzelnen:

277   aa) **Gefahr des Verlusts des Ablehnungsrechts.** Beschleicht eine Partei oder deren Rechtsanwalt das Gefühl, ein Richter sei befangen und ringt er sich – ggf. nach einer Unterbrechung der Verhandlung – dazu durch, ein Befangenheitsgesuch anzubringen, so ist grundsätzlich rasches Handeln geboten. Es gilt der Grundsatz: **Je länger die Partei nach dem Ereignis, das die vermeintliche Besorgnis der Befangenheit begründet, zuwartet, desto eher droht der Verlust des Ablehnungsrechts.** Denn nach § 54 Abs. 1 VwGO i. V. m. § 43 ZPO gilt: Eine Partei kann einen Richter wegen Besorgnis der Befangenheit nicht mehr ablehnen, wenn sie sich bei ihm, ohne den ihr bekannten Ablehnungsgrund geltend zu machen, in eine Verhandlung eingelassen oder Anträge gestellt hat. Die **rügelose Einlassung** und das Stellen von Anträgen wird von der Rechtsprechung „weit" ausgelegt".[695] Denn „der Zweck des § **43 ZPO** ist es, den Ablehnungsberechtigten zu veranlassen, sich **sofort** nach Kenntnis eines Befangenheitsgrundes zu entscheiden, ob er sich darauf berufen will oder nicht; ob ein Richter am Verfahren mitwirken darf, soll nicht in der Schwebe bleiben".[696] § 43 ZPO birgt also für den Ablehnenden erhebliche Risiken.

278   Als „**Einlassen**" in eine Verhandlung genügt danach **jedes prozessuale** und der Erledigung eines Streitpunkts dienende **Handeln der Parteien** unter Mitwirkung des Richters, z. B. die Abgabe von mündlichen Erklärungen, die Antragstellung, Vergleichsverhandlungen und -abschlüsse, sogar das bloße Einreichen von Schriftsätzen im schriftlichen Verfahren.[697] Die Gefahr des Rügeverlusts kann beispielsweise selbst dann drohen, wenn der abgelehnte Richter sich grob verfahrensfehlerhaft verhält, das Ablehnungsgesuch schlicht ignoriert und entgegen dem gesetzlichen Handlungsverbot des abgelehnten Richters (§ 47 Abs. 1 ZPO)[698] schlichtweg mit der mündlichen Verhandlung oder dem Erörterungstermin fortfährt. Ein Beteiligter verliert nach überwiegender Rechtsprechung sein Recht, einen Richter wegen Besorgnis der Befangenheit abzulehnen, wenn er im zeitlichen Abstand nach der Zurückweisung des Ablehnungsantrages durch das Gericht rügelos an einer gleichwohl fortge-

---

[694] Eingehend: *Vierhaus*, DVBl. 2009, 629, 633 ff.
[695] *BFH*, Urt. v. 23.5. 2000 – VIII R 20/99 –, Rdnr. 22.
[696] *BFH*, Urt. v. 23.5. 2000 – VIII R 20/99 –, Rdnr. 22 m.w.N.
[697] *Vollkommer*, in: Zöller, ZPO, 27. Aufl. 2009, § 43 Rdnr. 4 m.w.N.
[698] *Vollkommer*, in: Zöller, ZPO, 27. Aufl. 2009, § 47 Rdnr. 2.

X. Reaktion bei Ablehnung von Beweisanträgen

setzten mündlichen Verhandlung unter Mitwirkung des abgelehnten Richters teilnimmt.[699] Als **Ausnahme** dazu soll nur dann keine rügelose Einlassung vorliegen, wenn der Anwalt in einer solchen Konstellation ausschließlich deshalb weiterverhandelt, um Schaden von seinem Mandanten abzuwenden, beispielsweise zur Abwendung eines Versäumnisurteils[700] oder um einer Entscheidung nach Aktenlage vorzubeugen.[701]

Praxistipp: 279
Da es nach der letztgenannten Rechtsprechung darauf ankommt, dass diese Motivation für die Partei „erkennbar" ist, ist anzuraten, dass der Prozessbevollmächtigte ausdrücklich zu Protokoll erklärt, dass er ausschließlich deshalb weiterverhandelt, um Schaden von seinem Mandanten abzuwenden und dass im Übrigen das Ablehnungsgesuch in vollem Umfange aufrecht erhalten wird. Allerdings muss sich bei diesem Vorschlag der Anwalt bereits durchgerungen haben, einen Befangenheitsantrag zu stellen. Er kann also nicht die Haltung einnehmen, einstweilen abzuwarten, ob es noch schlimmer kommen kann und Befangenheitsgründe gleichsam zu sammeln.

Kein Antrag im Sinne von § 43 ZPO ist nach richtiger Rechtsauffassung ein 280 bloßer **Formalantrag** wie z.B. der **Vertagungsantrag**.[702] Gerade wenn der Unterbrechungs- oder Vertagungsantrag ausschließlich und expressis verbis zum Zwecke der Vorbereitung des Ablehnungsgesuchs gestellt wird, wäre es geradezu widersinnig, mit der Gegenauffassung dem Vertagungsantrag die Rechtsfolge des Verlustes des Ablehnungsrechts beizumessen; denn hierdurch würde im Ergebnis das Ablehnungsrecht für die Partei in unzumutbarer Weise beschränkt.[703]

Praxistipp: 281
Ergibt sich also der Ablehnungsgrund in der mündlichen Verhandlung oder in einem Erörterungstermin, besteht für den Ablehnenden der sicherste Weg darin, **sofort** Unterbrechung zum Zwecke der Vorbereitung eines Ablehnungsgesuchs zu beantragen, dieses sodann zu fertigen und umgehend zu stellen. Allerdings muss der Antrag auf Unterbrechung oder Vertagung motiviert werden. Geschickt ist es, nur vorzutragen man müsse kurzfristig mit dem anwesenden Mandanten über den derzeitigen Stand des Verfahrens beraten. Der nähere Grund muss nicht angeben werden.

bb) Rechtsbehelfe im Ablehnungsverfahren, insbesondere § 146 Abs. 2 282
VwGO. Für den Praktiker stellt sich sodann die Frage, wie bei einer Ablehnung des Befangenheitsgesuchs weiter zu verfahren ist. Die Entscheidung über das Ablehnungsgesuch ergeht durch (gesonderten) **Beschluss** (§ 54 Abs. 1 VwGO i.V.m. § 46 Abs. 2 ZPO). Ist dieser Beschluss isoliert angreifbar oder nur incidenter zusammen mit der Endentscheidung? Zwar verweist § 54 Abs. 1 VwGO – irreführender Weise – entsprechend auch auf § 46 Abs. 2 ZPO, wonach gegen den Beschluss, durch den das Gesuch für unbegründet erklärt wird, an sich die sofortige Beschwerde stattfindet.

---

[699] *BFH*, Beschl. v. 24.4.2002 – I B 134/01 –, Ls.
[700] *KG*, Beschl. v. 16.6.1975 – 11 W 613/75 – = NJW 1975, 1842.
[701] *OLG Köln*, Beschl. v. 26.4.1993 – 12 W 17/93 –, Ls. 2 = VersR 1993, 1550.
[702] RGZ 36, 378; *Vollkommer*, in: Zöller, ZPO, 27. Aufl. 2009, § 43 Rdnr. 5 m.w.N.
[703] *OLG Köln*, Beschl. v. 16.10.1970 – 3 W 46/70 – = OLGZ 1971, 376; *Vollkommer*, in: Zöller, ZPO, 27. Aufl. 2009, § 43 Rdnr. 5.

Teil A. Beweisantragsrecht

283 Im Berufungszulassungsverfahren kann eine unrichtige Ablehnung eines Ablehnungsgesuchs wegen Besorgnis der Befangenheit durch das Verwaltungsgericht **nicht** als **Verfahrensmangel** geltend gemacht werden.[704] Gemäß § 146 Abs. 2 VwGO können Beschlüsse über die Ablehnung von Gerichtspersonen **nicht** mit der **Beschwerde** angefochten werden und sind deshalb der Überprüfung in einem Rechtsmittelverfahren gemäß § 173 VwGO i.V.m. §§ 512, 557 Abs. 2 ZPO von vornherein entzogen.[705]

284 Das Berufungsgericht hat die Frage, ob das Verwaltungsgericht ein Ablehnungsgesuch zu Recht abgelehnt hat, nicht zu beantworten, weil diese Entscheidung nach § 146 Abs. 2 VwGO nicht mit der Beschwerde angefochten werden kann und darum gemäß § 173 VwGO i.V.m. §§ 512, 557 Abs. 2 ZPO auch der Überprüfung in einem Rechtsmittelverfahren entzogen ist.[706]

285 Die Rüge der fehlerhaften Ablehnung eines Befangenheitsantrags in der Vorinstanz unterliegt **grundsätzlich** nicht der Beurteilung des Berufungsgerichts (§ 173 VwGO i.V.m. § 512 ZPO). Die unrichtige Zurückweisung eines Ablehnungsgesuchs ist nur **ausnahmsweise** dann beachtlich, wenn mit ihr die Verletzung der verfassungsgerichtlichen Garantie einer vorschriftsmäßigen Besetzung des Gerichts gemäß **Art. 101 Abs. 1 Satz 2 GG** geltend gemacht wird. Dies setzt voraus, dass für die Entscheidung über den Antrag willkürliche oder **manipulative** Erwägungen maßgeblich waren.[707]

286 Die Rüge der unrichtigen Ablehnung eines Befangenheitsantrages im Rahmen einer **Nichtzulassungsbeschwerde** ist in dem Maße beachtlich, als mit ihr die vorschriftsmäßige **Besetzung des Gerichts** (Art. 101 Abs. 1 Satz 2 GG, § 138 Nr. 1 VwGO) geltend gemacht wird. Eine auf diese Weise verursachte fehlerhafte Besetzung der Richterbank setzt aber voraus, dass die Ablehnungsentscheidung auf Willkür oder einem vergleichbar **schweren Mangel des Verfahrens** beruht, der in der Sache die Rüge einer nicht vorschriftsgemäßen Besetzung des Gerichts rechtfertigt. Willkürlich ist ein Richterspruch, wenn er unter keinem denkbaren Gesichtspunkt rechtlich vertretbar ist und sich daher der Schluss aufdrängt, dass er auf **sachfremden Erwägungen** beruht. Das ist anhand objektiver Kriterien festzustellen.[708]

287 Neben anderen fragwürdigen Regelungen hat die 6. VwGO-Novelle mit § 146 Abs. 2 VwGO damit zum 1.1.1997 den Parteien einen selbständigen Instanzenzug gegen einen Beschluss, mit dem ein Ablehnungsgesuch zurückgewiesen wird, genommen. Nach der Gesetzesbegründung soll für die Beteiligten damit der Anreiz gemindert werden, Ablehnungsgesuche allein zur Hinauszögerung der Hauptsacheentscheidung anzubringen.[709] Diese Begründung ist verfehlt. Sie mag vielleicht für den Strafprozess zutreffen. Für den Verwaltungsprozess gilt anderes. Es wird übersehen, dass jedenfalls die klägerische Partei in aller Regel stark an einer Beschleunigung der Hauptsacheentscheidung interessiert ist. Seit Jahren beklagt die Anwaltschaft die uner-

---

[704] *OVG Niedersachsen*, Beschl. v. 10.5. 2010 – 4 LA 296/08 –.
[705] *OVG Saarland*, Beschl. v. 21.12. 2010 – 3 D 91/10 –, Rdnr. 2.
[706] *OVG Sachsen-Anhalt*, Beschl. v. 3.2. 2010 – 1 L 95/09 –, Rdnr. 12.
[707] *OVG Sachsen-Anhalt*, Beschl. v. 21.9. 2010 – 5 A 398/08 – = KStZ 2010, 216.
[708] *BVerwG*, Beschl. v. 15.5. 2008 – 2 B 77.07 – = NVwZ 2008, 1025.
[709] BT-Drs. 13/3993, 22 f.; 13/5098, 24 f.

X. Reaktion bei Ablehnung von Beweisanträgen

träglich lange Verfahrensdauer in Verwaltungsprozessen.[710] Das prozessuale Abschneiden der Möglichkeit einer isolierten Beschwerde hat indes auch eine andere Seite: Das Risiko des ohne Erfolg abgelehnten Richters ist jetzt in die Rechtsmittelinstanz verlagert. § 146 Abs. 2 VwGO gilt auch für gerichtlich bestellte Sachverständige. Gegen den Beschluss, durch den dessen Ablehnung für begründet erklärt wird, findet kein Rechtsmittel statt, gegen den Beschluss, durch den sie für unbegründet erklärt wird, ist die Beschwerde gegeben (vgl. § 98 VwGO i.V.m. § 406 Abs. 5 ZPO).

288 Nach der ganz herrschenden Meinung stellt die rechtswidrige Ablehnung eines Befangenheitsgesuchs **nur** dann einen **Verfahrensmangel** im Sinne der entsprechenden Zulassungsgründe dar, **wenn** die Ablehnung eines Befangenheitsgesuchs „**grob fehlerhaft**" gewesen ist.[711] Das **Sächsische OVG** ist großzügiger. Nach seiner Auffassung liegt bei **rechtswidriger** Verneinung der Besorgnis der Befangenheit stets ein rügefähiger Verfahrensmangel im Sinne von § 124 Abs. 2 Nr. 5 VwGO vor. Eine „grobe Fehlerhaftigkeit" des Befangenheitsbeschlusses müsse nicht hinzutreten.[712] Das **Sächsische OVG** hat dies damit begründet, dass die Gesetzesmaterialien zur 6. VwGO-Novelle nichts für die Annahme hergeben, „der Gesetzgeber habe mit ihm zugleich eine weitere gravierende Einschränkung des Berufungszulassungsrechts beabsichtigt".[713] Diese Rechtsprechung hat gewiss für sich, dass das von der herrschenden Meinung vertretene Kriterium einer „**groben** Fehlerhaftigkeit" ersichtlich stark wertungsabhängig und damit zur trennscharfen Abgrenzung untauglich ist. Die Auffassung des Sächsischen OVG ist vorzugswürdig.

289 **f) Rügeobliegenheit in Bezug auf mögliche Gehörsverstöße im Ablehnungsbeschluss?** In der obergerichtlichen Rechtsprechung wird zuweilen eine Obliegenheit der Prozesspartei angenommen, den einen Beweisantrag ablehnenden Beschluss erstinstanzlich stets auf mögliche Gehörsverstöße im Sinne einer Prozessrechtswidrigkeit der Ablehnungsgründe zu überprüfen. Der Verstoß müsse spätestens im nächsten Verhandlungstermin gerügt werden, um das Beanstandungsrecht für die nächste Instanz nicht zu verlieren.[714] Diese Rechtsauffassung hat der **VfGH Bln** als Verletzung des Grundrechts auf

---

[710] Beispielhaft: *Ewer*, Der Vorschlag zur Einführung einer sog. Untätigkeitsrüge in die Verwaltungsgerichtsordnung, Vortrag auf der 9. Verwaltungsrechtlichen Jahresarbeitstagung des DAI e.V. in Leipzig, 29./30.8. 2003, in: DAI, Thesenband, S. 209 ff.; *Körner*, Beschleunigung im Verwaltungsprozess, insbesondere früher Erörterungstermin, Vortrag auf der 12. Verwaltungsrechtlichen Jahresarbeitstagung des DAI e.V. in Leipzig, 27./28.1. 2006, in: DAI, Thesenband, S. 174 ff.

[711] *BVerwG*, Urt. v. 16.4. 1997 – 6 C 9.95 – = DVBl. 1997, 1235–1238; *Kopp/Schenke*, VwGO, 15. Aufl. 2007, § 124 Rdnr. 13; *Happ*, in: Eyermann, VwGO, 10. Aufl., § 128 Rdnr. 8 und § 146 Rdnr. 5.

[712] *Sächsisches OVG*, Beschl. v. 1.8. 2000 – 1 B 58/99 –, Ls. 1 = SächsVBl. 2001, 10 – Fallkonstellation: Ehe zwischen Verwaltungsrichter und Prozessvertreterin der beklagten Behörde.

[713] *Sächsisches OVG*, Beschl. v. 1.8. 2000 – 1 B 58/99 –, Rdnr. 10 = SächsVBl. 2001, 10.

[714] *OVG Berlin-Brandenburg*, Beschl. v. 1.11. 2005 – OVG 3 N 160.05 –.

Teil A. Beweisantragsrecht

effektiven Rechtsschutz beanstandet.[715] Der VerfGH begründet dies wie folgt: „Die vom Oberverwaltungsgericht angenommene Obliegenheit, einen ablehnenden Beweisbeschluss stets auf mögliche Gehörsverstöße im Sinne einer Prozesswidrigkeit der Ablehnungsgründe zu überprüfen und (spätestens im nächsten Verhandlungstermin) zu rügen, um das Beanstandungsrecht für die nächste Instanz nicht zu verlieren (...), liefe in vielen Fällen auf eine Obliegenheit zur Auseinandersetzung mit der Rechtsansicht des Gerichts und zur Wiederholung der bereits vorgebrachten Argumente hinaus mit nur geringen Chancen, dass das Gericht deshalb seine Rechtsauffassung ändert und den beantragten Beweis erhebt. Die vom Oberverwaltungsgericht erwogene Alternative zur Erfüllung dieser Obliegenheit, nämlich neue, den Bedenken des Gerichts Rechnung tragende Beweisanträge zu stellen, würde in den Fällen, in denen der Partei dies nicht möglich ist, ebenfalls zu einer chancenlosen und redundanten Umformulierung bereits vorgetragenen Prozessstoffes zwingen."[716] Auch eine generelle Rügeobliegenheit beim Verstoß gegen den Anspruch auf rechtliches Gehör im Zusammenhang mit der Ablehnung von Beweisanträgen sieht der VerfGH Bln nicht.[717]

290 Nur die grob fehlerhafte, willkürliche Ablehnung eines Beweisantrages soll nach der Rechtsprechung eine Richterablehnung begründen können (s. o. Rdnr. 286, 288). Allein: Wann liegt ein grober, wann ein einfacher Fehler vor? Die herrschende Meinung nimmt die Abgrenzung danach vor, ob die „grobe" Fehlerhaftigkeit eine Verfassungsbeschwerde rechtfertigen würde.[718] Das ist ein wenig taugliches Kriterium, funktionell angesichts des Kriteriums der Rechtswegerschöpfung auch fragwürdig. Ob ein Verfahrensmangel eine Verfassungsbeschwerde rechtfertigt oder nicht, ist angesichts der Tatsache, dass kein professioneller Prozessbevollmächtigter die Erfolgsaussichten einer Verfassungsbeschwerde ernsthaft zu prognostizieren vermag,[719] jedenfalls kein in der Praxis taugliches Abgrenzungskriterium. Nach alledem verdient die vorerwähnte grundrechtsnähere Auslegung des Sächsischen OVG[720] im Lichte von Art. 101 Abs. 1 Satz 2, 19 Abs. 4 GG den Vorzug (s. o. Rdnr. 288).

---

[715] *VerfGH Bln*, Beschl. v. 19.12. 2006 – 45/06 –, Rdnr. 53.
[716] *VerfGH Bln*, Beschl. v. 19.12. 2006 – 45/06 –, Rdnr. 53.
[717] *VerfGH Bln*, Beschl. v. 19.12. 2006 – 45/06 –, Rdnr. 55.
[718] So *Meyer-Ladewig*, in: Schoch/Schmidt-Aßmann/Pietzner, VwGO, Stand: Jan. 2000, § 128 Rdnr. 6.
[719] Lesenswert: *Zuck*, Das Recht der Verfassungsbeschwerde, 3. Aufl. 2006, 6. Kap.: Die erfolgreiche Verfassungsbeschwerde, Rdnr. 313–316.
[720] *Sächsisches OVG*, Beschl. v. 1.8. 2000 – 1 B 58/99 –, Ls. 1 = SächsVBl. 2001, 10 – Fallkonstellation: Ehe zwischen Verwaltungsrichter und Prozessvertreterin der beklagten Behörde.

XI. Sonderfall: Selbständiges Beweisverfahren

1. Anwendbarkeit im Verwaltungsprozess

Die Vorschriften der ZPO über das selbständige Beweisverfahren (§§ 485 bis 494 a ZPO) sind über § 98 VwGO auch im Verwaltungsprozess anwendbar.[721] Angesichts der beklagenswert langen Dauer verwaltungsgerichtlicher Verfahren kann ggf. – bei Vorliegen der Voraussetzungen – die Notwendigkeit entstehen, Beweise frühzeitig, insbesondere vor einem häufig in weiterer Ferne liegenden Verhandlungstermin zu sichern.

291

2. Während eines Rechtsstreits (§ 485 Abs. 1 ZPO)

Nach § 98 VwGO i. V. m. 485 Abs. 1 und 2 ZPO hat ein Antrag auf Durchführung eines selbständigen Beweisverfahrens folgende Voraussetzungen:

292

Voraussetzungen eines selbständigen Beweisverfahrens (§§ 98 VwGO, 485 Abs. 1 ZPO):

1. Anhängigkeit eines Rechtsstreits
2. Antrag auf Durchführung einer bestimmten Beweisaufnahme (nur Beweismittel gem. § 485 Abs. 1 ZPO!),
3. a) Zustimmung des Gegners **oder**
   b) Besorgnis des Beweismittelverlusts oder der erschwerten Benutzung.
4. Rechtsschutzinteresse!

Zentrale Voraussetzung des Beweisverfahrens ist der drohende Beweismittelverlust oder die Besorgnis der erschwerten Benutzung des Beweismittels. Typische Fallkonstellationen sind, wenn das Beweismittel eine Sache ist, der Verderb der zu besichtigenden Sache oder ihre Veränderung (z.B. durch Fortschritt von Bauarbeiten),[722] oder das Bedürfnis nach alsbaldiger Veräußerung oder Beseitigung einer schadhaften bzw. zerstörten Sache (z.B. eines beschädigten Pkw nach dem Unfall),[723] Besorgnis der erschwerten Nutzung eines Beweismittels besteht z.B. auch, wenn auf dem Gelände eines ehemaligen Teerbunkers immer nur im Hochsommer bei großer Hitze flüssige teerartige Masse aus einer Böschung austritt und die Frage der Verursachung einer Altlast streitig ist; der Sachverständigenbeweis wäre hier auf die Feststellung der Ursache

293

---

[721] *OVG NRW*, Beschl. v. 24.3. 2009 – 15 E 31/09 –; *OVG NRW*, Beschl. v. 16.7. 2007 – 8 E 547/07 –; *BayVGH*, Beschl. v. 25.6. 2007 – 3 C 07.1118 –; *VGH Baden-Württemberg*, Beschl. v. 3.5. 2007 – 5 S 810/07 –, Rdnr. 6; *OVG Rheinland-Pfalz*, Beschl. v. 22.9. 2005 – 1 B 11311/05 –; *VG Darmstadt*, Beschl. v. 21.1. 2010 – 2 O 1482/09.DA –, Kopp/Schenke, VwGO, 15. Aufl. 2007, § 99 Rdnr. 26.

[722] *Reichhold*, in: Thomas/Putzo, ZPO, 30. Aufl. 2009, § 485 Rdnr. 3.

[723] *Herget*, in: Zöller, ZPO, 28. Aufl. 2010, § 485 Rdnr. 5.

Teil A. Beweisantragsrecht

des Schadens gerichtet (§ 485 Abs. 2 Satz Nr. 2 ZPO). Auch die bevorstehende Sanierung einer Altlast durch Auskofferung des Schadenszentrums kann den drohenden Beweismittelverlust begründen, weil anschließend das für die Verursacherfrage aussagekräftige Schadensbild nicht mehr authentisch vor Ort sachverständig begutachtet werden kann, sondern nur noch anhand von Lichtbildern und ingenieurtechnischen Gutachten und Berichten.

294 Was drohenden Beweismittelverlust oder eine Beweismittelerschwerung beim **Zeugenbeweis** betrifft, ist diese unproblematisch im Falle einer gefährlichen Erkrankung des Zeugen zu bejahen.[724] Praxisrelevant ist ferner die Fallgruppe der **betagten Zeugen: Allein** schon das hohe Alter eines Zeugen begründet nach richtiger Auffassung die Besorgnis, dass das Beweismittel verlorengeht und rechtfertigt die Sicherung des Beweises durch ein selbständiges Beweisverfahren, und zwar auch ohne erkennbare Krankheit des Zeugen.[725] Gerade wegen der zunehmenden Überalterung der Gesellschaft und der Zunahme von Demenz- und Alzheimer-Erkrankungen erscheint es sachgerecht, jedenfalls bei einem Alter von 75 Jahren aufwärts von der mutmaßlichen Gefahr einer erschwerten Benutzung des Beweismittels auszugehen.

295 Für ein selbständiges Beweisverfahren im anhängigen Hauptsacheverfahren ist ein Rechtsschutzbedürfnis erforderlich. An diesem kann es fehlen, wenn die Beweisfrage für das anhängige Streitverfahren offenkundig und nach jeder Betrachtungsweise unerheblich ist.[726]

3. Vor Anhängigkeit eines Rechtsstreits (§ 485 Abs. 2 ZPO)

296 Anders als bei § 485 Abs. 1 ZPO verzichtet § 485 **Abs. 2** ZPO für den Sachverständigenbeweis **vor** Anhängigkeit eines Rechtsstreits in Form eines schriftlich einzuholenden Gutachtens auf die Zulässigkeitsvoraussetzung des drohenden Beweismittelverlusts.[727] Beispiel: Behauptete Überschwemmung eines Grundstücks infolge unsachgemäßen Straßenausbaus durch die Gemeinde. Zuständig für einen Antrag auf Beweissicherung ist das VG.

297 Die vornehmliche Funktion von § 485 Abs. 2 ZPO besteht in der möglichen Vermeidung eines Rechtsstreits (vgl. § 485 Abs. 2 Satz 2 ZPO). Korrektiv zum fehlenden Merkmal des Beweismittelverlusts ist dementsprechend bei § 485 Abs. 2 ZPO das **rechtliche Interesse** des Antragstellers an der Feststellung, also an der Beweisaufnahme. Der Begriff des rechtlichen Interesses ist nach einhelliger Rechtsprechung **weit** zu fassen.[728] Denn es ist nicht Sinn des selb-

---

[724] *Reichhold*, in: Thomas/Putzo, ZPO, 30. Aufl. 2009, § 485 Rdnr. 3; *Herget*, in: Zöller, ZPO, 28. Aufl. 2010, § 485 Rdnr. 5.

[725] *OLG Nürnberg*, Beschl. v. 26.2. 1997 – 10 WF 275/97 –, Ls. = NJW-RR 1998, 575 = MDR 1997, 594 – 84 Jahre alter Zeuge; *KG*, JurBüro 1997, 1627; *BayObLG*, SeuffA Nr. 51, 236.

[726] *OVG Niedersachsen*, Beschl. v. 6.7. 2010 – 15 KF 25/09 –, AUR 2010, 271; *VGH Baden-Württemberg*, Beschl. v. 3.5. 2007 – 5 S 810/07 – = NVwZ-RR 2007, 574; *OVG Rheinland-Pfalz*, Beschl. v. 22.9. 2005 – 1 B 11311/05 – = NVwZ-RR 2006, 853.

[727] *VG Trier*, Beschl. v. 3.7. 2007 – 5 O 335/07.TR –, Rdnr. 25.

[728] *OVG NRW*, Beschl. v. 24.3. 2009 – 15 E 31/09 –, Rdnr. 5; *VG Darmstadt*, Beschl. v. 21.1. 2010 – 2 O 1482/09.DA –, Rdnr. 3.

XI. Sonderfall: Selbständiges Beweisverfahren

ständigen Beweisverfahrens, die Erfolgsaussichten eines (späteren) Hauptsacheverfahrens zu prüfen.[729]

Voraussetzungen eines selbständigen Beweisverfahrens (§§ 98 VwGO, 485 Abs. 2 ZPO):
1. Antrag auf schriftliche Begutachtung durch einen Sachverständigen,
2. Rechtliches Interesse an der Feststellung
   a) Zustand Person/Sache oder Wert der Sache,
   b) Ursache eines Schadens/Mangels oder
   c) Aufwand für eine Schadensbeseitigung,
3. Glaubhaftmachung (§ 487 Nr. 4 ZPO).

Das nach § 98 VwGO i. V. m. § 485 Abs. 2 ZPO erforderliche rechtliche Interesse an der Durchführung eines selbständigen Beweisverfahrens ist gemäß § 487 Nr. 4 ZPO glaubhaft zu machen. Das ist nur der Fall, wenn der Antragsteller nachvollziehbar vorträgt, dass ihm ein Anspruch gegen den Antragsgegner zustehen könnte, falls die unter Beweis gestellten Tatsachen vorliegen.[730] Ein rechtliches Interesse für ein selbständiges Beweisverfahren kann fehlen, wenn Fragen betroffen sind, denen die Behörde im Widerspruchsverfahren im Rahmen der Amtsermittlung nachzugehen gehalten ist. Der Antragsteller ist also gut beraten, wenn er dem VG gegenüber darlegt, dass im Widerspruchsverfahren eine entsprechende Sicherung derzeit nicht zu erreichen sei.

298

---

[729] *VG Darmstadt*, Beschl. v. 21.1.2010 – 2 O 1482/09.DA –, Rdnr. 3; *VG München*, Beschl. v. 20.8.2001 – M 7 X 101.2729 –.

[730] *VGH Baden-Württemberg*, Beschl. v. 6.2.2004 – 8 S 2185/03 – = VBlBW 2004, 228.

Teil B. Beweisaufnahme

I. Grundsatz der Unmittelbarkeit der Beweisaufnahme

1. Inhalt des Grundsatzes

Der Grundsatz der Unmittelbarkeit der Beweisaufnahme durch das streitentscheidende Gericht ist ein **zentraler** Grundsatz des Prozessrechts. Er gilt auch im Verwaltungsprozess. Die VwGO regelt ihn in § 96 Abs. 1 Satz 1. Der Grundsatz der Unmittelbarkeit besagt, „dass sich das Gericht einen möglichst **direkten und unvermittelten eigenen Eindruck** von dem zu beurteilenden Sachverhalt verschaffen soll; dies verlangt, dass die zur Entscheidung berufenen Richter die Beweisaufnahme selbst und in der Regel unter Verwendung der sachnächsten Beweismittel durchzuführen haben."[731] Danach gilt:

299

> **§ 96 VwGO Abs. 1 Satz 1 [Unmittelbarkeit der Beweisaufnahme]**
> Das Gericht erhebt Beweis **in** der mündlichen Verhandlung.

Auf der Grundlage seiner Amtsermittlungspflicht (§ 86 Abs. 1 Satz 1 VwGO) „muss das Gericht seine Überzeugung (…) auf dem vom Gesetz vorgeschriebenen verfahrensrechtlichen Wege gewinnen".[732] In diesen Zusammenhang gehört auch § 96 Abs. 1 Satz 1 VwGO. Die Beweisaufnahme soll grundsätzlich vor dem gesamten erkennenden Spruchkörper stattfinden, damit sich alle Mitglieder dieses Spruchkörpers einen persönlichen Eindruck von dem Beweismittel, insbesondere von dem zu vernehmenden Zeugen, von dem Sachverständigen oder von der Örtlichkeit verschaffen können. Die Übermittlung von Beweisergebnissen nur durch einzelne Richter des Spruchkörpers ist oft nur unzulänglicher Ersatz.[733] Der Grundsatz der Unmittelbarkeit der Beweisaufnahme „schließt eine Beweiserhebung außerhalb der mündlichen Verhandlung – außer unter den Voraussetzungen von § 96 Abs. 2 und § 87 Abs. 3 VwGO – aus. Eine nicht auf eine Beweisaufnahme in der mündlichen Verhandlung beruhende Beweiswürdigung ist darum (…) unzulässig".[734] § 96 Abs. 1 Satz 1 VwGO gebietet ferner, „die **Identität von beweiserhebenden und fallentscheidenden Richtern** bei einer durchzuführenden Beweisaufnahme zu wahren (**sog. formelle Unmittelbarkeit**)".[735]

300

---

[731] *Eisenberg*, Beweisrecht der StPO, 6. Aufl. 2008, Rdnr. 65 für den Strafprozess.
[732] *BVerwG*, Beschl. v. 14.9. 1999 – 5 B 44.99 –, Rdnr. 2.
[733] *Redeker/von Oertzen*, VwGO, 14. Aufl. 2004, § 96 Rdnr. 1.
[734] *BVerwG*, Beschl. v. 14.9. 1999 – 5 B 44.99 –, Rdnr. 2.
[735] *OVG NRW*, Urt. v. 23.7. 2009 – 1 A 2084/07 –, Rdnr. 54.

Teil B. Beweisaufnahme

Eine Verletzung des Grundsatzes der Unmittelbarkeit der Beweisaufnahme begründet die Verfahrensrüge unzureichender Aufklärung (§§ 86 Abs. 1, 96 Abs. 1 Satz 1 VwGO).[736]

2. Beauftragter Richter als Durchbrechung

301 Das Gericht kann in geeigneten Fällen schon vor der mündlichen Verhandlung durch eines seiner Mitglieder als beauftragten Richter Beweis erheben lassen oder durch Bezeichnung der einzelnen Beweisfragen ein anderes Gericht um die Beweisaufnahme ersuchen (**§ 96 Abs. 2 VwGO**). Im Strafprozess „platzt" der Prozess, wenn ein an der Beweisaufnahme mitwirkender Richter nicht an der späteren Entscheidung mitwirken kann (z. B. weil er während der Hauptverhandlung verstirbt und kein Ergänzungsrichter/-schöffe bestellt wurde).[737] Nach der Rechtsprechung des BVerwG soll eine durchgeführte Augenscheinseinnahme als Beweisaufnahme auch dann eine zulässige Sachverhaltsermittlung bleiben, wenn **der den Beweis aufnehmende Richter an der späteren Entscheidung** – aus unterschiedlichen Gründen – **nicht mitwirkt**.[738] Das BVerwG unterscheidet davon die Frage, „ob und in welcher Weise der so aufgenommene Beweis für die spätere Entscheidung verwertbar ist". Es mag im Einzelfall das Ergebnis der Beweisaufnahme durch einen beauftragten Richter sein, dass eine Beweisaufnahme nunmehr durch den gesamten Spruchkörper erforderlich und damit zu wiederholen ist.[739] Überhaupt ist die vom Gesetz zugelassene Beweisaufnahme durch den **beauftragten Richter** eine Durchbrechung des Grundsatzes der Unmittelbarkeit der Beweisaufnahme (§ 96 Abs. 2 VwGO).[740] Das kann zu recht merkwürdigen Ergebnissen führen, beispielsweise dann, wenn die Kammer zunächst einem Beweisantrag auf Zeugenvernehmung stattgibt, weil sie die Beweisaufnahme als erforderlich erachtet, sodann fünf Zeugen durch den beauftragten Richter vernommen werden und schließlich die Kammer – nunmehr unter neuem Vorsitz – die Beweisaufnahme für überflüssig erachtet und der Meinung ist, dem Beweisantrag hätte gar nicht stattgegeben werden müssen.[741]

---

[736] *BVerwG*, Beschl. v. 25.8. 2008 – 2 B 18.08 –, Rdnr. 12; Urt. v. 9.12. 1020 – 10 C 13/09 –, Rdnr. 19.

[737] Zu der aus Art. 6 Abs. 1 EMRK folgenden Pflicht Ergänzungsrichter/-schöffen zu bestellen: *EGMR*, Urt. v. 29.9. 2004, Nr. 49746/99, EuGRZ 2004, 634, Cevizovic gegen Deutschland – überlange Verfahrensdauer (4 J., 9 M.) bei unzureichender Prozessleitung/Wiederholung eines Strafverfahrens wegen schwerer Gewaltkriminalität nach Erkrankung auch des Ersatzschöffen.

[738] *BVerwG*, Beschl. v. 16.9. 1994 – 1 B 182.94 –, Rdnr. 7 = Buchholz 451.41 § 5 GastG Nr. 6; *BVerwG*, Beschl. v. 22.12. 1992 – 4 B 251.92 –, Rdnr. 6 = Buchholz 310 § 98 VwGO Nr. 44.

[739] BVerwG, Beschl. v. 22.12. 1992 – 4 B 251.92 –, Rdnr. 6 = Buchholz 310 § 98 VwGO Nr. 44.

[740] *Lang*, in: Sodan/Ziekow, VwGO, 3. Aufl. 2010, § 96 Rdnr. 10 f.

[741] So etwa im Fall *VG Potsdam* – 2 K 2578/01 –, Beweisbeschluss vom 10.4. 2002 = **Anhang I, Beispiel 3, S. 205**.

I. Grundsatz der Unmittelbarkeit der Beweisaufnahme

3. Verwertung von Terminsprotokollen über Zeugenaussagen in anderen Prozessen

Die Rechtsprechung, nach der das erkennende Gericht gleichwohl Terminsprotokolle über die Vernehmung von Zeugen durch **andere** Gerichte grundsätzlich als Beweismittel heranziehen dürfen soll, ohne diese Zeugen in der mündlichen Verhandlung selbst zu vernehmen,[742] vermag **nicht** zu überzeugen. Denn sie führt zu einer sachlich nicht gerechtfertigten Aufweichung des Unmittelbarkeitsprinzips. Der Rechtsprechung liegt offensichtlich die mehr oder weniger unausgesprochene Meinung zugrunde, dass auch bei einer Verwertung des Vernehmungsprotokolls über eine Zeugenaussage vor einem anderen Gericht in der mündlichen Verhandlung Beweis über diese Tatsache erhoben werde. Richtig ist hingegen, dass der Zeugenbeweis auf diese Weise nicht in der mündlichen Verhandlung **erhoben** wird (§ 96 Abs. 1 Satz 1 VwGO), sondern lediglich **verwertet** wird; **erhoben** hat ihn ein anderes Gericht! Insbesondere kann sich das Verwaltungsgericht bei dieser Vorgehensweise keine eigene fundierte Meinung von der **Glaubwürdigkeit** des Zeugen bilden, keine Nachfragen an ihn richten und auch das Fragerecht der Parteien wird abgeschnitten. Das einzige, was bei dieser Methode in der mündlichen Verhandlung erhoben wird, ist der Urkundenbeweis über den Erklärungsinhalt des Vernehmungsprotokolls. Dieser ist im Verhältnis zum Zeugenbeweis lediglich ein mittelbares, entfernteres Beweismittel. Der Gesetzgeber erkennt selbst an, dass Protokolle unrichtig sein können (arg.: § 164 Abs. 1 ZPO, § 105 VwGO).

Gegen eine Verwertung von Vernehmungsprotokollen aus Zivil-, Straf- oder sonstigen anderen Prozessen in der Verwaltungsgerichtsbarkeit spricht schließlich, dass diese Prozesse einen unterschiedlichen Streitgegenstand haben, ganz unterschiedliche Rechtsfragen aufwerfen und folglich ganz unterschiedliche Fragen an einen Zeugen geboten sein lassen können. Zutreffend formulieren *Baumbach/Lauterbach/Albers/Hartmann*: „Im Übrigen kann auch ein gutes Protokoll des ersuchten Richters mit der Aufnahme seines persönlichen Eindrucks nur bedingt diejenigen Wahrnehmungen ersetzen, die man zur erschöpfenden Würdigung der Aussage oder gar zu einer Augenscheinseinnahme braucht."[743] Das Recht auf unmittelbare Beweisaufnahme ist zwar „selbst kein Grundrecht",[744] gleichwohl „aber einer der tragenden Grundsätze der Beweisaufnahme".[745] Es ist nicht ersichtlich, warum dies ausgerechnet im Verwaltungsprozess anders sein soll.

302

303

---

[742] *BVerwG*, Beschl. v. 25.8. 2008 – 2 B 18.08 –, Rdnr. 13; *OVG Berlin*, Beschl. v. 1.4. 2004 – 8 S 27.04 –, Rdnr. 4; Beispiel: *VG Düsseldorf*, Urt. v. 29.9. 2009 – 17 K 4572/08 –, Rdnr. 50.
[743] *Baumbach/Lauterbach/Albers/Hartmann*, ZPO, 67. Aufl. 2009, § 355, Rdnr. 2.
[744] *BVerfG*, 2. Senat 1. Kammer, Nichtannahmebeschluss v. 30.1. 2008 – 2 BvR 2300/07 –, Rdnr. 20 = NJW 2008, 2243.
[745] *Baumbach/Lauterbach/Albers/Hartmann*, ZPO, 67. Aufl. 2009, § 355, Rdnr. 1; *OLG Koblenz*, Urt. v. 3.11. 2005 – 5 U 452/05 –, Rdnr. 11: „Das *grundlegende* Recht auf eine unmittelbare Beweisaufnahme" = MDR 2006, 771.

Teil B. Beweisaufnahme

304 Einen besonders typischen Fall aus der verwaltungsgerichtlichen Rechtsprechung hat das **BVerwG** mit Beschluss vom 25.8. 2008 entschieden: Es handelte sich um eine Klage gegen eine Entlassung aus dem Beamtenverhältnis auf Probe mangels Bewährung. Das Berufungsgericht hatte es abgelehnt, zu den einzelnen Verfehlungen, die dem Beamten zur Last gelegt worden waren, die von ihm beantragten Beweise zu erheben. Das Berufungsgericht hatte eine eigene Beweisaufnahme im Berufungsverfahren deshalb abgelehnt, weil es meinte, auf die im Disziplinarverfahren erhobenen Zeugenaussagen zurückgreifen zu können, deren Verwertung der Kläger im Berufungsverfahren indes ausdrücklich widersprochen hatte. Die im Disziplinarverfahren vernommenen Zeugen wollte das Berufungsgericht offensichtlich nicht selbst erneut vernehmen, sondern begnügte sich mit der Beiziehung dieser Aussagen im Wege des Urkundsbeweises. Der hiergegen gerichteten Aufklärungsrüge hat das BVerwG stattgegeben: Wenn der Dienstherr sein Werturteil auf bestimmte Tatsachen stütze, so müsse sich das Gericht von deren Wahrheit überzeugen, soweit sie substantiiert bestritten würden. „Dabei erfordert es der Grundsatz der Unmittelbarkeit der Beweiserhebung (§ 96 Abs. 1 Satz 1 VwGO), benannte und mit zumutbarem Aufwand **erreichbare Zeugen selbst zu vernehmen** und **nicht deren in einem anderen Verfahren gemachte Aussagen im Wege des Urkundsbeweises heranzuziehen,** sofern die Partei dem ausdrücklich widersprochen hat."[746] Das BVerwG hat zutreffend darauf hingewiesen, dass das Berufungsgericht in diesem Fall verpflichtet ist, „den beantragten Primärbeweis zu erheben", anschließend eine freie Beweiswürdigung vorzunehmen und die gewonnenen Zeugenaussagen selbst zu bewerten und eventuelle Abweichungen in den Aussagen zu würdigen.[747]

305 Allerdings können die Prozessbeteiligten auf die Einhaltung des Grundsatzes der Unmittelbarkeit **verzichten**. Dies ist beispielsweise dann der Fall, wenn die Beteiligten sich rügelos in die Verhandlung einlassen, sodass der Zeugenbeweis zum Urkundsbeweis wird. Der Beteiligte, der dieses Ergebnis vermeiden möchte, ist also gehalten, in jedem Falle die Verwertung von Zeugenaussagen aus anderen Prozessen durch Beiziehung von Terminsprotokollen als Verletzung des Unmittelbarkeitsgrundsatzes ausdrücklich **zu Protokoll zu rügen**. Eine Verletzung des Unmittelbarkeitsgrundsatzes ist ausnahmsweise auch dann **nicht** anzunehmen, wenn ein seinerzeit in einem anderen Prozess vernommener Zeuge in der nun geführten mündlichen Verhandlung nicht (mehr) vernommen werden kann, beispielsweise weil er zwischenzeitlich verstorben oder vernehmungsunfähig geworden ist. In diesem Falle spricht nichts dagegen, seine ursprüngliche Aussage über das Terminsprotokoll in den Prozess einzubeziehen. Die Bewertung ist dann eine Frage der Beweiswürdigung.

---

[746] *BVerwG*, Beschl. v. 25.8. 2008 – 2 B 18.08 –, Rdnr. 13.
[747] *BVerwG*, Beschl. v. 25.8. 2008 – 2 B 18.08 –, Rdnr. 13.

II. Durchführung der Beweisaufnahme nach den zivilprozessualen Vorschriften

Die Durchführung der Beweisaufnahme im Verwaltungsprozess folgt, soweit die VwGO nicht ausnahmsweise abweichende Vorschriften enthält, der entsprechenden Anwendung der §§ 358–444 und 450–494 ZPO (§ 98 VwGO). Damit verweist § 98 VwGO auf folgende **ZPO-Vorschriften:** 306

- Titel 5. Allgemeine Vorschriften über die Beweisaufnahme (ohne §§ 355–357 ZPO),
- Titel 6. Beweis durch Augenschein,
- Titel 7. Zeugenbeweis,
- Titel 8. Beweis durch Sachverständige,
- Titel 9. Beweis durch Urkunden,
- Titel 10. Beweis durch Parteivernehmung (ohne §§ 444–449 ZPO),
- Titel 11. Abnahme von Eiden und Bekräftigungen und
- Titel 12. Selbstständiges Beweisverfahren (ohne § 494 a ZPO).[748]

Abweichungen vom Recht der Beweisaufnahme der ZPO ergeben sich insbesondere durch den im Verwaltungsprozess geltenden Amtsermittlungsgrundsatz (§ 86 Abs. 1 VwGO).[749] Daher wird die pauschale Verweisungstechnik des § 98 VwGO zuweilen „als unglücklich"[750] angesehen. In der Prozesspraxis scheint das Problem nicht primär in der Geltung des Amtsermittlungsprinzips zu bestehen, sondern vielmehr darin, dass viele Verwaltungsrichter derart selten Beweisaufnahmen durchführen, dass ihnen die für die Handhabung der maßgebenden ZPO-Vorschriften notwendige Übung fehlt. Sofern es zum Erlass eines verwaltungsgerichtlichen Beweisbeschlusses kommt, sollten sich die Prozessbeteiligten sehr sorgfältig auf die anstehende Beweisaufnahme vorbereiten. Dieser Rat bezieht sich auch auf die geltenden Rechtsgrundlagen, um etwaige Prozessrechtsverletzungen unverzüglich zu Protokoll rügen zu können. Nur so wird für das Rechtsmittelverfahren dem Standardeinwand der Rechtsprechung begegnet, die Beteiligten hätten die Prozessrechtsverletzung rügelos hingenommen (s.o. Rdnr. 107, 244 ff., 289 ff.). Fehlerquellen enthalten insbesondere die Zeugenvernehmung, die Befragung des Sachverständigen und die „korrekte" Protokollierung des richterlichen Augenscheins. 307

III. Beweisaufnahme im schriftlichen Verfahren

Grundsätzlich findet in schriftlichen Verfahren, insbesondere in Verfahren des einstweiligen Rechtsschutzes, im Beschwerdeverfahren, im Berufungszulassungsverfahren oder in Verfahren der Nichtzulassungsbeschwerde **keine** 308

---

[748] Eingehend zum Ganzen: *Kopp/Schenke*, 16. Aufl. 2009, § 98 Rdnr. 5–26; *Lang*, in: Sodan/Ziekow, VwGO, 3. Aufl. 2010, § 98 Rdnr. 6-311 jeweils mit umfassenden Rechtsprechungsnachweisen.
[749] *Kopp/Schenke*, VwGO, 16. Aufl. 2009, § 98 Rdnr. 1.
[750] *Lang*, in: Sodan/Ziekow, VwGO, 3. Aufl. 2010, § 98 Rdnr. 5 m.w.N.

Teil B. Beweisaufnahme

(**förmliche**) **Beweisaufnahme** statt. So hat das BVerfG entschieden, das OVG sei nicht befugt, bereits im Berufungszulassungsverfahren eine abschließende Überprüfung fachwissenschaftlicher Kritik an der Bewertung einer Klausur im Ersten juristischen Staatsexamen vorzunehmen.[751] Zur Begründung weist das BVerfG darauf hin, „dass in einer entsprechenden prozessualen Konstellation bei einer **nicht** juristischen Prüfung eine Berufungszulassung erfolgen würde, weil in diesem Fall die volle gerichtliche Überprüfung einer substantiierten fachwissenschaftlichen Rüge, die im erstinstanzlichen Urteil fälschlich den prüfungsspezifischen Rügen zugeordnet worden war, regelmäßig eine – **im Zulassungsverfahren nicht statthafte** – **Beweisaufnahme** erforderlich machen würde."[752]

309 Eine Ausnahme von diesem Grundsatz kann dann bestehen, wenn beispielsweise der mit dem Berufungszulassungsantrag geltend gemachte Verfahrensmangel (§ 124 Abs. 2 Nr. 5 VwGO) auf streitigen **Tatsachen** beruht, die sich ganz am Ende der erstinstanzlichen mündlichen Verhandlung ereigneten und deshalb im erstinstanzlichen Verfahren selbst nicht mehr aufgeklärt werden konnten (z.B. Besetzungsrüge für die dem Urteil vorausgehende Beratung). Dabei handelt es sich um den sog. **Freibeweis**, für den die Regeln des § 98 VwGO nicht gelten.

310 **Beispiel:**
Der Prozessbevollmächtigte des Klägers erhält nach Schluss der mündlichen Verhandlung Kenntnis von Anhaltspunkten dafür, dass der Spruchkörper bei der Beratung unvollständig war und somit ein Verstoß gegen den gesetzlichen Richter vorliegt (z.B. auch der Fall des „schlafenden Richters"). Hier muss das Obergericht im Zwischenverfahren auf einen entsprechenden schriftlichen Beweisantrag die geltend gemachten Tatsachen im Wege des Freibeweises aufklären, indem es beispielsweise dienstliche Erklärungen der beteiligten Gerichtspersonen einholt. Dies ist zulässig. Dies folgt auch daraus, dass es für den Berufungszulassungsgrund des § 124 Abs. 2 Nr. 5 VwGO nach dem Gesetz nicht ausreicht, dass der Verfahrensmangel geltend gemacht wird; vielmehr muss er auch **vorliegen**. Um dieses Vorliegen beurteilen zu können, muss das Obergericht unter Umständen auch in Zwischenverfahren Tatsachen aufklären (§ 86 Abs. 1 Satz 1 Hs. 1 VwGO).

IV. Zulässige Vorbereitung einer Zeugenbefragung durch freiwillige, informatorische Befragung durch den Anwalt

1. Zulässigkeit

311 Ein altes Anwaltssprichwort lautet: „**Stelle einem Zeugen niemals eine Frage, von der du nicht weißt, was er darauf antwortet!**" Hintergrund ist die Erfahrung, dass insbesondere das mehr oder weniger wahllose Befragen eines Zeugen, dem die Prozesspartei in der Beweisaufnahme zum ersten Mal

---

[751] *BVerfG*, 1. Senat 2. Kammer, stattgebender Kammerbeschluss v. 21.12.2009 – 1 BvR 812/09 –; vorgehend: *OVG Niedersachsen*, Beschl. v. 27.2.2009 – 2 LA 4/08 –.

[752] *BVerfG*, 1. Senat 2. Kammer, stattgebender Kammerbeschluss v. 21.12.2009 – 1 BvR 812/09 –, Rdnr. 22.

IV. Anwaltliche Vorbereitung einer Zeugenbefragung

begegnet, unliebsame Überraschungen produziert und die Prozesschancen erheblich reduzieren kann. Daher stellt sich die Frage, ob es zulässig ist, dass der Rechtsanwalt vor der mündlichen Verhandlung mit einem Zeugen außergerichtlich Kontakt aufnimmt, diesen befragt und wie eine solche Befragung gestaltet und ggf. dokumentiert werden sollte. Im verwaltungsprozessualen Schrifttum findet sich hierzu – soweit ersichtlich – nichts. Für den Strafprozess, bei dem diese Thematik sich weitaus öfter stellen dürfte, ist im Wesentlichen Folgendes anerkannt:

312 Rechtsanwälte sind unabhängige Organe der Rechtspflege (§ 1 BRAO). Auch wenn es verfehlt wäre, das Berufsbild des Rechtsanwaltes daher in Richtung auf eine amtsähnliche Stellung hin zu deuten,[753] ist damit doch die „objektive, rechtsstaatliche Funktion"[754] des Rechtsanwaltes angesprochen. Diese hebt ihn gewissermaßen „auf Augenhöhe" mit anderen Organen der Rechtspflege wie Gerichten, Staatsanwaltschaften und Verwaltungsbehörden. Vor diesem Hintergrund ist es dem Rechtsanwalt auch gestattet, unter bestimmten Voraussetzungen vor einer gerichtlichen Befragung eines Zeugen diesen zu kontaktieren und außergerichtlich über sein Wissen zu befragen, wenn dies zur pflichtgemäßen Sachaufklärung, Beratung oder Vertretung notwendig ist.[755] Weder die BRAO noch die Berufungsordnung für Rechtsanwälte (BORA)[756] enthalten ein ausdrückliches Verbot der anwaltlichen (Vorab-) Befragung von Zeugen. Unzulässig wird ein solches Handeln erst, wenn Täuschung, Drohung oder Zwang angewandt werden.[757]

313 Zweifelhaft dürfte die Zulässigkeit der informatorischen anwaltlichen Befragung eines Zeugen jedoch ab dem Verfahrensstadium sein, in dem der betreffende Zeuge bereits in einem richterlichen Beweisbeschluss zum Beweismittel gemacht worden ist. Hier besteht zudem die Gefahr, dass das vernehmende Gericht den Wert der Zeugenaussage wegen „Vorbefragung" als gemindert erachtet. Gerade in frühen Stadien des Rechtsstreits, in denen noch kein Beweisbeschluss ergangen ist, ist eine informatorische Befragung von in Betracht kommenden Zeugen durch den Anwalt gerade zur Ermöglichung sachgerechten Vortrages und zur Vorbereitung von Beweisanträgen zulässig.

314 Die außergerichtliche Befragung eines Zeugen ist an strenge Voraussetzungen gebunden: **Erstens** muss der Rechtsanwalt den Zeugen darüber belehren, dass er nicht verpflichtet ist, sich der anwaltlichen Befragung zu unterziehen, sondern dies rein **freiwillig** erfolgt. **Zweitens** ist lediglich eine **informatorische** Befragung zulässig, jegliche Form der inhaltlichen Beeinflussung des Zeugen hingegen unzulässig. **Drittens** sollte jeder Zeuge einzeln durch den Rechtsanwalt und ohne Anwesenheit von Nicht-Rechtsanwälten, insbesondere des eigenen Mandanten, befragt werden, damit er sich in keiner Weise irgendeinem Druck ausgesetzt sieht.

---

[753] *Kleine-Cosack*, BRAO, 6. Aufl. 2009, § 2 Rdnr. 21.
[754] *Kleine-Cosack*, BRAO, 6. Aufl. 2009, § 1 Rdnr. 6.
[755] *Weihrauch*, Verteidigung im Ermittlungsverfahren, 6. Aufl, 2002, Rdnr. 103 unter Berufung auf § 6 Abs. 1 der früheren RichtlRA.
[756] I. d. F. der am 15.6. 2009 gefassten Beschlüsse vom 14.11. 2008, BRAK-Mitteilungen 2009, 120.
[757] *Weihrauch*, Verteidigung im Ermittlungsverfahren, 6. Aufl, 2002, Rdnr. 104.

2. Art der Kontaktaufnahme

315 Die Kontaktaufnahme zwischen dem Rechtsanwalt und dem Zeugen sollte tunlichst **schriftlich** erfolgen, um Missdeutungen auszuschließen.[758] So wird dem Zeugen Gelegenheit gegeben, das Schreiben in Ruhe zu lesen, zu erwägen und sich zu einer Befragung zu entschließen oder nicht; umgekehrt ist es dem Rechtsanwalt möglich, die Korrektheit seines Vorgehens urkundlich im Interesse der **Transparenz** nachzuweisen.[759] In dem **Einladungsschreiben** sollte der Zeuge über den Grund der Befragung, deren Thema sowie die **Freiwilligkeit** unterrichtet werden. Ferner sollte der Zeuge ausdrücklich darauf hingewiesen werden, dass er gegenüber dem Gericht und den übrigen Verfahrensbeteiligten offen über die Tatsache, dass er vorab **anwaltlich informatorisch** befragt worden ist, Auskunft geben darf. So wird dem Zeugen von vornherein das Gefühl gegeben, dass die Befragung ein zulässiges und transparentes Vorgehen ist. Ein **Muster für ein anwaltliches „Einladungsschreiben"** an einen Zeugen könnte wie folgt aussehen:[760]

Sehr geehrter Herr ...,

ich vertrete in dem Rechtsstreit ... ./. ... vor dem ... Verwaltungsgericht ... – Az.: ... – die Klägerin. Meine Mandantin wehrt sich in diesem Verfahren gegen die ordnungsbehördliche Heranziehung wegen einer angeblich durch meine Mandantin verursachten Altlast in ... auf dem Grundstück ... (ehemaliges ...werk). In dem Prozess wird es u.a. darum gehen, ob die Betriebsweise des ...werkes geeignet war, die konkrete Boden- und Grundwasserkontamination mit CKW zu verursachen.

Da Sie, sehr geehrter Herr ..., nach den mir vorliegenden Informationen von 1955 bis 1973 in dem ...werk als ... tätig waren, kommen Sie als Zeuge in dem Prozess zu folgendem Beweisthema in Betracht:

... (Beweisthema) ...

In meiner Eigenschaft als Prozessbevollmächtigter der ... möchte ich Ihnen im Vorfeld gerne informatorisch einige Fragen zu dem Beweisthema stellen. Ich wäre Ihnen daher sehr verbunden, wenn Sie mich am ... zu einer kurzen Unterredung aufzusuchen würden.

Sie sind **nicht** verpflichtet, zu mir zu kommen. Im Interesse meiner Mandantin wäre ich Ihnen jedoch für eine Unterredung sehr dankbar. Wer einmal selbst vor Gericht ein Klageverfahren geführt hat, weiß, wie notwendig Zeugen für ihn sind!

Abschließend darf ich darauf hinweisen, dass ich als Prozessbevollmächtigter meiner Mandantin das Recht habe, Zeugen zu befragen. Selbstverständlich können Sie über diesen Brief und über unsere Unterredung das Gericht unbefangen unterrichten.

Mit freundlichen Grüßen

Rechtsanwalt

---

[758] *Weihrauch*, Verteidigung im Ermittlungsverfahren, 6. Aufl. 2002, Rdnr. 105.
[759] *Weihrauch*, Verteidigung im Ermittlungsverfahren, 6. Aufl. 2002, Rdnr. 105.
[760] In Anlehnung an *Weihrauch*, Verteidigung im Ermittlungsverfahren, 6. Aufl. 2002, Rdnr. 106 (Muster 11), der wiederum Bezug nimmt auf *Jungfer*, StV 1981, 100, 103 Fn. 28.

IV. Anwaltliche Vorbereitung einer Zeugenbefragung

Für den Fall, dass ein Zeuge – aus welchen Gründen auch immer – **ohne** vorherige schriftliche Aufforderung des Rechtsanwalts erscheint und sich einer anwaltlichen Befragung stellt, sollte der ihn befragende Prozessbevollmächtigte sich – auch standesrechtlich – dadurch absichern, dass er sich eine **Erklärung** unterzeichnen lässt, die etwa wie folgt aussehen kann:

316

> Am 15. Dezember 2010 bin ich, Robert Mustermann, wohnhaft ..., geboren am ... in ... in der Kanzlei des Rechtsanwaltes Dr. ..., ... erschienen. Mir ist bekannt, dass Herr Rechtsanwalt Dr. ... Prozessbevollmächtigter der XY-GmbH in dem von dieser geführten Verwaltungsprozess gegen das Land Berlin, Verwaltungsgericht Berlin, Az.: ..., ist.
>
> Herr Rechtsanwalt Dr. ... hat darauf hingewiesen, dass es mir ihm gegenüber frei steht, über meine Wahrnehmungen Auskunft zu geben. Ich habe mich durch den Rechtsanwalt völlig freiwillig zur Sache befragen lassen.
>
> Rechtsanwalt Dr. ... hat mich ferner darüber informiert, dass er als Prozessbevollmächtigter das Recht hat, Zeugen zu befragen. Er hat mich außerdem davon unterrichtet, dass ich über diese Unterredung dem Gericht und den übrigen Prozessbeteiligten unbefangen berichten kann.
>
> Berlin, den 15. 12. 2010
>
> ...
>
> (Unterschrift des Zeugen)

Ziel der **informatorischen** Zeugenbefragung sollte es sein, das **Wissen** des Zeugen zu bestimmten Sachverhalten abzufragen und dem Anwalt vorab Kenntnis davon zu geben, wie der Zeuge auf bestimmte Fragen reagiert. Es verbietet sich von selbst, die Antworten des Zeugen in irgendeiner Weise zu bewerten und zu kommentieren. Es ist alles zu unterlassen, wodurch der Zeuge den Eindruck erhalten könnte, ihm würde für die richterliche Befragung eine bestimmte Beantwortung nahegelegt. Es verbietet sich auch von selbst, den Zeugen – über das sozialadäquat unbedingt notwendige Mindestmaß, also das sprichwörtliche „Glas Wasser" hinaus – zu bewirten,[761] geschweige denn ihm einen Auslagenersatz oder eine irgendwie geartete finanzielle Zuwendung in Aussicht zu stellen oder zukommen zu lassen.[762] Sinnvoll und möglicherweise geboten kann es sein, die (außergerichtliche) Befragung des Zeugen zu **dokumentieren**. Dies kann entweder klassisch durch Mitschreiben der Antworten des Zeugen geschehen oder – sofern der Zeuge darin ausdrücklich einwilligt – durch Anfertigung einer Tonbandaufnahme des gesprochenen Wortes. Das Einverständnis des Zeugen hierzu sollte sicherheitshalber schriftlich erteilt werden.

317

---

[761] Ebenso: *Weihrauch*, Verteidigung im Ermittlungsverfahren, 6. Aufl. 2002, Rdnr. 107.
[762] Ebenso: *Weihrauch*, Verteidigung im Ermittlungsverfahren, 6. Aufl. 2002, Rdnr. 107 unter Berufung auf *Lingenberg/Hummel/Zuck/Eich*, Kommentar zu den Grundsätzen des anwaltlichen Standesrechts, 2. Aufl. 1988, § 6 Rdnr. 8.

Teil B. Beweisaufnahme

3. Entgelt?

318 Für das Verwaltungsprozessrecht findet sich weder Rechtsprechung noch Literatur zu der Frage, ob es zulässig, ist, einem (potentiellen) Zeugen für eine Aussage eine Geldzahlung in Aussicht zu stellen. Für den **Strafprozess** sieht der BGH in der Vermittlung der Zusage einer Schmerzensgeldzahlung durch den Verteidiger an den Geschädigten für eine entlastende (Zeugen-)Aussage, die nur möglicherweise richtig ist, **keine** Strafvereitelung.[763] Der BGH hat ein solches Verhalten selbst dann als straflos angesehen, wenn die entlastende Aussage nur möglicherweise richtig ist.[764]

319 Es erscheint indes **zweifelhaft**, dass diese Rechtsprechung auf den **im Verwaltungsprozess** tätigen Rechtsanwalt unverändert übertragbar ist. Denn der BGH begründet seine Auffassung maßgeblich mit der besonderen Stellung des **Verteidigers** in einem Strafprozess und dem „damit verbundenen Spannungsverhältnis zwischen Organstellung und Beistandsfunktion", welches „eine besondere Abgrenzung zwischen erlaubtem und unerlaubtem Verhalten" erfordere.[765] Der BGH hebt dabei das Recht auf „wirksame Verteidigung" hervor, welches „notwendiger Bestandteil eines rechtsstaatlichen Strafverfahrens ist; ihr kommt hierfür grundlegende Bedeutung zu. Der Angeklagte hat schließlich auch nach Art. 6 Abs. 3 Buchst. c EMRK Anspruch auf „konkrete und wirkliche" Verteidigung.[766] Diese Argumentation ist derart auf die Sonderrolle des Verteidigers im Strafprozess und dessen eingeschränkte eigene Strafbarkeit zugeschnitten,[767] dass eine Übertragung dieser Argumentation auf den im Verwaltungsprozess tätigen Rechtsanwalt nicht zu passen scheint.[768] Gegen die Übertragbarkeit spricht schließlich, dass die strafprozessuale Sonderkonstellation des geschädigten Zeugen, bei dem eine Geldzahlung dem Schadensausgleich dienen kann und deshalb zulässig ist,[769] im Verwaltungsprozess keine Entsprechung findet.

---

[763] *BGH*, Beschl. v. 9.5. 2000 – 1 StR 106/00 – = BGHSt 46, 53 = NJW 2000, 2433 = NStZ 2001, 145 = StV 2000, 427 – zur Zusage einer Zahlung von 15 000,00 DM für die Berichtigung einer Aussage.

[764] *BGH*, Beschl. v. 9.5. 2000 – 1 StR 106/00 –, Ls. = BGHSt 46, 53 = NJW 2000, 2433 = NStZ 2001, 145 = StV 2000, 427 – zur Zusage einer Zahlung von 15 000,00 DM für die Berichtigung einer Aussage.

[765] *BGH*, Beschl. v. 9.5. 2000 – 1 StR 106/00 –, Rdnr. 25; ebenso: BGHSt 38, 345, 347; *BGH*, Urt. v. 6.4. 2000 – 1 StR 502/99 –.

[766] *BGH*, Beschl. v. 9.5. 2000 – 1 StR 106/00 –, Rdnr. 25; ebenso: BGHSt 38, 345, 347; *BGH*, Urt. v. 6.4. 2000 – 1 StR 502/99 –.

[767] *BGH*, Beschl. v. 9.5. 2000 – 1 StR 106/00 –, Rdnr. 25–27; ebenso: BGHSt 38, 345, 347; *BGH*, Urt. v. 6.4. 2000 – 1 StR 502/99 –.

[768] So gilt Art. 6 Abs. 3 EMRK, mit dem der BGH argumentiert, ausschließlich für das Strafverfahren: *Peukert*, in: Frowein/Peukert, EMRK, 3. Aufl. 2009, Art. 6 Rdnr. 278 ff.

[769] *Weihrauch*, Verteidigung im Ermittlungsverfahren, 6. Aufl. 2002, Rdnr. 104.

V. Sog. „informatorische Befragung" von Zeugen durch das Gericht

Die VwGO regelt klipp und klar, wie die Beweisaufnahme, d.h. die Aufklärung entscheidungserheblicher Tatsachen zu erfolgen hat, nämlich durch **Erhebung der Beweise** in der mündlichen Verhandlung (§ 96 Abs. 1 Satz 1 VwGO), u.a. durch **Vernehmung** von Zeugen (§ 96 Abs. 1 Satz 2 VwGO). Diese Beweisaufnahme hat ihre eindeutigen und sinnvollen gesetzlich vorgeschriebenen Regeln: Das Gericht erlässt zuvor einen Beweisbeschluss, der das Beweisthema präzisiert, was wiederum den Vorteil hat, dass die bei beamteten Zeugen dienstrechtlich vorgeschriebene Aussagegenehmigung darauf bezogen werden kann (vgl. § 376 Abs. 1 und 2 ZPO). Der Zeuge bei der förmlichen Beweisaufnahme wird vor der Vernehmung zur Wahrheit ermahnt und auf die Möglichkeit der Beeidigung hingewiesen (§ 395 Abs. 1 ZPO). Die Aussage des Zeugen ist, auch wenn sie uneidlich erfolgt, strafbewehrt (§ 153 StGB). Schließlich haben die Beteiligten das Recht, die Beeidigung des Zeugen zu verlangen (§ 98 VwGO i.V.m. § 391 ZPO). Der Zeuge ist zu veranlassen, dasjenige, was ihm von dem Gegenstand seiner Vernehmung bekannt ist, im Zusammenhang anzugeben. Die Beteiligten haben das Fragerecht (§ 97 Satz 2 VwGO). Nur die förmliche Vernehmung von Zeugen ist schließlich zu protokollieren.[770] Der Gesetzgeber hat die Bedingungen, unter denen die Wahrheitssuche zu erfolgen hat, also bewusst **formalisiert**.

All diese Mechanismen, die dazu dienen, die **Glaubwürdigkeit** der Aussage von Zeugen zu erhöhen und der Wahrheitsfindung näher zu kommen, greifen nicht bei einer bloßen sog. „informalen Anhörung" oder „informatorischen Befragung" von Zeugen. Zutreffend kritisiert *Stürner* „die ‚informatorische Beweisaufnahme' (…), die zur Abkürzung auf Verfahrensförmlichkeiten (z.B. volle Sachverhaltsschilderung der Zeugen bzw. Sachverständigen, Fragerecht aller Parteien, Verhandlung über Beweisergebnisse etc.) verzichtet. Denn diese Förmlichkeiten sollen ja eine bessere Wahrheitsfindung garantieren; das im Freibeweis erzielte vorläufige Beweisergebnis wirkt im Urteilsverfahren nach, die wiederholte förmliche Beweisaufnahme wird es kaum korrigieren können."[771] Es ist daher nicht nur ärgerlich, sondern **prozessrechtswidrig**, wenn förmlich per Beweisantrag benannte Zeugen durch das VG nur „informatorisch gehört"[772] werden, zumal wenn Verfahrensbeteiligte „die informatorische Vernehmung" von Zeugen „anstelle einer förmlichen Zeugenvernehmung" ausdrücklich rügen.[773] Wenn das VG einerseits auf Vernehmung eben dieser Zeugen gerichtete Beweisanträge ablehnt, andererseits aber

---

[770] *BVerwG*, Beschl. v. 30.6. 2009 – 10 B 50.08 –, Rdnr. 4; *Sächsisches OVG*, Beschl. v. 20.4. 2010 – A 1 A 301/10 –, Rdnr. 7: Protokollierung gilt dort **nicht**.
[771] *Stürner*, JR 1979, 133, 137, für informatorische Beweisaufnahmen im Rahmen einer Güteverhandlung.
[772] *VG Köln*, Beschl. v. 12.2. 2010 – 18 K 409/08 –, Terminsprotokoll, S. 4 (unveröffentlicht).
[773] *VG Köln*, Beschl. v. 12.2. 2010 – 18 K 409/08 –, Terminsprotokoll, S. 10 (unveröffentlicht).

genau diese Zeugen ausgiebig „informatorisch" vernimmt,[774] so ist dies zudem widersprüchlich. Das Verwaltungsgericht dokumentiert damit nämlich selbst, dass es die Aussagen für entscheidungserheblich hält. Das Gericht verlässt mit der informellen Befragung also die prozessualen Bahnen, die ihm das Gesetz für die Gewinnung von Beweisen zur Sachverhaltsfeststellung vorgibt.

322 Aus anwaltlicher Sicht „besonders problematisch und zuweilen ärgerlich ist die Praxis der Gerichte, Behördenvertreter **ohne Beweisbeschluss** zu befragen. Aus der Sicht des den Bürger vertretenden Anwalts sind die Auskünfte von Behördenvertretern Parteivortrag. Das Gericht wertet sie jedoch oft wie Zeugenaussagen aufgrund eines Beweisbeschlusses, obwohl weder die Fragestellung vorher festgelegt wurde, der Beamte nicht auf seine Wahrheitspflicht hingewiesen wurde und der Anwalt nicht das Fragerecht hatte, das er bei der Vernehmung eines Zeugen ausüben kann. Es ist auch unbefriedigend, wenn das Gericht sich mit generellen und z.T. vagen Auskünften von Beamten zufrieden gibt und auf die Vorlage der einschlägigen Akten verzichtet, um eine zweite mündliche Verhandlung zu vermeiden."[775] Mehr oder weniger wahlloses Befragen von Behördenvertretern ohne Belehrung, Beweisbeschluss und Aussagegenehmigung sind zudem Ausdruck fehlender Sensibilität mancher Spruchkörper für den Grundsatz des fairen Verfahrens (Art. 6 Abs. 1 Satz 1 EMRK) und das Gebot der „Waffengleichheit"[776] im Verwaltungsprozess. Stürner hat zutreffend darauf hingewiesen, dass Richter bei solchen „informatorischen Beweisaufnahmen" leicht „den Eindruck der Manipulation" erzeugen können.[777] Auch das BVerwG hat in einer solchen Fallkonstellation gerügt, dass der Tatrichter seine Entscheidung „einseitig auf die Ausführungen der Behördenvertreter gestützt [hat], ohne diese als Beteiligte vernommen zu haben. Freilich ist es auch nicht ausgeschlossen, dass das Gericht Erklärungen würdigt, die ein Beteiligter im Rahmen einer Anhörung abgibt. Solche Erklärungen dienen aber nur der Klarstellung oder Ergänzung des Beteiligtenvorbringens; sie sind von der Beweisaufnahme durch Vernehmung eines Beteiligten zu unterscheiden und vermögen diese auch nicht zu ersetzen. Würdigt das Tatsachengericht dennoch die Anhörung eines Beteiligten so wie es dessen Vernehmung hätte würdigen dürfen, verkennt es also den Unterschied zwischen Anhörung und Vernehmung im Rahmen seiner Beweiswürdigung, so liegt ein **Verfahrensfehler** vor."[778] Nicht zu überzeugen vermag indes die Rechtsprechung, wonach die informatorische Anhörung eines Zeugen ohne Beachtung der Förmlichkeiten einer Zeugenvernehmung „grundsätzlich ge-

---

[774] *VG Köln*, Urt. v. 12.2. 2010 – 18 K 409/08 –, Rdnr. 72.

[775] *Dolde*, VBlBW. 1985, 248, 251 f.

[776] *VGH Baden-Württemberg*, Beschl. v. 22.12. 2009 – 5 S 1904/09 –, zur Erstattungsfähigkeit von Aufwendungen für Privatgutachten aus dem Gebot der Waffengleichheit; ebenso *OVG Niedersachsen*, Beschl. v. 2.12. 2009 – 12 OA 129/08 –; allg. zur Waffengleichheit: *Frowein/Peukert*, EMRK-Kommentar, 3. Aufl. 2009, Art. 6 Rdnr. 147 ff.

[777] *Stürner*, JR 1979, 133, 137.

[778] *BVerwG*, Urt. v. 23.1. 1981 – IV C 88.77 –, Rdnr. 11 = NJW 1981, 1748 = Buchholz 406.11 § 35 BauGB Nr. 179; ebenso zuletzt *VGH Baden-Württemberg*, Beschl. v. 19.10. 2010 – 9 S 1478/10 –, Ls. 1 und Rdnr. 7.

V. Sog. „informatorische Befragung" von Zeugen durch das Gericht

eignet [sei], zur richterlichen Überzeugungsbildung beizutragen".[779] Denn weder die VwGO noch die von ihr in § 98 VwGO in Bezug genommene ZPO kennt eine informatorische Anhörung von Zeugen. Zeugen sind vielmehr in der mündlichen Verhandlung nach den dafür geltenden Vorschriften zu vernehmen (§ 96 VwGO, § 98 VwGO i.V.m. §§ 373 ff. ZPO).

Nach alledem ist nach hier vertretener Auffassung die informale oder **informatorische Anhörung von Zeugen grundsätzlich prozessrechtswidrig.** Dies hat folgende prozessuale Auswirkung: Tatsachen, von denen das Gericht durch lediglich informelle Befragung von Zeugen Kenntnis erlangt, unterliegen einem **Verwertungsverbot.**[780] Denn „die freie Beweiswürdigung nach § 286 der ZPO[781] ist dadurch bedingt und begrenzt, dass nur die Ergebnisse einer Beweisaufnahme berücksichtigt werden dürfen, bei welcher die Bestimmungen der ZPO[782] über die Beweisaufnahme beachtet sind".[783] Beruht das Urteil auf einer Verletzung dieses Verwertungsverbots und damit auf einem Prozessverstoß, muss dies zu seiner Aufhebung führen, jedenfalls wenn das Gericht einen Beweisantrag auf förmliche Zeugenvernehmung abgelehnt hatte.[784] Denn eine Beweisaufnahme ist nur verwertbar, wenn bei ihr alle wesentlichen Förmlichkeiten gewahrt sind.[785] Etwas anderes kann **ausnahmsweise** dann gelten, wenn das Gericht einen **potentiellen Zeugen** informatorisch befragt, um zunächst herauszufinden, ob es sich um einen „Zeugen" handeln kann, der etwas zum Beweisthema bekunden könnte. Abgefragt wird bei einem solchen „Anprüfen" die Geeignetheit des Beweismittels. Eine solche Prozesspraxis ist zulässig. Allerdings muss das Gericht zu dem Zeitpunkt, in dem sich die Tauglichkeit des Befragten als Zeuge herausgestellt hat, in eine förmliche Beweisaufnahme übergehen.

323

Zutreffend hat der **VGH Baden-Württemberg** zur Verwertung von Erkenntnissen aus informatorischen Anhörungen im Hinblick auf den Überzeugungsgrundsatz des § 108 Abs. 1 Satz 1 VwGO Folgendes betont: „**Informatorische Anhörungen** sind aber **strikt von der Beweisaufnahme zu unterscheiden und vermögen diese auch nicht zu ersetzen.** Würdigt ein Tatsachengericht die Anhörung, wie es eine förmliche Vernehmung im Rahmen einer Beweisaufnahme hätte auswerten dürfen, liegt daher ein Verfahrensfehler vor (vgl. BVerwG, Urteil vom 23.1. 1981 – IV C 88/77 –, NJW 1981, 1748). Insbesondere darf ein Gericht seine Überzeugung über streitige und entscheidungserhebliche Tatsachen nicht ausschließlich auf die Bekun-

324

---

[779] *VGH Baden-Württemberg*, Beschl. v. 19.10. 2010 – 9 S 1478/10 –, Rdnr. 6 unter Hinweis auf *BVerwG*, Beschl. v. 22.5. 1991 – 4 NB 23.90 – = Buchholz 310 § 108 VwGO Nr. 237; Urt. v. 9.12. 2010 – 10 C 13/09 –, Rdnr. 19.

[780] *Greger*, in: Zöller, ZPO, 28. Aufl. 2010, § 278 Rdnr. 14: „ohne Verwertbarkeit im weiteren Verfahren".

[781] Entsprechend: § 108 Abs. 1 VwGO – vgl. *Dawin*, in: Schoch/Schmidt-Aßmann/Pietzner, VwGO, Stand: Sept. 1998, § 108 Rdnr. 9.

[782] Diese gelten entsprechend für den Verwaltungsprozess (§ 98 VwGO).

[783] RG JW 1904, 538.

[784] *RG*, Urt. v. 2.12. 1919 – VII 292/19 –, RGZ 97, 242, 243: „Darin, dass der Berufungsrichter über das Gegenbeweisangebot mit Stillschweigen hinweggegangen ist, liegt ein Prozessverstoß, der zur *Aufhebung* des Berufungsurteils nötigt.".

[785] So bereits zutreffend: RG JW 1904, 538.

Teil B. Beweisaufnahme

dungen eines in der mündlichen Verhandlung nur informatorisch gehörten Prüfers gründen (vgl. Senatsbeschluss vom 8.7. 2008 – 9 S 442/09 –, VBlBW 2009, 24; dazu auch BGH, Urteil vom 19.2. 1998 – I ZR 20/96 –, NJW-RR 1998, 1601). Damit würden nicht nur die **verfahrensrechtlichen Sicherungen umgangen**, die das Prozessrecht für den Beweis durch Zeugen oder Sachverständige vorsieht (vgl. BVerwG, Beschluss vom 11.1. 1988 – 4 B 256/87 –, NJW 1988, 2491), sondern auch die Nachprüfbarkeit der gemachten Aussagen und Schlussfolgerungen durch das Rechtsmittelgericht vereitelt. Denn regelmäßig – und dementsprechend auch hier – wird über die bei der Anhörung gemachten Angaben ein den Anforderungen aus §§ 160 Abs. 3 Nr. 4, 162 ZPO entsprechendes Protokoll nicht gefertigt und im Urteil nur auf gewisse Erklärungen Bezug genommen."[786]

325 Praxistipp:
Versucht das Gericht durch eine „informatorische Befragung" benannter Zeugen die Regeln des Prozessrechts über die förmliche Beweisaufnahme auszuhebeln, so empfiehlt es sich, **erstens** dies förmlich zu Protokoll zu rügen, **zweitens** das Übergehen zur förmlichen Vernehmung der Zeugen zu Protokoll zu beantragen und in jedem Falle **drittens** entsprechende förmliche Hauptbeweisanträge zu stellen. Dieser Antrag wird dann vermutlich zurückgewiesen werden. Das wiederum enthält dann einen plausiblen Ansatz für eine Verfahrensrüge. Verweigert sich das Gericht, den Protokollierungsanträgen stattzugeben, empfiehlt es sich, sofort eine schriftsätzliche Stellungnahme über den Verlauf der mündlichen Verhandlung zu den Akten zu geben. Die Korrektheit der Niederschrift kann das Rechtsmittelgericht im Wege des Freibeweises würdigen. Dazu gehört alsdann auch die anwaltliche Versicherung über den Verlauf der Verhandlung.

VI. Räumlich-organisatorische Anforderungen an eine sachgerechte Zeugenvernehmung

326 Der Prozessbevollmächtigte derjenigen Partei, welche die Durchführung einer Beweisaufnahme anstrebt, sollte sicherstellen, dass **vor** Vernehmung des Zeugen die räumlich-organisatorischen Rahmenbedingungen für eine sachgerechte Vernehmung geschaffen werden. Dazu zählt insbesondere die Herstellung einer Vernehmungssituation, die dem Fragerecht der Prozessparteien nach § 97 Satz 2 VwGO effektiv Rechnung trägt. Zuweilen sind in der Gerichtspraxis beispielsweise missliche Anordnungen der Möblierungen des Sitzungssaales anzutreffen, bei denen der Zeuge gewissermaßen in einer Reihe mit den ihn befragenden Parteien und deren Prozessbevollmächtigten vor der Richterbank sitzt, der fragende Parteivertreter den befragten Zeugen also allenfalls aus dem Augenwinkel sehen kann. Sachgerecht ist eine Vernehmungssituation, bei der der Prozessbevollmächtigte bzw. Parteivertreter, der das **Fragerecht** nach § 97 Satz 2 VwGO ausübt, zu dem von ihm befragten Zeugen während der Vernehmung ungehinderten und **direkten Blickkontakt** halten kann. Hierfür ist mindestens eine hufeisenförmige Anordnung im Sitzungssaal erforderlich, bei der das Gericht frontal und die Parteien gewissermaßen über Eck aus dem 90°-Winkel auf den Zeugentisch blicken. Es müssen zudem die

---

[786] *VGH Baden-Württemberg*, Beschl. v. 19.10. 2010 – 9 S 1478/10 –, Rdnr. 7.

VII. Besonderheiten des Sachverständigenbeweises, § 404 a Abs. 3

äußeren Umstände gegeben sein, die „einen reibungslosen Ablauf von Vernehmungen ermöglichen", d.h. „gute Luft, eine angenehme Temperatur und zweckmäßiges Mobiliar" sowie eine Beschaffenheit des Raumes, die gewährleistet, „dass eine gewisse Störungsfreiheit der an der Vernehmung Beteiligten gewahrt wird".[787]

Diesen Grundsätzen nicht angemessen ist es, wenn der die Befragung führende Parteivertreter den von ihm befragten Zeugen während der Befragung nur von der Seite sehen kann, d.h. dessen unter Umständen physische Reaktionen (Gestik, Mimik, „Rotwerden" etc.) also nicht wahrnehmen kann. Hinzu kommt, dass der Zeuge bei solchen Situationen stets rückversichernd-suchend Blickkontakt mit dem Gericht halten wird, was die Befragung durch die Parteien stört. Die hier vertretene Auffassung ist letztlich Ausfluss des Grundsatzes, der vorschreibt, dass der Zeuge durch das Gericht **unbeeinflusst** aussagt.[788] Denn Zweck der Befragung und des Fragerechts ist die Ausschöpfung des Beweismittels.[789] 327

Praxistipp: 328
Stellt der Prozessbeteiligte, der von seinem Fragerecht nach § 97 Satz 2 VwGO Gebrauch machen will, bei Beginn einer Zeugenvernehmung Störungen fest, die eine **effektive** Ausschöpfung dieses Beweismittels erschweren (z.B. Lärm, verbrauchte Luft, ungeeignete Anordnung des Zeugentisches im Sitzungssaal etc.), so sollte er zu Beginn der Vernehmung förmlich beantragen, die jeweiligen konkreten Mängel abzustellen (z.B. den Zeugentisch so anzuordnen, dass er direkten Blickkontakt mit den Zeugen bei der Befragung halten kann) und diesen Antrag als wesentlichen Vorgang der Verhandlung gem. § 105 VwGO i.V.m. § 160 Abs. 2 ZPO in das Protokoll aufnehmen lassen. Vielleicht kann es auch zweckmäßig sein, sich den Sitzungsraum im Falle einer Zeugenvernehmung vorher anzusehen.

VII. Praxisrelevante Besonderheiten des Sachverständigenbeweises, insbesondere § 404 a Abs. 3 ZPO

1. Problemstellung: Komplexe, streitige Sachverhalte

Kommt das Gericht zu dem Schluss, dass Beweis durch Sachverständige (§ 98 VwGO i.V.m. §§ 402–414 ZPO) erhoben werden soll, so wird es sich in vielen Fällen um besonders komplexe, zwischen den Parteien streitige Sachverhalte handeln. Typischerweise dürfte es sich beispielsweise um die Beurteilung medizinischer Sachverhalte (z.B. bei Streitigkeiten um die Dienstunfähigkeit, den Grad der Minderung der Erwerbsfähigkeit etc.) oder um technisch-naturwissenschaftliche Fachfragen bei Streitigkeiten des Umwelt- und Planungsrechts oder Sicherheitsrechts handeln. Die Akten werden in diesen Fällen häufig überdurchschnittlich umfangreich sein, weil die Parteien zu den tatsächlichen technisch-naturwissenschaftlichen Streitfragen vertieft vorgetragen und möglicherweise eigene fachliche Stellungnahmen (auf Behördenseite z.B. der 329

---

[787] So für die Zeugenvernehmung im Strafprozess *Eisenberg*, Beweisrecht der StPO, 6. Aufl. 2008, Rdnr. 1327.
[788] *Baumbach/Lauterbach/Albers/Hartmann*, ZPO, 68. Aufl. 2010, § 396 Rdnr. 6.
[789] *Greger*, in: Zöller, ZPO, 28. Aufl. 2010, § 397 Rdnr. 4.

Teil B. Beweisaufnahme

Fachbehörde, auf Klägerseite eines Parteigutachters) in den Prozess eingeführt haben. Möglicherweise ist auch der tatsächliche Hergang eines Ereignisses oder ein Kausalverlauf streitig. Wenn das Gericht in einer solchen Situation dem ausgewählten Sachverständigen mit den umfangreichen Akten lediglich den Beweisbeschluss mit der Beweisfrage zustellt, wird dies in vielen Fällen weder prozessökonomisch sinnvoll noch in der Sache zur Wahrheitsfindung zielführend sein. Denn der Sachverständige steht dann häufig vor dem Dilemma, dass er „den Wald vor lauter Bäumen nicht sieht". Das Problem besteht insbesondere darin, dass es dann mehr oder weniger dem Zufall überlassen bleibt, von welchem **unstreitigen** Sachverhalt der Sachverständige bei der Erstattung seines Gutachtens ausgeht.

2. § 404 a Abs. 3 ZPO als sachgerechte Lösung

330 Die Lösung für diese Problemlage findet sich – wie so oft – in der ZPO. Denn der ZPO-Gesetzgeber hat genau dieses Problem gesehen und ihm mit der Vorschrift des § 404 a Abs. 3 ZPO, die selbst vielen Zivilrichtern unbekannt ist, Rechnung getragen:

> **§ 404 a ZPO. Leitung der Tätigkeit des Sachverständigen.**
>
> (3) Bei streitigem Sachverhalt **bestimmt das Gericht, welche Tatsachen** der Sachverständige der Begutachtung zugrunde legen soll.

331 Die Vorschrift des § 404 a ZPO gilt auch im Verwaltungsprozess (§ 98 VwGO)[790]. Sie schreibt im Ergebnis nichts anderes zwingend vor, als dass das Gericht dem Sachverständigen mit der Beauftragung eine Art **unstreitigen Tatbestand** übermittelt. Sinnvollerweise kann dies unmittelbar in den zu erlassenden Beweisbeschluss integriert werden (ein Beispiel für die Handhabung dieser Vorschrift aus der Prozesspraxis findet sich im **Anhang I, Beispiel 10, S. 218 ff.**). Der Sachverständige ist Gehilfe des Gerichts. Auch das **BVerwG** betont die Verpflichtung des Gerichts im Verwaltungsprozess, dem Sachverständigen **sämtliche Anknüpfungstatsachen vorzugeben**: „Nach § 98 VwGO i.V.m. § 404 a ZPO ist es Aufgabe des Gerichts, die Tätigkeit des Sachverständigen zu **leiten**. Bei einem medizinischen Gutachten muss das Gericht dem Gutachter sämtliche Anknüpfungstatsachen, insbesondere Berichte über den Unfallhergang, Krankenunterlagen oder Stellungnahmen der behandelnden Ärzte, übermitteln und ihn anhalten, sich mit diesen fachkundigen Stellungnahmen auseinanderzusetzen (…). Weicht der Sachverständige von einer solchen Stellungnahme ab, so muss er im Gutachten auf diese fachkundige Äußerung eingehen und den Grund für sein abweichendes Ergebnis nachvollziehbar darlegen. Anderenfalls ist das Gutachten unvollständig und deshalb **fehlerhaft**."[791]

---

[790] *BVerwG*, Beschl. v. 30.6.2010 – 2 B 72.09 –, Rdnr. 6 für § 404 a ZPO insgesamt; *BVerwG*, Beschl. v. 12.4.2006 – 8 B 91.05 –, Rdnr. 5 zu § 404 a Abs. 4 ZPO.

[791] *BVerwG*, Beschl. v. 30.6.2010 – 2 B 72.09 –, Rdnr. 6 – medizinisches Gutachten zu dienstunfallbedingten Verletzungsfolgen; ebenso *BVerwG*, Beschl. v. 22.7.2010 – 2 B 128.09 –, Rdnr. 9.

VII. Besonderheiten des Sachverständigenbeweises, § 404 a Abs. 3

Ein Sachverständiger, der vom Gericht eine präzise formulierte Beweisfrage und einen vom Gericht ausgearbeiteten „unstreitigen Tatbestand" vorgegeben bekommt, wird in den Stand gesetzt, sein Gutachten schnell und prozessdienlich zu erstatten. Unterbleibt dies, besteht die Gefahr, dass der Sachverständige aus der Fülle der Akten sich diejenigen Fakten herauspickt, die **ihm** besonders wichtig oder einleuchtend erscheinen. Diese können von der Sicht des **Gerichts**, das zum Zeitpunkt des Inauftraggebens eines Sachverständigengutachtens möglicherweise schon eine längere Beweisaufnahme mit Zeugenvernehmungen geführt hat, abweichen. Zudem ist in Fällen, in denen eine Anwendung von § 404 a Abs. 3 ZPO prozessrechtswidrig unterbleibt, eine vermeidbare Verfahrensverzögerung programmiert. § 404 a Abs. 3 ZPO „stellt sicher, dass die tatsächliche Grundlage des Gutachtens stimmt".[792] Bei streitigen Tatsachenbehauptungen hat das **Gericht** zu bestimmen, welche Tatsachen es durch eine vorangegangene Beweiserhebung für bewiesen hält und beurteilt haben möchte, z.B. bei widersprechenden Zeugenaussagen über den jetzt nicht mehr feststellbaren tatsächlichen Zustand einer Sache, deren Wert der Sachverständige beurteilen soll.[793] § 404 a Abs. 2 ZPO legt ergänzend fest, dass – soweit es die Besonderheit des Falles erfordert – das Gericht den Sachverständigen vor Abfassung der Beweisfrage hören und ihn in seine Aufgabe einweisen soll. Nimmt man diese sinnvolle Forderung ernst, dann sollte man in komplexen Beweisfragen, in denen eine Begutachtung durch Sachverständige unumgänglich ist, einen Erörterungstermin mit dem Berichterstatter anregen.

332

3. Regelungsgehalt der Vorschrift

§ 404 a Abs. 3 ZPO regelt, dass das Gericht grundsätzlich die für den Sachverständigen maßgebenden Tatsachen dessen **selbst** klären muss.[794] Bei **streitigen** oder aus den Gerichtsakten nicht hinreichend erkennbaren Anknüpfungstatsachen ist das Gericht gehalten, diese Grundlagen eines einzuholenden Gutachtens vorab (ggf. auch durch Beweiserhebung) festzustellen und dem Sachverständigen mitzuteilen.[795] Auch die einschlägige Rechtsprechung geht davon aus, „dass die konkrete Umschreibung des von dem Sachverständigen zugrunde zu legenden Tatsachenstoffs **in der Regel** durch das Gericht zu erfolgen hat".[796] Nach der Konzeption des Gesetzes ist es demgegenüber die Ausnahme, dass das Gericht dem Sachverständigen die Ermittlung des zugrunde zu legenden Sachverhalts überträgt: Wenn nämlich der Sachverhalt von der Besonderheit geprägt ist, dass „bereits zur Ermittlung der Anknüpfungstatsachen ein hohes Maß an Professionalität und Erfahrung in dem konkreten Berufsbild erforderlich" ist, dann ist „in der Rechtsprechung anerkannt, dass das erkennende Gericht in derartigen Fällen den Sachverständigen **ausnahmsweise** auch mit der Ermittlung des Sachverhalts beauftragen

333

---

[792] *Reichhold*, in: Thomas/Putzo, ZPO, 30.Aufl. 2009, § 404 a Rdnr. 4.
[793] *Reichhold*, in: Thomas/Putzo, ZPO, 30.Aufl. 2009, § 404 a Rdnr. 4.
[794] *Baumbach/Lauterbach/Albers/Hartmann*, ZPO, 68. Aufl. 2010, § 404 a Rdnr. 7.
[795] *Greger*, in: Zöller, ZPO, 28. Aufl. 2010, § 404 a Rdnr. 3.
[796] OLG Hamburg, Urt. v. 23.1. 2008 – 5 U 122/01 –, Rdnr. 59.

Teil B. Beweisaufnahme

kann, den dieser seinem Gutachten zugrunde zu legen hat".[797] Folge dieses Grundsatzes ist es, dass diejenige Partei, die ein für sie ungünstiges Sachverständigengutachten angreifen will, es nur als **Einwendung gegen das Gutachten** (§ 98 VwGO i. V. m. § 411 Abs. 4 Satz 1 ZPO) vorbringen kann, dass der Sachverständige unzutreffende tatsächliche Annahmen zugrunde gelegt habe, also den ihm vom Gericht „gesteckten Rahmen pflichtwidrig überschritten hat".[798]

334   In einem vom **BSG** entschiedenen Rechtsstreit ging es um den Grad der Minderung der Erwerbsfähigkeit (MdE). Die Berufungsgenossenschaft hatte den Rentenantrag des Klägers abgelehnt, weil dieser trotz Erkrankung noch leichtere Tätigkeiten des allgemeinen Arbeitsmarktes habe verrichten können (sogenannte Verweisungstätigkeiten). Das **LSG** holte diverse **medizinische Sachverständigengutachten** ein und kam zu dem Ergebnis, der Kläger sei weder berufs- noch erwerbsunfähig, sondern könne die zumutbare Verweisungstätigkeit „Pförtner an der Nebenpforte" ausüben. Diese entspreche dem „von dem gerichtlichen Sachverständigen gezeichneten negativen wie positiven Leistungsbild". Mit der zugelassenen Revision griff der Kläger die Sachaufklärung sowie die Sachverständigengutachten an. Die Revision beanstandete insbesondere, dass das **LSG** keinen Sachverständigen mit der Gesamtbeurteilung der gesundheitlichen Zumutbarkeit der Verweisungstätigkeit beauftragt hatte. Das **BSG** gab der Revision des Klägers statt und erklärte dazu: „Auch dies beanstandet der Kläger zu Recht. Dazu ist vorab das Anforderungsprofil der ins Auge gefassten Verweisungstätigkeit **vom Gericht** verfahrensfehlerfrei festzustellen und den Sachverständigen für die Einzel- und ggf. für die abschließende Gesamtbeurteilung **vorzugeben** (§ 202 SGG[799] i. V. m. § 404 a Abs. 1 und 3 ZPO). Keiner dieser notwendigen Schritte ist im Rahmen der Sachaufklärung nach § 103 SGG[800] erfolgt."[801]

335   Auf den Verwaltungsprozess übertragen heißt dies: Eine Verletzung von § 404 a Abs. 1 und 3 ZPO kann mit der Aufklärungsrüge gerügt werden und zur Aufhebung der Vorentscheidung führen. Nimmt das Gericht seine Leitungspflicht nicht hinreichend wahr, kann dies prozessunökonomisch sein. Die Bestellung des Sachverständigen macht diesen noch nicht zum **Herrn des Verfahrens**. Dieser bleibt das Gericht.[802] Dazu legt das **OLG München** dar: Der in einem selbständigen Beweisverfahren bestellte Sachverständige sei „nicht befugt, über den ihm erteilten Gutachtenauftrag hinaus durch eigene Beweiserhebungen zu klären, ob ein Videofilm, dessen Bezug zu dem zu begutachtenden Objekt streitig ist, als Anknüpfungstatsache und zusätzliche Erkenntnisquelle heranzuziehen ist. Das Gericht darf dem nach § 485 Abs. 2 ZPO beauftragten Sachverständigen **nicht** gem. § 404 a Abs. 3 ZPO eine der-

---

[797] *OLG Hamburg*, Urt. v. 23.1. 2008 – 5 U 122/01 –, Rdnr. 59 unter Berufung auf BGH, NJW-RR 1995, 715, 716.
[798] An diesem Maßstab prüft in der Sache das *OLG Hamburg*, Urt. v. 23.1. 2008 – 5 U 122/01 –, Rdnr. 59.
[799] Entspricht § 173 S. 1 VwGO.
[800] Entspricht § 86 Abs. 1 VwGO.
[801] *BSG*, Urt. v. 10.12. 2003 – B 5 RJ 24/03 R –, Rdnr. 26 = SozR 4-1500 § 128 Nr. 3.
[802] *Greger*, in: Zöller, ZPO, 28. Aufl. 2010, § 404 a Rdnr. 1.

VII. Besonderheiten des Sachverständigenbeweises, § 404 a Abs. 3

artige Beweiserhebung übertragen."[803] Das **OLG Frankfurt a.M.** entschied im ähnlichen Zusammenhang, dass ein zur Beurteilung der Testierfähigkeit eingeholtes psychiatrisches Sachverständigengutachten „nur dann eine brauchbare Grundlage für eine abschließende Überzeugungsbildung (bildet), wenn in die Gesamtbeurteilung des Sachverständigen die Aussagen **aller** vom Gericht vernommenen Zeugen Eingang gefunden haben".[804] Das Sachverständigengutachten – so das OLG Frankfurt a.M. – setze „grundsätzlich voraus, dass der zu begutachtende Sachverhalt (die sog. Anknüpfungs- oder Anschlusstatsachen) **vom Gericht** selbst ermittelt wird (§ 15 Abs. 1 FGG, § 404 a Abs. 3 ZPO). Das **Gericht** hat die **Anknüpfungstatsachen** selbst festzustellen und dem Sachverständigen als Grundlage seiner gutachterlichen Äußerung **vorzugeben**".[805] Verstößt das Gericht gegen diese Grundsätze, so kann das Gutachten keine brauchbare Grundlage für seine Überzeugungsbildung sein.[806] Soweit der gerichtliche Sachverständige seinem Gutachten Anknüpfungstatsachen zugrunde legt, deren Berücksichtigung der Tatrichter für falsch hält, ist es – so der BGH – „Sache des Tatrichters, dem Sachverständigen die richtigen Anknüpfungstatsachen an die Hand zu geben und im Wege eines Ergänzungsgutachtens oder der Anhörung des Sachverständigen den (geänderten) Sachverhalt und dessen Auswirkungen auf das Gutachten mit diesem oder einem anderen Sachverständigen vor Schluss der mündlichen Verhandlung zu klären."[807] Eine Verletzung von § 404 a Abs. 3 ZPO führt auch nach Auffassung des **BGH** zur **Aufhebung** des angefochtenen Urteils.[808]

---

[803] *OLG München*, Beschl. v. 25.5. 2000 – 28 W 1469/00 –, Ls. 2 = NJW-RR 2001, 1652.
[804] *OLG Frankfurt a.M.*, Beschl. v. 22.12. 1997 – 20 W 264/95 –, Ls. 3 = NJW-RR 1998, 870.
[805] *OLG Frankfurt a.M.*, Beschl. v. 22.12. 1997 – 20 W 264/95 –, Ls. 3 = NJW-RR 1998, 870, 871.
[806] *OLG Frankfurt a.M.*, Beschl. v. 22.12. 1997 – 20 W 264/95 –, Ls. 3 = NJW-RR 1998, 870, 871.
[807] *BGH*, Urt. v. 21.1. 1997 – VI ZR 86/96 –, Ls. 2 = NJW 1997, 1446.
[808] *BGH*, Urt. v. 21.1. 1997 – VI ZR 86/96 –, Rdnr. 9.

Teil C. Beweiswürdigung

I. Grundsatz der freien Beweiswürdigung

Die VwGO wird vom Grundsatz der freien Beweiswürdigung beherrscht. Das Gericht entscheidet nach seiner freien, aus dem Gesamtergebnis des Verfahrens gewonnenen Überzeugung (§ 108 Abs. 1 Satz 1 VwGO). In dem Urteil sind die Gründe anzugeben, die für die richterliche Überzeugung leitend gewesen sind (§ 108 Abs. 1 Satz 2 VwGO). **336**

Der Grundsatz der freien Beweiswürdigung („**Überzeugungsgrundsatz**") im Sinne von § 108 Abs. 1 Satz 1 VwGO „betrifft die Feststellung aller für die Entscheidung des Gerichts erheblichen Tatsachen und deren ‚freie Würdigung'".[809] Es geht hier also „um die ausreichende Erforschung und Würdigung der tatsächlichen Entscheidungsgrundlagen wie etwa des Akteninhalts, des Vortrags der Beteiligten, eingeholter Auskünfte oder gerichtskundiger Tatsachen".[810] Freie Beweiswürdigung bedeutet insbesondere auch das grundsätzliche Nicht-Gebundensein an förmliche Beweisregeln: „Das Gericht ist wegen des Grundsatzes der freien Beweiswürdigung (§ 108 Abs. 1 Satz 1 VwGO) im Grundsatz **nicht an** bestimmte **Beweisregeln gebunden**. Es würdigt den Prozessstoff auf seinen Aussage- und Beweiswert für die Feststellung der entscheidungserheblichen Tatsachen nur nach der ihm innewohnenden Überzeugungskraft (...). Dabei bedarf die richterliche Überzeugung von der Wahrheit einer streitigen Behauptung nicht der absoluten Sicherheit. Ausreichend aber auch notwendig ist die **persönliche** Gewissheit des Richters, die vernünftige Zweifel an der Wahrheit nicht aber die rein gedankliche Möglichkeit der Unwahrheit ausschließt. Wenn auch der höchstpersönliche Charakter der Beweiswürdigung dem entscheidenden Gericht einen Wertungsrahmen eröffnet, ist es dennoch **nicht gänzlich frei**. Die richterliche Überzeugung muss auf rational nachvollziehbaren Gründen beruhen, d.h. sie muss insbesondere die Denkgesetze, die Naturgesetze sowie zwingende Erfahrungssätze beachten."[811] **337**

Der Grundsatz der freien Beweiswürdigung stammt ursprünglich aus dem Zivilprozess (dort: § 286 Abs. 1 Satz 1 ZPO) und beschreibt die freie Überzeugungsbildung des Gerichts unter Berücksichtigung des **gesamten** Prozessstoffes.[812] Die freie Beweiswürdigung einerseits und die Beweislast (siehe dazu unten Teil D, Rdnr. 253 ff.) sind „zwei Gebiete, die zwar dicht beieinander liegen, aber durch feste Grenzlinien deutlich voneinander geschieden sind".[813] *Rosenberg* hat diese Abgrenzung wie folgt auf den Punkt gebracht: „Die freie **Beweiswürdigung** lehrt den Richter, die Überzeugung von der Wahrheit oder Unwahrheit der im Prozess aufgestellten bestrittenen Behauptungen aus dem **338**

---

[809] *BVerwG*, Beschl. v. 3.6.2010 – 5 B 16.10 –, Rdnr. 12.
[810] *BVerwG*, Beschl. v. 3.6.2010 – 5 B 16.10 –, Rdnr. 12.
[811] BayVGH, Beschl. v. 15.6.2009 – 12 ZB 07.1882 –, Rdnr. 13.
[812] *Greger*, in: Zöller, ZPO, 28. Aufl. 2010, § 286 Rdnr. 1.
[813] *Leo Rosenberg*, Die Beweislast, 5. Aufl. 1965, S. 62.

Teil C. Beweiswürdigung

Inbegriffe der Prozessverhandlungen aufgrund seiner Lebens- und Menschenkunde frei zu schöpfen; die **Beweislast** lehrt ihn, das Urteil zu finden, wenn die freie Beweiswürdigung ihn zu keinem Ergebnisse geführt hat. Da, wo das Reich der freien Beweiswürdigung aufhört, beginnt die Herrschaft der Beweislast; hat der Richter jenes durchwandert, ohne das Urteil finden zu können, gibt ihm die Beweislast, was ihm die freie Beweiswürdigung versagt hat."[814] Auch der Strafprozess ist vom Grundsatz der freien Beweiswürdigung beherrscht (§ 261 StPO), mit dem eine historische, vormalige Bindung an formale, gesetzlich fixierte Beweisregeln überwunden wurde.[815] Das Verwaltungsprozessrecht bildet also verglichen mit dem Zivil- und Strafprozessrecht beweisrechtlich insoweit keine Besonderheit oder mit den Worten des BVerwG: „Besonderheiten des verwaltungsgerichtlichen Beweisrechts gegenüber den Grundsätzen des allgemeinen Beweisrechts sind insoweit nicht erkennbar."[816]

II. Beweisregeln

339 Das Gegenmodell zur „freien Beweiswürdigung" stellt die Beweiswürdigung nach **Beweisregeln** dar. Für **Beweisregeln** ist „charakteristisch, dass sie den Beweiswert eines Beweismittels oder die Beweiskraft eines Beweisgrundes ohne Beziehung auf ein bestimmtes Beweisthema und daher für **alle** Beweisthemen festsetzen".[817] Der Grundsatz freier Beweiswürdigung nach § 108 Abs. 1 VwGO schließt eine Bindung andere als die **gesetzlich** – etwa nach § 173 Abs. 1 VwGO i.V.m. §§ 415 ff. ZPO bezüglich öffentlicher Urkunden – normierten Beweisregeln aus.[818] Gesetzliche Beweisregeln sind beispielsweise die **§§ 415–419 ZPO zur Beweiskraft öffentlicher Urkunden**, die über § 98 VwGO auch im Verwaltungsprozess gelten.[819]

340 **Einzelfälle:** Zur Abwasserabgabe ist höchstrichterlich geklärt, „dass das (Ergebnis-) Protokoll einer Probenahme eine öffentlichen Urkunde im Sinne von § 98 VwGO, § 415 Abs. 1, § 418 Abs. 1 ZPO ist"; bei den hierin enthaltenen Angaben über die Menge des Abwassers und die Schadstoffkonzentration „handelt es sich um Tatsachen im Sinne von § 98 VwGO, § 418 Abs. 1 ZPO; das Messprotokoll enthält die Aussage, dass die Messung fehlerfrei erfolgt ist".[820] Öffentliche Urkunden, die einen anderen als den in §§ 415, 417 ZPO bezeichneten Inhalt haben, begründen also auch im **Verwaltungsprozess** den vollen Beweis der darin bezeugten Tatsachen (§§ 98 VwGO, 418 Abs. 1

---

[814] *Leo Rosenberg*, Die Beweislast, 5. Aufl. 1965, S. 62 f.
[815] *Eisenberg*, Beweisrecht der StPO, 6. Aufl. 2008, Rdnr. 88.
[816] *BVerwG*, Urt. v. 19.1. 1990 – 4 C 28.89 –, Rdnr. 18 = BVerwGE 84, 271 = NJW 1990, 1681.
[817] *Leo Rosenberg*, Die Beweislast, 5. Aufl. 1965, S. 221,.
[818] *BVerwG*, Beschl. v. 25.6. 2010 – 8 B 128.09 –, Rdnr. 3.
[819] *BVerwG*, Beschl. v. 16.5. 1986 – 4 CB 8.86 –, Ls. = NJW 1986, 2127, 2128; *BVerwG*, Beschl. v. 7.10. 1993 – 4 B 166.93 – = NJW 1994, 535, 536; *Lang*, in: Sodan/Ziekow, VwGO, 3. Aufl. 2010, § 98 Rdnr. 232.
[820] *BVerwG*, Beschl. v. 28.10. 2004 – 9 B 6.04 –, Rdnr. 5 = NVwZ-RR 2005, 203 = ZfW 2007, 24.

II. Beweisregeln

ZPO).⁸²¹ Die Postzustellungsurkunde kann als öffentliche Urkunde gemäß § 418 Abs. 1 ZPO vollen Beweis dafür begründen, dass der Postzusteller im Falle der Ersatzzustellung die vorgesehene Mitteilung in den Hausbriefkasten eingelegt hat.⁸²² Damit ist nur der Gegenbeweis nach § 418 Abs. 2 ZPO zulässig. Das ausgefüllte Empfangsbekenntnis nach § 5 Abs. 2 VwZG erbringt den vollen Beweis dafür, dass an dem vom Empfänger (hier: Rechtsanwalt) angegebenen Tag tatsächlich zugestellt wurde; der zulässige **Gegenbeweis ist Hauptbeweis** und auf den Nachweis der Unrichtigkeit gerichtet.⁸²³ Der gerichtliche Eingangsstempel ist eine öffentliche Urkunde im Sinne des § 418 ZPO und erbringt vollen Beweis für den Tag, an dem das Schriftstück bei Gericht eingegangen ist.⁸²⁴ Schließlich begründet eine Geburtsurkunde den vollen Beweis über das in ihr bezeugte Geburtsdatum.⁸²⁵

Unabhängig von diesen Fällen ist die höchstrichterliche **Rechtsprechung** bei der Annahme von Beweisregeln äußerst **zurückhaltend**. „Nach § 173 Abs. 1 VwGO i.V.m. §§ 373 ff. ZPO entfällt beispielsweise die Zeugenfähigkeit einer Person nicht schon, weil sie früher eine bestimmte Tätigkeit ausgeübt hat oder in den aufzuklärenden Sachverhalt einbezogen war. Ebenso sind die Aussagen eines solchen Zeugen prinzipiell nicht unverwertbar. Vielmehr hat das Gericht ihre Glaubhaftigkeit jeweils unter Berücksichtigung aller dafür erheblichen Umstände im Rahmen der freien Beweiswürdigung nach § 108 Abs. 1 VwGO zu ermitteln. Bei widersprechenden Beweismitteln hat das Gericht darüber zu befinden, welchem ein höherer Beweiswert zukommt oder ob sich die Beweiswerte gegenseitig aufheben."⁸²⁶ Eine „**Beweisregel**, dass eine zuvor eingeholte amtliche Auskunft in ihrem Beweiswert durch die Vorlage einer beglaubigten Ablichtung einer ausländischen öffentlichen Urkunde nicht erschüttert werden kann, gibt es nicht.⁸²⁷ § 415 Abs. 2 ZPO hindert das Tatsachengericht nicht, gemäß § 86 Abs. 1 VwGO die ihm geboten erscheinenden Aufklärungsmaßnahmen auch bezüglich derjenigen Umstände zu treffen, die sich auf den beurkundeten Vorgang beziehen.⁸²⁸

341

---

[821] *BVerwG*, Urt. v. 13.11.1984 – 9 C 23.84 – = NJW 1985, 1179, 1180; *BVerwG*, Beschl. v. 7.10.1993 – 4 B 166.93 – = NJW 1994, 535, 536; *BVerwG*, Urt. v. 22.5.1969 – VIII C 2.65 – = Buchholz 310 § 98 VwGO Nr. 6; *Lang*, in: Sodan/Ziekow, VwGO, 3. Aufl. 2010, § 98 Rdnr. 240.

[822] *BVerwG*, Beschl. v. 16.5.1986 – 4 CB 8.86 –, Ls. = NJW 1986, 2127 = NVwZ 1986, 739 = Buchholz 303 § 418 ZPO Nr. 5.

[823] *BVerwG*, Beschl. v. 7.10.1993 – 4 B 166.93 –, Ls. 1 = NJW 1994, 535 = BayVBl. 1994, 251 = Buchholz 340 § 5 VwZG Nr. 14.

[824] *BVerwG*, Urt. v. 22.5.1969 – VIII C 2.65 – = NJW 1969, 1730 = Buchholz 310 § 98 VwGO Nr. 6.

[825] *VGH Baden-Württemberg*, Urt. v. 13.5.1991 – 1 S 944/91 –, Ls. 4 = NVwZ-RR 1992, 152, 154 = VBlBW 1991, 429.

[826] *BVerwG*, Beschl. v. 25.6.2010 – 8 B 128.09 –, unter Hinweis auf *BGH*, Urt. v. 3.11.1987 – VI ZR 95/87 – zur Unzulässigkeit der Annahme einer Beweisregel, die den Aussagen einer Zeugengruppe von vornherein einem verminderten Beweiswert zuerkennt.

[827] *BVerwG*, Beschl. v. 28.6.2010 – 5 B 49.09 –, Ls. 2 = DVBl. 2010, 1056 (nur Ls.).

[828] *BVerwG*, Beschl. v. 14.10.2004 – 6 B 6.04 –, Ls. 3 zur notariellen Beurkundung von Willenserklärungen = NVwZ 2005, 1441 = Buchholz 115 Sonst Wiedervereinigungsrecht Nr. 51.

Teil C. Beweiswürdigung

342 Gesetzliche Regelvermutungen (siehe dazu näher mit Beispielen aus dem Verwaltungsprozess unten Rdnr. 400 f.) sind „keine Beweisregeln.[829] Gesetzliche Regelvermutungen sind vielmehr Rechtssätze, welche den Richter zwingen (oder ihm verbieten), bestimmten Beweismitteln einen bestimmten Beweiswert beizulegen, oder Vorschriften über die aus einem Beweis ohne Rücksicht auf die Überzeugung des Richters kraft gesetzlichen Zwanges zu ziehenden Folgerungen".[830]

343 Das BVerwG begreift die richterrechtlich ausgebildeten Regeln des Indizienbeweises als eine **Einschränkung** des an sich bestehenden Grundsatzes der freien Beweiswürdigung.[831] Im Gang der hiesigen Darstellung werden die Regeln des Indizienbeweises im Zusammenhang mit dem Beweismaß (s. u. Rdnr. 389 f.) behandelt.

III. Inhalt des Überzeugungsgrundsatzes

344 Das **BVerwG** hat in seiner Rechtsprechung die Anforderungen an den Überzeugungsgrundsatz (§ 108 Abs. 1 VwGO) wie folgt konturiert: Nach § 108 Abs. 1 Satz 1 VwGO hat das Gericht nach seiner freien, aus dem Gesamtergebnis des Verfahrens gewonnenen Überzeugung zu entscheiden. Die Freiheit, die dieser so genannte Überzeugungsgrundsatz dem Tatsachengericht zugesteht, bezieht sich auf die Bewertung der für die Feststellung des Sachverhalts maßgebenden Umstände.[832] Sie ist nach der einen Seite hin begrenzt durch das jeweils anzuwendende Recht und dessen Auslegung. Alles was (noch) **Rechtsfindung** ist, **entzieht sich** – eben deshalb – **einer Deckung durch den Überzeugungsgrundsatz**. Nach der anderen Seite ergibt sich die Grenze daraus, dass der Überzeugungsgrundsatz nicht für eine Würdigung in Anspruch genommen werden kann, die im Vorgang der Überzeugungsbildung an einem Fehler leidet, z.B. an der Missachtung gesetzlicher Beweisregeln oder an der Berücksichtigung von Tatsachen, die sich weder auf ein Beweisergebnis noch auf den Akteninhalt stützen lassen.[833] Mit anderen Worten: Der Überzeugungsgrundsatz ist auf die Ermittlung von Tatsachen bezogen, nicht auf die rechtliche Subsumtion.

345 § 108 Abs. 1 Satz 1 VwGO verlangt ferner, dass das Gericht seiner Überzeugungsbildung das **Gesamtergebnis des Verfahrens** zugrunde legt. Das Gericht darf also nicht in der Weise verfahren, dass es einzelne erhebliche Tatsachen oder Beweisergebnisse nicht zur Kenntnis nimmt oder nicht in Erwägung zieht (sog. **Selektionsverbot**). Danach liegt ein Verstoß gegen § 108 Abs. 1 Satz 1 VwGO vor, wenn ein Gericht von einem unrichtigen oder un-

---

[829] *Leo Rosenberg*, Die Beweislast, 5. Aufl. 1965, S. 220.
[830] *Leo Rosenberg*, Die Beweislast, 5. Aufl. 1965, S. 220.
[831] *BVerwG*, Beschl. v. 14.10. 2004 – 6 B 6.04 –, Rdnr. 148 = Buchholz 115 Sonst Wiedervereinigungsrecht Nr. 51 = NVwZ 2005, 1441.
[832] *BVerwG*, Beschl. v. 14.10. 2004 – 6 B 6.04 –, Rdnr. 145; *BVerwG*, Urt. v. 17.1. 1980 – 5 C 7.79 – = Buchholz 431.1 Architekten Nr. 5 S. 16, 17.
[833] *BVerwG*, Beschl. v. 14.10. 2004 – 6 B 6.04 –, Rdnr. 145; *BVerwG*, Beschl. v. 26.2. 2004 – B 6 B 55.03 – m. w. N.

III. Inhalt des Überzeugungsgrundsatzes

vollständigen Sachverhalt ausgeht, es insbesondere (unumstrittene) Umstände übergeht, deren Entscheidungserheblichkeit sich ihm hätte aufdrängen müssen.[834] In solchen Fällen fehlt es an einer tragfähigen Grundlage für die innere Überzeugungsbildung des Gerichts und zugleich für die Überprüfung seiner Entscheidung daraufhin, ob die **Grenze zu einer objektiv willkürfreien, die Natur- und Denkgesetze sowie allgemeine Erfahrungssätze beachtenden Würdigung** überschritten ist. Grundsätzlich kann aber davon ausgegangen werden, dass das Gericht seiner Pflicht aus § 108 Abs. 1 Satz 1 VwGO genügt und seiner Entscheidung das Vorbringen der Beteiligten sowie den festgestellten Sachverhalt zum Zwecke der Beweiswürdigung vollständig und richtig zugrunde gelegt hat.[835] Wenn das Gericht in seiner Entscheidung jedoch gewichtige Tatsachen oder Tatsachenkomplexe, deren Entscheidungserheblichkeit sich **aufdrängt**, unerwähnt lässt, so spricht dies prima facie dafür, dass es den entsprechenden Tatsachenstoff entweder nicht zur Kenntnis genommen oder jedenfalls nicht in Erwägung gezogen hat. Der Überzeugungsbildung des Gerichts liegt dann nicht das Gesamtergebnis des Verfahrens im Sinne des § 108 Abs. 1 Satz 1 VwGO zugrunde.[836]

§ 108 Abs. 1 Satz 2 VwGO verlangt, dass im Urteil die **Gründe anzugeben sind, die für die richterliche Überzeugungsbildung leitend** gewesen sind. Dies dient einerseits der Selbstkontrolle der Tatsacheninstanz, andererseits aber auch der Überprüfbarkeit der tatrichterlichen Würdigung durch die Beteiligten und durch das Rechtsmittelgericht. Der Begründungszwang ist damit zugleich ein rechtsstaatliches Korrelat zu der weitgehend freien Einschätzungsprärogative des Tatrichters. Wie umfangreich und detailliert die leitenden oder wesentlichen Gründe im Urteil niederzulegen sind, lässt sich allerdings nicht abstrakt umschreiben. Im Allgemeinen genügt es, wenn der Begründung entnommen werden kann, dass das Gericht eine vernünftige und der jeweiligen Sache angemessene Gesamtwürdigung und Beurteilung in einer in sich schlüssigen Gedankenabfolge vorgenommen hat. Nicht erforderlich ist danach insbesondere, dass sich das Gericht mit allen Einzelheiten des Vorbringens der Beteiligten und des festgestellten Sachverhalts in den Gründen seiner Entscheidung ausdrücklich auseinander setzt. Aus der Nichterwähnung einzelner Umstände kann daher regelmäßig auch nicht geschlossen werden, das Gericht habe diese bei seiner Entscheidung unberücksichtigt gelassen.[837]

346

---

[834] *BVerwG*, Beschl. v. 14.10. 2004 – 6 B 6.04 –, Rdnr. 146; *BVerwG*, Urt. v. 2.2. 1984 – 6 C 134.81 – = BVerwGE 68, 338; *BVerwG*, Urt. v. 25.6. 1992 – 3 C 16.90 – = Buchholz 412.3 § 6 BVFG Nr. 68; *BVerwG*, Urt. v. 5.7. 1994 – 9 C 158.94 – = BVerwGE 96, 200, 208 f.
[835] *BVerwG*, Beschl. v. 14.10. 2004 – 6 B 6.04 –, Rdnr. 146; *BVerwG*, Urt. v. 25.3. 1987 – 6 C 10.84 – = Buchholz 310 § 108 VwGO Nr. 183; *BVerwG*, Urt. v. 5.7. 1994 – 9 C 158.94 – = BVerwGE 96, 200, 208 f.
[836] *BVerwG*, Beschl. v. 14.10. 2004 – 6 B 6.04 –, Rdnr. 146; *BVerwG*, Urt. v. 5.7. 1994 – BVerwG 9 C 158.94 – = BVerwGE 96, 200, 208 f.
[837] *BVerwG*, Beschl. v. 14.10. 2004 – 6 B 6.04 –, Rdnr. 252.

Teil C. Beweiswürdigung

IV. Rüge fehlerhafter Beweiswürdigung

347 Nach ständiger Rechtsprechung des BVerwG sind die Grundsätze der Beweiswürdigung revisionsrechtlich **grundsätzlich** dem **sachlichen Recht** zuzuordnen.[838] **Ausnahmsweise** kann aber ein **Verfahrensfehler** u. a. dann gegeben sein, wenn die Beweiswürdigung objektiv willkürlich ist, gegen die Denkgesetze verstößt oder einen allgemeinen Erfahrungssatz missachtet.[839] So kann z. B. ein Verstoß gegen die Denkgesetze als Verfahrensmangel gemäß § 132 Abs. 2 Nr. 3 VwGO gerügt werden, wenn er nicht die Anwendung des materiellen Rechts betrifft, sondern – dieser gleichsam vorgelagert – sich ausschließlich auf die tatsächliche Würdigung beschränkt und damit dem Tatsachenbereich zuzuordnen ist.[840] Eine darauf abzielende Verfahrensrüge greift aber nur durch, wenn das Gericht einen Schluss gezogen hat, der schlechterdings nicht gezogen werden kann. Ein Tatsachengericht hat nicht schon dann gegen Denkgesetze verstoßen, wenn es nach Meinung des Beschwerdeführers unrichtige oder fernliegende Schlüsse gezogen hat; ebenso wenig genügen objektiv nicht überzeugende oder sogar unwahrscheinliche Schlussfolgerungen. Es muss sich vielmehr um einen aus Gründen der Logik schlechthin unmöglichen Schluss handeln.[841] Ein Verstoß gegen die Denkgesetze stellt dann eine nach § 108 Abs. 1 Satz 1 VwGO zu beachtende Verletzung des Grundsatzes der freien Beweiswürdigung und damit einen Verfahrensfehler dar, wenn hiervon ein Indizienbeweis betroffen wird.[842]

348 Dieselben Grundsätze gelten entsprechend für die Verfahrensrüge im Rahmen des Antrages auf Zulassung der Berufung nach § 124 Abs. 2 Nr. 5 VwGO.[843] Auch dort gilt: Etwaige Mängel der Beweiswürdigung und der richterlichen Überzeugungsbildung nach § 108 Abs. 1 Satz 1 VwGO sind grundsätzlich dem materiellen Recht und nicht dem Verfahrensrecht zuzuordnen.[844]

---

[838] *BVerwG*, Beschl. v. 4.10. 2010 – 9 B 1.10 –, Rdnr. 13; *BVerwG*, Beschl. v. 2.9. 2010 – 1 B 18.10 –, Rdnr. 4 = DVBl. 2010, 1388 (Ls.); *BVerwG*, Beschl. v. 12.1. 1995 – 4 B 197.94 – = Buchholz 406.12 § 22 BauNVO Nr. 4 Satz 4 = NVwZ-RR 1995, 310; *BVerwG*, Beschl. v. 2.11. 1995 – 9 B 710.94 – = Buchholz 310 § 108 VwGO Nr. 266 S. 18 f. = NVwZ-RR 1996, 359; *BVerwG*, Beschl. v. 14.7. 2010 – 10 B 7.10 –, Rdnr. 4 ff., jeweils m.w.N.

[839] *BVerwG*, Beschl. v. 4.10. 2010 – 9 B 1.10 –, Rdnr. 13; *BVerwG*, Beschl. v. 2.9. 2010 – 1 B 18.10 –, Rdnr. 4; *BVerwG*, Beschl. v. 25.6. 2004 – 1 B 249.03 – = Buchholz 402.25 § 1 AsylVfG Nr. 284; *BVerwG*, Beschl. v. 16.6. 2003 – 7 B 106.02 – = Buchholz 303 § 279 ZPO Nr. 1 = NVwZ 2003, 1132, 1135, jeweils m.w.N.

[840] *BVerwG*, Beschl. v. 2.9. 2010 – 1 B 18.10 –, Rdnr. 4; *BVerwG*, Beschl. v. 3.4. 1996 – 4 B 253.95 – = Buchholz 310 § 108 VwGO Nr. 269; *BVerwG*, Urt. v. 19.1. 1990 – 4 C 28.89 – = BVerwGE 84, 271, 272 ff.

[841] *BVerwG*, Beschl. v. 2.9. 2010 – 1 B 18.10 –, Rdnr. 4; *BVerwG*, Beschl. v. 8.7. 1988 – 4 B 100.88 – = Buchholz 310 § 96 VwGO Nr. 34; *BVerwG*, Beschl. v. 19.8. 1997 – 7 B 261.97 – = Buchholz 310 § 133 n.F. VwGO Nr. 26.

[842] *BVerwG*, Urt. v. 19.1. 1990 – 4 C 28.89 – = BVerwGE 84, 271 = DVBl 1990, 780.

[843] *Seibert*, in: Sodan/Ziekow, VwGO, 3. Aufl. 2010, § 124 Rdnr. 190 m.w.N.

[844] *OVG*, Beschl. v. 31.3. 2010 – 1 L 5/10 –, Ls.; ebenso *OVG des Saarlandes*, Beschl. v. 8.1. 2010 – 2 A 447/09 –, Ls. 5; *BayVGH*, Beschl. v. 1.12. 2009 – 22 ZB 08.3447 –, Rdnr. 6; *BayVGH*, Beschl. v. 1.12. 2009 – 22 ZB 09.65 –, Rdnr. 6.

IV. Rüge fehlerhafter Beweiswürdigung

Ein **Beispiel** aus der Rechtsprechung des BVerwG für einen Fall, in dem dieses ausnahmsweise eine **Verfahrensrüge** wegen Verletzung des Überzeugungsgrundsatzes des § 108 Abs. 1 VwGO **bejaht** hat, bildet der Beschluss vom 14.7.2010:[845] Der Beschwerdeführer hatte als Verfahrensmangel gerügt, dass das Berufungsgericht nicht die notwendige Überzeugungsgewissheit davon gebildet habe, dass der Kläger keine Vermögenswerte in Afghanistan besitze, die er außerhalb seines Herkunftsortes nutzen könne. Hierauf beruhe die angefochtene Entscheidung. Das Berufungsgericht war bei der Prüfung des § 60 Abs. 7 Satz 2 AufenthG davon ausgegangen, dass der Kläger nicht auf internen Schutz in einem anderen Teil seines Herkunftslandes Afghanistan gemäß § 60 Abs. 11 AufenthG i.V.m. Art. 8 der Richtlinie 2004/83/EG verwiesen werden könne. In tatsächlicher Hinsicht war das Berufungsgericht jedoch davon ausgegangen, dass der 40jährige Kläger, der aus der ländlichen Region südlich Kabuls stamme, sich inzwischen fast acht Jahre in Deutschland aufhalte, mit den Verhältnissen in der Hauptstadt Kabul nicht vertraut sei, keine Berufsausbildung erhalten habe, sondern lediglich in seinem ländlichen Bereich einen Lebensmittelladen geführt habe. Dort habe er „**möglicherweise**" – so das Berufungsgericht – noch Grundbesitz, den er für ein Überleben in Kabul aber „kaum" werde nutzen können.[846] Das BVerwG hielt die Beschwerde mit der Rüge eines Verfahrensmangels (§ 132 Abs. 2 Nr. 3 VwGO) für zulässig und begründet, bejahte eine Verletzung von Art. 108 Abs. 1 Satz 1 VwGO, weil das Berufungsgericht „den tatsächlichen Feststellungen als Grundlage seiner Prognose nicht den Maßstab der Überzeugungsgewissheit zugrunde gelegt" habe. Das BVerwG stellte seine Entscheidung unter den folgenden Leitsatz: „Verfehlt die Vorinstanz bei der Tatsachenfeststellung das Regelbeweismaß richterlicher Überzeugungsgewissheit, kann diese Verletzung des § 108 Abs. 1 Satz 1 VwGO mit Erfolg als Verfahrensmangel gemäß § 132 Abs. 2 Nr. 3 VwGO gerügt werden."[847] Das Berufungsgericht sei nicht etwa davon ausgegangen, dass die einschlägigen Vorschriften nur ein abgesenktes Beweismaß verlangen, vielmehr habe es seiner **Prognose** im Ansatz – unausgesprochen – den **Maßstab der Überzeugungsgewissheit** zugrunde gelegt.[848] Die Verfahrensrüge sei auch begründet, die Feststellungen des Berufungsgerichts brächten lediglich eine **Möglichkeit** zum Ausdruck, wie sich der Sachverhalt zugetragen haben könne; möglich sei auch ein gegenteiliger Sachverhalt. Die Entscheidung beruhe auf diesem Mangel, weil die Frage des mangelnden Vermögens für das Bestehen oder Fehlen eines internen Schutzes entscheidungserheblich sei.[849]

349

---

[845] *BVerwG*, Beschl. v. 14.7.2010 – 10 B 7.10 – = NVwZ 2011, 55 = BayVBl. 2011, 54 = InfAuslR 2010, 462 = DÖV 2010, 908 = ZAR 2010, 329.
[846] *BVerwG*, Beschl. v. 14.7.2010 – 10 B 7.10 –, Rdnr. 2 = DÖV 2010, 908 = ZAR 2010, 329 = VR 2010, 394.
[847] *BVerwG*, Beschl. v. 14.7.2010 – 10 B 7.10 –, Ls. = DÖV 2010, 908 = ZAR 2010, 329 = VR 2010, 394.
[848] *BVerwG*, Beschl. v. 14.7.2010 – 10 B 7.10 –, Rdnr. 7 = DÖV 2010, 908 = ZAR 2010, 329 = VR 2010, 394.
[849] *BVerwG*, Beschl. v. 14.7.2010 – 10 B 7.10 –, Rdnr. 8 = DÖV 2010, 908 = ZAR 2010, 329 = VR 2010, 394.

Teil C. Beweiswürdigung

350 Ist dem Tatsachengericht im Rahmen eines **Indizienbeweises** ein **Verstoß gegen Denkgesetze** unterlaufen, so stellt dies nach der angeführten Rechtsprechung eine nach § 108 Abs. 1 Satz 1 VwGO zu beachtende Verletzung des Grundsatzes der freien Beweiswürdigung und damit einen **Verfahrensfehler** dar, wenn sich der Fehler auf die tatsächliche Würdigung beschränkt und die rechtliche Subsumtion nicht berührt. Der Indizienbeweis findet, wie das BVerwG ausgeführt hat, seine besondere Grundlage in einer logischen Operation. Ein hierbei unterlaufener Fehler gehört zwar selbst nicht der Erfahrungswelt an, muss aber gleichwohl in seinen Auswirkungen dem Tatsachenbereich zugeordnet werden. Das ist grundsätzlich auch möglich. Die Beachtung der gebotenen Folgerungen im Indizienbeweis ist eine Frage der richtigen Überzeugungsbildung. Insoweit wird die freie Beweiswürdigung, wie sie § 108 Abs. 1 Satz 1 VwGO bestimmt, eingeschränkt. Demgemäß kann die Missachtung der Voraussetzungen für einen gültigen **Indizienbeweis** ein Mangel im Verfahren sein. Das ist dann der Fall, wenn sich der bei der richterlichen Überzeugungsbildung auftretende Verstoß gegen Denkgesetze hinreichend eindeutig von der rechtlichen Subsumtion und damit von der korrekten Anwendung des materiellen Rechts abgrenzen lässt. Diese Abgrenzung ist möglich, wenn die dem Beweisgang zugrunde gelegten Hilfstatsachen aus logischen Gründen ungeeignet sind, die gefolgerte Haupttatsache zu tragen. Mit dieser Einschränkung kann eine unzureichende indizielle Beweisführung einen Verfahrensmangel darstellen, der mit der Revision gerügt werden kann.[850]

351 Ein Verstoß gegen Denkgesetze liegt vor, wenn ein Schluss aus Gründen der Logik nicht gezogen werden kann, was nicht schon dann der Fall ist, wenn das Tatsachengericht einen nach Meinung der Beschwerde unrichtigen oder fern liegenden Schluss gezogen hat. Denkfehler entstehen nicht bereits dadurch, dass der Tatrichter eine Würdigung der tatsächlichen Umstände vorgenommen hat, die nicht zwingend und nach den Vorstellungen des beweisbelasteten Beteiligten auch anders hätte ausfallen können.[851] Ein Verstoß gegen die Denkgesetze setzt außerdem voraus, dass nach dem Sachverhalt **nur eine einzige Schlussfolgerung möglich** ist, die das Verwaltungsgericht nicht gezogen hat.[852] Bei mehrdeutigen Tatumständen darf das Tatsachengericht deren Mehrdeutigkeit nicht verkennen.[853] Die meisten geltend gemachten Verstöße gegen „Denkgesetze" sind Angriff auf die richterliche Bewertung. Verräterisch ist hierzu zumeist, dass das einzelne Denkgesetz nicht näher bezeichnet wird.

---

[850] *BVerwG*, Urt. v. 19.1. 1990 – 4 C 28.89 – = BVerwGE 84, 271 = Buchholz 310 § 108 VwGO Nr. 225.
[851] *BVerwG*, Urt. v. 19.1. 1990 – 4 C 28.89 – = BVerwGE 84, 271 = Buchholz 310 § 108 VwGO Nr. 225.
[852] *BVerwG*, Beschl. v. 12.1. 1995 – 4 B 197.94 – = Buchholz 406.12 § 22 BauNVO Nr. 4.
[853] *BVerwG*, Urt. v. 2.2. 2000 – 8 C 29.98 – = Buchholz 428 § 1 Abs. 3 VermG Nr. 10.

V. Besonderheiten der Beweiswürdigung beim Zeugenbeweis

Der Zeugenbeweis stellt – anders als der Urkundenbeweis (vgl. § 98 VwGO i.V.m. §§ 415–419 ZPO) – ein relativ schwaches Beweismittel dar, soweit er zur belastbaren Überzeugungsbildung beitragen soll. Schon *Lichtenberg* wusste: „Die Menschen können nicht sagen, wie sich eine Sache zugetragen, sondern nur wie sie meinen, dass sie sich zugetragen hätte."[854] Kriterien für die richterliche Würdigung der Glaubhaftigkeit einer Zeugenaussage sind Qualität, Konstanz und Aussageverhalten.[855] Die nähere Darstellung der Aussagewürdigung, d.h. insbesondere von Aussagefähigkeit und Glaubhaftigkeit der Aussagen von Zeugen würde den Rahmen dieser Darstellung sprengen; insofern muss auf die ausgezeichnete einschlägige Kommentarliteratur zum Beweisrecht der StPO verwiesen werden.[856]

352

---

[854] *Georg Christoph Lichtenberg*, Schriften und Briefe, Hrsg. von Wolfang Promies, Bd.1/2, München 1973/75, S. 375.

[855] *BGH*, 1. Strafsenat, Beschl. v. 30.5. 2000 – 1 StR 582/99 –, Rdnr. 14 = NStZ 2001, 45 = BGHR StPO § 244 Abs. 4 Satz 1 Sachkunde 11 – zu den Anforderungen an aussagepsychologische Begutachtungen.

[856] Ausführlich: *Eisenberg*, Beweisrecht der StPO, 6. Aufl. 2008, 2. Kap.: Aussagewürdigung (Rdnr. 1362–1488).

Teil D. Beweislast

I. Klärung der Begriffe

Das prozessuale Feld der Beweislast ist ein recht schwieriges Terrain. Schon die verwendeten Begriffe sind vielgestaltig. In der prozessualen Literatur und Rechtsprechung werden die Begriffspaare formelle und materielle Beweislast, subjektive und objektive Beweislast, Behauptungslast, Beweisführungslast und Feststellungslast verwendet.[857] Zusätzliche Verwirrung stiftet die Verwendung des Begriffs Darlegungslast. Im Einzelnen: **353**

1. Die subjektive (oder formelle) Beweislast(Beweisführungslast)

Die Begriffe subjektive Beweislast, formelle Beweislast und Beweisführungslast sind synonym.[858] Beweisführungslast (= subjektive = formelle Beweislast) ist „die den Parteien obliegende **echte prozessuale Last**, durch eigenes Tätigwerden – etwa durch das Stellen von Beweisanträgen oder die Benennung von Beweismitteln – den Beweis einer streitigen Tatsache zu führen, um den Prozessverlust zu vermeiden".[859] Entscheidendes Wesenselement ist also die drohende Folge „des Prozessverlustes".[860] Es handelt sich also um eine Obliegenheit, eine Pflicht gegen sich selbst. **354**

Hieraus erschließt sich bereits, dass der Anwendungsbereich der Beweisführungslast eigentlich auf Verfahren mit **Verhandlungsmaxime** beschränkt ist, weil nur dort der Prozessverlust die Folge des Untätigbleibens der beweisführungsbelasteten Partei ist; soweit in einem Verfahren der **Untersuchungsgrundsatz** gilt, ist dagegen für eine Beweisführungslast der Parteien kein Raum.[861] Es ist allgemein anerkannt, dass die Parteien des Verwaltungsprozesses, in dem der Amtsermittlungsgrundsatz gilt, **keine** subjektive (formelle) Beweislast (Beweisführungslast) trifft.[862] Das BVerwG entschied, dass sich „eine besondere formelle Behauptungs- und Beweisführungspflicht (…) auf den vom Untersuchungsgrundsatz (§ 86 Abs. 1 VwGO) geprägten Verwaltungsprozess nicht übertragen" lässt.[863] Wer einen gebotenen Beweis- **355**

---

[857] Grundlegend *Leo Rosenberg*, Die Beweislast, 3. Aufl. 1953, S. 16–53; ferner *Baumgärtel/Laumen/Prütting*, Handbuch der Beweislast, 2. Aufl. 2009, § 3 Rdnr. 5–55.
[858] *Rosenberg*, Die Beweislast, 3. Aufl. 1953, S. 18; *Baumgärtel/Laumen/Prütting*, Handbuch der Beweislast, 2. Aufl. 2009, § 3 Rdnr. 32.
[859] *Baumgärtel/Laumen/Prütting*, Handbuch der Beweislast, 2. Aufl. 2009, § 3 Rdnr. 32.
[860] *Rosenberg*, Die Beweislast, 3. Aufl. 1953, S. 16.
[861] *Baumgärtel/Laumen/Prütting*, Handbuch der Beweislast, 2. Aufl. 2009, § 3 Rdnr. 36.
[862] *Dawin*, in: Schoch/Schmidt-Aßmann/Pietzner, VwGO, Stand: Nov. 2009, § 86 Rdnr. 10 m.w.N.
[863] *BVerwG*, Urt. v. 30.1.1997 – 2 C 10.96 –, Rdnr. 17 = BVerwGE 104, 55 = Buchholz 232 § 79 BBG Nr. 113; *BVerwG*, Beschl. v. 26.3.1975 – II C 11.74 –, Rdnr. 58.

Teil D. Beweislast

antrag im Verwaltungsprozess nicht stellt, verliert allein deshalb nicht den Prozess, wohl aber die Option einer erfolgversprechenden Verfahrens- oder Gehörsrüge.

2. Die objektive (oder materielle) Beweislast (Feststellungslast)

356 Die Begriffe objektive Beweislast, materielle Beweislast und Feststellungslast sind synonym.[864] Das BVerwG bevorzugt den Begriff „materielle Beweislast".[865] Deshalb wird dieser Begriff nachfolgend verwendet. Die materielle Beweislast „betrifft die Frage, zu wessen Nachteil es geht, wenn das Vorhandensein bzw. Nichtvorhandensein eines entscheidungserheblichen Tatbestandsmerkmals ungeklärt bleibt".[866] Der Begriff „Last" ist bei der materiellen Beweislast etwas irreführend; sie greift nämlich unabhängig von irgendeinem Handeln der Parteien als Rechtsfolge für den Fall ein, dass der Richter eine Überzeugung von der Wahrheit nicht hat gewinnen können. Die Funktion der objektiven Beweislast „liegt in der **Überwindung des non liquet**".[867] Oder mit den Worten des BVerwG: „Die Frage der Beweislast stellt sich erst im Falle der Nichterweislichkeit einer streitigen Tatsache (,non liquet')."[868]

357 Nach *Rosenberg* „hindert die Herrschaft der Untersuchungsmaxime durchaus nicht das Bestehen und Walten der (materiellen) Beweislastnormen, denn auch in einem so gestalteten Verfahren kann es sich ereignen – nach Meinung mancher sogar leichter als in einem Verfahren mit Verhandlungsmaxime[869] –, dass eine erhebliche Tatsache nicht als wahr festgestellt wird".[870] Sowohl im Straf- als auch im Verwaltungsprozess benötigt der Richter eine Anweisung, wie er entscheiden soll, wenn ein entscheidungserheblicher tatsächlicher Umstand nicht als gegeben festgestellt werden kann, aber auch das Gegenteil nicht beweisbar ist. Heute besteht Einigkeit, dass ein non liquet in der Beweiswürdigung in jedem Verfahren auftreten kann, in dem tatsächliche Umstände vom Gericht festzustellen sind. Daher stellt sich die Frage der materiellen Beweislast in allen Verfahrensarten, gleich ob nach Verhandlungsmaxime oder nach Untersuchungsgrundsatz.[871] Bereits 1965 hat das **BVerwG** hierzu grundlegend

---

[864] *Baumgärtel/Laumen/Prütting*, Handbuch der Beweislast, 2. Aufl. 2009, § 3 Rdnr. 10; *Dawin*, in: Schoch/Schmidt-Aßmann/Pietzner, VwGO, Stand: Sept. 1998, § 108 Rdnr. 94.

[865] *BVerwG*, Urt. v. 28.1. 1965 – VIII C 293.63 = BVerwGE 20, 211, Ls. 1; *BVerwG*, Urt. v. 16.1. 1974 – VIII C 117.72 –, Rdnr. 17 = BVerwGE 44, 265, 269; 47, 365, 375; *BVerwG*, Urt. v. 29.6. 1999 – 9 C 36.98 –, Rdnr. 13 = BVerwGE 109, 174; *BVerwG*, Urt. v. 21.9. 2000 – 2 C 5.99 –, Rdnr. 71 = NJW 2001, 1878.

[866] *Baumgärtel/Laumen/Prütting*, Handbuch der Beweislast, 2. Aufl. 2009, § 3 Rdnr. 10.

[867] *Baumgärtel/Laumen/Prütting*, Handbuch der Beweislast, 2. Aufl. 2009, § 3 Rdnr. 12 f.

[868] *BVerwG*, Beschl. v. 28.8. 2008 – 1 B 2.08 –, Rdnr. 5.

[869] Deshalb sollte de lege ferenda überdacht werden, ob nicht auch im Verwaltungsprozess zur Verhandlungsmaxime übergegangen werden sollte, denn erfahrungsgemäß fördert sie eine wirkliche Sachaufklärung besser als der Untersuchungsgrundsatz.

[870] *Rosenberg*, Die Beweislast, 3. Aufl. 1953, S. 28.

[871] *Baumgärtel/Laumen/Prütting*, Handbuch der Beweislast, 2. Aufl. 2009, § 3 Rdnr. 18.

II. Grundstruktur der Beweislastverteilung nach dem materiellen Recht

klargestellt: „Es ist davon auszugehen, dass es in dem vom Untersuchungsgrundsatz beherrschten Verwaltungsprozess eine förmliche Beweislast im Sinne einer den Parteien obliegenden Beweisführungspflicht nicht gibt (so bereits BVerwGE 3, 245). Aber auch im Verwaltungsprozess kann eine Entscheidung darüber erforderlich werden, zu Lasten welcher Partei es geht, dass eine bestimmte rechtserhebliche Tatsache nicht zur richterlichen Gewissheit hat festgestellt werden können. Die Revision geht zutreffend davon aus, dass allgemeine Regeln darüber, wie in solchen Fällen die Frage nach der **(materiellen) Beweislast** zu beurteilen ist, im Verwaltungsprozess ebenso wenig aufgestellt werden können wie im Zivilprozess."[872] Dies ist ständige höchstrichterliche Rechtsprechung geworden.[873] Wenn es nachfolgend also um die Frage der sogenannten Verteilung der Beweislast im Verwaltungsprozess geht, ist damit immer die materielle Beweislast gemeint.

II. Grundstruktur der Beweislastverteilung nach dem materiellen Recht

1. Grundsätze

Die Regeln der materiellen (objektiven) Beweislast sollen festlegen, zu wessen Nachteil es geht, wenn eine für die Entscheidung wesentliche Tatsache nicht zu ermitteln ist.[874] Dazu statuiert das **BVerwG** die nachfolgenden Grundsätze der „Verteilung" der Beweislast im Verwaltungsprozess: **358**

Erstens: Im Verwaltungsprozess gibt es **keine allgemeinen Regeln** darüber, wen bei einem non liquet die materielle Beweislast für eine bestimmte rechtserhebliche Tatsache trifft.[875] **Zweitens:** Wer die materielle Beweislast trägt, bestimmt sich demgemäß **nach dem materiellen Recht** und ist in Auslegung der im Einzelfall einschlägigen Norm zu ermitteln.[876] Mit anderen Worten: Bürdet das Gericht „unter Ausklammerung seiner Pflicht zur Amtsaufklärung der Sache nach der Beklagten die Darlegungs- und Beweisführungslast (…) auf, ohne dass dies im materiellen oder im Verfahrensrecht eine Rechtfertigung findet", so führt diese Verletzung von § 86 Abs. 2 VwGO zur Zurückverweisung des Rechtsstreits.[877] **Drittens:** Enthält die streitentscheidende Norm des materiellen Rechts keine besonderen Regelungen, so greift der **allgemeine Rechtsgrundsatz** ein, dass die Unerweislichkeit von Tatsa- **359**

---

[872] *BVerwG*, Urt. v. 28.1. 1965 – VIII C 293.63 –, Rdnr. 9 = BVerwGE 20, 211 = Buchholz 310 § 86 Nr. 24.
[873] *BVerwG*, Urt. v. 28.1. 1965 – VIII C 293.63 – = BVerwGE 20, 211 = Buchholz 310 § 86 Nr. 24; *BVerwG*, Urt. v. 16.1. 1974 – VIII C 117.72 – = BVerwGE 44, 265, 271; *BVerwG*, Beschl. v. 26.3. 1975 – II C 11.74 – = BVerwGE 47, 365, 375; *BVerwG*, Urt. v. 29.6. 1999 – 9 C 36.98 –, Rdnr. 13 = BVerwGE 109, 174; *BVerwG*, Urt. v. 21.9. 2000 – 2 C 5.99 –, Rdnr. 71 = NJW 2001, 1878.
[874] *Redeker*, NJW 1966, 1777, 1779.
[875] *BVerwG*, Urt. v. 28.1. 1965 – VIII C 293.63 –, Rdnr. 9.
[876] *BVerwG*, Urt. v. 29.6. 1999 – 9 C 36.98 –, Rdnr. 13 = BVerwGE 109, 174; *BVerwG*, Urt. v. 13.10. 1988 – 5 C 35.85 –, Rdnr. 15 = BVerwGE 80, 92.
[877] *BVerwG*, Beschl. v. 28.6. 2010 – 5 B 49.09 –, Rdnr. 4 = DVBl. 2010, 1056 (Ls.).

Teil D. Beweislast

chen, aus denen eine Partei ihr günstige Rechtsfolgen herleitet, zu deren Lasten geht.[878] Letzteres lässt sich auch so formulieren, dass jeder Beteiligte die Beweislast für die Voraussetzungen des Rechtssatzes trägt, dessen Anwendung er begehrt.[879]

360 Auf der entscheidenden **ersten Stufe** bestimmt sich die Verteilung der materiellen Beweislast also nach dem jeweiligen **materiellen Recht** in Auslegung der streitentscheidenden Norm. Dieses Kriterium ist recht abstrakt und hat zu einer umfangreichen Kasuistik geführt,[880] die wirkliche Strukturen vermissen lässt. Um der Problematik Herr zu werden, lassen sich unterschiedliche Herangehensweisen vorstellen: Das BVerwG stellte in früheren Entscheidungen auf die **Klageart** bzw. die jeweilige Parteirolle ab und meinte: „Bei der Anfechtungsklage trägt in der Regel der Kläger die Beweislast."[881] Hiergegen wurde zutreffend eingewandt, auch im Anfechtungsprozess müsse die Behörde die Voraussetzungen ihres Eingriffs in eine Rechtsposition des Klägers nachweisen, der Kläger hingegen lediglich die beeinträchtigte Rechtsposition selbst darlegen.[882] Denn die „Tatsache, dass die Behörde die angestrebte Belastung des Privaten nicht einzuklagen braucht, sondern einseitig verfügen darf[883] und der Private auf nachrangigen Rechtsschutz verwiesen ist, ändert nichts daran, dass sie Angreifer ist".[884] Tatsächlich war dieser Ansatz stets verfehlt, da die Anfechtungsklage funktional eine Abwehrklage ist. Die Behörde trägt offensichtlich die Last, die Berechtigung des Eingriffs in die Handlungssphäre des Bürgers nachzuweisen. Das lässt sich grundrechtlich auch durch den Verweis auf Art. 2 Abs. 1 GG begründen (vgl. nachfolgend Rdnr. 362).

361 Zuweilen finden sich in der Rechtsprechung des BVerwG Ansätze zu einer Art **„Sphären-Theorie"**, die die Beweislast demjenigen aufbürdet, aus dessen Sphäre die streitige Tatsache stammt. So begründet das BVerwG etwa die Beweislast des Beamten dafür, für bereits vorhandene Implantate noch keine Beihilfe oder öffentliche Zuschüsse erhalten zu haben, mit folgender Erwägung: „Drittens trifft den Beamten die Darlegungs- und Beweislast in solchen Fällen, weil es sich um Vorgänge aus seinem privaten Lebensbereich handelt."[885] Nach demselben Argumentationsmuster erlegt das Gericht dem Dienstherrn

---

[878] *BVerwG*, Urt. v. 29.6. 1999 – 9 C 36.98 –, Rdnr. 13 = BVerwGE 109, 174; *BVerwG*, Urt. v. 13.10. 1988 – 5 C 35.85 –, Rdnr. 15 = BVerwGE 80, 92; *BVerwG*, Beschl. v. 26.5. 2009 – 6 PB 4/09 –, Rdnr. 7 = Buchholz 250 § 9 BPersVG Nr. 34; *BVerwG*, Beschl. v. 16.4. 2009 – 8 B 86.08 –, Rdnr. 6.

[879] *Redeker*, NJW 1966, 1777, 1779; *Rosenberg*, Die Beweislast, 3. Aufl. 1953, S. 12.

[880] *Redeker*, NJW 1966, 1777, 1779, der zutreffend darauf hinweist, dass dies im Zivil- und Verwaltungsprozess ähnlich ist.

[881] *BVerwG*, Urt. v. 18.4. 1956 – V C 145.55 –, Rdnr. 27 = BVerwGE 3, 245.

[882] *Redeker*, NJW 1966, 1777, 1779.

[883] Das *OLG Düsseldorf* spricht insofern vom „Selbsttitulierungsrecht" der Verwaltung: Beschl. v. 21.8. 2007 – I-15 W 40/07 -Rdnr. 20.

[884] *Dawin*, in: Schoch/Schmidt-Aßmann/Pietzner, VwGO, Stand: Sept. 1998, § 108 Rdnr. 106.

[885] *BVerwG*, Urt. v. 28.5. 2008 – 2 C 12.07 –, Rdnr. 27 = Buchholz 271 LBeihilfeR Nr. 30.

II. Grundstruktur der Beweislastverteilung nach dem materiellen Recht

die Beweislast für die Beachtung der Vorgaben des § 42 Abs. 3 BBG a.F. bei der Suche nach einer anderweitigen Verwendung für einen dienstunfähigen Beamten mit der folgenden Begründung auf: „denn es geht um Vorgänge aus dem Verantwortungsbereich des Dienstherrn".[886] Ferner hat das BVerwG in einem anderen Fall zu der Frage, ob ein behauptetes Darlehen als bestehende Schuld im Sinne von § 28 Abs. 3 Satz 1 BAföG anzuerkennen sei, Folgendes entschieden: „Weil und soweit der für den Auszubildenden förderungsrechtlich günstige Umstand, ob und in welchem Umfang er vermögensmindernde Schulden hat, seine Sphäre betrifft, obliegt ihm bei der Aufklärung der erforderlichen Tatsachen eine gesteigerte Mitwirkungspflicht; die Nichterweislichkeit der Tatsachen geht zu seinen Lasten."[887] Der BayVGH hat sich dem in einem BAföG-Fall angeschlossen.[888] Hier klingt in gewisser Weise der Rechtsgedanke des § 138 Abs. 4 ZPO an. Eine solche Sphärentheorie ist letztlich nicht geeignet, dogmatisch sauber die Beweislastverteilung im Verwaltungsprozess zu strukturieren. Sie würde zudem zu befremdlichen Ergebnissen führen: So träfe nach dieser Auffassung beispielsweise den Bauherrn, der auf seinem Grundstück – also in seiner ureigensten Sphäre – eine Altlast entdeckt, die Beweislast für das Vorliegen der Voraussetzungen einer gegen ihn gerichteten, in seine Grundrechte eingreifenden Ordnungsverfügung. Gleichwohl steckt in der „Sphärenthese" insoweit ein wahrer Kern, der aber eher auf Fragen der Beweiswürdigung verweist.

2. Belastende Verwaltungsakte

a) Grundsatz. Sachgerechter erscheint im grundrechtsbezogenen Rechtsstaat des Grundgesetzes ein Ansatz, der – soweit Verwaltungsakte Streitgegenstand sind – darauf abstellt, ob es um **belastende oder begünstigende Verwaltungsakte** geht.[889] Wo der Staat durch Erlass belastender Verwaltungsakte in den Schutzbereich von Grundrechten des Bürgers eingreift, ist es naturgemäß an ihm, das Vorliegen sämtlicher Voraussetzungen der gesetzlichen Ermächtigungsgrundlage für diesen Eingriff in tatsächlicher Hinsicht zu beweisen. Das ergibt sich auch aus dem Vorbehalt des Gesetzes (vgl. Art. 20 Abs. 3 GG). Der Grundsatz muss daher lauten, „dass die **Beweislast für Grundrechtsbeschränkungen grundsätzlich bei der Behörde** liegt".[890] Mit anderen Worten: „Es [ist] Aufgabe der Behörde, die Voraussetzungen ihres Eingriffs in diese Rechtsposition nachzuweisen. Bleiben hier tatbestandliche Voraussetzungen ungeklärt, so geht dies zu Lasten der Behörde und ist der Verwaltungsakt aufzuheben."[891] Die Behörde muss z.B. beweisen, dass eine Gefahr für die öffentliche Sicherheit und Ordnung, ein baurechtswidriger Zustand, eine schädliche Bodenveränderung, eine Gewässerverunreinigung, ein

362

---

[886] *BVerwG*, Urt. v. 26.3. 2009 – 2 C 73.08 –, Rdnr. 30.
[887] *BVerwG*, Urt. v. 4.9. 2008 – 5 C 30.07 –, Rdnr. 24 = BVerwGE 132, 10 = NVwZ 2009, 392 = DVBl. 2009, 125 = Buchholz 436.36 § 28 BAföG Nr. 2.
[888] *BayVGH*, Beschl. v. 28.7. 2010 – 12 ZB 09.1512 –, Rdnr. 7.
[889] In diese Richtung *Redeker*, NJW 1966, 1777, 1779 f.
[890] *VG Sigmaringen*, Urt. v. 27.9. 2001 – 2 K 2497/99 –, Rdnr. 23.
[891] *Redeker*, NJW 1966, 1777, 1779 m.w.N.

entsorgungspflichtiger Abfall o. ä. in tatsächlicher Hinsicht vorliegt. Will sie den Verursacher als Handlungsstörer in Anspruch nehmen, so muss sie die tatsächlichen Voraussetzungen der Verursachung durch diesen beweisen. Nicht der Bürger muss beweisen, dass er die Gefahr nicht verursacht hat, sondern umgekehrt. Kein belastender Verwaltungsakt in diesem Sinne ist die Ablehnung eines Antrages. Es handelt sich um den „unselbständigen" Teil einer zu erhebenden Verpflichtungsklage.

363 b) **Ermessen.** Fraglich ist, ob zu dem, was die Behörde beweisen muss, auch die Voraussetzungen einer pflichtgemäßen Ermessensausübung zählen. Mit anderen Worten: Muss die Behörde in tatsächlicher Hinsicht beweisen, dass ihre Ermessensausübung pflichtgemäß, die erlassene Ordnungsverfügung also z. B. verhältnismäßig war oder muss der Bürger (Adressat) beweisen, dass die Verfügung ermessensfehlerhaft, z. B. unverhältnismäßig war? Hierzu wird vertreten, „dass der Beweismangel hinsichtlich der den Ermessensfehler begründenden Tatsachen zu Lasten des Klägers" gehe; gestützt wird dies auf die Rosenberg'sche Regel-Ausnahme-Lehre.[892] Ermessensfehler seien, wie § 114 VwGO zeige, die Ausnahme, weshalb der Bürger nachweisen müsse, dass die Behörde ihr Ermessen fehlerhaft ausgeübt habe.[893] Anders soll es sein, „wenn die Ermessensentscheidung nicht nur von bestimmten tatbestandlichen Voraussetzungen abhängt, sondern die Behörde für die Ermessensausübung selbst bestimmte Tatsachen zur Begründung angegeben hat"; diese müsse sie dann auch beweisen.[894]

364 Diese Rechtsauffassung vermag jedenfalls nicht uneingeschränkt zu überzeugen. Denn die Rosenberg'sche Regel-Ausnahme-Lehre besagt: „Wer den ausnahmsweisen Nichteintritt der regelmäßigen Wirkung behauptet, muss die Voraussetzungen der rechtshindernden Norm dartun."[895] Es gibt aber keinen Rechtssatz des Verwaltungsverfahrensrechts, wonach ein belastender Verwaltungsakt, z. B. eine Ordnungsverfügung, regelmäßig ermessensfehlerfrei und nur ausnahmsweise ermessensfehlerhaft ist. Eine solche Annahme würde der Behörde einen sachlich nicht gerechtfertigten Vertrauensvorschuss und eine Privilegierung einräumen, für die das Gesetz keinen Anhaltspunkt bietet (vgl. Art. 19 Abs. 4 GG). Es gibt vielmehr einen Rechtssatz, der besagt, dass immer dann, wenn die Behörde ermächtigt ist, nach ihrem Ermessen zu handeln („kann"), sie ihr Ermessen entsprechend dem Zweck der Ermächtigung auszuüben und die gesetzlichen Grenzen des Ermessens einzuhalten hat (§ 40 VwVfG). Vermutet wird dies indes vom Gesetz nicht. Weshalb aus § 114 VwGO etwas anderes folgen soll, erschließt sich nicht. Wenn die Behörde im Anfechtungsrechtsstreit „die Beweislast für die Tatsachen, die nach der zugrundeliegenden Norm Voraussetzung für die durch den Verwaltungsakt angeordnete belastende Rechtsfolge sind"[896] trägt, dann zählt zu den Voraussetzun-

---

[892] *Redeker*, NJW 1966, 1777, 1780.
[893] *Redeker*, NJW 1966, 1777, 1780.
[894] *Redeker*, NJW 1966, 1777, 1780.
[895] *Rosenberg*, Die Beweislast, 3. Aufl. 1953, S. 124.
[896] *Dawin*, in: Schoch/Schmidt-Aßmann/Pietzner, VwGO, Stand: Sept. 1998, § 108 Rdnr. 106.

II. Grundstruktur der Beweislastverteilung nach dem materiellen Recht

gen des Eingriffs eben auch die pflichtgemäße Ermessensausübung der Behörde bzw. die Verhältnismäßigkeit des belastenden Verwaltungsaktes. So hat das VG Regensburg zutreffend entschieden, „dass ihn [den Beklagten] die materielle **Beweislast im Rahmen der Verhältnismäßigkeitsprüfung** trifft", die Behörde also vor dem Hintergrund BVerfGE 102, 1 beweisen muss, dass die Sanierungskosten den Verkehrswert des zu sanierenden Grundstücks nicht übersteigen.[897] Allerdings ist zwischen freiem Ermessen („kann") und „**Soll**"-Anweisungen zu differenzieren, da bei Letzteren der Gesetzgeber bereits tendenziell in eine bestimmte Richtung entschieden hat. Hinzuweisen ist in diesem Zusammenhang auch auf die verwaltungsverfahrensrechtliche Begründungspflicht der Behörde gemäß **§ 39 Abs. 1 VwVfG**, die jedenfalls im Ansatz zeigt, dass der Gesetzgeber eine bestimmte Verteilung der (Beweis-)Last beabsichtigt hat. Die Begründungspflicht bewirkt auch „im öffentlichen Interesse die Festlegung der maßgeblichen Beweggründe (…) für spätere Verfahren"[898], wobei allerdings auch auf **§ 114 Satz 2 VwGO** hinzuweisen ist, der eine **Ergänzung** von Ermessenserwägungen noch im Verwaltungsprozess erlaubt.

c) Beispiele. Die Behörde trifft die materielle Beweislast für das Vorliegen 365
der tatsächlichen Voraussetzungen von allen Ordnungs-/Gefahrenabwehrverfügungen des allgemeinen oder besonderen Ordnungsrechts z. B.

– Ordnungsverfügungen nach POR,
– Verfügungen zur Beseitigung baurechtswidriger Zustände nach Landesbauordnung;
– Anordnungen nach den § 21 KrW-/AbfG,
– § 10 BBodSchG,[899]
– §§ 17, 20, 24 f. BImSchG,
– Abschiebungsanordnungen etc. pp.

d) Gesetzliche Beweislastregeln. Anders kann es aussehen, wenn der Ge- 366
setzgeber – in problematischer Aufweichung des o. g. Grundsatzes – dazu übergeht, davon abweichende Beweislastregeln unmittelbar im Gesetz vorzusehen, mit anderen Worten auch dort, wo die Behörde per Ordnungsverfügung in Grundrechte eingreift, dem Bürger eine Entlastungsobliegenheit aufbürdet.

Beispiel 1: 367
Das hamburgische Gesetz über das Halten und Führen von Hunden (Hundegesetz) vom 26.1. 2006 listet in § 2 Absätze 1 und 3 Gruppen und Rassen gefährlicher Hunde auf. § 2 Abs. 4 dieses Gesetzes stellt die folgende materielle Beweislastregel auf: „In Zweifelsfällen hat die Halterin oder der Halter **nachzuweisen**, dass der Hund **keiner** der in den Absätzen 1 und 3 genannten Gruppen oder Rassen angehört und **keine** Kreuzung im Sinne der Absätze 1 und 3 vorliegt." Hierzu entschied das VG Hamburg, dass

---

[897] *VG Regensburg*, Urt. v. 7.12. 2009 – RO 8 K 09.01987 –, Rdnr. 87.
[898] *U. Stelkens*, in: Stelkens/Bonk/Sachs, VwVfG, 7. Aufl. 2008, § 39 Rdnr. 1.
[899] Die **Beweislast**verteilung besagt nichts über das Beweismaß. So muss die Behörde bei Summationsschäden lediglich einen erheblichen Teil-Verursachungsbeitrag nachweisen (*BVerwG*, Urt. v. 16.3. 2006 – 7 C 3.05 –, Rdnr. 14), damit der Verursacher zur Beseitigung der gesamten Störung herangezogen werden darf.

Teil D. Beweislast

der Gesetzgeber selbst die Vorschrift „als materielle Beweislastregelung ausgestaltet" hat und dies zum Eingreifen einer gesetzlichen Fiktion führe: Gelingt es dem Hundehalter nicht, in den genannten Zweifelsfällen den **entlastenden** Nachweis zu führen, muss er die gegen ihn gerichteten Gefahrenabwehrmaßnahmen hinnehmen.[900]

368 **Beispiel 2:**
Die Beweislast für den Nachweis der **artenschutzrechtlichen Besitzberechtigung** trifft gemäß § 46 Abs. 1 BNatSchG den Besitzer,[901] weil das materielle Recht ihm abverlangt, auf Verlangen diese Berechtigung nachzuweisen. Hier regelt also das materielle Recht eine Beweislastumkehr: Nicht der Staat muss die Rechtswidrigkeit des Besitzes nachweisen, sondern der Besitzer dessen Rechtmäßigkeit.[902]

3. Aufhebung begünstigender Verwaltungsakte

369 Dieselbe Grundregel wie für belastende Verwaltungsakte (o. Rdnr. 362) gilt bei der Aufhebung begünstigender Verwaltungsakte. Denn die Rücknahme oder der Widerruf eines begünstigenden Verwaltungsaktes ist „belastend". Hier muss nicht der Bürger die Rechtmäßigkeit des aufzuhebenden Verwaltungsaktes beweisen, sondern die Behörde seine Rechtmäßigkeit und die tatsächlichen Voraussetzungen der Rücknahme oder des Widerrufs.[903] Nur für diejenigen **Umstände**, welche die Rücknahme bzw. den Widerruf **hindern**, trägt der **Begünstigte** die **Beweislast**.[904] Denn infolge der Bestandskraft des früheren Verwaltungsaktes (§ 43 Abs. 2 VwVfG), ist dem Adressaten aus dem Verwaltungsakt selbst dann Vertrauensschutz erwachsen, wenn dieser Verwaltungsakt rechtswidrig gewesen sein sollte.[905]

370 Als **Beispiel** sei genannt der Fall, der einer Entscheidung des Thüringer OVG vom 24.2. 2005 zugrunde lag: Dem Antragsteller war am 13.4. 1971 durch die zuständige Behörde eine unbeschränkte Fahrerlaubnis erteilt worden. Im November 2002 beantragte der Antragsteller einen EU-Führerschein. In der Folge nahm die Behörde die damalige Fahrerlaubnis teilweise zurück und meinte, die Beweislast für eine unbeschränkte Fahrerlaubniserteilung treffe den Antragsteller. Dem erteilte das Thüringer OVG aus zutreffenden Erwägungen eine Absage: „Im Rahmen der Entscheidung über die Rücknahme eines Verwaltungsaktes ergibt sich aber, dass grundsätzlich die **Behörde** den **Nachweis der Voraussetzungen der Eingriffsnorm** zu erbringen hat. Nicht der Inhaber der Fahrerlaubnis hat nachzuweisen, dass er diese nicht rechtswidrig erworben hat, sondern es gilt im Falle der Anfechtung der Rücknahmeent-

---

[900] *VG Hamburg*, Urt. v. 24.9. 2009 – 3 K 2483/07 –, Ls. 3.
[901] *Sächsisches OVG*, Beschl. v. 17.12. 2009 – 1 B 535/09 –, Rdnr. 5; *OVG Niedersachsen*, Beschl. v. 6.7. 2005, NuR 2005, 659 – jeweils zur Vorläufervorschrift § 49 Abs. 1 BNatSchG a.F.
[902] *VG Karlsruhe*, Urt. v. 2.3. 2009 – 3 K 1609/08 –, Rdnr. 21.
[903] *Redeker*, NJW 1966, 1777, 1779; *Dawin*, in: Schoch/Schmidt-Aßmann/Pietzner, VwGO, Stand: Sept. 1998, § 108 Rdnr. 106.
[904] *Dawin*, in: Schoch/Schmidt-Aßmann/Pietzner, VwGO, Stand: Sept. 1998, § 108 Rdnr. 106.
[905] *Redeker*, NJW 1966, 1777, 1779; *Dawin*, in: Schoch/Schmidt-Aßmann/Pietzner, VwGO, Stand: Sept. 1998, § 108 Rdnr. 106; *BVerwG*, Urt. v. 25.3. 1964 – VI C 150.62 – = DVBl. 1964, 759.

II. Grundstruktur der Beweislastverteilung nach dem materiellen Recht

scheidung weiterhin, dass die **Behörde** etwaige **Rücknahmegründe** auf Grundlage eines möglichen rechtswidrigen Ausgangsbescheides **nachzuweisen hat.**"[906] Dem ist zuzustimmen.

4. Beweislast bei Verpflichtungs- und Leistungsklagen

a) **Grundsatz: Begünstigungstheorie.** Der Kläger, der durch eine Verpflichtungs- oder allgemeine Leistungsklage gegen die Behörde einen Anspruch auf eine bestimmte Verwaltungsentscheidung oder ein Verwaltungshandeln durchsetzen will, muss grundsätzlich die anspruchsbegründenden Tatsachen nachweisen. Dagegen obliegt der Behörde die Beweislast für die hindernden, vernichtenden oder hemmenden Rechtsnormen[907] Nach der Rechtsprechung des **BVerwG** „geht die Nichterweislichkeit der **anspruchsbegründenden** Tatsachen zu Lasten dessen, der daraus für sich **günstige** Rechtsfolgen herleitet, sofern nicht das materielle Recht eine andere Verteilung der Beweislast vorsieht".[908]

371

Beispiel:
Nach § 31 DSchG NRW kann der Eigentümer die Übernahme eines Denkmals verlangen, wenn und soweit es ihm mit Rücksicht auf seine Pflicht zur Erhaltung des Denkmals aufgrund einer behördlichen Maßnahme nach diesem Gesetz wirtschaftlich nicht zuzumuten ist, das Denkmal zu behalten oder es in der bisherigen oder einer anderen zulässigen Art zu nutzen. Es dürfte sich um eine gebundene Entscheidung handeln.[909] Nach dem **BVerwG** wird „dem Eigentümer eines Denkmals die Darlegungs- und **Beweislast** dafür aufgebürdet, ob die **Voraussetzungen eines Übernahmeanspruchs** wegen wirtschaftlicher Unzumutbarkeit (hier nach § 31 DSchG NRW) vorliegen".[910]

372

b) **Leistungsverwaltung.** Praktisch besonders bedeutsam ist bei Leistungsklagen naturgemäß die Fallgruppe der Leistungsverwaltung, insbesondere der Beanspruchung von **Sozialleistungen**. Dass die **Normbegünstigungstheorie** gerade bei Streitigkeiten auf dem Gebiet der Leistungsverwaltung im Grundsatz adäquat und interessengerecht ist, liegt auf der Hand. Auf dem Gebiet der modernen Massenverwaltung des täglichen Lebens – man denke an Anträge auf Kindergeld, Elterngeld, Hartz IV und alle Arten von Sozialleistungen – käme die Verwaltung praktisch zum Erliegen, wenn man die Beweislast für die anspruchsbegründenden Tatsachen ausschließlich bei der Behörde sähe, die die entscheidungsrelevanten Informationen ohnehin nur von den betreffenden Antragstellern durch deren Mitwirkung (§ 26 Abs. 2 VwVfG) erlangen

373

---

[906] *Thüringer OVG*, Beschl. v. 24.2. 2005 – 2 EO 1087/03 –, Rdnr. 27 = VRS 109, 314 = ThürVBl. 2005, 205 = DÖV 2005, 879 = NVwZ-RR 2006, 89.
[907] *Redeker*, NJW 1966, 1777, 1780.
[908] *BVerwG*, Urt. v. 20.4. 1994 – 11 C 60.92 –, Rdnr. 11 = DVBl. 1994, 1192 = NVwZ-RR 1995, 172; *BVerwG*, Urt. v. 25.3. 1964 – VI C 150.62 – = BVerwGE 18, 168, 174; *BVerwG*, Urt. v. 28.3. 1974 – V C 27.73 – = BVerwGE 45, 131, 132; *BVerwG*, Urt. v. 6.2. 1975 – II C 68.73 – = BVerwGE 47, 330, 339; *BVerwG*, Urt. v. 27.11. 1980 – 2 C 38/79 – = BVerwGE 61, 176, 189.
[909] *OVG NRW*, Urt. v. 20.3. 2009 – 10 A 1406/08 –, Rdnr. 57: „Anspruch auf Übernahme eines Denkmals (…) besteht unter vier Voraussetzungen".
[910] *BVerwG*, Beschl. v. 17.11. 2009 – 7 B 25.09 –, Ls. 1 = NVwZ 2010, 256.

Teil D. Beweislast

kann. Mit anderen Worten: Wer vom Staat etwas haben will, der muss insoweit mitwirken, dass er die tatsächlichen Voraussetzungen für den behaupteten Anspruch liefert. Es lässt sich andererseits nicht leugnen, dass die Professionalität der Beurteilung der maßgebenden tatsächlichen Umstände in diesen Bereichen sich faktisch auf die leistungsgewährende Behörde verlagert hat.

374 **aa) Beispiel 1: Hilfe zum Lebensunterhalt.** In einem vom BVerwG entschiedenen Fall ging es konkret um einen Antrag auf Bewilligung von Hilfe zum Lebensunterhalt gemäß § 11 Abs. 1 Satz 1 BSHG.[911] In ständiger Rechtsprechung urteilt das **BVerwG**, „dass die Darlegungs- und materielle **Beweislast hinsichtlich des Vorliegens der Leistungsvoraussetzungen den Hilfesuchenden trifft**, verbleibende Unklarheiten oder Zweifel mit der Folge zu seinen Lasten gehen, dass der Träger der Sozialhilfe zur Ablehnung der Leistung berechtigt ist".[912] Eine Durchbrechung dieses Grundsatzes wird – entgegen BVerwGE 21, 208, 213 – gefordert, wenn nach dem Tatbestand einer sozialhilferechtlichen Norm, die einen Anspruch auf Leistung des wirtschaftlichen Existenzminimums gewährt, das anspruchsbegründende Merkmal im Fehlen eigener Mittel liegt; der Anspruchsteller, der unter Berufung auf Art. 1 und Art. 2 Abs. 1 GG Leistungen begehrt, ohne die er womöglich in einem seiner Menschenwürde verletzenden Zustand der Hilflosigkeit belassen wird, dürfe „nicht mit dem Risiko der Unaufklärbarkeit der Mindestvoraussetzungen einer menschenwürdigen Existenz belastet werden".[913]

375 **bb) Beispiel 2: Subventionen.** Gleichermaßen gilt diese Beweislastverteilung für eine andere wichtige Fallgruppe der Leistungsverwaltung, nämlich die Gewährung von **Subventionen**. Das BVerwG hat dies für das **Beispiel** der Fehlbelegungsabgabe entschieden. Diese dient der „Abschöpfung der Subventionsvorteile für die Inhaber von öffentlich geförderten Sozialwohnungen und Fürsorgewohnungen". Die „Subventionsvorteile bestehen darin, dass Inhaber solcher Wohnungen, die ungeachtet des Wegfalls der Voraussetzungen ihrer Wohnberechtigung in ihren Wohnungen bleiben dürfen, weiterhin nur die verbilligte Miete zu entrichten haben".[914] Auch hier arbeitet das BVerwG mit einer klaren Beweislastverteilung nach den oben genannten Grundsätzen: „Dieser Subventionsvorteil gehört von Verfassungs wegen zu den anspruchsbegründenden Tatsachen. Das hat zur Folge, dass den Abgabengläubiger die materielle Beweislast trifft (…). Denn nach den Regeln der materiellen Beweislast geht die Nichterweislichkeit der anspruchsbegründenden Tatsachen zu Lasten dessen, der daraus für sich günstigere Rechtsfolgen herleitet, sofern das materielle Recht keine andere Verteilung der Beweislast vorsieht".[915] Es gilt der Grundsatz: „Der **Subventionsberechtigte** trägt, wenn er die Subven-

---

[911] Sachverhalt laut Vorinstanz: *Sächsisches OVG*, Urt. v. 7.4. 2009 – 4 A 415/08 –.
[912] *BVerwG*, Beschl. v. 22.7. 2009 – 5 B 45.09 –, Rdnr. 4; ebenso: *BVerwG*, Urt. v. 2.6. 1965 – V C 63.64 = BVerwGE 21, 208; *BVerwG*, Urt. v. 16.5. 1983 – 1 C 56.79 = BVerwGE 67, 173, 171 f.; *BVerwG*, Beschl. v. 13.4. 2000 – 5 B 14.00 –.
[913] *Dawin*, in: Schoch/Schmidt-Aßmann/Pietzner, VwGO, Stand: Sept. 1998, § 108 Rdnr. 105; vgl. auch *BVerwG*, NVwZ 2011, 55 Rdnr. 7.
[914] *BVerwG*, Urt. v. 8.11. 1996 – 8 C 12.95 –, Rdnr. 8.
[915] *BVerwG*, Urt. v. 8.11. 1996 – 8 C 12.95 –, Rdnr. 16.

II. Grundstruktur der Beweislastverteilung nach dem materiellen Recht

tion verlangt (objektiv), die **Beweislast** dafür, dass die **Voraussetzungen** für das Bestehen seines Anspruchs vorliegen."[916]

Anders ist es, wie bereits gezeigt, wenn die Subvention gewährt wurde, dann aber später der begünstigende Subventionsbescheid wieder beseitigt werden soll: Hier muss – wie stets (s. o. Rdnr. 369 f.) – die Behörde die Voraussetzungen der Rücknahme beweisen: „Ist die Leistung jedoch erfolgt und verlangt die **Behörde** den geleisteten Betrag zurück, so muss sie **beweisen, dass der die Leistung rechtfertigende Grund fehlt.**"[917] Denn der subventionsgewährende Verwaltungsakt stellt den rechtlichen Grund für das „Behaltendürfen" der Subvention dar, das durch Widerruf oder Rücknahme des Verwaltungsakts erst beseitigt werden muss, um die Erstattungsforderung zu realisieren. „Dementsprechend trägt hier die Behörde im Erstattungsrechtsstreit die Beweislast dafür, dass der Subventionsbescheid hier nicht mehr bindet".[918]

376

c) **Sonderfall: Gebundene Entscheidungen.** Regelt das Gesetz ein Verbot mit gebundenem Erlaubnisvorbehalt – wie z. b. bei der Baugenehmigung, der immissionsschutzrechtlichen Anlagengenehmigung (§ 6 Abs. 1 BImSchG) oder der Gewerbeerlaubnis –, so hat die Behörde die tatbestandlichen Voraussetzungen einer Ablehnung der Erlaubnis nachzuweisen; weil das behördliche Verbot durch Ablehnung der Erlaubnis in Rechte des Bürgers eingreift, geht der Beweismangel für die **tatsächlichen Voraussetzungen der Versagung** zu Lasten der Behörde.[919] Bei dieser Normstruktur kann es Beweislosigkeit lediglich hinsichtlich der Versagungsgründe geben.[920]

377

Beispiele:
Nicht der Bürger muss seine **gewerberechtliche Zuverlässigkeit** beweisen, sondern die Behörde diejenigen Tatsachen, die den Schluss auf die Unzuverlässigkeit zulassen.[921] Nach derselben Grundstruktur hat das BVerwG für das **Dienstrecht** zur Beweislast im Rahmen von § 46 Abs. 5 BBG geurteilt: Beantragen Beamte nach Wiederherstellung ihrer Dienstfähigkeit die erneute Berufung in das Beamtenverhältnis, ist diesem Antrag zu entsprechen, falls nicht zwingende dienstliche Gründe entgegenstehen (§ 46 Abs. 5 BBG). Für die Beweislast stellt das BVerwG darauf ab, dass es sich um eine gebundene Entscheidung handelt; der **Dienstherr** muss dem Antrag entsprechen, es sei denn, „er kann ihm **zwingende dienstliche Gründe** entgegenhalten, für deren Vorliegen ihn die Darlegungs- und **Beweislast** trifft".[922]

378

---

[916] *BVerwG*, Urt. v. 26.2.1965 – VII C 71.63 –, Rdnr. 12 = BVerwGE 20, 295 = NJW 1965, 1344.

[917] *BVerwG*, Urt. v. 26.2.1965 – VII C 71.63 –, Rdnr. 12 = BVerwGE 20, 295 = NJW 1965, 1344.

[918] *BVerwG*, Beschl. v. 29.1.1988 – 7 B 13.87 – und – 7 B 19.87 –, Rdnr. 12 – Zuschüsse zur Ersatzschulfinanzierung.

[919] *Redeker*, NJW 1966, 1777, 1780; *Dawin*, in: Schoch/Schmidt-Aßmann/Pietzner, VwGO, Stand: Sept. 1998, § 108 Rdnr. 107.

[920] *Dawin*, in: Schoch/Schmidt-Aßmann/Pietzner, VwGO, Stand: Sept. 1998, § 108 Rdnr. 107.

[921] *Redeker*, NJW 1966, 1777, 1780.

[922] *BVerwG*, Urt. v. 25.6.2009 – 2 C 68.08 –, Rdnr. 9 = NVwZ-RR 2009, 893; *BVerwG*, Urt. v. 26.3.2009 – 2 C 73.08 –, Rdnr. 30 = BVerwGE 133, 297.

Teil D. Beweislast

379 Von erheblicher praktischer Bedeutung ist die Frage der Beweislastverteilung auch im **Fahrerlaubnisrecht**. Nach § 2 Abs. 1 Satz 1 StVG bedarf derjenige, der auf öffentlichen Straßen ein Kraftfahrzeug führt, einer Fahrerlaubnis; das Gesetz sieht also ein klassisches präventives Verbot mit Erlaubnisvorbehalt vor. § 2 Abs. 2 Satz 1 StVG regelt die Voraussetzungen der Erteilung der Fahrerlaubnis – u.a. die **Eignung zum Führen** von Kfz (Nr. 3). Wenn diese Voraussetzungen vorliegen, ist die Fahrerlaubnis zu erteilen, es handelt sich also um eine gebundene Entscheidung.[923] Früher war – entsprechend der o.g. „reinen Lehre" – anerkannt, dass das Fehlen der Eignung als Ausnahme anzusehen sei, für die die Behörde die Beweislast trägt.[924] Die heutige Rechtsprechung sieht dies restriktiver. So trägt nach dem BayVGH die materielle **Beweislast** dafür, dass die Voraussetzungen eines Ausnahmetatbestandes nach Nr. 6.6 der Anlage 4 zur **Fahrerlaubnisverordnung** vorliegen, „derjenige, der sich auf den Ausnahmetatbestand beruft (hier mithin der Fahrerlaubnisinhaber oder -bewerber)".[925] Auch nach VG München geht ein non liquet hinsichtlich der Aufklärbarkeit, ob der Kläger zum Zeitpunkt der Gerichtsentscheidung gemäß § 2 Abs. 4 StVG, § 11 Abs. 1 FeV zum Führen von Kraftfahrzeugen geeignet ist, „nach den Grundsätzen der Beweisvereitelung entsprechend § 444 ZPO sowie der Verteilung der materiellen Beweislast zu Lasten des Klägers".[926] Nach Ansicht des BVerwG schließlich trifft den Kläger z.B. die Beweislast dafür, „dass er im Libanon eine wirksame Fahrerlaubnis besessen hat".[927] Unklar ist allerdings, weshalb das OVG des Saarlandes meint, „dass den Antragsteller nach §§ 2 StVG, 4 Abs. 2 StVZO die Beweislast für das Bestehen der Fahrerlaubnis" treffe.[928] Denn die Beweislast bei Aufhebung eines begünstigenden Verwaltungsaktes trifft grundsätzlich die Behörde (s.o. Rdnr. 369 f.).

5. Sonstige Einzelfälle aus der Rechtsprechung

380 Ebenfalls zur Fallgruppe, bei der im Wege einer gebundenen Erlaubnis ein begünstigender Verwaltungsakt erteilt wird, zählt die **Erlaubnis zur Kindertagespflege** nach § 43 Abs. 1 und 2 SGB VIII: Absatz 1 der Vorschrift begründet den Erlaubnisvorbehalt, Absatz 2 regelt die Eignungsvoraussetzungen und den Rechtsanspruch auf Erteilung der Erlaubnis bei deren Vorliegen. Hinsichtlich der Ungeeignetheit nach § 43 SGB VIII kam das VG zu einem non liquet.

---

[923] *Dauer*, in: Hentschel/König/Dauer, Straßenverkehrsrecht, 40. Aufl. 2009, § 2 StVG Rdnr. 31.

[924] *Redeker*, NJW 1966, 1777, 1780; *OVG Bremen*, Urt. v. 11.12. 1962 – b BA 60/61 – = NJW 1963, 1076.

[925] *BayVGH*, Beschl. v. 26.9. 2006 – 11 ZB 05.2738 –, Rdnr. 4.

[926] *VG München*, Urt. v. 15.7. 2005 – M 6 a K 03.5342 –, Rdnr. 34 (der Kläger hatte sich geweigert, sich der medizinisch-psychologischen Begutachtung zu unterziehen); *VG München*, Urt. v. 4.2. 2005 – M 6 a K 03.5867 –, Rdnr. 51; ebenso *VG Ansbach*, Gerichtsbescheid vom 9.11. 2009 – AN 10 K 09.01806 –, Rdnr. 51 bei verweigerter Eignung nach Luftsicherheitsrecht bei verweigerter Mitwirkung am Drogenscreening.

[927] *BVerwG*, Urt. v. 20.4. 1994 – 11 C 60.92 – = Buchholz 442.16 § 15 StVZO Nr. 4.

[928] *OVG des Saarlandes*, Beschl. v. 2.2. 1995 – 9 W 6/95 –, Aufforderung zur Rückgabe eines Ersatzführerscheins.

II. Grundstruktur der Beweislastverteilung nach dem materiellen Recht

Das Gericht stellte fest: „Nach allgemeinen Beweislastregeln aber geht diese fehlende Überzeugung zu Lasten der Behörde mit der Folge, dass gegenwärtig in den tatsächlichen Verhältnissen keine wesentliche Änderung i.S.d. § 48 Abs. 1 SGB X eingetreten ist, die dazu führte, dass die Klägerin nunmehr als persönlich ungeeignet i.S.d. § 43 Abs. 2 SGB VIII anzusehen wäre."[929] Der Widerruf einer Erlaubnis zur Kindertagespflege wurde durch das VG somit zu Recht aufgehoben.

Die Behörde hat die Beweislast für Tatsachen, auf die sie ihre Prognose der **waffenrechtlichen Unzuverlässigkeit** stützt.[930] Die Beweislast für die Umstände, die eine – normalerweise nach rechtskräftigem Strafurteil bzw. Strafbefehl zur waffenrechtlichen Unzuverlässigkeit führende – Tat ausnahmsweise milde erscheinen lassen, trägt hingegen der Waffenbesitzer.[931] **381**

Beim Auflösungsbegehren des Arbeitgebers nach § 9 Abs. 4 Satz 1 Nr. 2 **BPersVG** trifft den Arbeitgeber „die materielle Beweislast hinsichtlich derjenigen Tatsachen, aus denen sich die **Unzumutbarkeit der Weiterbeschäftigung** herleiten lässt".[932] **382**

Es entspricht ständiger Rechtsprechung des BVerwG auch bei Streitigkeiten auf dem Gebiet des **Vermögensrechts**, „dass die Unerweislichkeit von Tatsachen, aus denen eine Partei ihr günstige Rechtsfolgen herleitet, grundsätzlich zu ihren Lasten geht".[933] Nach der Rechtsprechung des BVerwG ist § 3 Abs. 1 Satz 6 VermG „eine materielle (Beweislast-)Regelung".[934] **383**

Enthält ein **Verfassungsschutzbericht** zur Begründung eines Werturteils Tatsachenbehauptungen, so müssen diese der Wahrheit entsprechen; die materielle Beweislast für die Richtigkeit der streitigen Tatsachenbehauptungen liegt bei der Verfassungsschutzbehörde.[935] **384**

In einer Entscheidung des **BVerwG** vom 31.1.2008 ging es um die genehmigungsrechtliche Situation eines seit 1970 betriebenen Autowrackplatzes, der 1980 abfallrechtlich planfestgestellt worden war. Eine Nachbarklage wandte sich mit dem Argument gegen den Betrieb, die **Anlage zur Lagerung gefährlicher Abfälle** sei weder immissionsschutzrechtlich genehmigt noch seien frühere Genehmigungen nach § 67 BImSchG übergeleitet worden. Nach behördlicher Stilllegungsverfügung erhob die Betreiberin gegen diese Anfechtungsklage. Von zentraler Bedeutung war, ob die Klägerin den **Nachweis der Legalität ihrer Anlagen**, insbesondere durch Baugenehmigungen für die Zeit vor 1980 erbringen konnte. Im Prozess trat die Situation des non liquet ein. Das BVerwG stellte zur Beweislastverteilung fest: „Die Klägerin hat vor dem Berufungsgericht eingeräumt, dass sie (…) keine weiteren, für eine Legalität ihrer Anlagen (…) streitenden Baugenehmigungen (…) beibringen kann; auch **385**

---

[929] *VG Freiburg*, Urt. v. 11.11.2009 – 2 K 2260/08 –, Rdnr. 51.
[930] *VG Würzburg*, Beschl. v. 7.9.2009 – W 5 S 09.786 –, Rdnr. 15.
[931] *VG Würzburg*, Urt. v. 2.7.2009 – W 5 K 08.2138 –, Rdnr. 12.
[932] *BVerwG*, Beschl. v. 26.5.2009 – 6 PB 4.09 –, Rdnr. 7.
[933] *BVerwG*, Beschl. v. 16.4.2009 – 8 B 86.08 –, Rdnr. 6 – dort auch zur Frage der Beweislastumkehr im Vermögensrecht; *BVerwG*, Beschl. v. 10.3.2009 – 8 B 102.08 –, Rdnr. 7.
[934] *BVerwG*, Beschl. v. 9.6.2009 – 8 B 20.09 –, Rdnr. 13.
[935] *BVerwG*, Urt. v. 21.5.2008 – 6 C 13.07 –, Ls. 1 = BVerfGE 131, 171 = Buchholz 402.7 BVerfSchG Nr. 11.

Teil D. Beweislast

den Behörden liegen derartige nicht vor. Damit stehen lediglich Vermutungen im Raum. Es sind aber alle in Betracht kommenden Aufklärungsmöglichkeiten ausgeschöpft, ohne dass bestimmte weitere entscheidungserhebliche Tatsachen zur Überzeugung des Gerichts feststehen, so geht die Nichterweislichkeit der Tatsachen zu Lasten desjenigen, der daraus für sich günstige Rechtsfolgen herleitet, sofern das Gesetz nicht eine andere Verteilung der Beweislast vorsieht (…). Von einer Beweislastumkehr im Sinne der Beschwerde kann somit nicht ausgegangen werden."[936]

386 Mit Urteil vom 7.1.2011 wies das VG Berlin eine Klage auf Erteilung einer Aufenthaltserlaubnis für assoziationsberechtigte türkische Staatsangehörige ab und wies hinsichtlich der **Beweislast** für einen **Aufenthaltstitel** auf Folgendes hin: „Im Übrigen sind zwischenzeitliche Aufenthalte im Bundesgebiet auch deswegen nicht anzunehmen, weil der Kläger und seine Familie für das Weiterbestehen bzw. Nichterlöschen des Rechts aus Nr. 7 Satz 1 **ARB Nr. 1/80**[937] die Beweislast tragen (…) und dieser mangels Vorlage von Nachweisen nicht genügt haben."[938]

---

[936] *BVerwG*, Beschl. v. 31.1.2008 – 7 B 48.07 –, Rdnr. 7.
[937] Beschl. Nr. 1/80 des Assoziationsrats EWG/Türkei über die Entwicklung der Assoziation vom 19.9.1980, Download unter: www.aufenthaltstitel.de/arb180.html, zuletzt aufgerufen am 13.1.2011.
[938] *VG Berlin*, Urt. v. 7.1.2011 – 21 K 530.10 –, Rdnr. 22.

Teil E. Beweismaß

I. Vollbeweis

1. Allgemeines

In den allermeisten VwGO-Kommentaren sucht man im Sachregister den Begriff „Beweismaß" vergebens.[939] Es ist ein Begriff der zivilprozessualen Literatur. Das im Verwaltungsprozess grundsätzlich geltende Beweismaß lässt sich einer Zusammenschau von § 108 Abs. 1 Satz 1 VwGO und § 286 Abs. 1 Satz 1 ZPO entnehmen:[940] Das Gericht entscheidet nach seiner freien, aus dem Gesamtergebnis des Verfahrens gewonnenen **Überzeugung** (s. o. Rdnr. 337, 344 f.) davon, ob eine tatsächliche Behauptung für wahr oder für nicht wahr zu erachten ist (§§ 108 Abs. 1 Satz 1, 173 VwGO i. V. m. § 286 Abs. 1 Satz 1 ZPO). **Regelbeweismaß** ist die richterliche „Überzeugungsgewissheit",[941] also der sogenannte **Vollbeweis**. Der Vollbeweis ist erbracht, wenn das Gericht von der Wahrheit oder von der Unwahrheit einer Behauptung überzeugt ist, weil sie entsprechend dem in § 286 Abs. 1 Satz 1 ZPO festgelegten Regelbeweismaß nachgewiesen ist.[942] Dabei bezieht sich das Begriffspaar „Vollbeweis" einerseits und „Glaubhaftmachung" andererseits auf das Ziel des Beweises.[943] Die Glaubhaftmachung erlangt beim Verwaltungsprozess im Verfahren des Erlasses einer einstweiligen Anordnung nach § 123 VwGO besondere Bedeutung. Die **tatsächlichen** Voraussetzungen für den Erlass einer einstweiligen Anordnung müssen gem. § 123 Abs. 3 VwGO i. V. m. §§ 920 Abs. 2, 294 ZPO glaubhaft gemacht werden, und zwar im Sinne einer überwiegenden Wahrscheinlichkeit.[944]

387

Auch die Rechtsprechung des BVerwG geht offenbar davon aus, dass das Beweismaß grundsätzlich der Vollbeweis ist: „Der an sich bestehende Grundsatz der freien Beweiswürdigung (§ 108 Abs. 1 Satz 1 VwGO) wird durch die richterrechtlich ausgebildeten Regeln des Indizienbeweises eingeschränkt.

388

---

[939] Ausnahme: *Dawin*, in: Schoch/Schmidt-Aßmann/Pietzner, VwGO, Stand: Sept. 1998, § 108 Rdnr. 38 ff.

[940] *Dawin*, in: Schoch/Schmidt-Aßmann/Pietzner, VwGO, Stand: Sept. 1998, § 108 Rdnr. 38.

[941] *BVerwG*, Beschl. v. 14. 7. 2010 – 10 B 7.10 –, Ls. + Rdnr. 8 = NVwZ 2011, 55.

[942] *Laumen*, in: Baumgärtel/Laumen/Prütting, Handbuch der Beweislast, 2. Aufl. 2009, § 2 Rdnr. 8.

[943] *Laumen*, in: Baumgärtel/Laumen/Prütting, Handbuch der Beweislast, 2. Aufl. 2009, § 2 Rdnr. 1.

[944] *Kopp/Schenke*, VwGO, 16. Aufl. 2009, § 123 Rdnr. 245. Die Anforderungen an die Glaubhaftmachung dürfen wegen Art. 19 Abs. 4 GG nicht überspannt werden: *BVerfG*, [Kammer], Beschl. v. 28. 9. 2009 – 1 BvR 1702/09 –, Rdnr. 22 = NVwZ-RR 2009, 945.

Auch der indizielle Beweis ist Vollbeweis."[945] An anderer Stelle verlangt das **BVerwG** „einen Gegenbeweis, der **Vollbeweis** zu sein hätte".[946] So hat das BVerwG beispielsweise entschieden, „dass nach § 98 VwGO i.V.m. § 418 ZPO die Postzustellungsurkunde den vollen Beweis dafür erbringt, dass der Postzusteller zum Zeitpunkt des Zustellungsversuchs keinen Empfangsberechtigten angetroffen, eine Benachrichtigung über die vorzunehmende Niederlegung in den entsprechenden Hausbriefkasten eingelegt hat und das Schriftstück sodann durch Niederlegung beim Postamt in N. zugestellt wurde. Nach § 418 Abs. 2 ZPO bedarf es zur Widerlegung dieser Tatsachen ebenfalls des **Vollbeweises**."[947]

2. Indizienbeweis

389 Auch der „indizielle Beweis ist Vollbeweis".[948] Beim **Indizienbeweis nimmt der Richter „kraft seiner freien** Beweiswürdigung eine Behauptung durch Schlussfolgerung aus anderen feststehenden Tatsachen als bewiesen" an.[949] Die richterrechtlich ausgebildeten **Regeln des Indizienbeweises** definiert das BVerwG wie folgt: „Er besitzt insoweit einen logischen Aufbau, als Folgerungen auf das zu beweisende Tatbestandsmerkmal mithilfe von Erfahrungssätzen oder -tatsachen gezogen werden. Der Indizienbeweis erfordert damit zum einen Indizien (sog. Hilfstatsachen), zum anderen Erfahrungssätze oder Erfahrungstatsachen und schließlich Denkgesetze und logische Operationen, um auf das Vorhandensein der Haupttatsache folgern zu können. Es ist je nach Sachlage auch denkbar, Indizienbeweis und Anscheinsbeweis miteinander zu verbinden."[950] Die Bewertung der Indizien durch den Tatrichter ist Sache der freien Beweiswürdigung.[951]

390 Eine unzureichende indizielle Beweisführung kann einen mit der Revision zu rügenden Verfahrensmangel dann darstellen, „wenn sich der Fehler auf die tatsächliche Würdigung beschränkt und die rechtliche Subsumtion nicht berührt"; „das ist dann der Fall, wenn sich der bei der richterlichen Überzeu-

---

[945] *BVerwG*, Beschl. v. 14.10. 2004 – 6 B 6.04 –, Rdnr. 148 = NVwZ 2005, 1441 = Buchholz 115 sonst. Wiedervereinigungsrecht Nr. 51; Parallelentscheidung: *BVerwG*, Beschl. v. 14.10. 2004 – 6 B 7.04 –, Rdnr. 147; *BVerwG*, Urt. v. 19.1. 1990 – 4 C 28.89 –, Rdnr. 20 = BVerwGE 84, 271 = NJW 1990, 1681.

[946] *BVerwG*, Urt. v. 10.8. 2000 – 4 A 11.99, Rdnr. 20 = Buchholz 407.4 § 17 FStrG Nr. 158 = NVwZ 2001, 206 = DVBl. 2000, 1862.

[947] *BVerwG*, Beschl. v. 22.1. 1997 – 6 B 55.96 –, Rdnr. 8 = Buchholz 11 Art. 103 Abs. 1 GG Nr. 52.

[948] *BVerwG*, Beschl. v. 14.10. 2004 – 6 B 6.04 –, Rdnr. 148 = NVwZ 2005, 1441 = Buchholz 115 sonst Wiedervereinigungsrecht Nr. 51.

[949] *Leo Rosenberg*, Die Beweislast, 5. Aufl., 1965, S. 219, nach Auffassung des BVerwG ist „auch der indizielle Beweis Vollbeweis", *BVerwG*, Beschl. v. 14.10. 2004 – 6 B 6.04 –, Rdnr. 148.

[950] *BVerwG*, Beschl. v. 14.10. 2004 – 6 B 6.04 –, Rdnr. 148 = NVwZ 2005, 1441 = Buchholz 115 Sonst Wiedervereinigungsrecht Nr. 51; *BVerwG*, Urt. v. 19.1. 1990 – 4 C 28.89 – = BVerwGE 84, 271 = Buchholz 310 § 108 VwGO Nr. 225.

[951] *BVerwG*, Urt. v. 30.3. 2010 – 1 C 7.03 –, Rdnr. 20 = DVBl. 2010, 849 = InfAuslR 2010, 350 – zur Absicht, eine eheliche Gemeinschaft im Bundesgebiet zu führen (Aufenthaltserlaubnis zum Ehegattennachzug).

II. Beweismaßreduktionen

gungsbildung auftretende Verstoß gegen Denkgesetze (näher s.o. Rdnr. 345, 350 f.) hinreichend eindeutig von der rechtlichen Subsumtion und damit von der konkreten Anwendung des materiellen Rechts abgrenzen lässt".[952] Diese Abgrenzung ist möglich, „wenn die dem Beweisgang zugrunde gelegten Hilfstatsachen aus logischen Gründen ungeeignet sind, die gefolgerte Haupttatsache zu tragen".[953]

II. Beweismaßreduktionen

Typische Schwierigkeiten, eine Tatsache zu beweisen, welche in der Eigenart der beweisbedürftigen Tatsache oder des Verhältnisses des Beweisführers zu dieser Tatsache begründet sind (Beweisnot), können eine Reduzierung des Beweismaßes begründen.[954] Das geltende Prozessrecht kennt eine große Vielfalt derartiger Beweiserleichterungen.[955] In der verwaltungsgerichtlichen Rechtsprechung spielen insbesondere der Anscheinsbeweis sowie die tatsächliche Vermutung eine erhebliche Rolle.[956] Ferner sollen im Folgenden die Regelvermutung und die Beweislastumkehr erläutert werden. Beide Beweisinstitute sind ebenfalls praxisrelevant. Im Einzelnen: 391

1. Anscheinsbeweis

a) **Begriff und Voraussetzungen.** Das BVerwG nimmt in ständiger Rechtsprechung die grundsätzliche Anwendbarkeit des Instituts des Anscheinsbeweises für den Verwaltungsprozess an.[957] Besonders häufig arbeitet die Rechtsprechung mit der Figur des Anscheinsbeweises bei Kausalitätsfragen. Das ist naheliegend. Ein „Vollbeweis" muss nicht erbracht werden. 392

Die höchstrichterliche Rechtsprechung definiert den Anscheinsbeweis im wesentlichen nahezu gleichlautend. Der BGH charakterisiert den Anscheinsbeweis wie folgt: „Der Beweis des ersten Anscheins greift bei **typischen Geschehensabläufen** ein, also in Fällen, in denen ein bestimmter Tatbestand nach der Lebenserfahrung auf eine bestimmte Ursache für den Eintritt eines bestimmten Erfolgs hinweist (...). Typizität bedeutet in die- 393

---

[952] *BVerwG*, Beschl. v. 14.10. 2004 – 6 B 6.04 –, Rdnr. 148 = NVwZ 2005, 1441 = Buchholz 115 Sonst Wiedervereinigungsrecht Nr. 51.
[953] *BVerwG*, Beschl. v. 14.10. 2004 – 6 B 6.04 –, Rdnr. 148 = NVwZ 2005, 1441 = Buchholz 115 Sonst Wiedervereinigungsrecht Nr. 51.
[954] *Dawin*, in: Schoch/Schmidt-Aßmann/Pietzner, VwGO, Stand: Sept. 1998, § 108 Rdnr. 56 m.w.N.
[955] Umfassend: *Baumgärtel/Laumen/Prütting*, Handbuch der Beweislast, 2. Aufl. 2009, §§ 8 ff.
[956] *Dawin*, in: Schoch/Schmidt-Aßmann/Pietzner, VwGO, Stand: Sept. 1998, § 108 Rdnr. 66 ff. und 75 f. m.w.N.
[957] *BVerwG*, Beschl. v. 16.4. 2009 – 8 B 86.08 –, Rdnr. 6 für unlautere Machenschaften im Vermögensrecht; *BVerwG*, Urt. v. 14.5. 2009 – 5 C 15.08 –, Rdnr. 27 zum Vorschubleisten zugunsten des NS-Systems; ebenso *BVerwG*, Urt. v. 26.2. 2009 – 5 C 4.08 –, Rdnr. 24 = Buchholz 428.4 § 1 AusglLeistG Nr. 16, *BVerwG*, Urt. v. 29.2. 1996 – 7 C 59.94 –, Rdnr. 12 zur Vermutungsregel des Machtmissbrauchs bei ausreisebedingter Grundstücksveräußerung im Vermögensrecht = BVerwGE 100, 310.

Teil E. Beweismaß

sem Zusammenhang allerdings nur, dass der Kausalverlauf so häufig vorkommen muss, dass die Wahrscheinlichkeit, einen solchen Fall vor sich zu haben, sehr groß ist."[958] Ähnlich formuliert es das BVerwG: „Der Beweis des ersten Anscheins (...) setzt einen Sachverhalt voraus, der **nach der Lebenserfahrung regelmäßig** auf einen bestimmten Verlauf hinweist und es rechtfertigt, die besonderen Umstände des einzelnen Falles zurücktreten zu lassen."[959]

394 b) **Regeln des Anscheinsbeweises.** Die beweisbelastete Partei muss den **konkreten Lebenssachverhalt**, der Ausdruck eines typischen Geschehensablaufs sein soll, **streng beweisen**, also beispielsweise in den Kausalitätsfällen den Eintritt eines bestimmten Erfolgs, der nach der Lebenserfahrung regelmäßig auf eine bestimmte, behauptete Ursache schließen lässt.[960] Beweisthema ist „die **Vermutungsgrundlage**, d.h. die Tatsachen, aus denen sich der typische Geschehensablauf ergibt".[961] Der Anscheinsbeweis führt nicht zu einer Beweislastumkehr,[962] sondern begründet die **widerlegliche Vermutung**, dass z.B. die behauptete Ursache für den Erfolg kausal war.[963] Mit den Worten des BVerwG: Der Anscheinsbeweis bewirkt eine „Indizwirkung", die „nicht unwiderleglich [ist]", sondern „- auch wenn dies regelmäßig besonderen Ausnahmefällen vorbehalten ist – nach den Grundsätzen des Anscheinsbeweises entkräftet oder erschüttert werden" kann.[964] Die Gegenpartei muss also die Überzeugung des Gerichts, dass sich der Sachverhalt in dem entschiedenen Fall dem typischen Geschehensablauf entsprechend zugetragen hat, erschüttern, indem sie konkrete Tatsachen behauptet und nötigenfalls beweist, aus denen sich die ernsthafte Möglichkeit eines vom gewöhnlichen abweichenden Verlaufs, d.h. z.B. einer anderen Ursache ergibt.[965] Misslingt diese „Erschütterung", die nicht im strengen Sinne ein Gegenbeweis ist, so beruht die gerichtliche Entscheidung auf einem festgestellten Sachverhalt, nämlich dem Erfahrungssatz, auf dem sich der jeweilige Anscheinsbeweis gründet.[966] Gelingt es dem Beweisgegner, ernsthafte Zweifel am Geschehensablauf zu erzeugen, kann die beweisbelastete Partei diese

---

[958] *BGH*, Urt. v. 19.1. 2010 – VI ZR 33/09 –, Rdnr. 8 = NJW 2010, 1072 = MDR 2010, 440; BGHZ 163, 209, 212 = NJW 2005, 2614.

[959] *BVerwG*, Beschl. v. 13.3. 2008 – 4 B 15.08 –, Rdnr. 6: „Typischer Geschehensablauf" = ZfBR 2008, 594; *BVerwG*, Beschl. v. 20.12. 2007 – 8 B 60.07 –, Rdnr. 4.

[960] *BGH*, Urt. v. 19.1. 2010 – VI ZR 33/09 –, Rdnr. 8 = NJW 2010, 1072; *Reichhold*, in: Thomas/Putzo, ZPO, 30. Aufl. 2009, § 286 Rdnr. 13.

[961] *Laumen*, in: Baumgärtel/Laumen/Prütting, Handbuch der Beweislast, 2. Aufl. 2009, § 12 Rdnr. 30.

[962] *Prölss*, Beweiserleichterungen im Schadensersatzprozess, 1966, S. 33.

[963] *BVerwG*, Urt. v. 29.2. 1996 – 7 C 59.94 –, Ls. 1 = BVerwGE 100, 310 = NJW 1996, 1909 = Buchholz 428 § 1 VermG Nr. 68.

[964] *BVerwG*, Urt. v. 14.5. 2009 – 5 C 15.08 –, Rdnr. 27.

[965] *Reichhold*, in: Thomas/Putzo, ZPO, 30. Aufl. 2009, § 286 Rdnr. 13; *Laumen*, in: Baumgärtel/Laumen/Prütting, Handbuch der Beweislast, 2. Aufl. 2009, § 12 Rdnr. 34 m.w.N.

[966] *Laumen*, in: Baumgärtel/Laumen/Prütting, Handbuch der Beweislast, 2. Aufl. 2009, § 12 Rdnr. 34 m.w.N.

II. Beweismaßreduktionen

nunmehr ihrerseits beseitigen, indem sie für ihre Behauptung den vollen Beweis mit anderen Beweismitteln erbringt.[967]

Fallbeispiel 1: Unlautere Machenschaften bei ausreisebedingtem Grundstücksverkauf

Um eine typische Kausalitätsproblematik geht es bei § 1 Abs. 3 VermG: Danach bestehen vermögensrechtliche Ansprüche an Vermögenswerten, die **aufgrund** unlauterer Machenschaften insbesondere von staatlichen Stellen der DDR erworben wurden. Es liegt in der Natur der Sache, dass der aus der DDR ausreisende Bürger kaum im Wege des Strengbeweises wird nachweisen können, dass er durch Staatsorgane der DDR genötigt wurde, ausreisebedingt sein Grundstück zu veräußern. Zutreffend nimmt das **BVerwG** hier einen Anscheinsbeweis an und stellt folgenden Leitsatz auf: „Bei der ausreisebedingten Veräußerung von Grundstücken und Gebäuden streitet eine nach den Regeln des Anscheinsbeweises zu erschütternde Vermutung dafür, dass der Eigentumsverlust auf unlautere Machenschaften (Nötigung und Machtmissbrauch) im Sinne von § 1 Abs. 3 VermG zurückzuführen ist."[968]

395

Fallbeispiel 2: Kausalität im Umweltrecht

Die Behörde zieht den (mutmaßlichen) Verursacher A zur Beseitigung einer Altlast heran. A bestreitet die Verursachung und behauptet, kausal für die Entstehung der Altlast sei nicht er, sondern die Beigeladene B, die auf dem streitgegenständlichen Grundstück über einen Zeitraum von fünf Jahrzehnten ein Gaswerk betrieben habe.[969] Für den Anscheinsbeweis trägt A vor, dass **erstens** aus der fachlichen „Untersuchung von zahlreichen Schadensfällen bekannt ist", dass von „Gaswerken mit Abstand die stärksten Gefährdungen für das Grundwasser ausgehen", namentlich was die Belastung mit PAK und Cyanide betrifft,[970] sowie **zweitens**, dass sich vorliegend das durch Gutachten festgestellte konkrete Schadensbild durch die Schadstoffparameter PAK und Cyanide auszeichnet.[971] Die ehemalige Gaswerksbetreiberin B kann den somit geführten Anscheinsbeweis der Verursachung nur erschüttern, wenn sie konkrete Tatsachen vorträgt und beweist, wonach im vorliegenden Einzelfall ausnahmsweise nicht der Gaswerksbetrieb, sondern ein alternativer Verursachungsbeitrag (gerne wird hier z.B. mit Verfüllungen mit PAK-belastetem Abbruchmaterial o.ä. argumentiert) kausal für den Schaden war. Es genügt

396

---

[967] *Reichhold*, in: Thomas/Putzo, ZPO, 30. Aufl. 2009, § 286 Rdnr. 13; *Laumen*, in: Baumgärtel/Laumen/Prütting, Handbuch der Beweislast, 2. Aufl. 2009, § 12 Rdnr. 34 m.w.N.
[968] *BVerwG*, Urt. v. 29.2. 1996 – 7 C 59.94 –, Ls. 1 = BVerwGE 100, 310.
[969] Sachverhalt nach *LG Bielefeld*, Urt. v. 21.5. 2010 – 8 O 465/07 – = NWVBl. 2010, 367, 369; zur Anwendbarkeit der Grundsätze des Anscheinsbeweises auf § 24 Abs. 2 BBodSchG grundlegend: *BGH*, Urt. v. 2.4. 2004 – V ZR 267/03 – = BGHZ 158, 354, 371; allgemein zu Beweiserleichterungen im Umwelthaftungsrecht: *BGH*, Urt. v. 18.9. 1984 – VI ZR 223/82 – = BGHZ 92, 143, 152 – Kupolofen.
[970] *Strupp/Püttmann*, altlasten spektrum 2001, 128, 130 f.
[971] U.a. das Schadensbild sowie den Betriebsablauf und die eingesetzten Stoffe stellt auf die Ursachenvermutung des § 6 Abs. 1 Satz 1 UmweltHG ab.

Teil E. Beweismaß

nicht, dass der Gegenbeweisführer nur behauptet, dass im konkreten Fall die näher bezeichnete **Möglichkeit** eines anderen Geschehensablaufs theoretisch besteht, sondern es müssen Tatsachen zur vollen Überzeugung des Richters nachgewiesen werden, die eine Anwendung des in Frage kommenden Erfahrungssatzes im konkreten Fall nicht mehr gestatten.[972] Um im Beispiel zu bleiben: Es genügt nicht, wenn B behauptet, Verfüllungen mit Aushubmaterial seien **generell** geeignet, ein Schadensbild wie das vorliegende verursacht zu haben, sondern B muss beweisen, **dass** und in welchem Umfang im vorliegenden Fall PAK-haltiges Aushubmaterial verfüllt worden ist. A kann diesen Gegenbeweis wiederum erschüttern. Dazu muss er behaupten und ggf. beweisen, dass diese Verfüllungen wegen ihres Zeitpunktes und/oder der bestehenden Grundwasserfließrichtung den konkreten Schaden nicht verursacht haben können.

2. Tatsächliche Vermutung (Indizwirkung)

397 Zu den von Rechtsprechung und Rechtswissenschaft entwickelten Beweiserleichterungen zählt ferner die tatsächliche Vermutung.[973] Sie wird oftmals als „Rettungsanker" angewandt, mit dessen Hilfe die Gerichte bei schwierigen Beweislagen das gewünschte Ergebnis doch noch erzielen.[974]

398 Die tatsächliche Vermutung hat ihren Standort im Bereich der Beweiswürdigung; die Übergänge zum Anscheinsbeweis und zum bloßen Indiz sind fließend.[975] Die Figur der tatsächlichen Vermutung wird zuweilen auch vom BVerwG angewandt. So hat das BVerwG beispielsweise zum Ausschlussgrund des erheblichen Vorschubleistens zugunsten des nationalsozialistischen Systems im Rahmen von § 1 Abs. 4 AusglLeistG den folgenden Leitsatz aufgestellt: „Eine längere, nicht völlig untergeordnete hauptamtliche Tätigkeit in einer Organisationseinheit der SS, die der Verwirklichung spezifisch von der nationalsozialistischen Ideologie geprägter Ziele gedient hat, begründet eine **tatsächliche Vermutung (Indizwirkung)** dafür, dass durch ihre Ausübung dem **nationalsozialistischen System** erheblich **Vorschub geleistet** worden ist."[976]

399 Auch im **Asylprozess** macht das BVerwG von der Figur der tatsächlichen Vermutung Gebrauch: „Art. 4 Abs. 4 der Richtlinie 2004/83/EG privilegiert den Vorverfolgten bzw. Geschädigten auf andere Weise: Wer bereits Verfolgung bzw. einen ernsthaften Schaden erlitten hat, für den streitet die tatsächliche Vermutung, dass sich frühere Handlungen und Bedrohungen bei einer Rückkehr in das Herkunftsland wiederholen werden. Die Vorschrift misst den in der Vergangenheit liegenden Umständen Beweiskraft für ihre Wiederholung in der Zukunft bei. Dadurch wird der **Vorverfolgte** bzw. Geschädigte von der

---

[972] *Prölls*, Beweiserleichterungen im Schadensersatzprozess, 1966, S. 33 f.
[973] *Prütting*, in: Baumgärtel/Laumen/Prütting, Handbuch der Beweislast, 2. Aufl. 2009, § 8 Rdnr. 29.
[974] *Laumen*, in Baumgärtel/Laumen/Prütting, Handbuch der Beweislast, 2. Aufl. 2009, § 14 Rdnr. 1.
[975] *Laumen*, in: Baumgärtel/Laumen/Prütting, Handbuch der Beweislast, 2. Aufl. 2009, § 14 Rdnr. 21.
[976] *BVerwG*, Urt. v. 14.5. 2009 – 5 C 15.08 –, Ls. = DVBl. 2009, 1252.

II. Beweismaßreduktionen

Notwendigkeit entlastet, stichhaltige Gründe dafür darzulegen, dass sich die verfolgungsbegründenden bzw. schadensstiftenden Umstände bei Rückkehr in sein Herkunftsland erneut realisieren werden. Es gelten nicht die strengen Maßstäbe, die bei fehlender Vorverfolgung anzulegen sind. Diese Vermutung kann aber widerlegt werden. Hierfür ist erforderlich, dass stichhaltige Gründe die Wiederholungsträchtigkeit solcher Verfolgung bzw. des Eintritts eines solchen Schadens entkräften. Diese Beurteilung obliegt tatrichterlicher Würdigung im Rahmen freier Beweiswürdigung. Die Vermutung des Art. 4 Abs. 4 der Richtlinie 2004/83/EG kann im Einzelfall selbst dann widerlegt sein, wenn nach herkömmlicher Betrachtung keine hinreichende Sicherheit im Sinne des herabgestuften Wahrscheinlichkeitsmaßstabes bestünde. Dieser Maßstab hat bei der Prüfung der Flüchtlingsanerkennung und des subsidiären Schutzes keine Bedeutung (mehr)."[977]

3. Gesetzliche Regelvermutung

Von der tatsächlichen Vermutung (Indizwirkung) ist die **gesetzliche** Regelvermutung zu unterscheiden. Bei dieser wird eine Beweismaßreduktion durch das Gesetz selbst vorgenommen. Die größte Bedeutung erlangt die Figur der Regelvermutung augenscheinlich im Ausländer- und Asylrecht und im Recht der „offenen Vermögensfragen".[978] So hat das **BVerwG** klargestellt, dass die in den §§ 53 bis 55 AufenthG normierten Tatbestände „**nicht** im Sinne einer Regelvermutung oder einer sonstigen schematisierenden Entscheidungsdirektive angewendet werden" dürfen, die den Anschein eines Automatismus begründen.[979] So sieht das **BVerwG** beispielsweise die Vorschrift des § 28 Abs. 2 AsylVfG als eine solche an: „Der Gesetzgeber hat deshalb mit der – im Einzelfall **widerlegbaren** – Regelvermutung des § 28 Abs. 2 AsylVfG die Berufung auf **Nachfluchttatbestände**, die nach negativem Abschluss eines Asylverfahrens von dem Betreffenden selbst geschaffen werden, unter Missbrauchsverdacht gestellt. (…) Bei allen vom Ausländer nach diesem Zeitpunkt geschaffenen Nachfluchttatbeständen wird regelmäßig ein Missbrauch der Inanspruchnahme des Flüchtlingsschutzes vermutet. Damit **erübrigt sich** ein **positiver Nachweis** des finalen Zusammenhangs zwischen dem selbst geschaffenen Nachfluchttatbestand und dem erstrebten Flüchtlingsstatus im Einzelfall. § 28 Abs. 2 AsylVfG verlagert die Substantiierung – und die objektive Beweislast – auf den Ausländer, der die gesetzliche Vermutung widerlegen muss, um in den Genuss der Flüchtlingsanerkennung zu gelangen."[980] Zugunsten des Berechtigten wird gemäß § 1 Abs. 6 VermG ein verfolgungsbedingter Vermögensverlust nach Maßgabe des II. Abschnitts der Anordnung BK/O (49) 180 der Alliierten Kommandantur Berlin vom 26.6. 1949[981] vermutet.

400

---

[977] *BVerwG*, Ur. v. 27.4. 2010 – 10 C 5.09 –, Rdnr. 23 = InfAuslR 2010, 410, 412 = DVBl. 2010, 1056, 1057 = DÖV 2010, 786.
[978] *BVerwG*, Urt. v. 21.4. 2009 – 10 C 11.08 –, Rdnr. 13 = NVwZ 2009, 1237; *BVerwG*, Urt. v. 18.12. 2008 – 10 C 27.07 –, Ls. = BVerwGE 133, 31.
[979] *BVerwG*, Urt. v. 2.9. 2009 – 1 C 2.09 –, Rdnr. 22 = NVwZ 2010, 389.
[980] *BVerwG*, Urt. v. 24.9. 2009 – 10 C 25.08 –, Rdnr. 21 = NVwZ 2010, 383; ebenso: *BVerwG*, Urt. v. 18.12. 2008 – 10 C 27.07 –, Rdnr. 14.
[981] VOBl. für Groß-Berlin I S. 221.

Teil E. Beweismaß

401 Als Regelvermutung interpretiert das **BVerwG** ferner beispielsweise **§ 3 Abs. 1 Satz 2 Trennungsgeldverordnung** (TGV): „Die tägliche Rückkehr zum Wohnort ist dem Bediensteten abweichend von der Regelvermutung in § 3 Abs. 1 Satz 2 TGV zuzumuten, wenn das Angebot öffentlicher Verkehrsmittel völlig unzulänglich ist und der Bedienstete mit dem von ihm eingesetzten Kraftfahrzeug die zeitlichen Grenzen in § 3 Abs. 1 Satz 2 TGV einhält."[982] Als widerlegliche gesetzliche Regelvermutung qualifiziert das **BVerwG** auch die Regelung in **§ 5 Abs. 2 WaffG** zur **waffenrechtlichen Unzuverlässigkeit**.[983] Auch die – praktisch relevante – Vorschrift des **§ 11 Abs. 3 Satz 3 BauNVO** ist nach der Rechtsprechung des BVerwG als gesetzliche Regelvermutung anzusehen: „Es kommt weder für das Eingreifen der Regelvermutung nach § 11 Abs. 3 Satz 3 BauNVO noch für deren Widerlegung darauf an, ob der Einzelhandelsbetrieb von vornherein in der nun zu beurteilenden Größe errichtet oder ob ein bestehender Betrieb nachträglich erweitert werden soll."[984] Nach § 11 Abs. 3 Satz 3 BauNVO sind Auswirkungen im Sinne von Satz 2 der Vorschrift bei **großflächigen (Einzel-) Handelsbetrieben** „in der Regel anzunehmen, wenn die Geschossfläche 1.200 m² überschreitet".[985]

4. Beweislastumkehr

402 **a) Anwendbarkeit im Verwaltungsprozess.** Weiter als der Anscheinsbeweis, der eine widerlegliche Vermutung für die Beweistatsache bedeutet, reicht die Umkehr der Beweislast (kurz: Beweislastumkehr). Sie stellt ebenfalls eine Beweismaßreduktion dar. Das Institut der Beweislastumkehr ist eine richter-rechtlich namentlich im Bereich der Arzthaftung und der Produzentenhaftung entwickelte Beweislastregel. Ihre Aufgabe ist es, eine als unangemessen angesehene Non-liquet-Situation zu vermeiden.[986] Zutreffend sieht das **BVerwG** „eine generelle Umkehr der materiellen Beweislast" als über die „Beweiserleichterung" des Anscheinsbeweises hinausgehende Rechtsfigur an.[987] Das Institut der Beweislastumkehr greift nach ständiger Rechtsprechung des **BVerwG** auch im verwaltungsprozessualen Beweisrecht Platz.[988] Ihren Ausgang hat die Figur der Beweislastumkehr in § 444 ZPO. Der Grundgedanke ist, dass dem anderen Teil wegen seiner Nähe zum Beweismittel oder zum tatsächlichen Geschehen eine zumutbare Obliegenheit auferlegt wird, etwas zur Beweissicherung beizutragen und damit die Beweisnot des anderen Teils jedenfalls zu mindern.

---

[982] *BVerwG*, Beschl. v. 12.11. 2009 – 6 PB 17.09 –, Ls. 3.

[983] *BVerwG*, Beschl. v. 21.7. 2008 – 3 B 12.08 –, Ls. = NVwZ 2009, 398 = Buchholz 402.5 WaffG Nr. 96; *BVerwG*, Beschl. v. 27.3. 2007 – 6 B 108.06 –, Rdnr. 6.

[984] *BVerwG*, Beschl. v. 29.11. 2005 – 4 B 72.05 –, Ls. = NVwZ 2006, 340 = Buchholz 406.11 § 29 BauGB Nr. 67.

[985] *BVerwG*, Beschl. v. 29.11. 2005 – 4 B 72.05 –, Ls. = NVwZ 2006, 340 = Buchholz 406.11 § 29 BauGB Nr. 67.

[986] *Prütting*, in: Baumgärtel/Laumen/Prütting, Handbuch der Beweislast, 2. Auf. 2009, § 8 Rdnr. 34; Für die Arzthaftung grundlegend *BVerfG*, Beschl. v. 25.7. 1979 – 2 BvR 878/74 –, Rdnr. 72 bis 75 = BVerfGE 52, 131.

[987] *BVerwG*, Beschl. v. 23.2. 2009 – 8 B 83.08 –, Rdnr. 4.

[988] *BVerwG*, Urt. v. 11.12. 2008 – 5 C 3.08 –, Rdnr. 19; *BVerwG*, Beschl. v. 16.9. 2008 – 8 C 9/08 –, Rdnr. 4.

II. Beweismaßreduktionen

b) Keine generelle Beweislastumkehr bei Beweisnotstand. In ständiger Rechtsprechung „geht das Bundesverwaltungsgericht bei bestehenden Beweisschwierigkeiten nicht von einer Umkehr der Beweislast aus,[989] und zwar selbst dann nicht, wenn hieran die Verwirklichung eines Grundrechts (…) zu scheitern droht."[990]

c) Fallgruppen. Namentlich im **Asylprozess** gewinnt die Frage des Beweisnotstandes hinsichtlich der Verfolgung des Asylsuchenden besondere praktische Bedeutung. Das BVerwG billigt es, dass im „Asylverfahren mit seinen typischen Schwierigkeiten, für das individuelle Schicksal des Asylsuchenden auf andere Beweismittel zurückzugreifen", häufig ein „voller Beweis" nicht erbracht werden könne; gleichwohl müsse sich das Gericht „eine feste Überzeugung vom Vorhandensein des entscheidungserheblichen Sachverhalts bilden" und dies müsse „wenn nicht anders möglich – in der Weise geschehen, dass sich der Richter schlüssig wird, ob er dem Kläger glaubt".[991] In einer älteren Entscheidung hatte das BVerwG die Anforderungen an den Nachweis der Asylgründe gelockert und den Leitsatz aufgestellt: „Der sachtypische Beweisnotstand der Asylbewerber betrifft insbesondere asylbegründende Vorgänge außerhalb des Gastlandes, für die in der Regel **Glaubhaftmachung** genügt, während für Vorgänge innerhalb des Gastlandes grundsätzlich der volle Nachweis zu fordern ist."[992] Von dieser Ansicht hat sich das BVerwG später distanziert und klargestellt, damit sei „nicht gemeint, dass der Richter einer **Überzeugungsbildung** im Sinne des § 108 Abs. 1 VwGO enthoben sein sollte, und erst recht nicht, dass eine Glaubhaftmachung im engeren Sinne gem. den prozessualen Vorschriften des § 294 ZPO i.V.m. § 173 VwGO (…) ausreichend sein sollte."[993] Auch neuere Entscheidungen des BVerwG lassen eher eine restriktive Tendenz erkennen.[994] Zunehmend gewinnen in dieser Materie indes **europarechtliche Beweiserleichterungen** wie etwa die des Art. 4 Abs. 4 der Richtlinie 2004/83/EG bzw. § 60 Abs. 1 Satz 5 AufenthG an Bedeutung.[995]

Erhebliches praktisches Gewicht erlangt die Figur der Beweislastumkehr zudem in der Rechtsprechung zum **Vermögensrecht.** § 1 Abs. 3 VermG eröffnet den Anwendungsbereich des Gesetzes zur Regelung offener Vermögensfragen für Ansprüche an solchen Vermögenswerten, die aufgrund unlauterer Machenschaften namentlich staatlicher Stellen erworben wurden. Hierzu hat das BVerwG entschieden, dass § 1 Abs. 3 VermG keine generelle Beweislast-

403

404

405

---

[989] *BVerwG*, Urt. v. 21.5. 2008 – 6 C 13.07 –, Rdnr. 44; = BVerwGE 131, 171; unter Berufung auf *BVerwG*, Urt. v. 27.7. 2007 – 5 C 3.05 – = BVerwGE 126, 283, 295.
[990] *BVerwG*, Urt. v. 21.5. 2008 – 6 C 13.07 –, Rdnr. 44; = BVerwGE 131, 171; *BVerwG*, Urt. v. 16.4. 1985 – 9 C 109.84 –, Rdnr. 16 bis 18 „Für das Asylverfahren mit seinen typischen Schwierigkeiten, für das individuelle Schicksal des Asylsuchenden auf andere Beweismittel zurückzugreifen".
[991] BVerwGE 71, 180; Urt. v. 9.12. 2010 – 10 C 13/09 –, Rdnr. 19.
[992] *BVerwG*, Urt. v. 29.11. 1977 – I C 33.71 –, Ls. 3 = BVerwGE 55, 82.
[993] *BVerwG*, Urt. v. 16.4. 1985 – 9 C 109.84 –, Rdnr. 16.
[994] *BVerwG*, Beschl. v. 2.2. 2010 – 10 B 18.09, Rdnr. 8.
[995] *BVerwG*, Urt. v. 5.5. 2009 – 10 C 21.08 –, Ls. 1 und Rdnr. 13 = NVwZ 2009, 1308.

Teil E. Beweismaß

umkehr rechtfertige, aber in bestimmten typischen Fallkonstellationen (z.B. Grundstücksveräußerung im Zusammenhang mit einem Ausreisebegehren) ein Anscheinsbeweis in Betracht komme.[996] Mit der Frage der Umkehr der Beweislast im Rahmen von § 3 Abs. 1 Satz 4 VermG befasst sich das BVerwG ferner in einer Entscheidung vom 16.9.2008.[997] Revisionsrechtlich hat das BVerwG im Übrigen klargestellt, dass Fragen der vermeintlich rechtswidrigen Beweislastumkehr nicht Fragen des Prozessrechts, die mit der Verfahrensrüge geltend zu machen wären, sondern **Fragen des materiellen Rechts** sind.[998] In Bezug auf „die Frage, welches Vermögen bei der Klägerin im Schädigungszeitpunkt vorhanden war", sieht das BVerwG „keinen Anlass für eine solche Beweiserleichterung" im Sinne einer Beweislastumkehr.[999] Art. 3 Abs. 1 REAO[1000] „begründet die Entziehungsvermutung mit der Folge der Umkehr der Beweislast unmissverständlich für individuell (Buchst. a) und kollektiv Verfolgte (Buchst. b)".[1001] Im Rahmen von § 1 Abs. 3 VermG gilt auch bei MfS-initiierten Enteignungen keine Beweislastumkehr zugunsten des Anspruchstellers.[1002]

406 Tendenziell drängt sich die Frage nach einer Anwendung von Beweiserleichterungen naturgemäß insbesondere bei lange zurückliegenden Sachverhalten auf. Daher nimmt es nicht Wunder, dass die Figur der Beweislastumkehr auch bei Verfahren, die sich im weitesten Sinne um die Kompensation von **NS-Unrecht** drehen, eine Rolle spielt. So hatte sich das BVerwG mit Urteil vom 11.12.2008 mit der Auslegung von § 2 Satz 4 NS-VEntschG[1003] zu befassen. Dabei kam es auf die Frage an, ob die vermögensrechtliche Vermutungsregelung des § 3 Abs. 1 Satz 6 VermG auch im Rahmen der entschädigungsrechtlichen Vorschrift des § 2 Satz 4 NS-VEntschG unmittelbar oder analog anwendbar ist. Das BVerwG hat eine solche analoge Anwendbarkeit der Beweislastumkehr verneint.[1004] Bedeutsam wird die Figur auch bei Streitigkeiten nach dem Ausgleichsleistungsgesetz (**AusglLeistG**). Bereits sehr früh entschied das BVerwG: „Die Annahme und Bekleidung eines Kreistagsmandates (in der SBZ) begründet für sich allein auch noch keine rechtliche oder tatsächliche Vermutung dafür, dass der Tatbestand des erheblichen Vorschubleistens, etwa nach Maßgabe der sowjetzonalen Gesetze, durch die die Aufgaben und Befugnisse der Kreistage bestimmt wer-

---

[996] *BVerwG*, Beschl. v. 10.3.2009 – 8 B 102.08 –, Rdnr. 7 = ZOV 2009, 197; *BVerwG*, Beschl. v. 23.2.2009 – 8 B 83.08 –, Rdnr. 4 = ZOV 2009, 104.

[997] *BVerwG*, Beschl. v. 16.9.2008 – 8 C 9.08 – u.a., Rdnr. 4 zur Beweislastumkehr bei § 3 Abs. 1 Satz 4 VermG – Erwerb mit Mitteln des Unternehmens.

[998] *BVerwG*, Beschl. v. 3.3.2008 – 8 B 95.07 –, Rdnr. 25 = ZOV 2008, 109 zum Ausschluss der Rückübertragung nach § 5 Abs. 1 lit. a VermG; *BVerwG*, Beschl. v. 9.8.2004 – 7 B 49.04 –, Rdnr. 5.

[999] *BVerwG*, Beschl. v. 29.7.2005 – 7 B 21.05 –, Rdnr. 4.

[1000] REAO = Rückerstattungsordnung der Alliierten Kommandantur für das Land Berlin.

[1001] *BVerwG*, Urt. v. 24.6.2004 – 7 C 20.03 –, Rdnr. 23 = Buchholz 428 § 1 Abs. 6 VermG Nr. 26.

[1002] *BVerwG*, Beschl. v. 27.5.2003 – 7 B 46.07 –, Rdnr. 11.

[1003] NS-VEntschG = NS-Verfolgtenentschädigungsgesetz.

[1004] *BVerwG*, Urt. v. 11.12.2008 – 5 C 3.08 –, Rdnr. 19 = BVerwGE 132, 330.

II. Beweismaßreduktionen

den, erfüllt sei. Eine Umkehr der (materiellen) Beweislast ist deshalb rechtlich nicht begründet."[1005]

407 Für den Praktiker wichtig zu wissen ist, dass „eine gefestigte Rechtsprechung des Bundesverwaltungsgerichts vorliegt, die besagt, dass **allein** eine **überlange Dauer des Verwaltungsverfahrens** noch **nicht** eine der gesetzlichen Regelung widersprechende Beweislastverteilung rechtfertigt".[1006] In diesem Zusammenhang hat das BVerwG darauf hingewiesen, dass der Betroffene es mit der Untätigkeitsklage nach § 75 VwGO „selbst in der Hand gehabt hätte, rechtzeitig für den Abschluss des Vorverfahrens zu sorgen".[1007] Vielmehr kann – so das Gericht – „nur eine **schuldhafte Beweisvereitelung** seitens der beklagten Behörde zu einer Beweislastumkehr zugunsten des Klägers führen".[1008] Allerdings dürfen die Anforderungen an das Verschulden nicht überspannt werden, da Verwaltungsverfahren zügig zu führen sind (§ 10 Satz 1 VwVfG).

408 In seinem Urteil vom 18.12.2007 befasste sich das BVerwG zum **Telekommunikationsrecht** mit der Gleichbehandlung von Dienstanbietern durch Mobilfunknetzbetreiber. Dabei ging es u.a. um die Frage, ob und inwieweit eine Ungleichbehandlung von Wettbewerbern sachlich gerechtfertigt ist. Nach § 42 Abs. 2 TKG wird ein Missbrauch vermutet, wenn ein **Unternehmen mit beträchtlicher Marktmacht** sich selbst, seinen **Tochter- oder Partnerunternehmen** den Zugang zu seinen intern genutzten oder zu seinen am Markt angebotenen Leistungen zu günstigeren Bedingungen oder zu einer besseren Qualität ermöglicht als anderen. Das BVerwG ordnet diese Vorschrift wie folgt ein: „In § 42 TKG ist die Möglichkeit der sachlichen Rechtfertigung ungünstigerer Bedingungen ausdrücklich vorgesehen, wenn auch in dem **Missbrauchsvermutungstatbestand des § 42 Abs. 2 TKG** nur **ausnahmsweise** im Wege der **Beweislastumkehr**."[1009]

409 Zum **Beamtenrecht**, vor allem im Bereich Dienstunfähigkeit hat das BVerwG entschieden, dass den Ruhestandsbeamten bei der Feststellung seiner Dienstfähigkeit eine **Mitwirkungspflicht** trifft. Danach ist der Beamte zur Nachprüfung seiner Dienstfähigkeit verpflichtet, sich nach Weisung der Behörde amtsärztlich untersuchen zu lassen. „Zwar bewirkt ein Verstoß gegen die Mitwirkungspflicht **keine** Umkehr der Beweislastverteilung", sie sei jedoch bei der Beweiswürdigung zu berücksichtigen.[1010]

[1005] *BVerwG*, Urt. v. 11.3.1967 – 8 C 396.63 – = ROW 1966, 30; zit. in *BVerwG*, Beschl. v. 13.11.2006 – 5 B 33.06 –, Rdnr. 4.

[1006] *BVerwG*, Beschl. v. 12.12.2000 – 11 B 76.00 –, Rdnr. 10 = NJW 2001, 841; *BVerwG*, Beschl. v. 22.10.1992 – 3 B 26.92 –, Rdnr. 14 – Dauer des Vorverfahrens 33 Jahre.

[1007] *BVerwG*, Beschl. v. 22.10.1992 – 3 B 26.92 –, Rdnr. 14.

[1008] *BVerwG*, Beschl. v. 12.12.2000 – 11 B 76.00 –, Rdnr. 10; *BVerwG*, Urt. v. 18.12.1987 – 7 C 49.87 = BVerwGE 78, 367, 370.

[1009] *BVerwG*, Urt. v. 18.12.2007 – 6 C 47.06 –, Rdnr. 30 = Buchholz 442.066 § 42 TKG Nr. 3 = NVwZ 2008, 571.

[1010] *BVerwG*, Beschl. v. 19.6.2000 – 6 DB 13.00 –, Rdnr. 16.

Anhang

I. Muster und Beispiele

1. Beispiel 1: Beweisbeschluss Sachverständigengutachten (Eignung zum Führen von Kfz)

Verwaltungsgericht ...

Beschluss

Aktenzeichen

In dem verwaltungsgerichtlichen Verfahren
des Herrn ..., ...straße ..., ...,

Klägers,

Prozessbevollmächtigte:
Rechtsanwälte ... (Gerichtsfach ...)
...

gegen

den Landrat des ..., ...Platz 1, ...,
Gz.: ...,

Beklagten,

wegen Entziehung der Fahrerlaubnis

hat die 11. Kammer des Verwaltungsgerichts Köln
am 16.3. 20...
durch
den Vorsitzenden Richter am Verwaltungsgericht ...
als Einzelrichter
unanfechtbar gemäß § 146 Abs. 2 VwGO –
beschlossen:

1. Es soll Beweis darüber erhoben werden, ob der Kläger zu einer sicheren Beherrschung eines Kfz. im Straßenverkehr in der Lage ist. Dies gilt insbesondere im Hinblick auf seine Hör- und Sehfähigkeit. Wenn nach Ansicht des Gutachters noch weitere Untersuchungen zur Klärung dieser Frage erforderlich sind (etwa Leistungstests, Fahrprobe o. ä.), gelten diese ebenfalls als angeordnet.
2. Mit der Durchführung des Begutachtung wird die Obergutachterstelle für das Land Nordrhein-Westfalen zur Beurteilung der Eignung von Kraftfahrzeugführern, Maarweg 231–233, 50825 Köln, beauftragt.

...

Anhang

2. Beispiel 2: Erfolgreicher Beweisantrag Zeugenvernehmung (Rückforderung von Bezügen gem. § 12 Abs. 2 BBesG)

Verwaltungsgericht ...

In der Verwaltungsstreitsache

./. Land ...

Aktenzeichen

stellen wir für den Kläger den folgenden Beweisantrag: Namens und kraft Vollmacht des Klägers wird beantragt,

gemäß § 96 Abs. 1 Satz 2 VwGO in der mündlichen Verhandlung die Zeugen
– Dr. ..., zu laden über den Beklagten;
– Frau ..., zu laden über den Beklagten;
– Herr ..., zu laden über den Beklagten;
– Frau ..., zu laden über das Brandenburgische ...;
– Herr ..., Potsdam

zu vernehmen.

Die Beweisaufnahme wird ergeben, dass bei der am 12. Januar 19... im Ministerium für ... in Anwesenheit des Klägers mit Vertretern des Ministeriums für ... sowie des ... geführten Besprechung

1. der damalige Verwaltungsleiter des ... Herr ... den Referatsleiter des Organisationsreferates des Ministeriums, Herrn ... und die stellvertretende Referatsleiterin des Haushaltsreferats, Frau ... fragte, wie hinsichtlich des Klägers weiter zu verfahren sei,
2. die Zeugen ... und ... dem Zeugen ... daraufhin die Antwort gaben, die Einweisung des Klägers in eine Planstelle nach A 16 zum 1.1. 19... „gehe in Ordnung" und könne an die Zentrale Bezügestelle (ZBB) gemeldet werden,
3. der Zeuge ... diese Antwort als verbindliche Anweisung auffasste, die Besoldung des Klägers nach A 16 zum 1.1. 19... unverzüglich in die Wege zu leiten.

Die Beweisaufnahme ist entscheidungserheblich, weil der Kläger aufgrund der vorgenannten Beweistatsache davon ausging und ausgehen durfte, dass die Besoldung nach A 16 zum 1.1. 19... verwaltungsmäßig und rechtlich „in Ordnung" sei und hierauf vertraute.[1011]

Zwei Abschriften anbei.

Rechtsanwalt

[1011] Nach § 12 Abs. 2 BBesG i.V.m. § 819 Abs. 1 BGB kommt es auf die Kenntnis des Empfängers vom Mangel des rechtlichen Grundes der Zahlung an. Vgl. zum Maßstab für die Kenntnis des Mangels: *BVerwG*, Urt. v. 9.5. 2006 – 2 C 12.05 –, Ziff. 2 = Buchholz 240 § 40 BBesG Nr. 37 = NVwZ-RR 2006, 627. Die mit dem Beweisantrag unter Beweis gestellten Tatsachen untermauern das Fehlen der Kenntnis.

I. Muster und Beispiele

3. Beispiel 3: Beweisbeschluss Zeugenvernehmung (Rückforderung von Bezügen gem. § 12 Abs. 2 BBesG)

Öffentliche Sitzung Datum
der 2. Kammer
des Verwaltungsgerichts

<u>Beginn:</u> 9:32 Uhr

<u>Aktenzeichen</u>

<u>Anwesend:</u> Richterin am Verwaltungsgericht Dr. …, Vorsitzende,
Richterin am Verwaltungsgericht …,
Richterin …,
ehrenamtlicher Richter …,
ehrenamtliche Richterin ….

In dem verwaltungsgerichtlichen Verfahren

Ein Doppel des schriftlich formulierten Beweisantrags wird an die Vertreterin des Beklagten überreicht. Die Sitzung wird um 10:10 Uhr für die Beratung und Beschlussfassung über den Beweisantrag unterbrochen.

Die Sitzung wird nach Beratung der Kammer und Fassung eines Beweisbeschlusses um 10:45 Uhr fortgesetzt. Das Gericht verkündet den folgenden Beweisbeschluss:

Es sollen die folgenden Zeugen vernommen werden:
1. Dr. …, zu laden über den Beklagten;
2. Frau …, zu laden über den Beklagten;
3. Herr …, zu laden über den Beklagten;
4. Frau …, zu laden über das Brandenburgische …;
5. Herr …, Potsdam

Die Zeugen zu 1. bis 5. sind jeweils zu der Frage zu vernehmen,

ob der damalige Verwaltungsleiter

… Frau … fragte, wie hinsichtlich der Besoldung des Klägers weiter zu verfahren sei.

Die Zeugen zu 1. bis 5. sind jeweils zu der Frage zu vernehmen,

ob die Zeugen … und … dem Zeugen … daraufhin die Antwort gaben, die Einweisung des Klägers in eine Planstelle nach A 16 zum 1. Januar 19… „gehe in Ordnung" und könne an die Zentrale Bezügestelle (ZBB) gemeldet werden.

Der Zeuge zu 5. ist zu der Frage zu vernehmen,

ob er selbst diese Antwort als verbindliche Anweisung auffasste, die Besoldung des Klägers nach A 16 zum 1. Januar 19… unverzüglich in die Wege zu leiten.

Die Vorsitzende erläutert den Beweisbeschluss in rechtlicher Hinsicht.

(…)

Sodann ergeht der Beschluss:

> Ein neuer Termin ergeht von Amts wegen. Die Sache wird vertagt.

Die Vorsitzende schließt die mündliche Verhandlung um 11:10 Uhr.

F.d.R.d.Ü.v.T.

Verwaltungsgerichtsangestellte

Anhang

4. Beispiel 4: Erfolgreicher Beweisantrag (Zeugen- und Sachverständigenbeweis Verursachung einer Altlast)

Landgericht ...

(...)

II.
Beweisanträge

Im Hinblick auf die anstehende Beweisaufnahme stellt die Klägerin die folgenden Beweisanträge:

Es wird beantragt,

1. durch Vernehmung des Zeugen ..., zu laden über die Untere Wasserbehörde der Stadt ..., Umwelt- und Gartenamt, Abteilung Umweltschutz, ...straße, ..., Beweis zu erheben. Die Beweisaufnahme wird ergeben, dass
   a) die Firma ... auf ihrem Betriebsgrundstück in der ...straße 1 in ... zwischen 19... und 19... einen älteren Tankwaggon mit CKW-haltigen Chemikalien abstellte, aus dem aufgrund von Durchrostung ca. 30 000 l Chemikalien ausliefen und im Erdreich versickerten,
   b) der Zeuge ... dies am 18. Juli 19... von den Herren ... und ..., die zum damaligen Zeitpunkt bei der Firma ... beschäftigt waren, bei einem Ortstermin berichtet bekam und dies hierauf in dem am selben Tag gefertigten Vermerk (...) wahrheitsgemäß so festhielt, wie es ihm kurz zuvor berichtet worden war.

2. durch Vernehmung des Zeugen ..., zu laden über die Untere Wasserbehörde der Stadt ..., Umwelt- und Gartenamt, Abteilung Umweltschutz, ...straße, ..., Beweis zu erheben.
   Die Beweisaufnahme wird ergeben, dass der Zeuge[1012] ...während seiner aktiven Dienstzeit ein überdurchschnittlich gewissenhafter Beamter gewesen ist, der Vermerke sehr akribisch und stets zeitnah zum Anlass gefertigt hat.

3. durch Einholung eines Sachverständigengutachtens Beweis zu erheben. Die Beweisaufnahme wird ergeben, dass
   eine Menge von 30 000 l CKW, die in das Erdreich versickerte, geeignet ist, die vorliegend festgestellte Kontamination allein verursacht zu haben.

4. durch Vernehmung des Zeugen ..., ...straße, ..., Beweis zu erheben. Die Beweisaufnahme wird ergeben, dass
   a) auf dem Betriebsgelände der Firma ... in den 19...er und 19...er Jahren so verfahren wurde, dass Fässer mit Lösungsmitteln auf unversiegeltem Untergrund gespült und die Spülflüssigkeit einfach ausgeschüttet wurde, so dass diese in das Erdreich versickerte,
   b) im Zuge der Befüllung von Tankwaggons durch die Firma ... es zu erheblichen Tropfverlusten an Lösungsmitteln kam,
   c) das Erdreich des Tanklagers lediglich mit Schotter bedeckt war,
   d) die unter lit. a) bis c) bezeichneten Sachverhalte dem Zeugen ... im Jahre 19... anlässlich einer Ortsbesichtigung durch einen damals Ende ... bis ... Jahre alten Mann mitgeteilt wurden, der angab, diese Vorgänge selbst beobachtet zu haben,

---

[1012] Dieser unmittelbare Zeuge, der den Vermerk Anlage K 10 aufgenommen hatte, war während des Prozesses verstorben, sodass nur der Beweis über dessen ehem. Kollegen als Zeugen vom Hörensagen möglich war, um die Richtigkeit des Vermerks zu untermauern. Der Antrag hätte auch im VG-Prozess gestellt werden können.

I. Muster und Beispiele

weil seine Eltern einen unmittelbar an der Grundstücksgrenze zum Betriebsgelände der Firma ... gelegenen Schrebergarten besaßen und bewirtschafteten.
5. durch Sachverständigengutachten Beweis zu erheben. Die Beweisaufnahme wird ergeben dass,
die unter Ziff. 3. lit. a) und b) beschriebenen Vorgänge über einen Zeitraum von ... Jahren <u>allein</u> geeignet sind, die vorliegend festgestellte Kontamination zu verursachen.

Anhang

5. Beispiel 5: Beweisbeschluss (Zeugen- und Sachverständigenbeweis Verursachung einer Altlast)

Landgericht ...

Beschluss
In dem Rechtsstreit

...

./.

...

I.

Es soll Beweis erhoben werden

über die Behauptungen der Klägerin

1. die Firma ... habe auf ihrem Betriebsgrundstück in der ...straße 1, ..., zwischen 19... und 19... einen älteren Tankwagen der Bundesbahn mit CKW-haltigen Chemikalien abgestellt. Aus diesem seien aufgrund von Durchrostung ca. 30 000 l Chemikalien ausgelaufen, die hernach ins Erdreich versickerten,
2. dies sei dem Zeugen ... am 18. Juli 19... von den Herren ..., welche seinerzeit bei der Firma ... gearbeitet hätten, anlässlich eines Ortstermins berichtet worden. Der Zeuge habe daraufhin am gleichen Tag einen Aktenvermerk (Anlage K),
3. bei dem Zeugen ... habe es sich um einen überdurchschnittlich gewissenhaften Beamten gehandelt, der Vermerke sehr akribisch und stets zeitnah gefertigt habe,
4. Mitarbeiter der Firma ... hätten in den 19...iger und 19...iger Jahren auf dem Betriebsgelände Fässer mit Lösungsmitteln auf versiegeltem Untergrund gespült und die Spülflüssigkeit einfach auf den Boden geschüttet, so dass diese im Erdreich versickern konnte,
5. bei der Befüllung von Tankwaggons durch die Firma ... sei es zu erheblichen Tropfverlusten an Lösungsmitteln gekommen,
6. das Betriebsgelände der Firma ..., auf welchen sich die Tanks befunden haben, sei ausschließlich mit Schotter bedeckt gewesen,
7. die unter 4.–6. aufgeführten Sachverhalte seien dem Zeugen ... 19... anlässlich eines Ortstermins durch einen seinerzeit ca. ... Jahre alten Mann mitgeteilt worden. Dieser habe weiter angegeben, die Vorgänge selbst beobachtet zu haben, weil seine Eltern unmittelbar neben der Grundstücksgrenze zum Betriebsgelände der Firma ... einen Schrebergarten gehabt hätten,
8. Herr ... habe ursprünglich als Mitarbeiter der Firma ... gearbeitet. Später sei er zu ... gewechselt. Da habe er dem Zeugen ... in dessen Eigenschaft als Betriebsleiter berichtet, dass eines Morgens ein Loch in einem Chemikalientank der Firma ... gewesen sei, durch welches der gesamte Tankinhalt bestehend aus Lösemitteln ausgelaufen sei,

durch Vernehmung der Zeugen

Herr ..., zu laden über die ..., der Stadt ...,
Herr ..., zu laden über die ..., der Stadt ...,
Herr ..., ...straße, ...,
Herr ..., ...straße, ...,

I. Muster und Beispiele

II.

Es soll weiter Beweis erhoben werden durch Einholung eines schriftlichen Sachverständigengutachtens

1. über die Behauptungen der Klägerin,

a) eine ins Erdreich versickerte Menge von 30 000 l CKW sei geeignet, die auf dem streitgegenständlichen Grundstück festgestellten Kontaminationen zu verursachen,
b) die unter I. 4. und 5. beschriebenen Vorgänge auf dem Betriebsgelände der Firma ... seien, wenn sie über einen Zeitraum von ... Jahren praktiziert werden, geeignet, die auf dem streitgegenständlichen Grundstück festgestellten Kontaminationen zu verursachen,

2. über die Behauptung des Beklagten,

a) die auf dem streitgegenständlichen Grundstück festgestellten Kontaminationen seien ausschließlich durch die Firma verursacht worden. Nach den vorliegenden Grundwasser-Gleichplänen bestehe ein Grundwassergefälle in nordwestlicher Richtung. Der Standort der Kesselwagen sei bei der Entleerung somit im Oberstrom des ehemaligen Betriebsgeländes der Firma gelegen. Die Tanks der Kesselwagenentleerung der Firma hätten leicht seitlich vom Oberstrom gelegen. Durch die von der Klägerin betriebenen Sanierungsbrunnen auf dem streitgegenständlichen Gelände sei die seitlich an der Grundstücksgrenze vorbeifließende Abstromfahne auf das streitgegenständliche Grundstück gezogen worden,
b) in den ersten Sanierungsjahren sei es nicht zu einer signifikanten Verringerung der LHKW-Gehalte gekommen. Die LHKW-Werte zeigten eher ein schwankendes bzw. stagnierendes Niveau. Dies weise darauf hin, dass ständig von außen – von weiter entfernt liegenden – Schadensbereichen LHKW dem streitgegenständlichen Grundstück zugeführt werden. Je nach Grundwasserzufluss, der durch Niederschlagsereignisse bestimmt wird, würden mehr oder weniger LHKW auf das streitgegenständliche Gelände gespült.
c) auffällig sei auch, dass sich fast keine Abbauprodukte von Per und Tri im Grundwasser gebildet hätten. Solche wären aber für alte LHKW-Schadensfälle typisch. Insbesondere das Fehlen von Cis zu Beginn der durchgeführten Sanierung weise darauf hin, dass es sich um einen jüngeren Schaden handele, für den alleine die Firma aufgrund des Chemikalienvertriebs bis 19... auf dem Nachbargrundstück verantwortlich ist.

III.

Die Beweisaufnahme soll abgestuft erfolgen, zunächst durch Vernehmung der Zeugen und hernach durch Einholung des Sachverständigengutachtens.

Anhang

6. Beispiel 6: Abgelehnter Beweisantrag Zeugenbeweis (Mitwirkung ausgeschlossener Person)

Verwaltungsgericht ...

In dem verwaltungsgerichtlichen Verfahren ... ./. ...

(...) In diesem Zusammenhang kündigt die Klägerin bereits jetzt an, dass sie zum Zwecke der Sachaufklärung gem. § 86 Abs. 2 VwGO in der mündlichen Verhandlung diesbezüglich den folgenden

Beweisantrag

stellen wird:

Es wird beantragt, durch Vernehmung

1. des Zeugen ..., zu laden über die Beklagte;
2. des Staatsanwaltes ..., zu laden über die Staatsanwalt ...,

Beweis zu erheben.

Die Beweisaufnahme wird ergeben, dass

1. dem Zeugen ... als Beschuldigten in dem strafrechtlichen Ermittlungsverfahren ... – ... Js .../... – durch die Staatsanwaltschaft ... vor dem 2.12. 20... eine Einstellung des Verfahrens gem. § 153 Abs. 1 StPO wegen geringer Schuld für den Fall in Aussicht gestellt wurde, dass die Beklagte gegenüber der Klägerin durch Bescheid die sicherheitstechnische Umrüstung der ...-Anlage mit ... anordnen werde;
2. der Zeuge ... dies so auffasste, dass es ohne den Erlass eines solchen Bescheides jedenfalls nicht zu einer Einstellung des Ermittlungsverfahrens ohne Geldauflage kommen werde, sondern zu einer Einstellung gegen Geldauflage nach § 153 a StPO oder sogar zu einer Anklageerhebung;
3. das gegen den Zeugen ... von der Staatsanwaltschaft ... geführte Ermittlungsverfahren – ... Js .../... – und die von der Staatsanwaltschaft in Aussicht gestellte Einstellung für den Zeugen ... die wesentliche Motivation dafür war, sich als Sachbearbeiter für den Erlass des streitgegenständlichen Bescheides vom 2.12. 20... (Anlage K 1) einzusetzen und daran mitzuwirken.[1013]

[1013] Der Beweisantrag ist auf den Beweis der Mitwirkung einer ausgeschlossenen Person am Verwaltungsverfahren (§ 20 Abs. 1 Satz 2 VwVfG) gerichtet. Dafür reicht nach zutreffender Rechtsprechung schon der Nachweis einer „**nicht ganz entfernt** liegenden Möglichkeit eines Vor- und Nachteils" durch den Verwaltungsakterlass (*VG Köln*, Urt. v. 13.9. 2002 – 11 K 5176/01 –, Ls. 3 = NWVBl. 2003, 37), also der „böse Schein möglicher Parteilichkeit, er aus der Sicht des von einer Verwaltungsentscheidung nachteilig Betroffenen zu beurteilen ist" (*BVerwG*, Urt. v. 18.12. 1987 – 4 C 9.86 –, Rdnr. 39 = BVerwGE 78, 347).

I. Muster und Beispiele

7. Beispiel 7: Abgelehnte Beweisanträge auf Augenscheinseinnahme, Zeugenvernehmung und Sachverständigengutachten (Entschädigung wegen nachteiliger Wirkungen gemäß § 75 Abs. 2 VwVfG)

Verwaltungsgericht ...

In dem Verwaltungsstreitverfahren
... ./. ...

Aktenzeichen

...

1. Beweisantrag zu 1.

Es wird beantragt,

durch Inaugenscheinnahme der von der Klägerin zu den Gerichtsakten gereichten Lichtbilder Anlagenkonvolut K 17 (sieben Lichtbilder), Lichtbilder 6 und 7 vom November 20... (Blatt 162 und 163 der Verwaltungsvorgänge), sechs Lichtbilder vom Oktober 20... (Anlagenkonvolut K 20), Lichtbilder 8 und 9 vom 12. Februar 20... (Blatt 164 und 165 der Verwaltungsvorgänge), vier Luftbilder vom 15. August 20... und ein Luftbild vom September 20... (Anlagenkonvolut K 26), Lichtbilder 10 bis 12 vom Dezember 20... (Blatt 166 bis 168 der Verwaltungsvorgänge), Lichtbilder 13 und 14 vom 14. Januar 20... (Blatt 169 und 170 der Verwaltungsvorgänge), Lichtbilder 15 bis 17 vom 12. Februar 20... (Blatt 171 bis 173 der Verwaltungsvorgänge), Lichtbilder 18 bis 20 vom 5. April 20... (Blatt 174 bis 176 der Verwaltungsvorgänge), Lichtbild 21 vom 21. Juni 20... (Blatt 177 der Verwaltungsvorgänge), Lichtbilddokumentation der Zeit vom 17. Juni 20... bis September 20... (Anlagenkonvolut K 28) sowie der Lichtbilder K 32 bis K 36 Beweis zu erheben.

Die Beweisaufnahme wird ergeben, dass

die von der Klägerin landwirtschaftlich genutzten Eigentums- und Pachtflächen in den Gemarkungen ... (in dem als Anlage K 3 eingereichten Lageplan orange gekennzeichnet) seit Beginn der Ausbauarbeiten (1. November 20...) bis heute immer wieder durch temporäre, massive Vernässungserscheinungen beeinträchtigt wurden, die ihren zeitlichen Schwerpunkt üblicherweise – aber nicht nur – von ca. Anfang Dezember bis Mitte Juni eines jeden Jahres haben.[1014]

2. Beweisantrag zu 2.

Es wird beantragt,

durch Inaugenscheinnahme (Ortbesichtigung) der von der Klägerin landwirtschaftlich genutzten Eigentums- und Pachtflächen in den Gemarkungen ... (in dem als Anlage K 3 eingereichten Lageplan orange gekennzeichnet) am ...graben in der Gemarkung ... Beweis zu erheben.

[1014] Die Beweistatsache ist entscheidungserheblich. Denn der mit der Klage geltend gemachte Anspruch aus § 75 Abs. 2 Sätze 2 und 4 VwVfG setzt nachteilige Wirkungen des Vorhabens voraus.

Anhang

Die Beweisaufnahme wird ergeben, dass

die von der Klägerin landwirtschaftlich genutzten Eigentums- und Pachtflächen (in dem als Anlage K 3 eingereichten Lageplan orange gekennzeichnet) durch massive Vernässungserscheinungen beeinträchtigt werden.

3. Beweisantrag zu 3.

Es wird beantragt,

durch Einholung eines (hydro-)geologischen Sachverständigengutachtens Beweis zu erheben.

Die Beweisaufnahme wird ergeben, dass

a) die Vernässung der landwirtschaftlich genutzten Eigentums- und Pachtflächen der Klägerin in den Gemarkungen …, …, … und … (orange gekennzeichnet im Lageplan K 3) ihre Ursache in dem mit Plangenehmigungsbescheid des Regierungspräsidiums … vom 31. Juli 20… (Az.: …) genehmigten Vorhaben Gewässerausbau „…" hat;
b) die im Plangenehmigungsbescheid des Regierungspräsidiums … vom 31. Juli 20… angeordneten Schutzvorkehrungen nicht ausreichen, um die unter Ziff. a) genannten landwirtschaftlichen Nutzflächen der Klägerin hinreichend vor Vernässung zu schützen;
c) die technische Ausbildung des …grabens entsprechend dem Plangenehmigungsbescheid des Regierungspräsidiums … vom 31. Juli 20… nicht dergestalt ist, dass der …graben die Zulaufmengen der Straßenentwässerung aufnehmen kann.
d) die auf den unter Ziff. a) bezeichneten Flächen vorhandene Torfschicht hydrogeologisch nicht als Wasserhemmer und/oder Wassergeringleiter wirkt.

Begründung:

Die Beweistatsachen sind entscheidungserheblich. Denn der mit der Klage geltend gemachte Rechtsanspruch aus § 75 Abs. 2 Satz 2–4 VwVfG setzt voraus, dass zwischen den nachteiligen Wirkungen – hier Vernässungserscheinungen – und dem Vorhaben einschließlich der notwendigen Folgemaßnahmen ein Kausalzusammenhang im Sinne der Adäquanztheorie besteht, wobei das Zusammenwirken mehrerer Ursachen den Anspruch nicht ausschließt (*Bonk/Neumann*, in: Stelkens/Bonk/Sachs, VwVfG, 6. Aufl. 2001, § 75 Rn. 54). Der Beklagte bestreitet im angefochtenen Bescheid vom 10. August 20… (Anlage K 1) die Kausalität und vertritt die Auffassung, „dass im vorliegenden Fall die Vernässungen nicht Folge der Umsetzung der bestandskräftigen wasserwirtschaftlichen Planungsmaßnahme" seien (Bescheid, Seite 6). Ursache der Vernässungserscheinungen sei vielmehr die „besondere Witterungslage Anfang 20… (…) mit überdurchschnittlich hohen Niederschlägen" (Bescheid, Seite 7). Einen Einfluss des Ausbaus des …grabens auf die Vernässung schließt der Beklagte aufgrund der „hydrologischen Höhendifferenz" aus (Seite 8 des Bescheides). Demgegenüber wird das hydrogeologische Sachverständigengutachten die Kausalität des plangenehmigten Vorhabens für die Vernässung bestätigen.

4. Beweisantrag zu 4.

…

5. Beweisantrag zu 5.

Es wird beantragt,

durch Parteivernehmung des Herrn …,

I. Muster und Beispiele

durch Vernehmung des Zeugen …,
durch Vernehmung des Zeugen …,
durch Vernehmung des Zeugen …,
durch Vernehmung des Zeugen …,
durch Vernehmung des Zeugen …,
durch Vernehmung des Zeugen …,

Beweis zu erheben.

Die Beweisaufnahme wird ergeben, dass

a) es auf den Eigentums- und Pachtflächen der Klägerin in den Gemarkungen … (orange gekennzeichnet im Lageplan K 3) in dem Zeitraum vom 11. Juni 19… (Tag der Eintragung der Gesellschaft im Handelsregister) bis zum 1. November 20… (Beginn der Ausbauarbeiten am …graben) <u>nicht</u> zu nennenswerten Vernässungserscheinungen kam;

b) die unter Ziff. a) genannten Flächen in dem dort genannten Zeitraum ordnungsgemäß landwirtschaftlich bewirtschaftet werden konnten und bewirtschaftet wurden.

Begründung:

Die Beweistatsachen sind entscheidungserheblich. Denn die unter Beweis gestellte Tatsache belegt, dass die streitgegenständlichen Vernässungserscheinungen erst mit Durchführung der Ausbauarbeiten am …graben und damit mit dem plangenehmigten Vorhaben begannen. Die Beweistatsache zu a) bildet somit ein gewichtiges Indiz für die Kausalität des Vorhabens für die Schädigungen. Die Beweistatsache zu b) ist entscheidungserheblich, weil damit die Nachteiligkeit der Wirkung des Vorhabens im Verhältnis zum status quo und damit die Entschädigungspflichtigkeit belegt wird. Die Entscheidungserheblichkeit der Beweistatsache wird auch dadurch begründet, dass der Beklagte im angefochtenen Bescheid vom 10. August 20… die angeblich fehlende Kausalität des Vorhabens zentral damit begründet, dass „insbesondere die Vernässungen bereits vor dem Ausbau des …grabens aufgetreten" seien (Seite 8 des Bescheides).

6. Beweisantrag zu 6.

Es wird <u>beantragt,</u> durch

Parteivernehmung des …,
Vernehmung des Zeugen …,
Vernehmung des Zeugen …,
Vernehmung des Zeugen …,
Vernehmung des Zeugen …,
Vernehmung des Zeugen …,
Vernehmung des Zeugen …,

Beweis zu erheben.

Die Beweisaufnahme wird ergeben, dass

der Umfang der von den temporären, massiven Vernässungserscheinungen der landwirtschaftlich genutzten Eigentums- und Pachtflächen der Klägerin durchschnittlich ca. 80 ha betrug, im Jahr 20… sogar ca. 180 ha.

7. Beweisantrag zu 7.

Es wird <u>beantragt,</u> durch

Parteivernehmung des …,
Vernehmung des Zeugen …,

Anhang

Beweis zu erheben.

Die Beweisaufnahme wird ergeben, dass

bei dem im Rahmen der Ausbauarbeiten im März 20... erfolgten Ausbaggern des ...grabens massiv Wasser aus dem Bodenmaterial der klägerischen Flächen horizontal austrat und in den ...graben hineinströmte.

Begründung:

Der Beweisantrag ist begründet, weil die Beweistatsache entscheidungserheblich ist. Denn das horizontale Austreten von Wasser aus der Bodenschicht in den ...graben belegt, dass das sog. „Schwamm-Modell" zur Kausalität zutreffend ist.

I. Muster und Beispiele

8. Beispiel 8: Ablehnungsbeschluss nach § 86 Abs. 2 VwGO

Ort, Datum

PROTOKOLL

der öffentlichen Sitzung des Verwaltungsgerichts ...

– 1. Kammer –

Aktenzeichen:

Nach Wiedereintritt in die mündliche Verhandlung um 14:10 Uhr erging bezüglich der gestellten Beweisanträge folgender <u>Beschluss</u>:

Der Beweisantrag zu 1 wird abgelehnt, weil die Inaugenscheinnahme der Bilder selbst nur Auskunft über die Fotos und ihr Aufnahmedatum und nicht über die Verhältnisse vor Ort ergibt.

Der Beweisantrag zu 2 wird abgelehnt. Auf die behauptete Beweistatsache kommt es nicht an. Der von der Klägerin gezogene Schluss, die streitgegenständlichen Vernässungen müssten aus diesem Grunde als eine nicht voraussehbare Wirkung des Vorhabens oder der dem festgestellten Plan entsprechenden Anlage angesehen werden, ist auch nach Vortrag der Klägerin nicht notwendig. Die Klägerin selbst macht geltend, die Vernässungen würden insoweit auch auf einer mangelhaften Unterhaltung des Grabens in Form des Zulassens einer unzulässigen Verschilfung und Verlandung des Grabens beruhen.

Der Beweisantrag zu 3 a und d wird abgelehnt. Die Bodenstruktur ist zwischen den Beteiligten nicht streitig. Das Gericht geht davon aus, dass der Klägerin nur dem zumindest noch nicht vollständig mit Wasser gesättigten Torf die Eigenschaften des Wasseraufsaugens zusprechen will, dass der noch nicht vollständig mit Wasser gesättigte Torf Wasser wie ein Schwamm aufsaugen kann, ist eine gerichtsbekannte Tatsache. Ob Torf als Wasserhemmer bzw. als Wassergeringhalter anzusehen ist, kommt es jedenfalls im vorliegenden Fall nicht an. Das Gericht geht davon aus, dass das Wasser jedenfalls zumindest über einen längeren Zeitraum durch die nasse oder nass werdende Torfschicht weitergeleitet werden kann. Ebenso wenig geht das Gericht davon aus, dass es durch die Weiterleitung in noch nicht etwa mit Regenwasser gefüllte Mulden/Senken auch zu lokalen Seen aus Grabenwasser kommen kann. Soweit es sich um abflusslose Mulden/Senken handelt, kann dies auch dazu führen, dass dort auch nach dem Rückgang des Wasserstandes in den übrigen Gebieten als Folge der Entwässerungseinwirkung des Hauptgrabens/Grabenwassers bis zu seiner Verdunstung in der wärmenden Jahreszeit verbleiben kann.

Voraussetzung für eine Flutung der auf den Flächen der Klägerin vorhandenen Mulden/Senken durch das Grabenwasser aus dem ...graben ist dabei jedoch auch nach dem Schwammmodell der Klägerin, dass diese auf ihren Flächen vorhandenen Mulden/Senken nicht zuvor schon mit Regenwasser oder wegen anderer Ursachen gefüllt waren. Dies ist (zumindest inzwischen) tatsächlich nicht (mehr) feststellbar. Die Klägerin selbst hat vorgetragen, in der streitbefangenen Zeit sei es auch in den streitbefangenen Gebieten zu Regenfällen gekommen, wenngleich der Umfang dieser Regenfälle zwischen den Beteiligten streitig ist.

Ferner ist festzustellen, dass die Klägerin für den hier streitbefangenen Zeitraum ausdrücklich eine Flutung ihrer Flächen als Folge einer fehlerhaften Ausführung der Bauarbeiten selbst unter mangelhafter Betriebsführung in Form eines zu schnellen Ablaufenlassens des ... und in Form mangelnden Schutzes des Ablaufbauwerkes am ... und einer mangelhaften Unterhaltung in Form des Zulassens einer unzulässigen Verschilfung und Verlandung des Grabens und unzulässiger Eingriffe in den Abfluss selbst in

Anhang

Form einer unzulässigen Staustufe vorgetragen hat, dass es trotz einer ordnungsgemäßen Bewirtschaftung des Grabens und damit als Folge des plangetreu umgesetzten und bewirtschafteten Vorhabens und damit im Verantwortungsbereich der Beklagten zu den vorgetragenen Vernässungen gekommen sein könnte, hat die Klägerin für den streitbefangenen Zeitraum gerade nicht geltend gemacht.

Darüber hinaus ist der Umfang der möglichen Ursachen und der mögliche Anteil für die Vernässungen der streitbefangenen Flächen unbekannt und für die Vergangenheit nicht mehr feststellbar und damit die Einholung eines hydrogeologischen Gutachtens zu der Frage, ob die streitgegenständlichen Vernässungserscheinungen in der Vergangenheit ihre Ursache in der Anbindung des …grabens und damit exakt im Plan genehmigten Vorhaben hatten auch tatsächlich nicht mehr möglich.

Der Beweisantrag zu 3 b, c wird abgelehnt.

Es handelt sich um einen unzulässigen Beweisermittlungsantrag, der in der Sache auf das Auffinden brauchbaren Beweismaterials zielt, dass das bestehende Entwässerungssystem sowie es geplant ist, nicht ausreichend sein könnte, ist nicht hinreichend dargelegt. Insbesondere ist nicht ersichtlich, dass der …graben die Zulaufmengen der Straßenentwässerung nicht aufnehmen könnte. Die Klägerin hat weder vorgetragen, das Wasser des vollgefüllten …grabens sei über das Ufer getreten noch ergibt sich aus den Wasserspuren der Durchlässe ein solches über das Ufertreten. Gerade die Wasserspuren belegen, dass das Wasser des …grabens über das Ufer getreten ist. Auch aus dem Umstand, dass es tatsächlich zu Vernässungen gekommen ist, lässt sich kein Schluss dahin gehend ziehen, dass das geplante Vorhaben sei hierfür verantwortlich. Die Klägerin trägt selbst vor, weitere mögliche Ursachen für einen mangelnden Wasserabfluss und einer darauf beruhenden Vernässung lägen für die Flächen vor.

Der Beweisantrag zu 4 a bis e wird abgelehnt. Auf die Beweiserhebung kommt es nicht an. Die Klägerin hat selbst vorgetragen, das Protokoll der Gewässerschau vom 4.10. 20… stamme von dem Zeugen … und habe das Ergebnis der Gewässerschau und die dort getroffenen Feststellungen zutreffend wiedergegeben.

Der Beweisantrag zu Ziffer 5 a und b wird abgelehnt.

Auf die behauptete Beweistatsache kommt es nicht an. Der von der Klägerin gezogene Schluss, die streitgegenständlichen Vernässungen müssten aus diesem Grunde als eine nicht voraussehbare Wirkung des Vorhabens oder der dem festgestellten Plan entsprechende Anlage angesehen werden, ist auch nach dem Vortrag der Klägerin nicht zwingend notwendig. Die Klägerin selbst macht geltend, die Vernässungen würden zumindest zu einem nicht unerheblichen Teil auf einer fehlerhaften Ausführung der Bauarbeiten selbst und auf einer mangelnden Betriebsführung in Form eines zu schnellen Ablaufenlassens des … und in Form mangelnden Schutzes des Ablaufbauwerkes am … See und einer mangelhaften Unterhaltung in Form des Zulassens einer unzulässigen Verschilfung und Verlandung des Grabens und zulässiger Eingriffe in den Abfluss selbst in Form einer unzulässigen Staustufe beruhen. Wenn aber mehrere Ursachen zumindest in Betracht kommen, kann allein aus dem Umstand, dass vorher möglicherweise keine Vernässungen bestanden haben, nicht der notwendige Schluss gezogen werden, gerade die von der Klägerin vorgetragene Ursache müsse zumindest auch kausal sein. Die Klägerin hat im Übrigen u.a. mit Schriftsatz vom 30.10. 20… erklärt, bis zum 1.11. 20… sei es nicht zu Vernässungserscheinungen gekommen.

Der Beweisantrag zu 6 wird abgelehnt.

Auf die behauptete Beweistatsache kommt es nicht an.

Der Beweisantrag zu 7 wird abgelehnt.

Die Behauptung wird als wahr unterstellt.

I. Muster und Beispiele

9. Beispiel 9: Erfolgreicher Beweisantrag: Zeitgeschichtliches Sachverständigengutachten

Landgericht ...

In dem Rechtsstreit
... ./. ...

stellen wir für die Klägerin den folgenden

Beweisantrag:

Es wird <u>beantragt</u>, durch Einholung eines

zeitgeschichtlichen Sachverständigengutachtens

Beweis zu erheben. Die Beweisaufnahme wird ergeben, dass

> zum Zeitpunkt des alliierten Luftangriffs am ... 1945 das dortige ...-Tanklager nicht mit Mineralölprodukten gefüllt war, weil *erstens* zu diesem Zeitpunkt die Mineralöl- und Treibstoffvorräte des Deutschen Reichs weitestgehend erschöpft waren und Treibstoff an die Wirtschaft nicht mehr ausgeliefert wurde und *zweitens* wegen der völligen Zerstörung der Transportlogistik (Schienenwege, Güterwagons etc.) ein Transport von Mineralöl-/Treibstoff von der Raffinerie bzw. dem Hydrierwerk nach ... überhaupt nicht mehr möglich gewesen wäre.

Wir <u>regen an</u>,

als Gutachter einen Mitarbeiter einer der beiden nachfolgend genannten einschlägigen Forschungsinstitutionen zu bestellen:
1. Institut für ...
2. ...

Anhang

10. Beispiel 10: Beweisbeschluss (Zeitgeschichtliches Sachverständigengutachten) mit Mitteilung der zugrunde zu legenden Anknüpfungstatsachen (§ 404 a Abs. 3 ZPO)

Landgericht ...

Beweis-Beschluss

In dem Rechtsstreit

wegen ...

I.
Sachverhalt

Die Klägerin fordert von der Beklagten, die bis ins Jahr 19... auf dem ... ein Tanklager betrieben hat, sowie von anderen Handlungsstörern anteiligen Ersatz der Kosten zur Sanierung von Mineralölkontaminationen auf dem Gebiet des ..., dessen Areal sie an die Stadt ... im Jahr 20... verkauft hat unter gleichzeitiger Übernahme der Sanierungsverpflichtung im Rahmen eines Sanierungsvertrages.

Die Rechtsvorgängerin der Beklagten, die ... betrieb seit dem Jahre 19... im ... auf dem Grundstück in der ...straße ... ein Großtanklager. Die zum Tanklager gehörenden Einlaufschächte nebst Kesselwagenumfüllstelle befanden sich auf dem Grundstück ... Gegen Ende des Zweiten Weltkrieges erfolgten auf das Gelände des ... zwei Bombenangriffe. Ein Angriff am 1944 mit Tief-/Jagdfliegern, die über keine großen Bomben verfügten.

Am ... 1945 erfolgte ein Angriff mit schweren B17 Bombern, wobei laut Schreiben der ... (im Folgenden ... genannt) vom ... 19... (Anlage K 28) an das Stadtbauamt ... das Tanklager zum größten Teil zerstört wurde und die Versorgung mit Mineralölen in ... und Umgebung im Zeitpunkt des Schreibens nur sehr beschränkt und behelfsmäßig durchgeführt werden könne.

Zur Wiederherstellung des (im Wesentlichen) alten Zustandes beantragte die ... eine Baugenehmigung für 5 Lagertanks mit einem Gesamtfassungsvermögen von 325 cbm. Es ist deshalb davon auszugehen, dass im Zeitpunkt der oben genannten Bombenangriffe ebenfalls Mineralöltanks mit einem Fassungsvermögen von 325 cbm auf dem Grundstück ... vorhanden waren.

Eine Luftbildaufnahme über Bombeneinschläge auf und im Umfeld des Grundstücks ... mit daraus ersichtlichen Bombentrichtern findet sich in der Anlage K 57. Nähere Angaben zur historischen Erkundung sind in der Genehmigungsplanung der ... GmbH vom November 20... (Anlage B 16) enthalten.

In einem Artikel der „..." vom ... 20... wird berichtet, dass bei den alliierten Luftangriffen drei Tankwagen der Reichsbahn in Brand geschossen worden seien und daraufhin große Mengen Benzin ins Erdreich gelangt seien (Anlage B 12). Ein weiterer Bericht über den Fliegerangriff vom ... 19... im Zuge der Operation „....", wonach der ... Bahnhof viermal aus der Luft angegriffen worden sein soll, findet sich in einem Artikel des „..." vom ... 20... (Anlage B 17). In der Ausführungsplanung der ... GmbH für die Kampfmittelbeseitigung „...areal ..." vom Oktober 20... (K 122 Anlage 10) findet sich eine Auswertung und Zuordnung der Bombentreffer mit historischer Erkundung.

I. Muster und Beispiele

II.
Parteibehauptungen

1. Die Beklagte behauptet im Wesentlichen:

   Bei den Bombenangriffen vom ... 1944 und ... 1945 (wie dem Werk von K. Benzing, „Bombenangriffe auf ...", 1994 entnommen werden könne) sei der ... mehrfach getroffen worden. Aus den unter Ziff. 1 genannten B-Anlagen und der Luftbildaufnahme K 57 gehe hervor, dass das Tanklager der ... inklusive der Erdtanks und Leitungen durch die Bombenangriffe der Alliierten zerstört worden sei. Die eigenen Parteigutachter der Klägerin gelangten zu der Feststellung, der ... sei im 2. Weltkrieg stark von Fliegerangriffen betroffen worden (Bericht ... Anlage K 112 Gutachten Nr. 17) und dass ca. 175 bis 200 Bomben ausweislich der Auswertung der Luftbilder und Angaben von Zeitzeugen auf das Bahngelände niedergegangen seien (Bombengröße von 4,5 kg bis 226,5 kg) und das Bahnhofsgelände vollständig zerstört hätten (Bericht der ... GmbH zur „Ausführungsplanung für die Kampfmittelbeseitigung" ...areal ... vom 25.10. 20...; Anlage K 122 dort Anlage 10).

   Ausweislich der Anlage 3 zu Anlage K 119 sei ersichtlich, dass die Erdtanks der ... drei Volltreffer erhalten hätten und zehn weitere Bombentreffer in der Nähe des ...-Tanklagers erfolgt seien. Hieraus resultiere im Wesentlichen die vorgefundene Mineralölkontamination. Die Bombentrichter lägen genau auf der Grundwassermessstelle 207-1, in der wiederholt Mineralöl in Phase angetroffen worden sei.

   Hierdurch sei die Behauptung der Klägerin widerlegt, im Zeitpunkt der Bombenangriffe könnten keine erheblichen Mineralölbestände im Tanklager der ... vorhanden gewesen sein, weil in der Endphase des Zweiten Weltkrieges die Mineralölbewirtschaftung bereits zum Erliegen gekommen sei und die Wehrmacht über keine Mineralölprodukte mehr verfügt habe. Das Schreiben der ... vom ... 1947 (Anlage K 28) teile selbst mit, dass das Tanklager bis zu seiner Zerstörung Anfang 19... in Betrieb gewesen sei.

   Auch nach Auffassung des Landratsamts ... sei die Mineralölkontamination in der KF ... (ehemaliges ...-Tanklager) auf die Zerstörung der Tanks durch Kriegsereignisse zurückzuführen (Schreiben des LRA vom 24.7. 20..., Anlage B 11, sowie Presseberichte B 12 bis B 15). Auch der Hilfsvortrag der Klägerin, das eventuell im Zeitpunkt der Bombardierung im Tanklager der ... und der Fa. ... (Kontaminationsfläche 7088-02-007) vorhandene Mineralöl sei vollständig oder nahezu vollständig verbrannt, treffe nicht zu. Vielmehr sei durch die mehrfache Bombardierung, insbesondere die drei Volltreffer im Tanklager der ..., die zentral deren Erdtanks im unterirdischen Tankfeld getroffen hätten, Mineralöl in großem Umfang in den Boden versickert. Die bei Bombendetonationen ausgelösten Erdstöße könnten in einem Umfeld bis 100 m zu Beschädigungen der Erdtanks geführt haben. Im Übrigen sei die Zündgeschwindigkeit von Mineralöl nicht so schnell, dass es in einem Schlag verbrenne und nichts in den Erdboden gelangen könne. Dies zeigten auch praktische Erfahrungen mit Großbränden in Mineralöl-Tanklagern.

2. Die Klägerin behauptet im Wesentlichen:

   Das mineralöltypische Schadensbild sei aufgrund der Verteilung der sogenannten Hotspots, sowie sicherheitstechnischer Beanstandungen während der langen Betriebszeit des Lagers und zu erwartender Handhabungsverluste, betriebsbedingt verursacht.

   Demgegenüber sei es durch die Luftangriffe im ...gebiet nicht zu erheblichen Mineralölkontaminationen gekommen. Der erste Angriff im ... 1944 habe nicht zur Zer-

Anhang

störung von Baulichkeiten geführt und nur geringfügige Beschädigungen verursacht (Zeitungsartikel „..." vom ... 1994, Anlage K 91).

Bei dem zweiten Luftangriff am ... 19... sei es als singuläres Ereignis zu einer Zerstörung von Baulichkeiten gekommen. Nach der Lebenserfahrung sei davon auszugehen, dass nach dem ersten Luftangriff die Lagergüter aufgrund der weiteren zu erwartenden Angriffe entfernt worden seien. Die Tanks seien leer gewesen. Im Übrigen erscheine es lebensnah, dass gegen Ende des zweiten Weltkrieges keine relevanten Mengen an Mineralölprodukten mehr erzeugt und in das Tanklager transportiert werden konnten. Zu diesem Zeitpunkt seien die Transportwege nicht mehr intakt gewesen. Es sei auch nicht von der Zerstörung von Kesselwagen als Schadensursache auszugehen. Aus der Schrift von Karl Benzing „Bombenangriffe auf ... Der Krieg gegen Frauen und Kinder" (Anlage K 181) könne gefolgert werden, dass das ... Tanklager nicht getroffen worden sei, weil es ansonsten in dieser Schrift erwähnt worden wäre. Aus den zeitgeschichtlichen Zusammenhängen, insbesondere aus dem völligen Zusammenbruch Deutschlands und seiner Versorgungswirtschaft in den letzten Wochen des zweiten Weltkrieges folge, dass auf dem ... im Zeitpunkt der Bombenangriffe kein Mineralöl mehr vorhanden gewesen sein könne, noch dorthin transportiert worden sei. Deutschland habe sein Mineralöl aus der Sowjetunion bezogen, das als Hauptkriegsgegner zu diesem Zeitpunkt seine Lieferungen längst eingestellt gehabt habe (Karl/Stokes, Faktor Öl – Die Mineralölwirtschaft in Deutschland von 1859–1974, München, 2003, 5. 243, Anlage K 142). Bei Kriegsende sei die Mineralölwirtschaft in Deutschland in Trümmern gelegen. Alle großen Hydrierwerke seien mehr oder minder schwer beschädigt gewesen. Ihre Kapazitäten seien im März 1945 auf ganze 3 % des einstigen Höchststandes gefallen (Karl/Stokes a.a.O.). Der Waggonbestand der Reichsbahn sei aufgrund der Luftangriffe im Februar 19... kapazitätsmäßig nur noch in der Lage gewesen, 1/5 des Güterverkehrs zu bewältigen (Anlage K 141). Dass ausgerechnet das E. ...-Tanklager in ... am ... 1945, wenige Wochen vor dem völligen wirtschaftlichen und militärischen Zusammenbruch Deutschlands noch mit Mineralöl befüllt gewesen sei, sei undenkbar. Selbst wenn man unterstelle, das befüllte E. ...-Tanklager wäre durch Fliegerbomben getroffen worden, hätte der Bombentreffer dazu geführt, dass die Lagertanks sofort explodiert und deren Inhaltsstoffe verbrannt wären, ohne dass Mineralöl im Boden versickert wäre. Mineralölprodukte seien hochentzündliche brennbare Flüssigkeiten, die im Fall eines Bombentreffers sofort entflammten und infolge der Explosion vollständig verbrannten. Die Zündgeschwindigkeit betrage nur Bruchteile von Sekunden. Selbst wenn man weiter unterstelle, es wäre in näher nicht definiertem Umfang Mineralöl ins Erdreich gelangt, könne dies keinen nennenswerten Umfang am Gesamtschaden verursacht haben. In den rund 6 Jahrzehnten der Nutzung des Tanklagers nach den Fliegerangriffen wäre es durch Entgasung, Austragung über das Grundwasser und mikrobiologischen Abbau zur Beseitigung der kriegsbedingten Mineralölschäden gekommen.

Das Zitat aus der integralen Detailuntersuchung des ..., wonach die Ursache für die MKW-, BTEX- und PAK-Belastung in der Zerstörung des Tanklagers zu sehen sei, entbehre einer Begründung und sei durch zeitnahe Untersuchungen dahingehend revidiert, dass das „alte Tanklager nur teilweise für den Gesamtschaden verantwortlich sei". Es sei aber aufgrund der früher üblichen Umgangsweise sowie baulicher Einrichtungen davon auszugehen, dass durch den Betrieb des Tanklagers bis zu dem Bombardement es zu relevanten Mineralölaustritten gekommen sei. Kriegseinwirkungen hätten eine völlig untergeordnete Bedeutung gehabt. Handhabungsschäden seien insbesondere auf dem seit 19... von der ... betriebenen Fasslager zu erwarten gewesen, aber auch an den Befüllanlagen beim Entladen der Kesselwagen.

I. Muster und Beispiele

III.

Es soll zunächst ein zeitgeschichtliches Gutachten eingeholt werden zu den strittigen Behauptungen der Parteien, ob die kriegsbedingte Mineralölbewirtschaftung gegen Kriegsende im Zeitpunkt der Fliegerangriffe auf den ... in ... am 1945 den sicheren Schluss zulasse, dass die Tanklager der ... zu diesem Zeitpunkt leer waren und auch ausgeschlossen werden könne, dass sich auf dem ... im Zeitpunkt der Bombenangriffe am ... und ... 19... mit Mineralölprodukten beladene Kesselwagen auf dem Gelände des ...es an den Abfüllstellen befanden, die durch die Fliegerangriffe beschädigt werden konnten.

IV.

Die Benennung des Sachverständigen erfolgt später.

Die Beklagte möge sich zunächst binnen zwei Wochen nach Erhalt dieses Beschlusses dazu äußern, ob sie Bedenken gegen die Bestellung des von der Klägerin im Schriftsatz vom 8.5.20... auf Seite 51 benannten Gutachters Prof. ... hat.

Die Erteilung eines Gutachtenauftrages wird davon abhängig gemacht, dass die Klägerin binnen drei Wochen nach Erhalt dieses Beschlusses einen Kostenvorschuss in Höhe von € 2000,– bei der Gerichtskasse einbezahlt.

V.

Für den weiteren Verfahrensgang weist die Kammer darauf hin, dass beabsichtigt ist, je nach Ausgang des historischen Gutachtens, ein physikalisch/chemisches Gutachten einzuholen zu den strittigen Behauptungen der Parteien, aufgrund der dokumentierten Bombeneinschläge auf den Kontaminationsflächen mit der Endnummer ... und ... seien infolge der Druckwelle bei der Explosion der Sprengkörper die Erdtanks so beschädigt worden, dass Mineralöl ins Erdreich gelangte bzw. etwaige Mineralölbestände im E. ...-Tanklager rückstandslos verbrannt seien.

Sodann wäre je nach Ausgang des vorgenannten Gutachtens ein weiteres Gutachten zu den strittigen Behauptungen der Parteien einzuholen, ob etwa bei den Bombenangriffen ins Erdreich gelangte Mineralölrückstände durch Zeitablauf abgebaut wären und dem dokumentierten Mineralölschaden nicht mehr zuzuordnen wären.

Falls kriegsbedingte Mineralölschäden ausscheiden bzw. deren Umfang hinter dem dokumentierten Mineralölschaden zurückbleibt, wäre dann ein Gutachten zu den betriebsbedingten Verursachungsanteilen der Beklagten an dem dokumentierten Mineralölschaden einzuholen, dessen Beweisthema dann noch gesondert anhand des Parteivortrages zu bestimmen wäre.

Schlussendlich wäre die einem Verursachungsanteil der Beklagten zuordenbare Schadenshöhe durch ein Gutachten zu klären.

Anhang

11. Beispiel 11: Beweisbeschluss Sachverständigengutachten (Eignung zum Führen von Kfz)

Verwaltungsgericht ...

Beschluss

Aktenzeichen

In dem verwaltungsgerichtlichen Verfahren

der Frau ...,

Klägerin,

Prozessbevollmächtigter:

gegen

den Landrat des -Kreises,

Beklagten,

wegen Entziehung der Fahrerlaubnis

hat die 11. Kammer des Verwaltungsgerichts ...
am 9.2.20...
durch
den Richter am Verwaltungsgericht ...
als Einzelrichter
beschlossen:

1. Es soll Beweis darüber erhoben werden, ob bei der Klägerin eine psychische Erkrankung nach Ziffer 7 der Anlage 4 zu den §§ 11, 13 und 14 FeV vorliegt, die ihre Eignung zum Führen von Kraftfahrzeugen beeinträchtigt oder ausschließt.[1015]
2. Mit der Durchführung der Begutachtung wird die Obergutachterstelle für das Land Nordrhein-Westfalen zur Beurteilung der Eignung von Kraftfahrzeugführern, Maarweg 231 – 233, 50825 Köln, beauftragt.

Die Obergutachterstelle darf zur fachlichen Unterstützung gegebenenfalls auch weitere, für notwendig gehaltene ärztliche Gutachten einholen oder weitere Untersuchungen zur Klärung der Gutachtenfrage (gegebenenfalls Leistungstests) durchführen.

[1015] Zu den Sachverständigengutachten der sog. MPU-Stelle s.o. Rdnr. 223.

I. Muster und Beispiele

12. Beispiel 12: Beweisbeschluss (selbstständiges Beweisverfahren)

VG Darmstadt 2. Kammer
Entscheidungsdatum: 21.1.2010
Aktenzeichen: 20 1482/09.DA

Selbständiges Beweisverfahren[1016]

Tenor

I. Es wird die Einholung eines schriftlichen Sachverständigenbeweises zu folgenden Fragen angeordnet:
1. Weist der Entwässerungskanal im Geltungsbereich des Durchführungsvertrages zum vorhabenbezogenen Bebauungsplan 1/05 der Antragsstellerin „Z.", insbesondere in der Y.-Straße auch nach der Kanalsanierung durch die Antragsgegnerin zu 1) noch Mängel auf? Insbesondere: Stellt die durch die Antragsgegnerin zu 1) durchgeführte Sanierung einen Zustand des Kanals dar, der hinsichtlich Gebrauchsfähigkeit, Haltbarkeit, Lebensdauer, Reparaturanfälligkeit und auch ansonsten mit einem von Anfang an mangelfreien, nicht sanierten Abwasserkanal gleichwertig ist?
2. Welche Ursachen haben die ursprünglich aufgetretenen Muffenundichtigkeiten? Ist auf Grund der Art und Weise der Verlegung zukünftig mit dem Auftreten weiterer Muffenundichtigkeiten, beispielsweise durch Setzungen etc. zu rechnen?
3. Sofern ein Mangel in dem oben genannten Sinn festgestellt wird:
Welche baulichen Maßnahmen sind erforderlich, um eine Beschaffenheit des Kanals herzustellen, die hinsichtlich Gebrauchsfähigkeit, Haltbarkeit, Lebensdauer, Reparaturanfälligkeit und auch ansonsten mit der Beschaffenheit eines von Anfang an mangelfrei hergestellten Abwasserkanals gleichwertig ist? Ist hierzu insbesondere die Neuherstellung des Kanals erforderlich?
4. Welche Kosten werden für die gemäß Ziffer 3 erforderlichen baulichen Maßnahmen voraussichtlich entstehen?
5. Wird nach Durchführung der baulichen Maßnahmen gemäß Ziffer 3 ein Minderwert verbleiben? Wenn ja, welcher Minderwert?

II. Mit der Erstellung des Gutachtens wird beauftragt
Dr. XXX

III. Der Wert des Streitgegenstandes wird auf 10 000 EUR festgesetzt.

Gründe

1 Der Antrag der Antragstellerin, im selbständigen Beweisverfahren gemäß § 485 Abs. 2 ZPO ein schriftliches Sachverständigengutachten zu den aus dem Tenor ersichtlichen Fragestellungen einzuholen, ist zulässig und begründet.

2 Nach § 98 VwGO ist § 485 ZPO auch im verwaltungsgerichtlichen Verfahren anwendbar, wenn Ansprüche geltend gemacht werden, denen ein öffentlich-rechtliches Rechtsverhältnis zugrunde liegt. Vorliegend dient das selbständige Beweisverfahren der Vorbereitung von Ansprüchen aus dem zwischen der Antragstellerin und der Antragsgegnerin zu 1) am 20.6.20… geschlossenen Durchführungsvertrag zum vorhabenbezogenen Bebauungsplan 1/05 „Z.". Bei diesem Durchführungsvertrag gemäß § 12 BauGB handelt es sich unstreitig um einen öffentlich-rechtlichen Vertrag. Auch wenn die Antragsgegnerin zu 2) nicht unmittelbare Vertragspartnerin des

---

[1016] Zum selbstständigen Beweisverfahren im Verwaltungsprozess eingehend s.o. Rdnr. 291–298.

Anhang

Durchführungsvertrages ist, haftet sie gleichwohl nach § 128 HGB uneingeschränkt für alle Forderungen der Antragstellerin aus dem zwischen ihr und der Antragsgegnerin zu 1) geschlossenen öffentlich-rechtlichen Vertrag. Folglich finden auch insoweit die Ansprüche der Antragstellerin gegen die Antragsgegnerin zu 2) maßgeblich ihre Rechtsgrundlage im öffentlich-rechtlichen Vertrag, so dass das selbständige Beweisverfahren auch insoweit als öffentlich-rechtliche Streitigkeit zulässig ist.

3 Die Antragstellerin hat auch ein berechtigtes Interesse an den Feststellungen nach § 485 Abs. 2 Ziffer 1, 2 und 3 ZPO geltend gemacht. Ein rechtliches Interesse ist dann anzunehmen, wenn die Feststellung der Vermeidung eines Rechtsstreites dienen kann (§ 485 Abs. 2 Satz 2 ZPO). Dabei ist das rechtliche Interesse weit auszulegen, da es nicht Sinn des selbständigen Beweisverfahrens ist, die Erfolgsaussichten eines (späteren) Hauptsacheverfahrens zu prüfen (VG München, Beschluss vom 20.8.20… – M 7 X1 01.2729 –, zitiert nach Juris). Das rechtliche Interesse ist deshalb nur zu verneinen, wenn kein Rechtsverhältnis, kein möglicher Prozessgegner oder kein Anspruch ersichtlich ist (VG Trier, Beschluss vom 3.7.20… – 5 O 335/07.TR –, zitiert nach juris). Vorliegend macht die Antragstellerin geltend, dass die beantragten Feststellungen dazu dienen, Fehler in der erbrachten Werkleistung aufzudecken, die zu Mangelbeseitigungsansprüchen gegen die Antragsgegnerinnen zu 1) und 2) nach § 11 des Durchführungsvertrages führen können. Ob diese Ansprüche letztendlich gegeben sind, ist nicht Gegenstand des selbständigen Beweisverfahrens.

4 Der Antrag genügt auch den Erfordernissen des § 487 ZPO. Dabei sind an die Darlegungen im selbständigen Beweisverfahren nicht dieselben Anforderungen zu stellen wie an die Darlegungen in einem Rechtsstreit. Erforderlich ist allerdings die Angabe bestimmter Tatsachen, über die Beweis erhoben werden soll, wenigstens in groben Zügen. Ein Ausforschungsbeweis ist auch im selbständigen Beweisverfahren unzulässig (OLG Düsseldorf, Beschluss vom 22.11.19… – 22 W 60/91 –, zitiert nach Juris; Thüringer OLG, Beschluss vom 1.10.19… – 3 W 129/98 –, zitiert nach Juris; VG Trier, Beschluss vom 3.7.20… – 5 O 335/07.TR –, a.a.O.). Entgegen der Auffassung der Antragsgegnerin zu 1) sind die beantragten Feststellungen vorliegend konkret genug. Soweit die Antragstellerin unter Ziffer 1 ihres Antrages die Überprüfung fordert, ob auch nach der Kanalsanierung durch die Antragsgegnerin zu 1) noch Mängel vorhanden sind, insbesondere ob die durchgeführte Sanierung des Kanals gleichwertig ist mit einem von Anfang an mangelfrei erstellten Abwasserkanal, wird die Begutachtung des Zustandes einer Sache im Sinne von § 485 Abs. 2 Ziffer 1 ZPO begehrt, an dem aufgrund der zwischen der Antragstellerin und der Antragsgegnerin zu 1) umstrittenen Art und Weise der Sanierung hinreichend konkrete Zweifel bestehen. In Ziffer 2 ihres Antrages fordert die Antragstellerin entgegen der Auffassung der Antragsgegnerin zu 1) keinen Beweis über zukünftige Mängel, sondern entsprechend § 485 Abs. 2 Ziffer 2 ZPO die Feststellung der Ursache der unstreitig tatsächlich ursprünglich aufgetretenen Muffenundichtigkeiten. Da die beantragten Feststellungen sowohl des Zustandes der Sache als auch der Ursachen eines Sachmangels hinreichend konkretisiert sind, sind auch die beantragten Feststellungen zur etwaigen Erforderlichkeit von baulichen Maßnahmen (Ziffer 3 des Antrages) und zur Höhe deren Kosten (Ziffer 4 des Antrages) nach § 485 Abs. 2 Nr. 3 ZPO sowie zum Wert der Sache nach einer etwaigen notwendigen Durchführung baulicher Maßnahmen nach § 485 Abs. 2 Ziffer 1 und 3 ZPO zulässig.

5 Die Kostenentscheidung unterbleibt im Hinblick auf § 491 a Abs. 2 ZPO (zur Anwendbarkeit dieser Vorschrift im Verwaltungsverfahren vgl. Eyermann, Verwaltungsgerichtsordnung, 11. Auflage 20…, § 98 Rdnr. 38).

6 Der Streitwert wurde gemäß § 52 Abs. 1 GKG festgesetzt.

7 Der Beschluss ist nicht anfechtbar (§ 490 Abs. 2 ZPO).

I. Muster und Beispiele

13. Beispiel 13. Beweisbeschluss Auskunft (Asylrecht)

Oberverwaltungsgericht …

Ort, Datum

Auswärtiges Amt

Aktenzeichen

Verwaltungsstreitverfahren eines Staatsangehörigen der Islamischen Republik Iran wegen Abschiebungsschutz

Anl.: Beschluss vom 18. Februar 201…
…

Sehr geehrte Damen und Herren,

in oben genannter Verwaltungsstreitsache soll Beweis erhoben werden durch die Einholung von Auskünften. Wegen der Einzelheiten nehme ich Bezug auf den Inhalt des anliegenden Senatsbeschlusses vom 18.2. 20…

Ergänzend wird zum Sach- und Streitstand auf Folgendes hingewiesen:

Der am … geborene Kläger ist Staatsangehöriger der Islamischen Republik Iran. Seinen Angaben zufolge reiste er im August 19… in das Bundesgebiet ein. Nach bestandskräftigem (erfolglosem) Abschluss des Asylverfahrens begehrt er nunmehr im Rahmen eines Asylfolgeverfahrens die Zuerkennung der Flüchtlingseigenschaft sowie hilfsweise die Feststellung von Abschiebungsverboten u. a. nach § 60 Abs. 5 und Abs. 7 Satz 1 AufenthG.

Der Kläger ist seit dem Jahr 20… Mitglied der … und der … Im Jahr 20… wurde er zum Vorsitzenden des Verbands der … in … gewählt; derzeit nehme er, so der Kläger in der mündlichen Verhandlung vor dem Senat, für den Verband der … in … sämtliche Vorstandsfunktionen wahr. Ferner wirkt der Kläger im … mit und ist seit dem 3.3. 20… Mitglied im … Nach seinen Angaben in der mündlichen Verhandlung hat er in den Jahren 20… und 20… an Mahnwachen, die in … abgehalten wurden, sowie an Veranstaltungen des … und des … teilgenommen. Ferner moderiert der Kläger seit Ende 20… bei einem Lokalsender in … eine Sendung mit dem Titel …

Für die Beantwortung der im Beweisbeschluss gestellten Fragen darf ich mich im Voraus bedanken. Für Rückfragen stehe ich jederzeit, auch telefonisch, zur Verfügung.

Mit freundlichen Grüßen

…
Richterin am OVG

Anhang

Oberverwaltungsgericht ...

Ort, Datum

Aktenzeichen

Beschluss

In der Verwaltungsrechtssache

– Kläger –
– Berufungsbeklagter –

prozessbevollmächtigt:

gegen

die Bundesrepublik Deutschland
vertreten durch das Bundesamt
für Migration und Flüchtlinge
Frankenstraße 210, 90461 Nürnberg

– Beklagte –
– Berufungsklägerin –

beteiligt:
Der Bundesbeauftragte für Asylangelegenheiten,
Rothenburger Straße 29, 90513 Zimdorf

– Berufungskläger –

wegen

Abschiebungsschutz
hier: Berufung

hat der 2. Senat des ... Oberverwaltungsgerichts durch den Vizepräsidenten des Oberverwaltungsgerichts ..., den Richter am Oberverwaltungsgericht ... und die Richterin am Oberverwaltungsgericht ...

am 18. Februar 20...

beschlossen:

Es soll Beweis erhoben werden durch die Einholung von Auskünften

– des Auswärtigen Amtes, Werderscher Markt 1, 10117 Berlin
– von Amnesty International Sektion der Bundesrepublik Deutschland e.V., Greifswalder Straße 4, 10405 Berlin
– des ...
– des Rechtsanwalts ...

zu folgenden Fragen:

1. Ist vor dem Hintergrund der exilpolitischen Aktivitäten des Klägers für die ... und die ... sowie seiner Mitgliedschaft im ... davon auszugehen, dass diese Umstände sowie ... den iranischen Sicherheitsbehörden bekannt geworden sind?
2. Unterscheidet sich der Kläger aufgrund seiner exilpolitischen Aktivitäten und/oder der Veröffentlichung und des Inhalts der genannten Bücher von der Masse der in der Bundesrepublik Deutschland exilpolitisch tätigen Iraner?

I. Muster und Beispiele

3. Liegen Erkenntnisse darüber vor, ob die iranischen Sicherheitsbehörden die exilpolitischen Aktivitäten des Klägers und/oder vergleichbare Aktivitäten als Bedrohung für den Bestand des iranischen Regimes ansehen?

    Wenn ja, welche Folgen knüpfen sich für den Kläger oder andere Aktivisten gegebenenfalls hieran?

Dieser Beschluss ist unanfechtbar (§ 80 AsylVfG).

Anhang

14. Beispiel 14. Beweisbeschluss Sachverständigengutachten (Asylrecht)

Verwaltungsgericht …

Ort, Datum

Aktenzeichen

Herrn …

Sehr geehrter Herr Dr. …,
in der Verwaltungsrechtssache

./. **Bundesrepublik Deutschland**

nehme ich Bezug auf das am heutigen Tage mit Ihnen geführte Telefonat und bedanke mich noch einmal für Ihre Bereitschaft, als Gutachter im vorliegenden Verfahren tätig sein zu können.

Die Kammer hat durch den Unterzeichner mit Beschluss vom heutigen Tage Sie als Gutachter in dem vorliegenden Asylfolgeverfahren bestellt. Wegen der im Rahmen des Gutachtens zu beantwortenden Fragestellung, wird auf den Beweisbeschluss vom heutigen Tage, der sich zu der Gerichtsakte - … - befindet, verwiesen.

Diesem Schreiben sind beigefügt die Gerichtsakte, die beigezogenen Gerichtsakten des Verwaltungsgerichts … aus den vorangegangenen Klageverfahren des Klägers, die beigezogenen Verwaltungsvorgänge des Bundesamtes für Migration und Flüchtlinge sowie die vom Landkreis Emsland als zuständiger Ausländerbehörde angeforderte Ausländerakte des Klägers. Desweiteren wird verwiesen auf die der Kammer vorliegenden Erkenntnismittel, wie sie sich aus der Auflistung in der Gerichtsakte (Bl. 27 ff.) ergeben. Die entsprechenden Erkenntnismittel können Ihnen auf Anforderung jederzeit zur Verfügung gestellt werden.

Ich bitte Sie zunächst, den Eingang des vorliegenden Schreibens nebst beigefügten Akten binnen eines Monats nach hier zu bestätigen. Ich darf Sie bitten, in Ihrer Eingangsbestätigung auch die voraussichtliche Dauer der Bearbeitung des Gutachtenauftrages für die Verfahrensbeteiligten mitzuteilen.

Zur Beantwortung der Beweisfrage bitte ich zunächst zu überprüfen, ob die Angaben des Klägers zu seiner exilpolitischen Betätigung für die Organisation der … zutreffend sind. Insbesondere bitte ich Sie, die Stellung des Klägers innerhalb der Organisation … anhand objektiver Kriterien herauszuarbeiten.

Anschließend bitte ich Sie zu überprüfen, ob an der von der Kammer in ständiger Rechtsprechung (vgl. etwa Beschluss der Kammer vom 10.05.20…) vertretenen Auffassung, eine Rückkehrgefährdung für einen Regimegegner bzw. -kritiker aus dem Iran könne nur dann angenommen werden, wenn der betroffene Ausländer sich bei seinen Aktivitäten persönlich exponiert habe, also im organisatorischen Bereich aufgefallen oder sonst namentlich in Erscheinung getreten sei, auch nach den jüngsten Ereignissen im Zuge der in diesem Jahr stattgefundenen Parlamentschaftswahlen im Iran und dem verschärften Vorgehen der iranischen Sicherheitskräfte gegen oppositionelle Kräfte festgehalten werden kann. Diese Einschätzung der Kammer stützt sich maßgeblich auf die bisherigen gutachterlichen Stellungnahmen des …-Institutes in … bzw. die Einschätzung des Herrn Rechtsanwalt ….

Weiterhin soll das Gutachten auf die besondere Situation der Volksmudjaheddin und deren Stellung innerhalb der exiloppositionellen Kräfte des Irans eingehen und die Situation der Angehörigen der Volksmudjaheddin näher beleuchten. Auf den Bericht von

I. Muster und Beispiele

Amnesty International mit dem Titel „Die Unterdrückung der Meinungsfreiheit verschlimmert sich im Vorfeld des Termins der Präsidentschaftswahl" vom Februar 20..., S. 6, dort zur Inhaftierung Familienangehöriger von Mitgliedern der Volksmudjaheddin (PMOI) am 16.1. 20..., wird verwiesen.

Schließlich soll das Gutachten auch die Frage beantworten, ob angesichts der im Fluss befindlichen politischen Verhältnisse im Iran verlässliche Aussagen zur Behandlung von rückkehrenden Exiliranern getroffen werden können, die in dem Verdacht stehen, sich exiloppositionell betätigt zu haben. Hierbei ist insbesondere auf die Gruppe der Sympathisanten bzw. Anhänger und Mitglieder der Volksmudjaheddin bzw. Ihrer europäischen Organisationen wie dem Nationalen Widerstandsrat einzugehen. Können hierbei allgemein gültige Kriterien zur Beantwortung der Frage einer Rückkehrgefährdung eines Exiloppositionellen aufgestellt werden? Wie ist die Situation in dem vorliegenden Einzelfall des Klägers zu bewerten?

Ich bedanke mich bereits vorab für Ihre Mitwirkung an der Aufklärung des Sachverhaltes und stehe für Rückfragen jederzeit zur Verfügung.

Mit freundlichen Grüßen

Richter am Verwaltungsgericht

Beglaubigt

Justizobersekretärin

Anhang

Verwaltungsgericht …

BESCHLUSS

Aktenzeichen

In der Verwaltungsrechtssache

Staatsangehörigkeit: iranisch,

Klägers,

Proz.-Bev.:

g e g e n

die Bundesrepublik Deutschland,
vertreten durch das Bundesamt für Migration und Flüchtlinge,

Beklagte,

Streitgegenstand: Asylrecht (Iran – Folgeantrag)

hat das Verwaltungsgericht … am 15. Dezember 20… durch den Einzelrichter beschlossen:

> Es soll Beweis erhoben werden über die Behauptung des Klägers, er sei wegen seiner bisherigen exilpolitischen Betätigung für die Volksmudjaheddin (MEK), insbesondere seiner im Asylfolgeverfahren aufgezeigten Aktivitäten und der Inhaberschaft der Leitungsfunktion des Verantwortlichen des Nationalen Widerstands für Nord-West-Deutschland, im Falle einer Rückkehr in den Iran mit beachtlicher Wahrscheinlichkeit einer konkreten Gefahr politischer Verfolgung ausgesetzt, durch Einholung eines Sachverständigengutachtens des Dr. …

Dieser Beschluss ist unanfechtbar, § 80 AsylVfG.

…

I. Muster und Beispiele

15. Beispiel 15. Beweisbeschluss Auskunft (Asylrecht)

Verwaltungsgericht ...

Aktenzeichen

Betreff: Asylverfahren eines Staatsangehörigen aus Sierra Leone

Anlagen: 1 Beweisbeschluss vom 17.5. 20... (2fach)
             1 Empfangsbekenntnis

Sehr geehrte Damen und Herren,

Sie werden gebeten, die im anliegenden Beweisbeschluss gestellten Fragen zu beantworten.

Mit freundlichen Grüßen

Der Berichterstatter:

beglaubigt:

Gerichtshauptsekretärin

Anhang

Verwaltungsgericht …

Aktenzeichen

In der Verwaltungsrechtssache

– Kläger –

prozessbevollmächtigt:

gegen

Bundesrepublik Deutschland,
vertreten durch das Bundesamt für Migration und Flüchtlinge

– Beklagte –

wegen Asyl u. a.

hat das Verwaltungsgericht … – 1. Kammer – durch den Richter am Verwaltungsgericht

am **17. Mai 20…**

beschlossen:

Zu den unter „Gründe" aufgezählten Fragen soll Beweis erhoben werden durch Einholung einer Auskunft beim Auswärtigen Amt, Werderscher Markt 1, 10117 Berlin

Gründe

Der am … geborene Kläger ist Staatsangehöriger des Staates Sierra Leone. Das Bundesamt für die Anerkennung ausländischer Flüchtlinge stellte mit Bescheid vom 11.6. 20… fest, dass hinsichtlich des Staates Sierra Leone die Voraussetzungen des § 51 Abs. 1 AuslG vorliegen. In der Begründung führte das Bundesamt aus, der Kläger habe „sich persönlich und in exponierter Weise gegen die jetzige Regierung Kabba engagiert". Das Bundesamt ging auch im Übrigen vom Vortrag des Klägers aus. Danach war der Kläger Anhänger der „AFRC Militärjunta" (…).

Das Bundesamt für Migration und Flüchtlinge widerrief aufgrund einer von ihm festgestellten Änderung der Lage in Sierra Leone die Feststellung der Voraussetzungen des § 51 Abs. 1 AuslG. Es stellen sich folgende Fragen:

1. Werden Personen, die wie der Kläger in exponierter Stellung den AFRC unterstützt haben von staatlichen Stellen oder privaten Akteuren in Sierra Leone verfolgt? Falls keine Verfolgungssituation besteht, kann diese als stabil bezeichnet werden?

2. Gibt es für die Unterstützer des AFRC eine Amnestie? Falls es eine solche gibt, wird sie in der Praxis auch angewendet?

I. Muster und Beispiele

16. Beispiel 16. Beweisbeschluss Auskunft (Asylrecht)

Verwaltungsgericht ...

Ort, Datum

Auswärtiges Amt

Aktenzeichen

Sehr geehrte Damen und Herren,

in der Verwaltungsrechtssache

Bundesrepublik Deutschland

liegen dem Beweisbeschluss folgende Angaben des Klägers zugrunde:

Der 19... in ... geborene Kläger reiste 19... mit seinen Eltern in das Bundesgebiet ein. Am ... in die Türkei abgeschoben. Nach insgesamt fünf unerlaubten Einreisen zwischen 19... und 20... wurde der Kläger jeweils in die Türkei zurückgeschoben. Zu einem unbekannten Zeitpunkt vor dem 28. April 20... reiste der Kläger erneut unerlaubt in das Bundesgebiet ein. Am ... wurde er festgenommen und verbüßte bis zum ... eine Freiheitsstrafe. U. a. hatte ihn das Amtsgericht Hannover wegen Diebstahls in erschwertem Fall in vier Fällen zu einer Freiheitsstrafe (Tatzeitpunkte: 20... sowie ...) verurteilt. Der Kläger ist drogenabhängig.

... beantragte der Kläger seine Anerkennung als Asylberechtigter. Zur Begründung führte er u. a. aus: 19... habe er einen Einberufungsbescheid zur Ableistung des Militärdienstes erhalten. Er sei dann untergetaucht und 19... nach Deutschland geflüchtet. Im August 19... sei er in der Türkei zur Ableistung seines Wehrdienstes aufgefordert worden. Der Aufforderung sei er nicht nachgekommen, weil er Angst davor habe, Waffen gegen andere Menschen richten zu müssen. Man habe ihn verhaftet und zum Stützpunkt seiner vorgesehenen Einheit nach Manisa gebracht. Zwei Tage später sei ihm die Flucht gelungen. Im Januar 19... sei er in Gaziantep verhaftet und im Gefängnistrakt in Manisa inhaftiert worden. Drei Wochen später sei er zum Militärgericht nach Izmir gebracht und dort im Militärgefängnis in Sirinyer eingeliefert worden. Man habe ihn dort misshandelt. Aufgrund einer Lungenentzündung sei er ins Militärkrankenhaus Hatay gebracht worden. Er sei verurteilt worden. Man habe ihn nach seiner Genesung nach 63 Tagen entlassen und für 1,5 Monate zur Rekonvaleszenz beurlaubt mit der Maßgabe, sich zum Militärdienst in Manisa zu melden. Aus Furcht vor einer erneuten Inhaftierung sei er nach Deutschland geflohen, wo er im Februar 20... verhaftet worden sei. Im Juli 20... sei er in die Türkei abgeschoben worden, wo er noch auf dem Flughafen in Istanbul verhaftet worden sei. Über Manisa habe man ihn in das Militärgefängnis nach Izmir gebracht. Dort sei er wieder misshandelt worden. Am ... sei er zu 2 Jahren und 6 Monaten Haft verurteilt worden. Man habe ihn aber entlassen, damit er erst seinen Militärdienst ableiste. Beim Wehramt in Izmir habe er seine Papiere geholt und sollte sich zwei Tage später in Manisa melden. Er sei aber geflüchtet und untergetaucht. Im Februar 20... sei er in Giresun verhaftet und von dort in das Militärgefängnis nach Izmir überstellt worden. Dort sei er erneut unmenschlich misshandelt worden. Man habe ihn im November 20... ein weiteres Mal auf Bewährung entlassen, damit er seinen Militärdienst ableiste. Er sei erneut geflüchtet und habe sich versteckt. Im Februar 20... sei er erneut nach Deutschland geflohen und habe sich hier illegal aufgehalten.

Mit freundlichen Grüßen

beglaubigt:

Justizangestellte

Anhang

Verwaltungsgericht …

Aktenzeichen

BESCHLUSS

In der Verwaltungsrechtssache des

– Kläger –

Proz.-Bev.: Rechtsanwälte …

gegen

die Bundesrepublik Deutschland,
vertreten durch das Bundesamt für Migration und Flüchtlinge

– Beklagte –

Streitgegenstand: Asyl und Feststellung nach § 60 Abs. 1 AufenthG

hat das Verwaltungsgericht … – 1. Kammer – auf die mündliche Verhandlung vom 28. Januar 20… durch den Vorsitzenden beschlossen:

I. Es soll Beweis erhoben werden über folgende Fragen:
1. Gibt es in der Türkei eine gesetzliche Regelung oder eine verlässliche Praxis, die eine wiederholte strafrechtliche Verfolgung derjenigen verhindert, die die Ableistung des Militärdienstes aus Gewissensgründen verweigern (Europäischer Gerichtshof für Menschenrechte, Urteil vom … gegen Türkei)?
2. Muss der Kläger bei einer Rückkehr in die Türkei mit einer erneuten Einberufung zum Militärdienst rechnen und droht ihm im Falle seiner Weigerung deswegen eine Bestrafung?
3. Muss der Kläger, soweit bei ihm durch ein aus Deutschland stammendes fachpsychiatrisches Gutachten das Vollbild einer posttraumatischen Belastungsstörung (ICD10: F43.1; DSM-IV 309.81) festgestellt worden ist, mit einer erneuten Einberufung zum Militärdienst rechnen oder wird er als untauglich angesehen und bleibt von einer Einberufung verschont?
4. Ist die beigefügte Urkunde echt und ist der angegebene Inhalt zutreffend? Falls ja, welchen Inhalt hat der unter b) angesprochene Haftbefehl?

II. Mit der Durchführung der Beweisaufnahme wird zunächst beauftragt das Auswärtige Amt, Werderscher Markt Berlin.

Die Beauftragung weiterer Sachverständiger bleibt vorbehalten.

Dieser Beschluss ist nicht anfechtbar (§ 80 AsyfVfG).

II. Vorschriften

1. Verwaltungsgerichtsordnung

§ 86 [Untersuchungsgrundsatz; Aufklärungspflicht; vorbereitende Schriftsätze]

(1) Das Gericht erforscht den Sachverhalt von Amts wegen; die Beteiligten sind dabei heranzuziehen. Es ist an das Vorbringen und an die Beweisanträge der Beteiligten nicht gebunden.

(2) Ein in der mündlichen Verhandlung gestellter Beweisantrag kann nur durch einen Gerichtsbeschluss, der zu begründen ist, abgelehnt werden.

(3) Der Vorsitzende hat darauf hinzuwirken, dass Formfehler beseitigt, unklare Anträge erläutert, sachdienliche Anträge gestellt, ungenügende tatsächliche Angaben ergänzt, ferner alle für die Feststellung und Beurteilung des Sachverhalts wesentlichen Erklärungen abgegeben werden.

(4) Die Beteiligten sollen zur Vorbereitung der mündlichen Verhandlung Schriftsätze einreichen. Hierzu kann sie der Vorsitzende unter Fristsetzung auffordern. Die Schriftsätze sind den Beteiligten von Amts wegen zu übermitteln.

(5) Den Schriftsätzen sind die Urkunden oder elektronischen Dokumente, auf die Bezug genommen wird, in Urschrift oder in Abschrift ganz oder im Auszug beizufügen. Sind die Urkunden oder elektronischen Dokumente dem Gegner bereits bekannt oder sehr umfangreich, so genügt die genaue Bezeichnung mit dem Anerbieten, Einsicht bei Gericht zu gewähren.

§ 87 [Vorbereitendes Verfahren]

(1) Der Vorsitzende oder der Berichterstatter hat schon vor der mündlichen Verhandlung alle Anordnungen zu treffen, die notwendig sind, um den Rechtsstreit möglichst in einer mündlichen Verhandlung zu erledigen. Er kann insbesondere

1. die Beteiligten zur Erörterung des Sach- und Streitstandes und zur gütlichen Beilegung des Rechtsstreits laden und einen Vergleich entgegennehmen;
2. den Beteiligten die Ergänzung oder Erläuterung ihrer vorbereitenden Schriftsätze, die Vorlegung von Urkunden, die Übermittlung von elektronischen Dokumenten und die Vorlegung von anderen zur Niederlegung bei Gericht geeigneten Gegenständen aufgeben, insbesondere eine Frist zur Erklärung über bestimmte klärungsbedürftige Punkte setzen;
3. Auskünfte einholen;
4. die Vorlage von Urkunden oder die Übermittlung von elektronischen Dokumenten anordnen;
5. das persönliche Erscheinen der Beteiligten anordnen; § 95 gilt entsprechend;
6. Zeugen und Sachverständige zur mündlichen Verhandlung laden.
7. (weggefallen)

(2) Die Beteiligten sind von jeder Anordnung zu benachrichtigen.

(3) Der Vorsitzende oder der Berichterstatter kann einzelne Beweise erheben. Dies darf nur insoweit geschehen, als es zur Vereinfachung der Verhandlung vor dem Gericht sachdienlich und von vornherein anzunehmen ist, dass das Gericht das Beweisergebnis auch ohne unmittelbaren Eindruck von dem Verlauf der Beweisaufnahme sachgemäß zu würdigen vermag.

Anhang

§ 87 b [Fristsetzung, Fristversäumnis]

(1) Der Vorsitzende oder der Berichterstatter kann dem Kläger eine Frist setzen zur Angabe der Tatsachen, durch deren Berücksichtigung oder Nichtberücksichtigung im Verwaltungsverfahren er sich beschwert fühlt. Die Fristsetzung nach Satz 1 kann mit der Fristsetzung nach § 82 Abs. 2 Satz 2 verbunden werden.

(2) Der Vorsitzende oder der Berichterstatter kann einem Beteiligten unter Fristsetzung aufgeben, zu bestimmten Vorgängen

1. Tatsachen anzugeben oder Beweismittel zu bezeichnen,
2. Urkunden oder andere bewegliche Sachen vorzulegen sowie elektronische Dokumente zu übermitteln, soweit der Beteiligte dazu verpflichtet ist.

(3) Das Gericht kann Erklärungen und Beweismittel, die erst nach Ablauf einer nach den Absätzen 1 und 2 gesetzten Frist vorgebracht werden, zurückweisen und ohne weitere Ermittlungen entscheiden, wenn

1. ihre Zulassung nach der freien Überzeugung des Gerichts die Erledigung des Rechtsstreits verzögern würde und
2. der Beteiligte die Verspätung nicht genügend entschuldigt und
3. der Beteiligte über die Folgen einer Fristversäumung belehrt worden ist.

Der Entschuldigungsgrund ist auf Verlangen des Gerichts glaubhaft zu machen. Satz 1 gilt nicht, wenn es mit geringem Aufwand möglich ist, den Sachverhalt auch ohne Mitwirkung des Beteiligten zu ermitteln.

§ 96 [Unmittelbarkeit der Beweisaufnahme]

(1) Das Gericht erhebt Beweis in der mündlichen Verhandlung. Es kann insbesondere Augenschein einnehmen, Zeugen, Sachverständige und Beteiligte vernehmen und Urkunden heranziehen.

(2) Das Gericht kann in geeigneten Fällen schon vor der mündlichen Verhandlung durch eines seiner Mitglieder als beauftragten Richter Beweis erheben lassen oder durch Bezeichnung der einzelnen Beweisfragen ein anderes Gericht um die Beweisaufnahme ersuchen.

§ 97 [Beweistermine]

Die Beteiligten werden von allen Beweisterminen benachrichtigt und können der Beweisaufnahme beiwohnen. Sie können an Zeugen und Sachverständige sachdienliche Fragen richten. Wird eine Frage beanstandet, so entscheidet das Gericht.

§ 98 [Beweisaufnahme]

Soweit dieses Gesetz nicht abweichende Vorschriften enthält, sind auf die Beweisaufnahme §§ 358 bis 444 und 450 bis 494 der Zivilprozessordnung entsprechend anzuwenden.

§ 108 [Urteilsgrundlage; freie Beweiswürdigung; rechtliches Gehör]

(1) Das Gericht entscheidet nach seiner freien, aus dem Gesamtergebnis des Verfahrens gewonnenen Überzeugung. In dem Urteil sind die Gründe anzugeben, die für die richterliche Überzeugung leitend gewesen sind.

(2) Das Urteil darf nur auf Tatsachen und Beweisergebnisse gestützt werden, zu denen die Beteiligten sich äußern konnten.

II. Vorschriften

2. Strafprozessordnung

§ 244 [Beweisaufnahme]

(1) Nach der Vernehmung des Angeklagten folgt die Beweisaufnahme.

(2) Das Gericht hat zur Erforschung der Wahrheit die Beweisaufnahme von Amts wegen auf alle Tatsachen und Beweismittel zu erstrecken, die für die Entscheidung von Bedeutung sind.

(3) Ein Beweisantrag ist abzulehnen, wenn die Erhebung des Beweises unzulässig ist. Im Übrigen darf ein Beweisantrag nur abgelehnt werden, wenn eine Beweiserhebung wegen Offenkundigkeit überflüssig ist, wenn die Tatsache, die bewiesen werden soll, für die Entscheidung ohne Bedeutung oder schon erwiesen ist, wenn das Beweismittel völlig ungeeignet oder wenn es unerreichbar ist, wenn der Antrag zum Zweck der Prozessverschleppung gestellt ist oder wenn eine erhebliche Behauptung, die zur Entlastung des Angeklagten bewiesen werden soll, so behandelt werden kann, als wäre die behauptete Tatsache wahr.

(4) Ein Beweisantrag auf Vernehmung eines Sachverständigen kann, soweit nichts anderes bestimmt ist, auch abgelehnt werden, wenn das Gericht selbst die erforderliche Sachkunde besitzt. Die Anhörung eines weiteren Sachverständigen kann auch dann abgelehnt werden, wenn durch das frühere Gutachten das Gegenteil der behaupteten Tatsache bereits erwiesen ist; dies gilt nicht, wenn die Sachkunde des früheren Gutachters zweifelhaft ist, wenn sein Gutachten von unzutreffenden tatsächlichen Voraussetzungen ausgeht, wenn das Gutachten Widersprüche enthält oder wenn der neue Sachverständige über Forschungsmittel verfügt, die denen eines früheren Gutachters überlegen erscheinen.

(5) Ein Beweisantrag auf Einnahme eines Augenscheins kann abgelehnt werden, wenn der Augenschein nach dem pflichtgemäßen Ermessen des Gerichts zur Erforschung der Wahrheit nicht erforderlich ist. Unter derselben Voraussetzung kann auch ein Beweisantrag auf Vernehmung eines Zeugen abgelehnt werden, dessen Ladung im Ausland zu bewirken wäre.

(6) Die Ablehnung eines Beweisantrages bedarf eines Gerichtsbeschlusses.

3. Zivilprozessordnung

§ 287 [Schadensermittlung; Höhe der Forderung]

(1) Ist unter den Parteien streitig, ob ein Schaden entstanden sei und wie hoch sich der Schaden oder ein zu ersetzendes Interesse belaufe, so entscheidet hierüber das Gericht unter Würdigung aller Umstände nach freier Überzeugung. Ob und inwieweit eine beantragte Beweisaufnahme oder von Amts wegen die Begutachtung durch Sachverständige anzuordnen sei, bleibt dem Ermessen des Gerichts überlassen. Das Gericht kann den Beweisführer über den Schaden oder das Interesse vernehmen; die Vorschriften des § 452 Abs. 1 Satz 1, Abs. 2 bis 4 gelten entsprechend.

(2) Die Vorschriften des Absatzes 1 Satz 1, 2 sind bei vermögensrechtlichen Streitigkeiten auch in anderen Fällen entsprechend anzuwenden, soweit unter den Parteien die Höhe einer Forderung streitig ist und die vollständige Aufklärung aller hierfür maßgebenden Umstände mit Schwierigkeiten verbunden ist, die zu der Bedeutung des streitigen Teiles der Forderung in keinem Verhältnis stehen.

§ 291 [Offenkundige Tatsachen]

Tatsachen, die bei dem Gericht offenkundig sind, bedürfen keines Beweises.

§ 404 a [Leitung der Tätigkeit des Sachverständigen]

(1) Das Gericht hat die Tätigkeit des Sachverständigen zu leiten und kann ihm für Art und Umfang seiner Tätigkeit Weisungen erteilen.

(2) Soweit es die Besonderheit des Falles erfordert, soll das Gericht den Sachverständigen vor Abfassung der Beweisfrage hören, ihn in seine Aufgabe einweisen und ihm auf Verlangen den Auftrag erläutern.

(3) Bei streitigem Sachverhalt bestimmt das Gericht, welche Tatsachen der Sachverständige der Begutachtung zugrunde legen soll.

(4) Soweit es erforderlich ist, bestimmt das Gericht, in welchem Umfang der Sachverständige zur Aufklärung der Beweisfrage befugt ist, inwieweit er mit den Parteien in Verbindung treten darf und wann er ihnen die Teilnahme an seinen Ermittlungen zu gestatten hat.

(5) Weisungen an den Sachverständigen sind den Parteien mitzuteilen. Findet ein besonderer Termin zur Einweisung des Sachverständigen statt, so ist den Parteien die Teilnahme zu gestatten.

§ 412 [Neues Gutachten]

(1) Das Gericht kann eine neue Begutachtung durch dieselben oder durch andere Sachverständige anordnen, wenn es das Gutachten für ungenügend erachtet.

(2) Das Gericht kann die Begutachtung durch einen anderen Sachverständigen anordnen, wenn ein Sachverständiger nach Erstattung des Gutachtens mit Erfolg abgelehnt ist.

Sachverzeichnis

Die Zahlen bezeichnen die Randnummern.

Abfälle 362, 385
Ablehnungsbeschluss 125–134, 229, 231–235
Ablehnungsgründe für Beweisanträge
– Ablehnung des Sachverständigenbeweises wegen eigener Sachkunde des Gerichts 195–199
– Ablehnung eines weiteren Sachverständigengutachtens 200–228
– Ausforschungsbeweis 192–194
– Bedeutungslosigkeit/Unerheblichkeit der Beweistatsache 155–161
– Behördengutachten 203–228
– Beweistatsache ist schon erwiesen 162–165
– Kostenrechtliche Lösung 212–214
– Offenkundigkeit der Beweistatsache oder ihres Gegenteils 150–154
– unauflösliche Widersprüchlichkeit der Beweistatsache 188–191
– Unerreichbarkeit des Beweismittels 177–178
– Unzulässigkeit der Beweiserhebung 147–149
– Verbot der Beweisantizipation 136–142
– Verschleppungsabsicht 179–185
– völlige Ungeeignetheit des Beweismittels 166–176
– Wahrunterstellung 186–187
Ablehnungsverfahren wegen Besorgnis der Befangenheit 276–288
„Abwürgen" von Beweisanträgen 267–268
Akteneinsicht 102, 232–235
allgemeinkundige Tatsachen 150, 151, 154
Altlasten 16, 67, 142, 226
amtsärztliche Stellungnahme 221, 224, 409
Amtsermittlungsgrundsatz 3, 9, 12, 143, 251, 307, 355
Angabe des Beweismittels
– Allgemeines 63–66
– amtliche Auskunft 93
– Beweis durch Augenschein 82–86

– Beweis durch Parteivernehmung 91–92
– Beweis durch Urkunden 87–90
– Sachverständigenbeweis 80–81
– Zeugenbeweis 67–79
Anknüpfungstatsachen 167, 175, 331, 333, 335
Ankündigung von Beweisanträgen 34, 101, 110, 121–124
Anscheinsbeweis 392–396, 402, 405
antizipiertes Sachverständigengutachten 220
Artenschutzrecht 368
Asylprozess 9–11, 174, 178, 182–183, 198, 203, 399, 400, 404
Atomrecht 225
Aufenthaltstitel 386
Aufhebung begünstigender Verwaltungsakte 362, 369–370, 379, 380
Augenschein 19, 64, 82–86, 87, 111, 145, 255, 301, 303, 307
Ausforschungsbeweis 61, 192–194, 211, 212, 245
Ausgleichsleistungsgesetz 398, 406
Ausländerrecht 203, 400
Auslandszeugen 172

Beamtenrecht 224, 304, 320, 378, 409
beauftragter Richter 230, 301
Bedeutungslosigkeit 95, 127–128, 155–161, 189, 193
bedingter Beweisantrag 28, 38–39, 44–45, 115, 119–120, 181, 245
Befangenheit 29, 208, 261–290
Befangenheitsgrund 261–290
Begünstigungstheorie 371–373
Behördengutachten 203–228
belastender Verwaltungsakt 14, 362–368, 369
Beschwerde 1, 230, 283–284, 286–290, 308, 351
Beweisanregung 111–113, 119
Beweisantizipation 136–142, 157–164, 166, 169, 172, 175, 190, 201, 225
– Beispielsfälle 139–142
– Verbot 136–138, 163

239

Sachverzeichnis

Beweisantrag
- Begriff 49–52
- Ablehnung 136–228, 229
  - Augenscheinbeweis 145
  - Auslandszeugen 172
  - Austausch von Ablehnungsgründen 37, 129–130
  - Bedeutungslosigkeit 95, 127, 155–161, 189, 193
  - Beweisantizipation, Verbot 136–138, 163
    - Ausnahme 201, 136–138
    - Durchbrechung 136–138, 225, 301
  - Erwiesensein 157, 159, 162–165, 201
  - fehlerhafte 20, 176, 245, 267, 285–290
  - Offenkundigkeit 150–154
  - präsentes Beweismittel 22
  - Sachverständigenbeweis 195–199
  - Unerreichbarkeit 177–178
  - Ungeeignetheit, völlige 166–167
  - unzulässige Beweiserhebung 147–149
  - Verschleppungsabsicht 179–185
  - Wahrunterstellung 186–187
- bedingter 28, 38–39, 44–45, 115, 119–120, 181, 245
- Bescheidung
  - Änderung 129–130
  - Begründung 127–128
  - durch Beschluss des Gerichts 125
  - Zeitpunkt der Bekanntgabe 126
- bestimmtes Beweismittel 49–52
- Beweisermittlungsantrag (s. Ausforschungsbeweis)
- Beweistatsache 55–62
- Eventual- 114–120
- fehlerhafter 51–52
- Form 50, 98–110
- Hilfsbeweisantrag 114–116, 118–119, 273
- Inhalt 49–54, 79, 82
- Konnexität 75–78
- negative Tatsache 59–62
- präsente Beweismittel 31, 160
- Protokollierung 103–104, 106–109
- Revision 242

Beweisaufnahme 13, 15–23, 27–28, 35, 48, 51, 57–58, 68, 88–92, 111, 113, 116, 122, 136, 142, 144, 147,
165–166, 174, 179, 189, 193, 209, 227, 230, 268, 275, 297, 299–335

Beweisbeschluss 34–35, 37, 70, 223, 229–230, 235, 289, 307, 313, 320, 322, 329, 331

Beweislast
- Aufhebung begünstigender Verwaltungsakte 369–370
- Begünstigungstheorie 371–372
- belastende Verwaltungsakte 362–368
- Beweisführungslast 371–379
- Einzelfälle 380–386
- Ermessen 363–364
- Feststellungslast 353, 356–357
- formelle 354–355
- gebundene Entscheidungen 377–379
- Hilfe zum Lebensunterhalt 374
- Leistungsklagen 371–373
- materielle 356–357
- objektive 356–375
- subjektive 354–355
- Subventionen 375–376
- Verpflichtungsklagen 362

Beweislastumkehr 368, 394, 402–409
Beweislastverteilung 358–386
Beweismaß 343, 349, 387–390
Beweismaßreduktionen 391–409
Beweisnot 391, 402–404
Beweisregeln 337–338, 339–344
Beweissicherungsverfahren 81, 291–298, 402
Beweisvereitelung 379, 407
Beweiswürdigung 115, 119, 136–138, 157, 164, 167, 169, 171, 189, 268, 272, 300, 304, 322, 336, 338, 341, 343, 345, 347–352, 361, 388, 389, 398–399, 409
- beim Zeugenbeweis 352
Beweisziel 53–54, 60, 94

Denkmal 83, 372
Dienst(un)fähigkeit 221, 224
Dienstrecht (s. Beamtenrecht)
Disziplinarverfahren 13, 304

Effektivität der Reaktionsmöglichkeit 248–250
Einzelhandel, großflächiger 228, 401
EMRK 210, 248, 250, 263, 274, 319, 322
Entscheidungserheblichkeit 3, 37, 94–97, 345
Erledigungsdruck 268, 271–272

Ziffern = Randnummern

Ermessen 9, 27, 64, 74, 111, 147, 172–173, 181, 195, 197, 203, 223, 363–364
Ermittlungen der eigenen Partei 259–260
Europarecht 404
Eventualbeweisantrag 117–120

Fachbehörde 19, 203, 205, 214–215, 221–226, 329
Fahrerlaubnis 223, 370, 379
Fahrerlaubnisrecht 379
Festlegung des Gerichts 37–48, 125, 129
Forschungsmittel, überlegene 201, 202, 204
Foto (s. Lichtbild)
Fragerecht 19, 69, 208, 210, 302, 320–322, 326–328
Freibeweis 93, 167, 171, 309–310, 321, 325
freie Beweiswürdigung 198, 304, 323, 337–338, 350
Fristsetzung 184–185, 248–249
Führen von Kraftfahrzeugen 379, 401

gebundene Entscheidungen 372, 377–379
Gehör, rechtliches 2–9, 41–45, 71, 119, 125, 130, 154–160, 164, 181, 190, 230, 240, 248, 252, 258–260, 267, 274–275, 289
Gehörsrüge 12, 41–45, 48, 118, 125, 246, 355
gesetzliche Beweislastregeln 366–368, 380
gesetzliche Regelvermutung 342, 400–401
Gewerberecht 378
Glaubwürdigkeit 142, 159, 198–199, 302, 320
Glaubwürdigkeitsgutachten 198–199
Grundrechte 267, 361–362, 366
Grundrechtsbeschränkungen 362

Hilfe zum Lebensunterhalt 374
Hilfs- und Eventualanträge 114–120
Hilfsbeweisantrag 114–116, 118–119, 273
Hilfstatsache 138, 350, 389
Hinweis(pflicht), richterliche 37, 52, 129–130, 190
Hundehalterverordnung 62, 367

Indiz 128, 389, 398
Indizienbeweis 138, 343, 347, 350, 388–399
Indizwirkung (s. tatsächliche Vermutung)
informatorische Befragung (von Zeugen)
– durch das Gericht 320–325
– durch den Rechtsanwalt 311–319

Kausalität 156, 176, 249, 254–255, 260, 392, 394–395, 396
Kindertagespflege 380

Ladung 70, 72, 172, 174, 185, 315
Lärmprognose 217, 219
Lastenausgleichsrecht 173, 251
Leistungsverwaltung 373, 375
Lichtbild 19, 84, 87–88, 90, 111, 176, 255, 293

Marktgutachten 228
Minderung der Erwerbsfähigkeit 203, 221, 329, 334
„Minuten-Theorie" 247, 248, 253
Mitwirkungspflicht 1, 43, 57, 107, 122, 361, 409
MPU-Stelle 223

Nachfluchttatbestände 400
Negativtatsache 54, 59–62
Non liquet 356–357, 359, 379–378, 385
nationalsozialistisches System 398

Obliegenheit 107, 213, 244–246, 260, 289–290, 354, 366, 402
offenkundige Tatsachen 146, 150–154
Ordnungsverfügung 16, 361, 363–366
organoleptische Aufnahme 84
Ortsbesichtigung 83, 84, 255

Parteigutachten 213–214
Planfeststellung 8, 206, 228
präsentes Beweismittel 22
präsenter Zeuge 31, 160
„prima-facie"-Beweis (s. Anscheinsbeweis)
Protokoll 46–47, 68–69, 103–104, 106–109, 128, 131, 133–135, 142, 160–161, 183, 230, 233, 236–243, 267, 275, 279, 302–305, 307, 320, 325, 328, 340
Protokollierung als wesentliche Förmlichkeit des Verfahrens 106–109

Protokollierung nur mündlich mitgeteilter Ablehnungsgründe 236–243
Prozessverschleppung 145, 179–185, 191, 261, 275

räumlich-organisatorische Anforderungen an Zeugenvernehmung 326–328
Reaktionsmöglichkeit 4, 38–40, 48, 115, 118, 125–126, 129, 160, 229, 239, 247–250
Recht auf faires Verfahren 130, 159, 210, 235, 248, 250
Recht auf Protokollierung 236–243
Recht der offenen Vermögensfragen (s. Vermögensrecht)
rechtliches Gehör (s. Gehör, rechtliches)
Rechtshilfe 173, 178
Rechtsmittelinstanz 46–47
Rechtsmittelvorbereitung 41–45
Revision 30, 41, 46, 119, 125, 172, 239, 242, 245, 334, 347, 350, 357, 390, 405
richterliches Selbstverständnis 20–23, 28–34
Rolle des Gerichts 23–24
Rollenkonflikt Gericht/Partei 13–34
Rüge fehlerhafter Beweiswürdigung 347–351
Rügeobliegenheit 107, 289–290
Rügeverlust 244–246, 278

Sachkunde
– des Gerichts 195–199
– des Sachverständigen 140, 201–204
„Sachverhaltsquetsche" 24
Sachverständigenbeweis 80–81, 86, 140, 149, 175–176, 195–199, 203–288, 293, 296, 329–335
Sachverständigengutachten 16, 19, 80, 119, 140, 142, 148, 176, 195–198, 200–202, 203–204, 207, 211–213, 220, 226, 255, 258, 332–333, 335
Sachverständiger
– Gutachten (s. Sachverständigengutachten)
– Leitung des Sachverständigen 330–332, 335
– Parteigutachter/en 213–214, 252, 255–256, 259, 324
– Privatgutachten (s. Parteigutachten)
schriftliches Verfahren 105
selbständiges Beweisverfahren 81, 291–298, 306
Sitzungsprotokoll (s. Protokoll)

Sozialleistungen 373
Sphärentheorie 361
Staatsangehörigkeit 149, 179, 183, 386
Stellen von Beweisanträgen
– Verlesung schriftsätzlich angekündigter Beweisanträge 99–100
– Verlesung nicht angekündigter schriftlicher Beweisanträge 101–102
– Zu-Protokoll-Erklären rein mündlicher Beweisanträge 103–104
Strengbeweis 395
Subventionen 375–376

TA Lärm 84, 220
TA Luft 220
Tatsache/n
– allgemeinkundige 151
– Begriff 55–56
– äußere 169
– innere 57–58
– Behauptung einer
– erheblichen 186, 189
– erwiesenen 162–165
– gerichtskundigen 150–153
– negativen 59–62
– offenkundigen 146, 150, 153–154
– Innere Tatsache 57–58
– Negativtatsache 59–62
tatsächliche Vermutung (Indizwirkung) 391, 394, 397–399, 400–402, 406
Telekommunikationsrecht 408
Trennungsgeldverordnung 401

Überraschungsurteil 37, 130, 159
Überzeugung, richterliche 9, 50, 68, 138, 141, 164, 184, 172, 186, 203–204, 300, 322, 336–338, 342, 344–346, 348, 356, 385, 387, 390, 394, 396, 404
Überzeugungsgrundsatz 324, 335, 336–337, 344–346, 349–350, 352
Umweltrecht 84, 396
Unbeliebtheit (von Beweisanträgen) 20–22
Unerreichbarkeit (von Beweismitteln) 174, 177–178
Ungeeignetheit (von Beweismitteln) 65, 164, 166–176
unlautere Machenschaften 395–405
Unmittelbarkeit (der Beweisaufnahme) 68, 229–305
Unmittelbarkeitsgrundsatz 209, 305
Unmutsäußerungen über Beweisanträge 29, 269–275

Ziffern = Randnummern

Unterbrechung 104, 181, 233, 245, 247–260, 270, 273, 277, 280–281
Untersuchungsgrundsatz (s. Amtsermittlungsgrundsatz)
Urkunde
– Fotokopie 87–90
– Original 87–90
Urkundenbeweis 61, 84, 87, 90, 205, 304–305
UVPG 216, 218

Verfahrens-
– fehler 30, 47, 107, 132, 143, 173, 205, 211, 245, 267–268, 275, 278, 322, 324, 347, 350
– rüge 4, 12, 26, 41–44, 54, 68, 113, 119–120, 123, 131, 183, 187, 197–198, 245–246, 251, 300, 325, 347–349, 405
Verfahrensverstöße, grobe 274–275
Verfassungsschutz 384
Verfolgungsschicksal (Asyl) 189
Verhältnismäßigkeitsprüfung 364
Verlesung von Beweisanträgen 99–102, 109
Verlust des Ablehnungsrechts 277–281
Vermögensrecht 61, 153, 251, 383, 395, 405–406
Vertagung 180, 233, 247
Vertagungsantrag 180, 235, 247, 249, 256, 261, 275, 280–281
Verursachung (s. Kausalität)
Verwertung von Terminsprotokollen 142, 302–305
Verwertungsverbot 147, 193, 323
Vollbeweis 387–390
Vorabbescheidungspflicht des Gerichts
– Sinn und Zweck 125
– Zeitpunkt der Bescheidung 126
– inhaltliche Anforderungen an die Begründung 127–128
– richterliche Hinweispflicht bei Änderung der Bewertung im Prozessverlauf 129–130
– sofortige Rügepflicht bei Nichtbescheidung von Beweisanträgen 131–135

Voreingenommenheit 264, 273
Vorhabenträger 205–206, 215, 228, 254–255
Vorverfahren 254, 407

Waffengleichheit 22, 210, 214
Waffenrecht 381, 401
Wahrheitsfindung 31, 90, 321, 329
Wahrnehmungsbeweis 84
Wahrscheinlichkeit 56, 136, 157, 165, 399
Wahrunterstellung 128, 155–156, 186–187
Wasserwirtschaftsamt 19, 205, 221, 226
Wertung, rechtliche 148–149
wesentliche Förmlichkeiten 106–107, 321–323
Windenergieanlage 217

Zeuge 67–79, 90, 116, 122, 137, 141–145, 147–148, 160, 163–165, 169, 171–174, 177–178, 198–199, 209–210, 255, 275, 294, 300–305, 307, 332, 341, 352
– sachverständiger 16, 67, 142
Zeugenbefragung
– räumlich-organisatorische Anforderungen 326–328
– Vorbereitung durch den Rechtsanwalt 311–319
Ziele und Zwecke von Beweisanträgen
– Zielsetzung und Durchführung einer bestimmten Beweisaufnahme 35
– Information über die gerichtliche Rechtsauffassung 36
– Festlegung des Gerichts 37
– Eröffnung einer effektiven Reaktionsmöglichkeit 38–40
– Offenhalten von Verfahrens- und Gehörsrüge 41–45
– Kontrollfunktion für die Rechtsmittelinstanz 46–47
– Zusammenfassung 48
Zivilverfahren 210
zwingender Inhalt eines Beweisantrages 49–54